自动驾驶法律规制研究

蔡刘畅　著

RESEARCH ON LEGAL REGULATION OF
AUTOMATED DRIVING

法律出版社
LAW PRESS · CHINA
——北京——

图书在版编目（CIP）数据

自动驾驶法律规制研究 / 蔡刘畅著. -- 北京 ：法律出版社，2024. -- ISBN 978 - 7 - 5197 - 9495 - 8

Ⅰ. D922.144

中国国家版本馆 CIP 数据核字第 2024AT9162 号

自动驾驶法律规制研究
ZIDONG JIASHI FALÜ GUIZHI YANJIU

蔡刘畅 著

责任编辑 孙东育 王雅楠
装帧设计 鲍龙卉

出版发行 法律出版社
编辑统筹 学术·对外出版分社
责任校对 晁明慧
责任印制 胡晓雅 宋万春
经　　销 新华书店

开本 710 毫米 × 1000 毫米 1/16
印张 21.5 **字数** 281 千
版本 2024 年 11 月第 1 版
印次 2024 年 11 月第 1 次印刷
印刷 北京新生代彩印制版有限公司

地址：北京市丰台区莲花池西里 7 号（100073）
网址：www.lawpress.com.cn
投稿邮箱：info@lawpress.com.cn
举报盗版邮箱：jbwq@lawpress.com.cn
销售电话：010 - 83938349
客服电话：010 - 83938350
咨询电话：010 - 63939796

书号：ISBN 978 - 7 - 5197 - 9495 - 8
定价：79.00 元
凡购买本社图书，如有印装错误，我社负责退换。电话：010 - 83938349

摘　要

作为一种新兴的技术形态和驾驶方式,自动驾驶给经济社会发展和交通技术革新带来了新的活力,同时也给政府规制活动带来了极大的困难和挑战。自动驾驶具有技术、产品和行为等多重属性和维度。其中,从自动驾驶的行为视角切入,聚焦自动驾驶活动或者过程本身,对自动驾驶过程中可能产生的法律问题及自动驾驶行为的安全性规制进行研究,具有重要理论和现实意义。然而,现阶段我国无论是自动驾驶政策、法律制定还是政府监管,都尚未及时跟进自动驾驶技术的发展。既有研究缺乏对自动驾驶法律规制的整体性关注,对自动驾驶法律规制的方式方法等问题尚缺乏深入讨论,自动驾驶法律规制所面临的主要理论和法律挑战以及如何完善自动驾驶法律规制值得深入研究。

自动驾驶法律规制立足于当代风险社会来临、人工智能快速发展和智能交通变革的时代语境,其理论正当性可以从公共产品、信息不对称和行政法治三个理论视角加以阐释说明。我国自动驾驶法律规制实践目前主要集中于自动驾驶政策、规划的制定以及自动驾驶道路测试与示范应用的监管。而美国、德国、英国、新加坡等发达国家无论是自动驾驶技术的发展,还是自动驾驶立法和政策的制定,都走在了世界前列。其中,美国的自动驾驶专门立法探索、德国的自动驾驶立法与伦理准则的出台、英国的自动驾驶保险立法以及新加坡的“监管沙盒”实践,对我国现阶段自动驾驶法律规制具有重要借鉴意义。

自动驾驶技术分别从理论和实践两个层面对当前的法律规制体系产生了巨大的冲击:在理论层面,自动驾驶技术带来了自动驾驶法律主体资格问题、法律责任难题以及法律伦理挑战;在实践层面,自动驾驶技术也给当前的道路交通法律准入制度、规制模式、安全监管和责任体系带来了全新挑战。与此相对应,自动驾驶法律规制所面临的挑战可从理论和法律两个角度加以回应。对自动驾驶法律规制面临挑战的理论回应,首先应探寻应对自动驾驶的法律主体资格问题、法律责任难题和法律伦理挑战的可能方案;其次,以驾驶自动化算法为核心从理论上提出和探讨自动驾驶的可规制性,回答自动驾驶接受法律规制何以可能,在此基础上提出自动驾驶法律规制过程中应遵循的六大基本原则。对自动驾驶法律规制面临挑战的法律回应包括动态的过程规制和静态的结果规制两个视角。从动态的过程规制角度回应自动驾驶法律规制所面临的挑战,应先明确自动驾驶法律规制的基本目标和基本框架,继而从自动驾驶规制模式的更新、法律准入制度的突破、信息披露制度的确立以及标准体系的完善四个方面建立健全我国自动驾驶法律规制的相关法律制度。从静态法律责任的角度回应自动驾驶法律规制所面临的挑战,则应首先明确自动驾驶生产者、开发者、所有者、使用者以及规制主体等自动驾驶规制中相关利益主体的义务设定,并在此基础上厘清自动驾驶汽车在道路交通过程中相关法律责任的具体归属,提出建立责任保险和责任基金两大责任实现机制。同时,自动驾驶法律规制中的规制主体也应承担相应的法律责任,即规制者也应受到规制。

目 录

序　言 …………………………………………………… 1
一、问题缘起 ………………………………………………… 1
二、文献综述 ………………………………………………… 3
三、研究价值 ……………………………………………… 22
四、创新之处 ……………………………………………… 25
五、研究方法 ……………………………………………… 27
六、研究进路 ……………………………………………… 30
七、主要内容 ……………………………………………… 31

第一章　自动驾驶法律规制的界定与依据 ……… 34
第一节　概念界定 ……………………………………… 34
一、自动驾驶 ……………………………………………… 34
二、自动驾驶法律规制 ………………………………… 43
第二节　现实依据:自动驾驶法律规制的时代语境 ……………………………………………… 46
一、风险社会中的自动驾驶法律规制 ……………… 46
二、人工智能与自动驾驶法律规制 ………………… 51
三、智能交通变革与自动驾驶法律规制 …………… 55

第三节　理论依据:自动驾驶法律规制的正当性基础 …………… 57
一、公共产品理论 …………………………………………………… 58
二、信息不对称理论…………………………………………………… 59
三、行政法治理论 …………………………………………………… 61

第二章　自动驾驶法律规制实践 ………………………………… 64
第一节　我国自动驾驶法律规制实践 ………………………………… 64
一、我国自动驾驶技术发展概况 …………………………………… 64
二、自动驾驶产业发展政策制定 …………………………………… 69
三、自动驾驶标准体系构建 ………………………………………… 77
四、自动驾驶相关地方立法探索 …………………………………… 81
五、自动驾驶道路测试与示范应用监管 ……………………………… 88
六、我国自动驾驶汽车法律规制实践评析 …………………………… 96
第二节　域外自动驾驶法律规制实践 ………………………………… 101
一、自动驾驶相关政策制定的初步摸索 ……………………………… 101
二、自动驾驶立法模式的探索 ……………………………………… 110
三、自动驾驶汽车"身份"合法化的努力 …………………………… 118
四、自动驾驶技术标准的建构 ……………………………………… 121
五、自动驾驶责任保险制度的尝试 ………………………………… 123
六、自动驾驶伦理规范的制定 ……………………………………… 126
七、自动驾驶监管实践的创新 ……………………………………… 128
八、域外自动驾驶法律规制实践评析 ……………………………… 132

第三章　自动驾驶法律规制面临的挑战 ………………………… 140
第一节　理论挑战……………………………………………………… 140
一、自动驾驶带来的法律主体资格问题 ……………………………… 140
二、自动驾驶带来的法律责任难题 ………………………………… 148

三、自动驾驶带来的法律伦理挑战 …… 152
第二节 现实挑战 …… 158
一、自动驾驶带来法律准入问题 …… 159
二、既有规制模式滞后于自动驾驶发展实践 …… 165
三、自动驾驶安全监管面临巨大挑战 …… 171
四、自动驾驶冲击道路交通法律责任体系 …… 180

第四章 自动驾驶法律规制的理论展开 …… 184
第一节 自动驾驶法律主体资格问题的克服 …… 184
一、讨论主体资格问题的四个考量因素 …… 184
二、自动驾驶法律主体资格的双重维度 …… 186
第二节 自动驾驶法律责任难题的破解 …… 191
一、自动驾驶法律责任由谁来承担 …… 192
二、自动驾驶法律责任如何实现 …… 194
第三节 自动驾驶法律伦理挑战的应对 …… 198
一、伦理失范的矫正 …… 199
二、伦理困境的出路 …… 201
第四节 自动驾驶的可规制性:以驾驶自动化算法为核心 …… 206
一、算法与算法权力 …… 206
二、算法异化及其类型 …… 210
三、驾驶自动化算法接受法律规制何以可能 …… 215
第五节 自动驾驶法律规制的原则 …… 221
一、合理考量驾驶自动化等级 …… 222
二、依托道路测试形塑自动驾驶制度体系 …… 223
三、约束与引导并重 …… 224
四、公益优先,兼顾私益 …… 225
五、坚持全过程规制 …… 227
六、注重规制的灵活性与层次性 …… 228

第五章 自动驾驶法律规制的制度回应 …………………………… 231
第一节 制度回应的前提:目标与框架 …………………………… 231
一、自动驾驶法律规制的基本目标 …………………………… 232
二、自动驾驶法律规制的基本框架 …………………………… 236
第二节 规制模式的更新 …………………………… 237
一、优化规制机构组织架构 …………………………… 237
二、适度引入实验型规制 …………………………… 239
三、确立自动驾驶技术规制的法律依据 …………………………… 243
四、建立合作规制的制度框架 …………………………… 247
第三节 法律准入制度的突破 …………………………… 250
一、在分级规制基础上明确自动驾驶的法律地位 …………………………… 251
二、按照实际需求细化自动驾驶车辆准入规则 …………………………… 253
三、依据自动化等级完善自动驾驶道路准入制度 …………………………… 256
第四节 信息披露制度的确立 …………………………… 258
一、确立自动驾驶信息披露的原则 …………………………… 259
二、建立自动驾驶算法备案制度 …………………………… 260
三、建立自动驾驶伦理审查机制 …………………………… 263
四、披露自动驾驶隐私保护措施 …………………………… 264
第五节 自动驾驶标准体系的完善 …………………………… 266
一、构建立体多元的自动驾驶标准体系 …………………………… 266
二、进一步充实自动驾驶标准体系的内容 …………………………… 268
三、探索制定自动驾驶伦理规范 …………………………… 271

第六章 自动驾驶法律责任体系构建 …………………………… 274
第一节 相关利益主体的义务设定 …………………………… 274
一、利益分析:一个利益法学的视角 …………………………… 274
二、自动驾驶法律规制中的利益衡量 …………………………… 276
三、基于利益考量的义务设定 …………………………… 280

第二节　自动驾驶法律责任的归属 …………………………… 284
一、自动驾驶民事侵权责任的归属 …………………………… 285
二、自动驾驶刑事责任的归属 …………………………… 289
三、自动驾驶行政违法责任的归属 …………………………… 295
第三节　自动驾驶法律责任的实现机制 …………………………… 298
一、自动驾驶责任保险制度 …………………………… 298
二、自动驾驶责任基金制度 …………………………… 301
第四节　自动驾驶规制主体的法律责任 …………………………… 302
一、行政规制机构的法律责任 …………………………… 303
二、社会规制机构的法律责任 …………………………… 306

结　论 …………………………… 312

参考文献 …………………………… 317

附录　自动驾驶相关政策与法律文件索引 …………………………… 330

序　言

一、问题缘起

人工智能是当今世界最为活跃的技术领域之一。谷歌公司开发的机器人 AlphaGo 在 2016 年 3 月 15 日以 4∶1 赢下韩国超一流棋手李世石后,又在 2017 年 5 月 27 日的“人机大战”中,以 3∶0 完胜当时中国的世界冠军选手柯洁。如果说机器的第一次获胜具有一定的偶然性,那么第二次的完胜则毫无悬念地宣告了机器智能在围棋界对人类的赶超。两次围棋“人机大战”中 AlphaGo 充分运用了“深度学习”等人工智能前沿技术,人工智能技术允许机器在不断学习海量人类棋手弈法的基础上,持续更新和迭代围棋算法程序。可以说 AlphaGo 并非设计出来之时就表现得如此强悍,更多的是通过“后天学习”从而实现计算能力和应变能力的突飞猛进。机器在围棋等领域的运用向人们展示了机器强大的计算能力和学习能力,这些能力还在不断演进与迭代之中。

以大数据、机器学习等技术为核心的人工智能并未止步于纯粹的计算领域(如围棋等),也被应用到自动驾驶、文学创作、新闻编辑、法律检索等领域。2017 年 7 月 5 日,百度公司创始人李彦宏乘坐一辆基于

Apollo 技术的自动驾驶汽车行驶在北京五环路上，前往参加百度 AI 开发者大会，这则消息很快引起了广泛的媒体关注。从法律角度，特别是从行政法的角度审视，以下问题值得关注：该自动驾驶汽车是否可以上路行驶？该自动驾驶汽车在公共道路上行驶是否需要获得相应行政许可？该自动驾驶汽车的驾驶行为是否违反现有道路交通法律法规？如果违法，追究法律责任的依据是什么、应由谁来承担法律责任以及应如何承担责任？然而，对于上述问题，在我国现有的法律制度框架下无法找到现成答案，而目前的法学理论也并未对自动驾驶所涉法律问题予以充分关注。这些问题引起了笔者的浓厚兴趣，这种兴趣似乎超出了自动驾驶本身，因为其折射出的是所有人工智能产品所面临的普遍性问题（包括主体资格、伦理与责任等）。而从自动驾驶出发，回答自动驾驶规制中面临的问题，也可以对人工智能法律规制的一般性问题的回答产生积极影响。

但是，自动驾驶所面临的问题也是独特的，它的独特性体现在作为汽车的人工智能产品与作为 AlphGo 的电脑系统之不同，前者是一个包含着环境感知、驾驶控制和执行等多个子系统的汽车驾驶软硬件系统，其之于现有的道路交通体系具有革命性意义。在交通法上，自动驾驶技术意味着一整套包含车辆、道路、网络等诸要素的智能交通体系。因此，对自动驾驶的法律规制也远远超出了一般人工智能产品或者机器人的范畴。

本书主要是从法律，特别是从行政法的视角出发，分析并回应自动驾驶发展中面临的法律规制需求，尤其是有关自动驾驶技术的立法、政策支持以及相应的理论基础。从广义上讲，自动驾驶技术包括无人机、无人车和无人船舶等自动驾驶技术。作为本书的核心概念，自动驾驶主要是指自动驾驶汽车技术。在概念使用上，自动驾驶不能简单等同于无人驾驶。从理念和目标方面理解，自动驾驶汽车行驶过程中允许人的意识和意志参与动态驾驶任务，而无人驾驶则独立于人的驾驶行为，不需要人的参与便可完成整个动态驾驶任务。无人驾驶是自动驾驶技术的成熟阶段,一般没有驾驶席,车内空间全部留给了乘客。无人驾驶强调机器(包括自动驾驶系统)控制权高于人类驾驶员,而自动驾驶却意味着汽车能进行部分或完全自动行驶(完全自动驾驶等同于无人驾驶),人类驾驶员在必要和紧急情况下可对车辆进行有效干预和接管。这意味着自动驾驶包含无人驾驶,无人驾驶是完全自动驾驶,是自动驾驶技术的高级形态。

近年来,在人工智能方兴未艾的大背景下,以无人车技术为代表的自动驾驶技术创新不断推进。自动驾驶技术包含人工智能技术、环境感知技术、高精度定位技术等高新技术。从技术层面上看,中国自动驾驶技术与世界先进国家总体上处于同一阵列。但在世界范围内,美国、德国、日本、英国等国家自动驾驶技术发展起步较早,且拥有雄厚的资金和技术实力。尤其是美国,无论是联邦层面还是州层面,其自动驾驶技术法规政策的制定较为完善。2017 年 9 月,美国众议院通过了《自动驾驶法案》(Self Drive Act)。这是世界上第一次自动驾驶专门性立法尝试。

我国自动驾驶技术发展迅猛,但是目前自动驾驶相关政策和法规跟进较慢,有关自动驾驶法律规制的实践,尚停留在政策制定和制度探索的初步阶段,如政府和社会如何对自动驾驶进行有效的规制以及自动驾驶法律制度在立法上如何突破仍然缺乏系统的认识和实践。得益于人工智能技术的普遍应用,自动驾驶汽车获得了与人工驾驶类似的体验。然而,在人工智能语境下如何理解自动驾驶的可规制性以及如何规范自动驾驶汽车的测试和部署,仍然需要更多的具体研究加以支撑。这也是笔者研究自动驾驶法律规制的初衷。

二、文献综述

与自动驾驶技术如火如荼的发展现状和趋势相比,中国自动驾驶技术的有关立法相对滞后,学界对自动驾驶技术的法律规制研究还十分薄弱。目前学界对于自动驾驶的关注主要集中在:介绍国内外自动驾驶技术的发展现状和法规政策体系的不足;分析法律对自动驾驶进行规制的必要性;提出法律规制自动驾驶的初步设想;探索如何平衡规制自动驾驶与引导自动驾驶技术创新;探讨自动驾驶规制中的主体资格和责任追究问题;讨论自动驾驶可能涉及的伦理问题;等等。总的来说,现有对自动驾驶法律规制的研究相对有限,且主要集中于介绍国内外自动驾驶法规政策及监管实践,学者对于如何从法律上对自动驾驶进行有效规制的理论和实际问题则鲜有涉及。为此,有必要充分了解和认识国外相关领域的研究成果和国内研究的不足。

(一)域外相关研究

在世界范围内,自动驾驶法律规制的相关研究仍处于起步阶段,落后于自动驾驶技术及其立法、监管实践的进展。域外学者对于自动驾驶带来的法律问题及其解决路径的研究主要集中在自动驾驶法律伦理、法律责任等方面。

1. 有关自动驾驶技术的价值与风险的研究

学者普遍肯定自动驾驶技术对于交通、出行、环境和资源等方面的积极意义。即使是现在依然面临各种问题的自动驾驶汽车,也比人类驾驶的汽车更为安全。根据调查研究,美国道路上94%的交通碰撞都是因人类选择或者人为错误而产生。自动驾驶汽车能够减少交通事故中的大量人员伤亡。[①] 此外,自动驾驶汽车的应用也将会带来安全性、舒适度、资源利用与环境保护的进一步提升。[②] 自动驾驶技术对公共安全、经济、社会和环境等方面存在广泛的影响。[③] 不过,也有专家担心在向自动驾驶汽车过渡的过程中,由于自动驾驶汽车高度的网联属性,因

---

① See William J. Tronsor, *The Omnipotent Programmer: An Ethical and Legal Analysis of Autonomous Cars*, Rutgers Journal of Law and Public Policy, Vol. 15(2), 2018, p. 221.

② See Helen Jones, *The Social Ethics of Self-Driving Cars: Public Perceptions and Predictions of Autonomous Vehicle Safety Risks*, Contemporary Readings in Law and Social Justice, Vol. 12(1), 2020, p. 38.

③ See Rustin Diehl & Matthew I. Thue, *Autonomous Vehicle Testing Legislation: A Review of Best Practices from States on the Cutting Edge*, Journal of Technology Law & Policy, Vol. 21(2), 2017, p. 201–206.

此短期内自动驾驶汽车的安全风险可能会因黑客网络攻击等因素而增加。[①] 也有学者认为,虽然从长远来看,广泛采用或普遍采用自动驾驶实际上可以增加交通系统容量,但在短期内,自动化可能会降低道路和交叉路口的机动车通行能力。[②]

2. 有关自动驾驶伦理问题的研究

《联邦自动驾驶汽车政策:加速道路安全变革》(Federal Automated Vehicles Policy: Accelerating the Next Revolution In Roadway Safety, AV1.0)中首次提出自动驾驶规制15项标准,其中第11项"伦理考量"(ethical considerations)提出自动驾驶汽车在驾驶过程中可能存在一些伦理问题。这些伦理问题表现为汽车驾驶安全性、机动性与合法性等价值目标之间的冲突,也表现为自动驾驶车辆上的乘客与其他车辆上乘客之间在安全上的潜在冲突,甚至在某些情形之下,一个人的安全得到保障可能以牺牲其他人的生命为代价。在这些类似于"电车难题"(the trolley problem)两难抉择中,自动驾驶汽车将对个体的生命安全产生重要影响。对于自动驾驶汽车的生产者而言,上述伦理抉择并非如同"电车难题"般停留在主观的思想实验上。[③] 在"电车难题"中,任何一个旁观者并没有创造电车,也不能代替电车司机操控电车,然而对于自动驾驶汽车而言,程序员设计了自动驾驶系统,从本质上他更类似于自动驾驶汽车的司机角色。

从法哲学角度看,人们面对自动驾驶伦理困境,在做出选择时,主要有"结果论"(consequentialism)和"道义论"(deontology)两种理论作为参考。其中,结果论的观点只与某一行为的结果相关,结果论的代表理

---

① See Caleb Kennedy, *New Threats to Vehicle Safety: How Cybersecurity Policy Will Shape the Future of Autonomous Vehicles*, Michigan Telecommunications and Technology Law Review, Vol. 23(2), 2017, p. 344.

② See Bryant Walker Smith, *Managing Autonomous Transportation Demand*, Santa Clara Law Review, Vol. 52(4), 2012, p. 1411 - 1412.

③ See Judith Jarvis Thomson, *The Trolley Problem*, Yale Law Journal, Vol. 94(6), 1985, p. 1395.

论包括道德利己主义(ethical egoism)和功利主义(utilitarianism)。道德利己主义主张人类应以给自己带来最大利益的方式行为,而功利主义则主张人类应以为集体或者整个社会带来最好结果的方式行为。可见,结果论要求自动驾驶汽车应基于在伦理选择时某个驾驶行为的相关结果做出伦理抉择。① 道义论基于一定的伦理观点,而非个体行为的结果。道义论强调基本伦理规则和原则在限制伦理困境中对个体如何行为方面所扮演的重要角色,判断一个行为好与坏的标准应是基于某些更高的伦理规范,而不是行为的结果。② 从伦理角度看,程序员设计自动驾驶系统应基于一定的规则,如"总是保护自动驾驶汽车里的乘客"。从法律角度看,如果自动驾驶汽车制造商想使自身免于责任,则它们应促使程序员根据相同的规则设计自动驾驶汽车。③

3. 有关自动驾驶与基本法律价值关系的研究

在欧美等发达国家自动驾驶技术的开发和应用过程中,学界,特别是法律学者对于自动驾驶汽车对个人基本自由、个人隐私等基本法律价值的威胁给予了较多的关注。例如,有学者呼吁规制机构在自动驾驶规制过程中限制自动驾驶汽车用户自由与隐私的限度在于:(1)自由和隐私的减损会减轻自动驾驶汽车用户的责任;(2)丧失这些价值所产生的社会成本将被行政效率或其他可识别的社会效益抵消。通过将用户自由和隐私的减损与个人和社会福利的改善联系起来,从而为规制机构在自动驾驶汽车规制活动中将侵权行为与自由和隐私调和提供可供选择的路径。④

---

① See Jacques P. Thiroux, *Ethics: Theory and Practice*, 6th ed., Encino Glencoe Press, 1977, p. 35.

② See Peter Byrne, *The Philosophical and Theological Foundations of Ethics : An Introduction to Moral Theory and Its Relation to Religious Belief*, Macmillan & St. Martin's Press, 1992, p. 86.

③ See William J. Tronsor, *The Omnipotent Programmer: An Ethical and Legal Analysis of Autonomous Cars*, Rutgers Journal of Law and Public Policy, Vol. 15(2), 2018, p. 283.

④ See Jack Boeglin, *The Costs of Self-Driving Cars: Reconciling Freedom and Privacy with Tort Liability in Autonomous Vehicle Regulation*, Yale Journal of Law and Technology, Vol. 17, 2015, p. 201.

随着欧盟《通用数据保护条例》(General Data Protection Regulation, GDPR)的出台和生效,欧美发达国家对于个人数据安全和隐私的保护更加重视。从技术层面讲,自动驾驶汽车一般有三种网联方式,即 V2V(vehicle-to-vehicle,即车与车之间的互联)、V2I(vehicle-to-infrastructure,即车与交通基础设施之间的互联)和 CVMAs(Connected Vehicle Mobility Applications,即通过网联汽车移动应用程序实现自动驾驶汽车与信息娱乐系统之间的互联)。① 自动驾驶汽车一般都会综合运用以上三种互联的方式,但是这就使自动驾驶相关的个人数据和隐私存在巨大的安全隐患。例如,自动驾驶汽车厂商或者其他第三方公司可以轻而易举地通过网络获取自动驾驶汽车车主或者乘客的旅行、位置、消费偏好等数据。而黑客侵入则会造成大面积非法侵犯个人数据和隐私,如2014 年,Uber 系统被黑客攻击,导致 10 万名驾驶员的个人数据被泄露。国外学者一般均肯定自动驾驶汽车厂商在保护个人数据和隐私方面的首要责任。有学者认为,汽车厂商在以下情形下泄露个人信息和个人隐私,应当承担相应法律责任:(1)以侵害隐私的方式收集“敏感或者个人可识别的”数据;(2)未经消费者同意,擅自将个人信息用于商业广告目的;(3)在未经同意、超出必要的数据收集和使用范围或者侵犯个人隐私的情况下,监视和使用个人数据。②

4. 有关自动驾驶法律责任的研究

域外对于自动驾驶汽车所引发的法律责任问题集中在对自动驾驶过程中事故责任的探讨,侧重从侵权法和产品责任法的角度展开研究。传统侵权法在追究侵权责任时一般要求过错(包括故意和过失)的存在,但其只适用于人类驾驶的汽车所引发的侵权责任。一般来说,确定某人负有过错责任,需要分为四个步骤:第一,确定被告对原告负有特定

① See Brandon Amon, *Invading the Driver's Seat: Preventing Overbearing Targeted Advertising in Connected Vehicles*, Hofstra Law Review. Vol. 46(1), 2017, p. 334 – 343.

② See Halie B. Peacher, *Regulating Data Privacy of Connected Vehicles: How Automotive Giants Can Protect Themselves and Their Golden Goose*, Albany Law Journal of Science & Technology, Vol. 30(1), 2020, p. 104.

法律义务；第二，证明被告违反了这种特定义务；第三，证明被告的行为是造成原告的损害的最近和必要的原因；第四，确定原告的实际损害是被告的不合理行为导致的。①

然而，传统的侵权责任法规则并不适用于自动驾驶汽车所引发的法律责任，追究自动驾驶汽车软件或者硬件的法律责任是不实际的，其只是机器，并非人类，不存在故意或者过失等主观状态，因而无法适用过错责任原则。将责任归咎于自动驾驶汽车的车主也不具有可行性，除非车主同意在购买汽车后承担所有风险。但是，要求自动驾驶汽车车主负担百分之百的风险将会阻碍消费者购买自动驾驶汽车，直至自动驾驶技术十分可靠。产品责任理论似乎能够解决过失责任在应对自动驾驶技术上的不足。产品责任法的核心功能在于补偿因为生产者在产品生产中的过失而导致的损失。一般来说，产品销售者、生产者承担过错责任的前提是存在"产品缺陷"。②

虽然严格的产品责任制度能够从根源上有效保障自动驾驶汽车消费者和道路交通参与者的合法权益，但是法律科以自动驾驶汽车生产者、销售者过重的责任既违背基本的法律公平，也可能不当阻碍自动驾驶技术的创新和发展。因而，学者针对自动驾驶汽车所引发的法律责任的特殊性，又提出了不同的法律责任理论：(1)"生产者企业责任"(manufacturer enterprise responsibility, MER)理论。该理论要求自动驾驶汽车生产者对自动驾驶汽车运行过程中所造成的所有伤害承担法律责任，MER 独立于现有的侵权法律责任体系。(2)机器人权利理论(robot right theory)。该理论主张赋予自动驾驶汽车以类似于人类的权利，实际上是将自动驾驶系统视作一个相当于传统驾驶员的独立主体，从而解决法律责任承担的问题。(3)代理人理论(agency theory)。该理

---

① See W. Page Keeton, *Prosser and Keeton on the Law of Torts*, 5th ed,, West Pub. Co., 1984, p. 161 - 164.

② See Kyle Colonna, *Autonomous Cars and Tort Liability*, Case Western Reserve Journal of Law, Technology and the Internet, Vol. 4(1), 2012, p. 104 - 106.

论主张将自动驾驶汽车视为车主的代理人,因而自动驾驶行为也理所当然地归属于车主,当自动驾驶汽车违法甚至发生交通事故,需要承担法律责任时,自动驾驶汽车的"委托人"也就自然需要替自己的"代理人"即自动驾驶汽车承担法律责任了。①

(二)国内相关研究

国内学者对自动驾驶法律规制的关注起步较晚,相关论文和著作集中在 2017 年以后发表。从行政法角度来看,学者关注自动驾驶法律规制主要分为传统视角和新兴视角两个方面。传统视角侧重于运用主流法律理论范式(如法律主体资格、法律责任等)来对自动驾驶所引发的法律问题加以研究;新兴视角则从规制理论、治理理论等理论立场出发,探寻从法律上规制自动驾驶的可行性路径。

1. 行政行为理论

行政行为乃是行政法学的核心范畴。学理上将行政行为分为抽象行政行为和具体行政行为,其中后者是行政行为的最常见形式。具体行政行为是指具有行政权能的组织运用行政权针对特定相对人设定、变更或消灭权利义务所做的单方行政行为。具体行政行为的成立包括四大要件:(1)行政权能的存在;(2)行政权的实际运用;(3)法律效果的存在;(4)表示行为的存在。行政行为的效力包括公定力、确定力、拘束力和执行力。②

然而,随着智能电子政务时代的到来,行政行为一般可以电子形式作出或者告知,也可由行政机关工作人员借助电子设备处理公务。同时,作为行政法的核心范畴,行政行为已不局限于传统的行政行为和半自动化行政行为,实务中出现了完全由机器作出的全自动具体行政行为。有论者认为,"在不确定法律概念和裁量情形下,因探寻个案正义

① See Brian S. Haney, *The Optimal Agent: The Future of Autonomous Vehicles & Liability Theory*, Albany Law Journal of Science & Technology, Vol. 30(1), 2020, p. 26 – 28.

② 参见姜明安主编:《行政法与行政诉讼法》(第 5 版),北京大学出版社、高等教育出版社 2011 年版,第 191 ~ 197 页。

的必要,全自动化可能意味着违反法治国原则”,因而主张借鉴德国和欧盟的立法经验,在特别法中补充对全自动具体行政行为的规范,“以提升公民电子信任为目标,平衡电子政务发展和公民的权利保护”①。

2. 法律责任理论

在法学、伦理学、政治学等学科中,责任作为对主体行为进行研究的关键环节而受到人们的重视。法学中的责任往往与义务有着千丝万缕的关联。例如,在张文显教授所主编的《法理学》一书中,“责任”一词被认为主要包括以下内涵:(1)分内应做的事;(2)特定人对特定事项的发生、发展、变化及其成果负有积极的助长义务;(3)因未能做好分内之事或者没有履行助长义务而应承担的不利后果或强制性义务。上述责任的第一层和第二层含义称为积极责任,第三层含义称为消极责任。② 还有学者借鉴哈特等西方学者的理论,将法律责任界定为“违法者在法律上必须受到惩罚或者必须做出赔偿”,亦即“存在于违法者和救济之间的必然联系”。③

而孙笑侠教授则试图将法律责任置于更广阔而生动的社会关系大背景下去理解,从更为本质的角度来审视“责任”一词。基于此,“责任”一词包含两个层次的语义:一曰责任关系,一曰责任方式。在人们讨论责任问题之时,实际上存在如下两方面的语义:一是主体 A 对……负有责任;二是主体 A 负有……的责任。前者表示责任关系,后者表示责任方式。任何责任都存在于两个或两个以上的主体之间,只有一个主体时不存在责任问题。责任表示一种社会关系。由此责任关系派生出第二层次的问题:责任方式。④

就个体承担责任的理由而言,自由意志论的责任观认为,个人承担责任的必要前提是责任主体的意志是自由的,也就是说只有人的意志处

① 查云飞:《人工智能时代全自动具体行政行为研究》,载《比较法研究》2018 年第 5 期。
② 参见张文显主编:《法理学》(第 2 版),高等教育出版社 2003 年版,第 142 页。
③ 蔡宏伟:《“法律责任”概念之澄清》,载《法制与社会发展》2020 年第 6 期。
④ 参见孙笑侠:《法的现象与观念》,山东人民出版社 2001 年版,第 193 ~ 194 页。

于自由状态时，个人才有承担责任的可能性。[①] 与自由意志论过分强调责任的精神、道义层面相反，决定论的责任观认为，人之所以要承担责任，并非源于人的自由意志，而在于人是一种必然的存在物。当然这种“必然性”在不同的著作者眼里具有不同的含义，可以是上帝、命运、客观精神、客观规律、客观条件或者内心信念等。[②]

3. 有关规制理论的研究

“规制”(regulation)一词的中文表达最早见于经济学家朱绍文先生等翻译的日本学者植草益所著的《微观规制经济学》。规制理论部分的运用已经涉及实际生活中的诸多领域。规制理论的演进经历了“规制—放松规制—规制重建与放松规制并存”的发展历程。依据规制性质的不同，规制可分为经济性规制与社会性规制。[③] 学界对于规制理论研究主要侧重于经济学的视角，然而规制理论的研究成果被广泛应用于法学等人文社会学科。

第一，规制的内涵。关于规制的内涵，人们在认识上存在一定的多样性。日本学者植草益认为，规制“是指依据一定的规则，对构成特定社会的个人和构成经济的经济主体的活动进行限制的行为”，其将规制主体分为私人和社会公共机构两种形式，其中后者是规制的主要形式。[④] 美国学者丹尼尔·F. 史普博认为，规制是“由行政机构制定并执行的直接干预市场配置机制或间接改变企业和消费者的供需决策的一般规则和特殊行为”[⑤]。我国学者王健等认为，规制是“政府为了公共利益、纠正市场失灵，依据法律和法规，以行政、法律和经济等手段限制和规范市场中特定市场主体的行为，确立市场竞争秩序，促进市场经济健

---

① 参见郭金鸿：《道德责任论》，人民出版社2008年版，第120页。

② 参见谢军：《责任论》，上海人民出版社2007年版，第74～75页。

③ 参见臧传琴：《政府规制——理论与实践》，经济管理出版社2014年版，第5～6页。

④ 参见[日]植草益：《微观规制经济学》，朱绍文等译，中国发展出版社1992年版，第1页。

⑤ [美]丹尼尔·F. 史普博：《管制与市场》，余晖等译，上海人民出版社、上海三联书店1999年版，第44～45页。

康发展"[①]。马英娟教授则认为,规制是"以解决市场失灵、维持市场经济秩序为目的,基于规则对市场主体的经济活动,以及伴随经济活动产生的社会问题,所施加的干预和控制"[②]。

第二,自我规制理论。随着国家规制社会生活的日益复杂化,仅依靠国家公权力的规制显然无法满足现实需要,自我规制理论就应运而生。美国学者弗里曼教授认为,自我规制是一种"内部式"的"自律"控制,具有自愿性自我规制与受监督的自我规制两种形式。借助这种替代性的制度选择,一方面国家可以寻求私人企业的协力;另一方面,其也会符合市民社会"远离国家化"的未来发展趋势。[③] 我国行政法学者高秦伟教授则认为,自我规制"是国家利用社会私人主体的自律性行为间接达成规制目的的手段,用以协助国家完成公共任务"[④]。

第三,治理与规制。俞可平教授认为,"治理"一词的基本含义是指"在一个既定的范围内运用权威维持秩序,满足公众的需要",其目的是"在各种不同的制度关系中运用权力去引导、控制和规范公民的各种活动,以最大限度地增进公共利益"[⑤]。治理更多运用合作、契约、权力下放等方式解决现实问题,以最终实现公共利益。俞可平教授还提出了理想的治理(善治)所应具备的基本要素:合法性;透明性;责任性;法治;回应;有效。[⑥] 而合作规制是治理理念在规制领域的投射。斯科特教授在欧盟治理的背景下,对治理加以讨论,并认为应将治理理念引入规制理论和实践之中,并注重政策目标和宗旨的重整,关注如何利用相关资源和组织,通过开放协调方法、软法等多元化工具,实现政策目标,通过欧盟与成员国机构以及自我规制机构的作用,实现规制目标,从而最终

---

① 王健等:《中国政府规制理论与政策》,经济科学出版社 2008 年版,第 4 页。

② 马英娟:《政府监管机构研究》,北京大学出版社 2007 年版,第 22 页。

③ 参见[美]朱迪·弗里曼:《合作治理与新行政法》,毕洪海、陈标冲译,商务印书馆 2010 年版,第 449 ~ 460 页。

④ 高秦伟:《社会自我规制与行政法的任务》,载《中国法学》2015 年第 5 期。

⑤ 俞可平主编:《治理与善治》,社会科学文献出版社 2000 年版,第 1 页。

⑥ 参见俞可平主编:《治理与善治》,社会科学文献出版社 2000 年版,第 9 ~ 11 页。

实现从命令控制向规制治理的转型。①

第四,对规制者的规制问题。传统上,规制理论主要强调政府去规制市场和社会,以纠正和克服市场失灵的问题。但从政治和法律角度思考,就需要回答如何规范和控制规制者的规制权力问题。斯科特、胡德等学者较早提出了"政府内规制"的课题,探讨了一个公共部门如何保持一定程度的组织独立性,依法对另一个公共部门实施"保持距离型"的规制,并通过哪些规制方式,来影响另一个公共部门的行为。② 而在规制实践中,对于科技风险的规制,采用自我规制虽然具有妥适性、正当性等明显优势,但是其消极效应也需要得到有效的规制,即对自我规制本身的规制,有论者主张这需要从"组织安排""认证程序""司法控制"等方面完善相应的法律制度。③

第五,规制理论的拓展。规制的意义不仅限于"通过规则的统治",规制话语在社会体系、国家组织和政府策略中的蔓延已深化了这一概念,即我们生活在一个"规制国"的时代。④ 随着政府、规制实务界和学者关切的发展,为规制研究提供基础的视角已经发生相应的改变。从规制的层次来看,规制也逐步从政府规制走向区域规制乃至全球规制。全球问题带来了所谓"全球悖论",这就要求规制理论实现向全球化逐步拓展。金融风险、气候变化等全球议题一旦缺乏国家间协调与合作的制度约束,这将带来"霍布斯式的丛林世界","造成高昂的成本和不稳定的状态"⑤。另外,传统意义的规制研究是从功能和"公共利益"角度对规制加以考察。驱动规制出现与发展的,"是市场失灵,是当下任务的

---

① 参见[美]奥利·洛贝尔:《作为规制治理的新治理》,宋华琳、徐小琪译,载冯中越主编:《社会性规制评论》第2辑,中国财政经济出版社2014年版,第127页。

② 参见宋华琳:《迈向规制与治理的法律前沿——评科林·斯科特新著〈规制、治理与法律:前沿问题研究〉》,载《法治现代化研究》2017年第6期。

③ 参见张青波:《自我规制的规制:应对科技风险的法理与法制》,载《华东政法大学学报》2018年第1期。

④ 参见[英]罗伯特·鲍德温、[英]马丁·凯夫、[英]马丁·洛奇编:《牛津规制手册》,宋华琳等译,上海三联书店2017年版,第6页。

⑤ 宋华琳:《全球规制与我国政府规制制度的改革》,载《中国行政管理》2017年第4期。

性质,以及中立角色致力于对某些公共利益的探求”。不过,也有学者分别秉承规制的“经济”、“公共选择”或者“私人利益”等不同进路,对此加以批评,他们认为许多规制体系并未能对“公共利益”有所助益,而是为强有力的经济利益所“俘获”。[①]

4. 有关自动驾驶法律规制的具体研究

近年来,自动驾驶技术创新与发展的步伐不断加快,自动驾驶道路测试的广泛开展,然而中国自动驾驶技术的有关政策和立法相对滞后,法律学者对自动驾驶技术的法律规制研究还十分薄弱。相关研究大体上包括以下六个方面内容。

(1)国内外自动驾驶技术的发展现状和法规政策体系现状及其存在的问题的介绍和分析。总体来看,目前学界对于自动驾驶的研究集中在介绍国内外自动驾驶技术的发展现状和法规政策体系的不足。首先,根据我国《道路交通安全法》等法律法规的规定,机动车上路行驶的,驾驶人和车辆都必须获得行政许可,然而无人车的特点是无人车驾驶系统(软件)与自动驾驶汽车(硬件)合二为一,没有实际意义上的驾驶人,因而自动驾驶汽车无法在现有法律规定下合法上路行驶。[②] 现有对车辆和驾驶人的行政管理措施无法直接适用于自动驾驶汽车。其次,根据我国交通法律法规的规定,交管部门可以依法对驾驶人、车辆及车辆的通行进行监管,这些措施包括检查、检验、强制、记分管理等。但对于自动驾驶汽车,特别是完全自动驾驶汽车,由于没有现实的驾驶人,因此无法直接对自动驾驶汽车进行有效的监管。现行法律法规中对驾驶人和车辆引起的法律责任的规定暂无法适用于自动驾驶汽车,如道路交通行政处罚中对驾驶人的处罚规定无法简单适用于自动驾驶汽车。最后,对于自动驾驶汽车造成的交通事故的责任认定和刑事责任,现行法律法规都

---

① 参见[英]罗伯特·鲍德温、[英]马丁·凯夫、[英]马丁·洛奇编:《牛津规制手册》,宋华琳等译,上海三联书店2017年版,第10~11页。

② 参见李鹏:《李彦宏“违法”无人驾驶背后:法规该如何跟上新技术脚步》,载《北京科技报》2017年7月10日,第4版。

无法有效回应。[①] 另外，自动驾驶汽车及其自动驾驶系统的测试和认证的标准尚不完善，不利于行业的统一监管和良性发展，法律法规也暂未明确自动驾驶汽车的应用范围和场景，政府各个部门间的监管协同暂未形成体系，自动驾驶汽车进入市场前的检测制度还不够完善，这些都会对测试、研发和应用形成限制。[②] 而且，自动驾驶汽车目前面临数字黑客攻击的风险，其制造和监管标准仍处于空白状态。[③]

（2）对自动驾驶接受法律规制的必要性问题的理论探讨。关于法律对自动驾驶进行规制的必要性问题，多数学者认为目前自动驾驶技术及自动驾驶汽车的发展面临较多法律困境，有必要通过完善有关立法对自动驾驶进行严格的规范。有研究者认为，无人驾驶技术面临的诸多法律困境主要包括准入制度、个人隐私、责任主体、保险制度等。[④] 特别是在准入制度方面，自动驾驶技术仍面临较大的挑战。自动驾驶准入制度上的困境主要包括市场准入和道路准入问题。市场准入的困境是自动驾驶汽车标准复杂化，不能进入工业和信息化部汽车公告目录；道路准入的难题是驾驶人资格缺乏标准，车辆无法获得正式号牌，无法从事道路运输经营。[⑤] 除上述挑战外，自动驾驶技术对法律的挑战还包括法律中许多关于驾驶员的抽象要求，如谨慎、合理、文明驾驶等术语和规范也将难以确定和实现。[⑥] 另外一些学者则持有务实立场，认为目前从行政法上对自动驾驶技术进行全面的规制，时机尚不成熟。公众操纵自动驾驶车辆上路行驶的配套法律并不完善，且有关实践还没有完全展开。因此，现阶段我国道路交通管理相关职能部门需要解决的应该是如何规范

---

① 参见王莉玲：《无人驾驶：交通肇事“困局”如何破解》，载《检察日报》2017 年 7 月 11 日，第 3 版。

② 参见穆康乐：《无人驾驶汽车发展现状及未来展望》，载《电子技术与软件工程》2017 年第 21 期。

③ 参见王义、林麟：《无人汽车发展动态浅析》，载《世界电信》2017 年第 3 期。

④ 参见王心钰、张长青：《无人驾驶汽车的法律冲突探究》，载《科技导报》2017 年第 19 期。

⑤ 参见郑琳、李明雨：《论自动驾驶汽车准入的双层法律障碍及其克服》，载《中国海洋大学学报（社会科学版）》2023 年第 4 期。

⑥ 参见陈晓林：《无人驾驶汽车对现行法律的挑战及应对》，载《理论学刊》2016 年第 1 期。

自动驾驶车辆上路进行测试的问题。[①]

(3)对如何规制自动驾驶技术的理论研究。关于法律如何规制自动驾驶的问题,学者也提出了自己的初步设想。有学者认为未来应当主要从以下三个方面建立健全自动驾驶法律制度:一是建立健全自动驾驶汽车许可与质量管理制度;二是建立健全自动驾驶汽车道路安全行驶制度;三是建立健全自动驾驶汽车致损责任赔偿与保险制度。[②] 在自动驾驶道路交通违法责任方面,有学者主张以车辆所有人、管理人代替驾驶人,明确其各项义务,参与交通事故处理,承担交通违法责任;引入系统保险或者扩大第三者强制责任险承保范围与程度,实行完全无过错责任,并强化生产商义务。[③] 也有论者强调应通过完善自动驾驶立法来实现对自动驾驶的有效规制,在立法理念上应坚持创新性立法、前瞻性立法和开放性立法,在立法路径上应坚持地方试点立法先行,并以对现有立法进行修改的综合性立法为主要立法形式。[④] 有论者则持有相反立场,认为对现有道路交通法律体系进行"小修小补"无法为自动驾驶法律规制提供充分有效的法律依据,我国应借鉴域外经验,尽快出台作为专门性立法的"自动驾驶汽车法",以解决自动驾驶汽车的法律责任难题。[⑤] 在立法内容上,有论者认为应通过建立和完善自动驾驶进行分级分类管理制度、上路测试申报许可制度、保险制度等来达到对自动驾驶技术进行有效法律规制的目的。[⑥] 也有论者从具体操作层面建议面对自动驾驶汽车的诸多挑战,应具体完善通行主体规范、执法规范、事故处理规范和违法处理规范。[⑦] 在规制路径上,有论者主张通过完善部门协

---

① 参见应朝阳、路安、张青:《美国自动驾驶车辆法规介绍》,载《道路交通管理》2015 年第 3 期。

② 参见刘权:《无人驾驶 立法应先行》,载《第一财经日报》2017 年 11 月 8 日,第 A11 版。

③ 余凌云:《无人驾驶的道交法规范构建》,载《荆楚法学》2023 年第 5 期。

④ 参见李烁:《自动驾驶汽车立法问题研究》,载《行政法学研究》2019 年第 2 期。

⑤ 参见侯郭垒:《自动驾驶汽车风险的立法规制研究》,载《法学论坛》2018 年第 5 期。

⑥ 参见王心钰、张长青:《无人驾驶汽车的法律冲突探究》,载《科技导报》2017 年第 19 期。

⑦ 参见胡元聪、李明康:《自动驾驶汽车对〈道路交通安全法〉的挑战及应对》,载《上海交通大学学报(哲学社会科学版)》2019 年第 1 期。

同机制、引入实验型规制模式、探索基于原则的规制进路以及推进场景化治理和多层次立法等方面来应对自动驾驶技术带来的风险和挑战。①

(4)如何平衡规制自动驾驶与引导自动驾驶技术创新的问题的研究。关于如何平衡规制自动驾驶与引导自动驾驶技术创新的问题,目前研究较少。有学者认为,自动驾驶汽车代表着未来交通发展的新趋势,自动驾驶应同步重视技术发展与法律规制,而不能只重规制而轻发展。② 还有学者认为,无人自动驾驶汽车最后能否顺利进入社会并非取决于技术成熟度,而是由自下而上的社会接受度与自上而下的政策、立法管制相互作用所决定。③

(5)如何确定规制对象是法律规制自动驾驶的前提性问题。自动驾驶汽车在没有人类驾驶员参与控制的情况下,究竟以何者为规制的具体对象,这是一个重大的理论和现实问题。正如有学者所指出的那样,若将机器作为法律主体,这将是对已有观念和体系的彻底颠覆;但"若将所有错误都怪罪到机器身上,这又是人类对责任的严重逃避"④。虽然法学界在对无人驾驶技术的责任认定等相关探讨中也存在争议,但有几点值得注意:第一,法律学者主要是围绕技术开发者、生产者、使用者等主体的责任分配来展开的,在他们看来,自动驾驶汽车,特别是无人驾驶汽车根本就不是承担责任的主体。这至少说明目前机器人尚不能成为现实的责任主体。第二,法学学者一般是在将自动驾驶作为一种现成的技术的前提下来探讨自动驾驶法律责任问题,侧重于务实地思考当下自动驾驶汽车的责任承担问题。第三,自动驾驶汽车所涉及的责任主体相对有限,可对某些具体法律条文进行比较清晰的责任界定。基于对自

---

① 参见孔祥稳:《面向人工智能风险的行政规制革新——以自动驾驶汽车的行政规制为中心而展开》,载《行政法学研究》2020年第4期。

② 参见中国电动车百人会信息部:《自动驾驶应同步重视技术发展与立法监管》,载《交通建设与管理》2016年第14期。

③ 参见[德]多尼米克·希伦布兰德:《汽车智能化的道路:智能汽车、自动驾驶汽车安全监管研究》,翁岳暄译,载《科技与法律》2014年第4期。

④ 庄瑞:《无人驾驶技术与法规的冲突分析》,载《无线互联科技》2017年第8期。

动驾驶法律责任问题的前瞻性考虑,有学者从道德责任的角度认为应该明确机器人的设计者、生产商、使用者、政府机构及各类组织的道德责任,建立承担责任的具体机制,才能有效避免“有组织的不负责任”现象。①

(6)自动驾驶技术的法律规制还存在伦理问题。在各国政策的指引下,自动驾驶汽车技术及产业正以前所未有的速度快速推进。然而,随之而来的则是自动驾驶无法绕开的法律与道德伦理问题。无人驾驶汽车的伦理问题涉及不同的情景和价值选择。譬如,一个孩子在街上跑,汽车只有两个选项:撞死这名儿童或者使车上的乘客丧生。这样的情景会因为不同国家的文化差异而导致答案大相径庭。比如在德国,法律规定,不能比较人命孰轻孰重。但某些欧美国家的保险公司则会认为儿童因为生存期更长,生命或许更为“昂贵”。② 对于自动驾驶技术发展与应用可能带来的伦理问题,法律能发挥重要作用,但不能解决所有问题。人机共存社会究竟按照何种规则运转,需要我们从法律、伦理、政治、宗教等多角度全面衡量,在人工智能对人类社会造成重大影响甚至产生对抗之前,提前设定规则,以免人类有朝一日被自己亲手造出的智能工具淘汰出局。③ 也有学者从法教义学角度探讨自动驾驶带来的伦理难题,认为自动驾驶所造成的伦理困境主要是人的道德选择问题,“碰撞伦理”应确立如下优先次序:第一,自动驾驶系统的乘客应受到优先保护;第二,自动驾驶系统的算法程序不应为避免碰撞而选择人数更少的对象;第三,在只付出合理代价并带来更大社会善的情形下,该算法程序也可以对乘客施加可允许的伤害。④ 但也有学者针对自动驾驶责

---

① 参见杜严勇:《机器人伦理中的道德责任问题研究》,载《科学学研究》2017年第11期。

② 参见刘葳漪:《伦理问题成为无人驾驶瓶颈》,载《北京商报》2016年3月1日,第A02版。

③ 参见沈玲:《无人驾驶汽车:法律与伦理如何平衡?》,载《人民邮电报》2016年9月30日,第6版。

④ 参见朱振:《生命的衡量——自动驾驶汽车如何破解“电车难题”》,载《华东政法大学学报》2020年第6期。

任事故中对自动驾驶汽车内乘客进行优先保护的观点表达了质疑，基于“市场论证”和“乘客论证”不能证明乘客的优先地位，因而在自动驾驶汽车碰撞事故中，并没有理由给予乘客优先获得保护的地位。[①]

（三）对现有研究的评述

现有对自动驾驶法律规制的研究可以概括为以下三个方面：一是从传统行政法、民法等学科基本理论出发，研究自动驾驶条件下的法律责任、行政监管等问题；二是从文献梳理和比较法的角度介绍、阐述自动驾驶技术法律政策的最新发展状况及其不足；三是从规制的角度探讨人工智能背景下自动驾驶的有关问题。这三个方面对于本主题的研究都是不可偏废的。只有通过传统法学理论对自动驾驶技术的法律规制进行审视，才能发现现有理论存在的缺陷和不足，同时也能够使新的研究成果更好与既有理论学说和实践契合。对自动驾驶法律规制的介绍性研究和梳理是该领域研究的基础性工作，是研究自动驾驶技术法律规制的必要准备。而从规制理论角度对自动驾驶技术进行研究则是从一个全新的视角来认识自动驾驶技术的治理问题，具有很强的启发意义。

然而，总体而言，现有的研究还比较单薄，深度和广度相对有限，且主要集中于介绍国内外自动驾驶法规政策及监管实践，学者对于如何从法律上对自动驾驶进行有效的规制则较少关注。具体来说，该领域在以下五个方面存在进一步探讨的空间：

第一，自动驾驶的规制主体有待于进一步拓展。传统行政法理论认为，国家行政机关是公共行政的主要监管主体，承担公共服务职能的公共组织在法律、法规授权的情形下，也可以成为行政主体。然而，以自动驾驶技术为代表的人工智能、“互联网＋”等新兴技术产业都要求技术、信息等要素的高度融合与共享。技术平台（如自动驾驶软件系统）等主体在自动驾驶的规制过程中扮演着关键角色。这些技术平台不仅是监管部门管理的相对人，还应成为协助行政机关更好对自动驾驶进行监管

① 参见陈景辉：《自动驾驶与乘客优先》，载《华东政法大学学报》2020年第6期。

的一支重要力量。为此,我们需要从理论上回答其履行一定公共监管职能的可能性及其适度范围。这些主体在公法上,特别是在行政法上具有什么样的地位?能否在法律上赋予上述主体一定的公法义务或者监管职责?如果答案是肯定的,那么其范围和限度又在哪里?现有的研究都无法给出有力的回应。这也正是本书进一步研究的方向之一。

第二,既有规制模式和规制理念存在不足。自动驾驶技术系统复杂,技术融合度较高,产业发展需求和公共安全需求都很大。政府在监管中不但要确保国家自动驾驶政策的落实,促进自动驾驶技术的健康、快速发展,还应确保自动驾驶技术符合公共安全的基本要求。复杂的利益关系和极高的监管难度使政府部门无法通过一己之力来完成,这需要自动驾驶技术平台、生产开发企业等主体共同参与到自动驾驶技术的法律规制中。完全由政府主导的监管模式已经力不从心。监管部门需要将决策信息、数据、公共平台等资源更多向社会开放,从而使自动驾驶技术的各参与方能够充分利用监管信息作出正确决策,协助政府部门做好监管工作。而现有的理论往往更多强调如何通过政府监管这种单一的高权行政活动方式来实现规制自动驾驶技术的目标,这很显然不符合自动驾驶技术发展的要求。这就需要我们站在理论的高度,重新审视政府部门在自动驾驶中的角色扮演和职能定位,确定政府之外其他各方主体在自动驾驶规制中的公共责任。

第三,行政行为理论面临着新挑战。自动驾驶汽车在运行中自动化程度较高,在无人驾驶的高度自动化条件下,根本不存在驾驶人操控的情形。此时行车安全难以得到有效保障。为此,传统的事后监管必须进一步延伸到事前和事中。好在问题与解决问题的条件往往同时出现。自动驾驶技术带来了难以预料的法律难题,但同时技术的问题也可以用技术去加以解决。法律的规制可以更多通过灵活的技术手段加以实现。高度智能化的自动驾驶汽车必然要求高度智能化的监管方式和手段。这势必带来行政机关活动方式的变革。传统以行政决定为中心的行政行为体系仍然有效。不过,在自动驾驶的监管情形下,有关监管主体必须通过技术手段随时对自动驾驶汽车进行监管,而这种监管多体现为电子化、智能化的手段,当它们具有行政法律意义时,就不得不涉及其法律定性问题了。这种电子化、智能化的行政监管方式是否可以体现为行政行为,或者传统的行政行为理论能否有效解释这种监管方式,是值得探讨的理论新话题。

第四,自动驾驶法律责任理论体系亟待完善。自动驾驶汽车往往处于人机同时驾驶汽车甚至不需要实际驾驶人操作的状态。这种情况带来的法律难题意味着驾驶人之外的机器或者驾驶系统如何被有效监管将成为理论新课题。自动驾驶汽车或者驾驶系统能否成为法律规制的直接对象?如果不能,法律规制的对象是谁?其范围和限度在哪里?这些都是在人工智能技术迅速发展背景下才会出现的新问题。随之而来的问题是,当自动驾驶汽车发生交通事故等情形需要承担法律责任时,怎样合理确定责任归属和认定责任?同时,作为规制者的政府部门是否需要承担规制责任以及如何承担责任?现有的理论无法做出直接回应。本书试图在这方面进行深入研究,以期在人工智能技术背景下完善法律责任相关理论。

第五,驾驶自动化算法本质及其可规制性缺乏足够理论关注。目前,自动驾驶在法律上面临着主体资格问题、责任难题和伦理挑战三大主要理论问题和其他现实法律问题。在自动驾驶特别是无人驾驶条件下,自动驾驶系统部分或者完全掌控和完成动态驾驶任务。而作为自动驾驶汽车之“大脑”的自动驾驶系统是自动驾驶得以实现的关键,自动驾驶系统作为自动驾驶汽车的软件要素,其作用的发挥虽然依托于车辆传感器、控制器等硬件组件,但其整个控制活动得以开展主要是在驾驶自动化算法的指引和控制下进行的。对自动驾驶所面临的理论和现实挑战的回应,都无法避开对驾驶自动化算法本身的解读和阐释。有关驾驶自动化算法的研究目前学界重视不够,本书力图在阐述问题的基础上,以驾驶自动化算法为核心,探讨自动驾驶面临各种理论和现实挑战的根源,并分析驾驶自动化算法的局限性及其可规制性,为自动驾驶法律规制提供理论依据。

三、研究价值

当前,自动驾驶法律规制理论研究滞后于自动驾驶技术及其法律规制实践的发展。本书在进一步深化自动驾驶法律规制理论与指导自动驾驶法律规制实践方面具有重要研究价值。

(一)理论价值

本书研究的理论价值主要包括以下四个方面:

1. 探索人工智能法律规制的理论体系,深化技术与法律关系的理论认识。科技与法律之间的关系是当今法学理论研究所面临的重要议题。科技的发展为法律制度的创新提供了无限可能,但是科技进步也给法律制度和政府规制活动带来新的难题。作为人工智能技术的一个具体应用领域,自动驾驶区别于传统的人工驾驶,由机器和软件系统自主完成动态驾驶任务,这里面所包含的自动驾驶汽车主体资格、法律伦理与责任等问题远非现有法律理论和法律制度所能回应。造成这一局面的症结在于自动驾驶汽车的"大脑"——自动驾驶系统,主要是由人类所设计的驾驶自动化算法进行控制。在传统的信息时代,算法从来不是法律调整和规范的主要对象,然而在自动驾驶的法律规制中,驾驶自动化算法因其关键性角色而备受关注。因此,对诸如法律与算法之间是何种关系、法律规制算法何以可能以及如何实现等问题的回答,将是本书在研究自动驾驶法律规制理论中所必须做的。这有利于从更普遍意义上推进人工智能法律规制的基本理论,深化对算法的法律属性和规制策略的理论认识。

2. 更新自动驾驶法律规制理念,引入实验型规制、技术规制与合作规制。自动驾驶技术是在互联网技术和人工智能技术等高新技术的基础上产生的新技术,其技术系统复杂,技术融合度较高,产业发展需求和公共安全需求都很大。政府在监管中不但要确保国家自动驾驶政策的落实,促进自动驾驶技术的创新与发展,还应确保自动驾驶技术符合公共安全的基本要求。政府部门无法通过一己之力承担自动驾驶法律规制的重要使命,这需要自动驾驶技术平台、生产开发企业等主体共同参与到自动驾驶的规制过程之中。自动驾驶法律规制应是一种协作治理的新模式,而不是政府一家独大的单一监管模式。这本身是对传统高权行政管理的一种突破和补充。同时,自动驾驶技术尚不够成熟,需要来自制度层面的更多包容性,其作为一种完全依靠算法等技术手段的人工智能产品,也不能完全依赖于既有的人工监管方式,因而自动驾驶法律规制也呼唤实验型规制、技术规制等规制模式。

3. 变革自动驾驶规制手段,创新行政行为理论。自动驾驶能够有效缓解交通拥堵,大幅减少交通事故,是公共交通的新形态。但同时,自动驾驶技术如果未能得到有效监管,也可能产生危及公共安全、侵犯人身财产安全等事故。在自动驾驶条件下,法律的规制可以更多通过灵活的技术手段展开,从而实现规制手段的创新。有关规制主体通过技术手段随时对自动驾驶汽车进行监管,而这种监管多体现为电子化、智能化的手段,要获得法律上的肯认,就有赖于从学理上对这些新的行政活动方式进行阐释,而对带有自动化属性的行政活动方式的研究,将有利于推进行政行为理论的创新和突破。尤其是对全自动化行政活动方式的讨论,将能突破既有行政法学范式的诸多既定范式和框架,不断拓展行政行为理论发展的新领地。

4. 明确规制对象,完善法律责任体系。自动驾驶的特殊性在于,自动驾驶汽车往往处于人机同时驾驶汽车甚至不需要实际驾驶人操作的状态。这种情况带来的法律难题意味着,驾驶人之外的机器或者驾驶系统如何被有效监管将成为理论新课题。自动驾驶法律规制的首要理论和制度前提是明确法律规制的对象及其范围和限度,这是自动驾驶法律规制发生作用的基点。在规制对象明确化的基础上,自动驾驶因违法或者事故而带来的责任追究问题也是自动驾驶法律规制中的重要内容。对上述理论难题的回应将极大地丰富和充实以自动驾驶为典型代表的人工智能法律规制理论中的规制对象和法律责任理论,从而更好地指导自动驾驶法律责任体系的构建。

（二）实践价值

本书研究的实践价值表现在以下四个方面：

1. 满足立法需求，促进自动驾驶技术健康有序发展。目前，我国法律法规暂未对自动驾驶汽车的准入规则、应用范围和场景作出规定，政府各个部门间的监管协同暂未形成体系，有关自动驾驶技术标准体系也尚未完全建构起来。阻碍自动驾驶技术健康、有序发展的制度性、政策性因素在国家层面和地方层面普遍存在。本书研究的落脚点之一就是要认真研究分析自动驾驶技术发展的立法需求以及我国现行交通法规体系中无法适应自动驾驶技术发展要求的有关规定，进而就改进促进自动驾驶技术发展的相关立法提出初步建议。

2. 回应公众关切，从法律上确保自动驾驶技术符合公共安全的基本要求。自动驾驶虽然在缓解交通拥堵、减少交通事故等方面可以发挥积极作用，但同时其本身也因缺乏有效的人为干预因素而被公众质疑缺乏安全感，特别是在无人驾驶条件下交通事故中的伦理危机，仍是制约自动驾驶汽车推广应用的关键性阻碍因素。因此，自动驾驶发展中最关键的需求是公众对安全的需求，这也就决定了法律对其进行规制时应着重考虑自动驾驶技术的安全性要素。从自动驾驶技术的准入环节、运行监管、标准体系建设、责任承担等多个维度探寻和确立自动驾驶技术安全运行的制度规则保障将有利于回应公众对安全议题的基本关切。

3. 借鉴吸收已有实践经验，提升自动驾驶监管质效。从国外来看，美国、德国、英国等发达国家不但在技术上具有先发优势，在法规政策制定和监管实践中也处于领先地位。特别是美国，不但在联邦层面出台了自动驾驶的相关政策文件，很多州也已经出台了自动驾驶法规政策，监管实践正深入推进。从国内来看，目前北京、重庆、长沙、上海等地正在开展自动驾驶技术道路测试与应用的研究与政策制定。从文本分析和实证研究的进路出发，具体分析国内外自动驾驶典型个案并提炼出实践经验和成果，将为我国今后自动驾驶的监管实践和政策制定提供经验性材料和启示,促进监管水平的持续提升。

4. 立足自动驾驶技术发展现状,完善自动驾驶技术道路测试与示范应用的制度规则体系。本书着眼于自动驾驶技术法律规制的总体目标,研究自动驾驶作为一种新兴的技术所面临的普遍性、长远性制度和理论需求,同时也关注当下自动驾驶发展过程中的关键环节。就目前而言,自动驾驶车辆道路测试是推进自动驾驶技术走向应用场景的关键环节和步骤。道路测试也需要法律规则的保障和监管部门的有力监管。作为自动驾驶法律规制的雏形,自动驾驶的道路测试监管当然在本书的研究中具有举足轻重的地位。以自动驾驶道路测试监管为突破口进而深入研究自动驾驶法律规制的具体内容,对于自动驾驶道路测试法律规制实践也具有十分重要的现实意义。

四、创新之处

本书的创新之处主要体现在以下五个方面:

第一,在研究内容上,本书的中心议题是阐述自动驾驶技术所带来的理论和现实挑战并提出相应的解决方案。日新月异的技术创新对法律理论和实践的冲击普遍存在,因而在理论上对其加以分析研究是回答法律如何规制以自动驾驶技术为代表的人工智能技术的共同目标和追求。具体而言,本书在分析回应自动驾驶法律规制的理论和现实挑战的基础上指出:自动驾驶法律规制所面临的理论和现实挑战源于自动驾驶与人工驾驶的不同控制方式,驾驶自动化算法是产生规制困境的根本原因,因而有必要从理论上对驾驶自动化算法的特点、局限和规制策略等问题进行分析;在自动驾驶法律主体资格上,主张在法律上承认完全自动驾驶系统的“机器驾驶人”的法律地位;在责任的实现上,主张建立责任保险和责任基金,后者由自动驾驶生产者、开发者、使用者等主体共同设立并用于责任承担;在解决伦理问题上,则通过制定伦理规范和进行必要的伦理审查化解伦理失范和伦理困境问题;在自动驾驶的可规制性问题上,指出对自动驾驶的规制核心在于对驾驶自动化算法的规制,并具体分析了驾驶自动化算法的异化及其规制策略；在技术规制的引入中，强调自动化行政（特别是不具有裁量能力的完全自动化行政是一种机器作出的羁束性行政行为）应被赋予相应的法律地位。

第二，在研究思路上，本书坚持理论探索与实践创新并举的进路。本书首先从自动驾驶技术及其法律规制所涉及的基本理论问题（如自动驾驶的概念、规制理论、自动驾驶法律规制的必要性等）进行阐述。其次回到自动驾驶法律规制实践，在对国内外有关实践进行规范文本分析和实证分析后，明确自动驾驶技术给当前行政法理论和立法所带来的问题与挑战，直接回应本书的核心关切。在此基础上，本书将从理论上对前述问题与挑战予以讨论，并试图提出自己的理论回应方案和思路。最后，按照上述理论，本书将从规制过程和规制结果两个角度阐述面对既有理论和现实挑战，法律规制自动驾驶的具体实现路径。

第三，在研究方法上，本书坚持主流研究方法（如比较分析、规范分析等），同时也强调跨学科方法的充分运用。由于本书更多关注如何从行政法角度对自动驾驶技术进行良好的法律控制和监管，因此在研究方法上本书借助于以规制理论、博弈论分析为代表的经济学分析工具和方法。这些跨学科方法的充分应用在确保结论的科学性、针对性方面将起到极其重要的作用，同时也是研究思路和研究目标得到有效实现的方法论保障。

第四，在研究文献上，本书具有丰富的可供参考的文献资料来源。首先，自动驾驶技术在美国等发达国家起步较早，而且无论在技术上还是在法规政策上它都走在时代的前列。本书对相关问题的阐述建立在阅读大量外文文献的基础上，吸收了域外自动驾驶法律规制实践的最新成果。其次，在国内文献资料基础上，目前北京、上海、长沙、重庆等地已经先后开始了自动驾驶技术道路测试相关监管实践和法规政策制定的摸索。本书将通过访问学习、调查研究等方式，争取获得第一手资料，这是本书研究的坚实基础。

第五,在实际应用上,本书服务于当前我国自动驾驶道路测试监管和未来《道路交通安全法》等法律法规的制定或者修改。本书在自动驾驶法律规制的基本实现路径上,认为应不断完善自动驾驶道路测试监管,并以此为依托,不断健全我国自动驾驶法律规制的理论和制度体系。在此基础上,本书提出了我国自动驾驶法律规制的基本原则,并提出完善自动驾驶规制机构组织架构、建立自动驾驶法律准入制度、实施伦理审查、建立标准体系等具体建议,明确提出应从立法上肯定自动驾驶系统"机器驾驶人"的法律地位,通过责任基金和责任保险等方式解决自动驾驶法律责任的实现问题。

五、研究方法

(一)主要研究方法

学术研究的开展总是依赖于一定的研究方法,本书在研究自动驾驶法律规制的理论和实践问题及其完善过程中,主要采用以下六种研究方法:

1. 规范分析法。规范分析的前提在于搜集国内外自动驾驶立法、政策以及学者对自动驾驶法律规制的有关研究文献。在获取充分的文献资料后,重点对国内外有关自动驾驶的相关政策、立法的文本规定进行认真的分析、归纳和总结,了解国内外自动驾驶法律规制的对象、主体、方式、责任等具体问题和做法。

2. 实证分析法。自动驾驶立法处于初始阶段,很多问题需要有关部门进行行政监管方面的不断探索和尝试。因此,这需要走进自动驾驶监管的实践中,通过走访等调查途径了解自动驾驶的监管现状以及自动驾驶法律规制中的制度性障碍因素等现实问题。

3. 比较分析法。通过比较不仅可以发现事物之间的差别,更能发现各自的缺陷和不足。本书所依据的资料既有国内的,也有国外的。就国内而言,本研究注重不同地区之间自动驾驶道路测试工作的横向比较。就国外经验而言,以美国为例,在获取美国自动驾驶立法及其监管情况后，应当对中美之间自动驾驶技术发展现状、监管体制、立法情况等进行认真的比较，以找到二者的共同之处和差异性，从而对中国自动驾驶法律规制提出可操作性更强的建议和设想。

4. 利益分析法。利益分析的方法在本书的研究中具有独特价值。由于自动驾驶技术及其监管实践迅速推进，且自动驾驶法规政策体系的建构在全世界范围内才刚刚起步，各方利益主体及其利益错综复杂。而搞清楚利益问题是法律调整自动驾驶的重要前提。利益分析的方法可以保证研究的前瞻性和针对性。借助于利益分析的方法，本书可以对自动驾驶中各方主体的利益关系和义务设定进行较为充分的研究。

5. 法哲学的分析方法。法哲学的分析方法，即从哲学观点出发，或者通过把哲学适用于法律问题来研究法。法哲学的分析方法之所以重要，乃是因为本书相关讨论的展开势必触及法学本体论的领域。例如，对于自动驾驶系统法律主体资格、伦理难题、法律责任等问题的探讨，毫无疑问就无法完全从实证的角度展开，需要研究者从法学基础理论的宏观和整体视角出发，在规范主义的学术立场上探寻自动驾驶法律规制的相关议题。

6. 跨学科研究工具和方法。自动驾驶技术的法律规制具有系统性和综合性，不光涉及法学理论问题，还涉及经济、管理、人工智能、计算机科学等多个领域。虽然本书的研究立场主要是行政法学的视角，但这并不意味着本书仅采用行政法的理论和方法研究和分析自动驾驶的有关法律规制问题。本书将结合其他学科的有关方法展开对自动驾驶法律规制的理论研究，特别是规制理论、博弈论等分析工具和方法，将可能成为本书在研究方法上的突破。

（二）研究方法的可行性

本书所采取的研究方法具有一定的针对性和可操作性，同时对于有效完成本书所确立的各项预期研究目标具有十分积极的作用。其具体体现在：

首先,文本分析法、实证分析法是本书获取研究资料和实证经验的关键研究方法。文本分析法能够从文献搜集、梳理、归纳的角度,让研究者了解当前自动驾驶法律规制相关研究的现状及进一步研究的内容,同时也能够更好地明确自动驾驶技术对法律监管实践和法规政策体系提出的新课题、新挑战,为本书从理论和现实两个层面进行回应提供充分的知识和经验基础。实证分析法能为本书的研究提供丰富的现实素材和生动案例,有利于问题的发掘以及经验的提炼和借鉴。

其次,比较分析法和利益分析法是在文本分析法、实证分析法等方法运用的基础上,进一步对自动驾驶法律规制的不同法律实践和法规政策体系进行比较,发现新问题、新挑战,并对问题进行考察和分析,同时也可能找到解决问题的新方法、新思路。本书一方面站在自动驾驶技术发展和法律规制的宏观立场上展开对有关问题的讨论,另一方面也立足于我国自动驾驶技术发展的现实情况和自动驾驶法律规制的具体实践。因此,比较分析和利益分析的方法能够帮助本书从中外比较、国内横向比较上获取经验、教训和启示,并从利益关系视角对规制中存在的问题进行进一步分析,探究自动驾驶法律规制背后的利益动因和实质。

再次,法哲学的分析方法之所以重要且可行,乃是因为任何新的法律问题的出现都无法回避从法学基础理论的角度进行思考的基本思路。自动驾驶给传统法律理论带来了实实在在的冲击和挑战,这既可能是传统理论在应对新问题时解释力不够,也可能是面对新问题人们缺乏必要的法哲学思考。特别是关于自动驾驶法律主体、法律责任以及法律伦理等理论挑战方面,仅仅通过行政法的理论无法给出有效的回应。用以法哲学方法为代表的方法学基础理论工具来讨论自动驾驶有关议题,既能够提升研究的理论高度和深度,也能够指导具体回应措施的理论建构和法律完善。

最后,跨学科研究工具和方法的使用照顾到了本书研究内容的现实情况。跨学科研究工具和方法的运用是本书的创新之处,多元化的研究方法也更符合本书研究的实际情况。例如,规制理论是当前人文社会科学中被广泛采用的方法,这种方法在涉及经济规制和社会规制方面的研究时就具有很强的适用性。本书主要是从规制理论的视角展开对自动驾驶的研究,有关规制主体、规制对象、规制模式、规制手段等的讨论可以借鉴和吸收已有的规制理论研究成果。

六、研究进路

本书在研究进路上,基本遵循"提出问题—分析问题—解决问题"的基本思路。在具体研究上,本书从对核心概念"自动驾驶法律规制"的界定切入,确定本书的研究对象、研究范围,并讨论自动驾驶法律规制的现实依据和理论依据。在国内外自动驾驶规制实践的基础上,本书阐述和分析了自动驾驶的理论和现实两个层面的挑战。面对挑战,自动驾驶法律规制的充分实现亦应分别从理论和法律两个角度展开:就理论回应而言,首先讨论和回应了自动驾驶法律主体资格、法律责任和法律伦理三大理论挑战,然后在此基础上对以驾驶自动化算法为核心的自动驾驶的可规制性进行了深入探讨和展开。而对自动驾驶的法律回应则主要是从自动驾驶法律规制过程的动态角度和规制结果的静态角度出发,分别探讨了自动驾驶法律规制的制度回应和责任体系构建两个方面的内容。前者回答自动驾驶法律规制过程应如何开展以及应确立的基本制度。后者回答自动驾驶法律规制中的法律责任体系如何构建,包括自动驾驶汽车引发的违法或事故责任以及自动驾驶规制主体的法律责任两个方面的内容。

本书框架结构示意如图 0 - 1 所示:

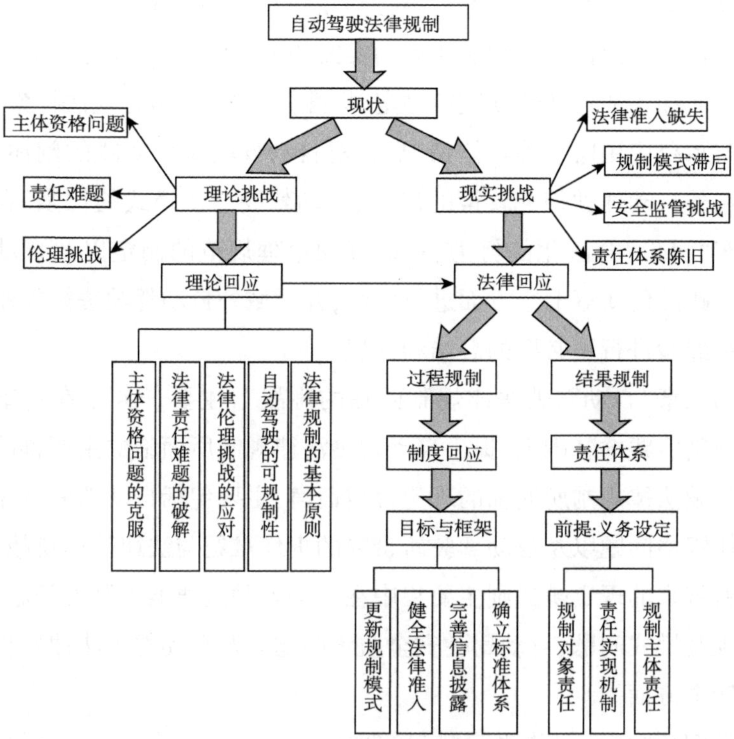

图0-1 本书框架结构示意

七、主要内容

从内容上看,本书分为六章,主要内容如下:

第一章"自动驾驶法律规制的界定与依据",主要任务是界定核心术语,阐明自动驾驶的现实依据和理论依据。在归纳、总结现有研究成果的基础上,该部分对"自动驾驶"及"自动驾驶法律规制"等核心概念进行了界定;分析、阐述自动驾驶技术及其法律规制所面临的时代背景,包括人工智能、风险社会以及交通运输变革三个方面;对自动驾驶进行法律规制的正当性基础的探讨则主要从公共产品、信息不对称以及行政法治三个方面展开。

第二章"自动驾驶法律规制实践",主要任务是客观描述国内外自动驾驶法律规制实践的基本内容,为问题的提出和经验的提炼提供实证基础。在对我国自动驾驶法律规制实践的阐述中,重点关注和介绍我国国家层面和各地自动驾驶政策制定、标准体系构建、地方立法探索、道路测试与示范应用监管等具体情况;在对自动驾驶域外实践的阐述中,重点从域外自动驾驶相关政策的出台、自动驾驶立法模式的探索、自动驾驶汽车"身份"合法化的努力、自动驾驶伦理规范的制定以及自动驾驶监管实践的创新等七个方面进行关注,并对域外自动驾驶法律规制实践的相关经验进行了必要的总结和评述。

第三章"自动驾驶法律规制面临的挑战",主要任务是在自动驾驶法律规制实践的基础上,提出自动驾驶法律规制所面临的主要挑战。就自动驾驶法律规制所面临的理论挑战而言,主要包括自动驾驶汽车的法律主体资格问题以及自动驾驶所带来的责任难题与法律伦理挑战;自动驾驶所带来的现实挑战则主要集中在自动驾驶法律准入制度问题、自动驾驶规制模式问题、自动驾驶安全监管问题以及自动驾驶法律责任体系问题四个方面。

第四章"自动驾驶法律规制的理论展开",主要任务是分析自动驾驶法律规制所面临的三大理论问题,并进一步剖析自动驾驶的可规制性,最后提出自动驾驶法律规制应遵循的基本原则。对自动驾驶法律规制所面临的理论挑战进行初步回应主要是针对自动驾驶法律主体资格、法律伦理和法律责任三大问题展开;而对自动驾驶的可规制性问题则是围绕着驾驶自动化算法而展开,主要包括算法与算法权力、算法异化的类型、驾驶自动化算法接受法律规制的可能性及其规制策略选择;在此基础上,进一步阐明自动驾驶法律规制应遵循的六大基本原则。

第五章"自动驾驶法律规制的制度回应",主要任务是从过程规制的动态视角,针对自动驾驶带来的理论和现实挑战,对自动驾驶法律规制制度回应的前提、模式和具体规制内容等进行讨论。自动驾驶法律规制制度回应的前提在于确立规制的基本目标和基本框架。就自动驾驶规制模式的更新而言,提出优化规制机构组织架构、适度引入实验型规制、确立自动驾驶技术规制的法律依据以及建立合作规制的制度框架四个方面;就法律准入制度的突破而言,主张在分级规制基础上明确自动驾驶的法律地位,按照实际需求细化自动驾驶车辆准入规则,依据自动化等级完善自动驾驶道路准入制度;就信息披露制度的确立而言,提出要确立自动驾驶信息披露的原则,建立自动驾驶算法备案制度,建立自动驾驶伦理审查机制,并披露自动驾驶隐私保护措施;就自动驾驶标准体系的完善而言,提出要构建立体多元的自动驾驶标准体系,进一步充实自动驾驶标准体系的内容,并探索制定自动驾驶伦理规范。

第六章“自动驾驶法律责任体系构建”,主要任务是从结果规制的静态视角探究自动驾驶法律责任体系的内容及其实现。作为自动驾驶法律责任的前提性问题,自动驾驶相关利益主体的义务设定的研究主要是从利益法学的立场,对包括自动驾驶汽车生产者、开发者、所有者、使用者、规制主体等利益主体的相关利益进行客观考察和衡量,并确定相关主体在法律规制中的具体法律义务。对自动驾驶违法或者事故责任的探讨主要是从责任的归属和责任的实现两个角度加以阐述:责任归属问题主要讨论了自动驾驶运行中可能引发的民事侵权责任、刑事责任以及行政法律责任三个方面;而就自动驾驶责任的实现而言,主要提出了责任保险和责任基金两种责任实现机制。作为自动驾驶法律规制责任体系中的关键和最后一环,规制主体的责任包括自动驾驶行政规制机构责任和社会规制机构责任两类。

第一章 自动驾驶法律规制的界定与依据

第一节 概念界定

目前,无论是学界还是实务部门,自动驾驶法律规制相关概念的界定尚未达成共识,特别是"自动驾驶""无人驾驶""驾驶自动化""智能网联汽车""智能汽车"等概念,在学术研究和政府文件中的表述不尽一致,其内涵和外延是否相同,尚需进一步分析和研究。本部分试图通过对理论文献和法律文本中有关自动驾驶概念的研究,尝试着界定自动驾驶以及自动驾驶法律规制的概念,并以此厘定本书的研究对象。

一、自动驾驶

研究者和实务部门对于使用或认识自动驾驶的角度通常存在一定的差异性,有的是从技术规制的角度使用"自动驾驶"(automated driving)、"驾驶自动化"(driving automation)、"自动驾驶系统"、"自动驾驶功能"等概念,而更多的人则是从作为自动驾驶技术载体的汽车的角度来认识、研究自动驾驶,一般使用"自动驾驶汽车""无人车""智能汽车""智能网联汽车"等概念。可见,理论和实务中有关自动驾驶的概念在使用上存在多样性和差异性,要厘清自动驾驶的概念,需要对此做一番系统性梳理和分析。以下就从技术和作为技术载体的汽车两个角度来分析和界定自动驾驶。

（一）驾驶自动化

一般认为,自动驾驶技术是"集自动控制、体系结构、人工智能、视觉计算等众多技术于一体的产物,在自动汽车中运用的技术是相互沟通信息的计算机、软件、传感硬件、汽车、人力操作者(某些场景下)的结合"①。然而这样一种界定并不能为我们对自动驾驶的理论认识和实践监管提供明确的指引,因为这并没有解决如何区分人类驾驶和自动驾驶以及自动驾驶的判断标准问题。

从技术角度理解自动驾驶,可以通过分阶段和类型化的方式来描述和考察汽车驾驶技术由人类驾驶逐步向无人驾驶,即完全由汽车自主驾驶过渡的状态。这一过程是一个技术自然演进的过程,从既有的有人驾驶向完全自动驾驶的演进,在技术上通常需要依赖于高级驾驶辅助系统(advanced driver assistance systems, ADAS)、自动紧急干预系统(automated emergency intervention systems)和无人驾驶系统(driverless systems)三条技术路线的推进。② 当前对自动驾驶的研究和规制实践已经开始了驾驶自动化分级的探索。2014 年,国际汽车工程师协会(Society of Automotive Engineers International, SAE International)制定并发布了《汽车驾驶自动化系统分级和相关术语定义》(Taxonomy and Definitions for Terms Related to Driving Automation Systems for On-Road Motor Vehicles)这一推荐性标准,该标准已经分别于 2016 年、2018 年进行了两次修订。SAE J3016 - 2018 在考量驾驶活动中的三个基本要素(用户、驾驶自动化系统以及其他车辆系统和组件)的基础上,以动态驾

---

① 李磊:《论中国自动驾驶汽车监管制度的建立》,载《北京理工大学学报(社会科学版)》2018 年第 2 期。

② See Bryant Walker Smith, *How Governments Can Promote Automated Driving*, New Mexico Law Review, Vol. 47(1), 2017, p. 106.

驶任务执行主体和具体内容来定义驾驶自动化的级别,并将驾驶自动化分为 L0 ~ L5 共六个级别,阿拉伯数字越大,意味着驾驶自动化程度越高。① 在驾驶自动化的六个级别中,根据人类参与驾驶活动的程度,又可以分为驾驶员执行部分或所有动态驾驶任务(DDT)以及自动驾驶系统(ADS)接管汽车时执行全部动态驾驶任务两大类。前者包括 L0 ~ L2 三个级别,而后者则包括 L3 ~ L5 三个级别。SAE 的驾驶自动化详细分类如下:②

L0:无驾驶自动化(no driving automation)。驾驶员执行所有动态驾驶任务,即使在使用主动安全系统(如提供短暂紧急干预)的情况下也是如此。盲点监测、车道偏离预警和车身稳定系统都属于 L0 级别。

L1:辅助驾驶(driver assistance)。驾驶自动化系统负责执行车辆横向运动控制或者纵向运动控制,但是不能同时完成上述两种控制,驾驶员执行其他所有动态驾驶任务。它能够帮助驾驶员完成某些驾驶任务,且只能帮助完成一项驾驶操作。代表性技术应用有车道保持系统、定速巡航系统等。

L2:部分自动化(partial driving automation)。驾驶自动化系统负责执行车辆横向运动控制和纵向运动控制,但是不能同时完成上述两种控制,驾驶员完成物体和事件探测响应并且监视驾驶自动化系统。这意味着自适应巡航功能和车道保持辅助系统可以同时工作。目前很多豪华车辆搭载的就为这一级别自动驾驶。

L3:有条件驾驶自动化(conditional driving automation)。驾驶自动化系统在特定环境中可以完成大部分动态驾驶任务,不需要驾驶者的操作,驾驶员可以不监控车身周边环境,但要随时准备接管车辆,以应对驾

① See Society of Automotive Engineers International, *Taxonomy and Definitions for Terms Related to Driving Automation Systems for On-Road Motor Vehicles* (SAE J3016 - 2018), Society of Automotive Engineers International, https://www.sae.org/standards/content/j3163_201809/.

② See Society of Automotive Engineers International, *Taxonomy and Definitions for Terms Related to Driving Automation Systems for On-Road Motor Vehicles* (SAE J3016 - 2018), Society of Automotive Engineers International, https://www.sae.org/standards/content/j3163_201809/.

驶自动化系统出现故障或者紧急情况下请求人工干预的情形。

L4:高度自动化(high driving automation)。驾驶自动化系统持续地执行全部动态驾驶任务。当驾驶自动化系统发出接管请求时,若用户无响应,驾驶自动化系统具备自动达到最小风险状态的能力。

L5:完全自动化(full driving automation)。驾驶自动化系统在任何可行驶条件下持续地执行全部动态驾驶任务,人类无须对动态驾驶任务保持注意力并作出响应,此时人类对驾驶自动化系统执行动态驾驶任务的人工干预因素完全消除。

国际汽车工程师协会对驾驶自动化的分级是目前自动驾驶行业乃至各国政府开展相关研发和政策制定的最重要的参考标准。美国国家公路交通安全管理局(NHTSA)发布的《联邦自动驾驶汽车政策:加速道路安全变革》(AV1.0)、《自动驾驶系统 2.0:安全愿景》(Automated Driving Systems2.0: A Vision for Safety,AV2.0)等自动驾驶相关政策文件都采用了 SAE International 的驾驶自动化分级标准。作为我国第一个自动驾驶分级标准,2021 年 1 月 1 日实施的《汽车驾驶自动化分级》参考 SAE International 的分级标准,也将自动驾驶分 0 ~ 5 级。

此外,驾驶自动化还可做其他分类。例如,依据授权程度的不同,可将驾驶自动化系统区分为暂时自动驾驶系统、半自动驾驶系统和全自动驾驶系统。① 以人类参与度作为标准进行划分,将其划分为四种类型:(1)人类驾驶人对汽车进行监控以随时准备进行人工干预;(2)人类驾驶人在机器要求的情况下进行人工干预;(3)人类驾驶人依照自身意愿实施人工干预;(4)人类驾驶人对自动驾驶汽车不进行任何干预。也有以汽车自动化程度不同为标准进行概略划分的,如德国将汽

---

① 自动驾驶汽车属于“授权控制”模式,授权控制指人类驾驶移转控制权限给机器并且交由机器依照自身的决策判断来执行任务。因此,人类授权的程度也影响了驾驶自动化的程度。不过,这是基于人类主观意志的分级分类方法,缺乏必要的客观性。参见翁岳暄、[德]多尼米克·希伦布兰德:《汽车智能化的道路:智能汽车、自动驾驶汽车安全监管研究》,载《科技与法律》2014 年第 4 期。

车驾驶自动化划分为部分自动化、高度自动化和完全自动化。[①] 但是，比较来看，SAE International 的驾驶自动化分级较为明确具体，无论是对自动驾驶技术发展还是对自动驾驶法律规制都具有重要的参考价值。

（二）自动驾驶汽车

在相关研究文献和监管实践中，自动驾驶汽车的称呼可谓五花八门，莫衷一是。学界和实务中使用的自动驾驶相关概念主要包括"自动驾驶汽车""无人驾驶汽车""智能汽车""智能网联汽车"等。其中，"无人驾驶汽车"的表述强调驾驶自动化过程中人类干预的逐渐消失，"智能汽车"则强调汽车驾驶系统与传统人工驾驶汽车相比之下的智能化优势，[②]"智能网联汽车"则从自动驾驶技术发展路线的角度强调了智能化和网联化的发展方向，而最为常见的"自动驾驶汽车"则从驾驶自动化的角度指称具有自动驾驶功能的汽车。虽然这些概念可以从不同意义和侧面对具有自动功能的汽车进行描述，但是这些概念中有的偏重日常用语，有的则出自官方文件，其在权威程度、侧重点等方面存在显著差异，不利于学术交流和法律监管实践的开展。因此，本书将统一采用"自动驾驶汽车"这一表述。

就自动驾驶汽车的内涵和外延而言，目前学界并没有统一的界定，但是我国和域外自动驾驶相关立法和政策文件中多有涉及，不过也存在差异性。现将具有代表性的定义列举如下：

（1）认为自动驾驶汽车等同于智能汽车、智能网联汽车，指"通过搭载先进传感器等装置，运用人工智能等新技术，具有自动驾驶功能，逐步

---

① 参见李磊：《论中国自动驾驶汽车监管制度的建立》，载《北京理工大学学报（社会科学版）》2018 年第 2 期。

② 有人认为智能汽车是智能交通运输系统中的一部分，它是许多高新技术综合集成的载体，除智能驾驶系统外，智能汽车还包括定位系统、防碰撞系统、智能交通系统、智能"黑匣子"、智能轮胎、智能空调、智能钥匙、智能玻璃等汽车相关系统和组件。可见，"智能汽车"的概念所描述的侧重点略有不同。参见乔路、白雪：《人工智能的法律未来》，知识产权出版社 2018 年版，第 119 ~ 120 页。

成为智能移动空间和应用终端的新一代汽车”[①]。

(2)认为自动驾驶汽车等同于智能汽车、智能网联汽车,并具体限定了驾驶自动化的级别。例如,《智能网联汽车道路测试管理规范(试行)》(已失效)规定,自动驾驶汽车是指“搭载先进的车载传感器、控制器、执行器等装置,并融合现代通信与网络技术,实现车与X(人、车、路、云端等)智能信息交换、共享,具备复杂环境感知、智能决策、协同控制等功能,可实现安全、高效、舒适、节能行驶,并最终可实现替代人来操作的新一代汽车”。同时,根据《智能网联汽车道路测试与示范应用管理规范(试行)》的规定,自动驾驶包括有条件自动驾驶、高度自动驾驶和完全自动驾驶三种,对应于SAE J3016－2018中的L3～L5级别的驾驶自动化。[②]

(3)从自动驾驶功能和自动驾驶系统的角度界定自动驾驶汽车,认为自动驾驶汽车是指“符合相应技术标准的机动车上装配自动驾驶系统的车辆”。其中,自动驾驶系统是指能在某一时段执行对车辆行驶任务的指导、决策以及替代驾驶员操控车辆等自动驾驶功能的系统,但不包括主动安全辅助系统、电子盲点辅助系统、防撞系统、紧急制动系统、停车辅助系统、自适应巡航系统等辅助驾驶类系统。[③]

(4)认为只有具备较高程度自动化功能的汽车才可以被称为自动驾驶汽车。例如,新修订的《德国交通法案》规定自动驾驶汽车是指具有高度或者完全自动化驾驶功能的汽车,相当于SAE J3016－2018中的L3、L4级别的自动驾驶汽车。[④] 又如,2017年美国众议院通过的《自动驾驶法案》(H. R. 3388)中界定的自动驾驶汽车为高度自动驾驶汽车(highly automated vehicle),一般也是指L3级别以上的自动驾驶

---

① 国家发展和改革委员会等11个部门《关于印发〈智能汽车创新发展战略〉的通知》(发改产业〔2020〕202号)。

② 参见《智能网联汽车道路测试与示范应用管理规范(试行)》第37条。

③ 参见《北京市关于加快推进自动驾驶车辆道路测试有关工作的指导意见(试行)》(京交发〔2017〕325号,已失效)。

④ See §1a(2),1b of the German Road Traffic Amendment Regulating the Use of Motor Vehicles with “Highly or Fully Automated Driving Function”.

汽车。[①]

(5)将自动驾驶汽车等同于无人驾驶汽车,认为自动驾驶汽车是指在没有人工操作和干预之下,依靠传感器、全球定位系统等人工智能技术实现车辆自主行驶的机动车辆。[②]

通过对自动驾驶汽车概念内涵和外延的归纳,中外立法和政策并未简单借鉴 SAE International 的驾驶自动化分级标准,而是对自动驾驶汽车做了较为抽象的概括定性。这在考虑了规范自动驾驶汽车的紧迫性的情况下,对于如何规制自动驾驶汽车也留下了较大的制度空间。

(三)本书对自动驾驶的界定

前文从自动驾驶技术及其载体分别探讨了驾驶自动化与自动驾驶汽车两类概念的界定,不难看出,二者在现实中实为一体。当我们在讨论自动驾驶的时候,其往往具体指的是自动驾驶汽车,也就是自动驾驶技术应用的直接成果和物理载体,而当我们在讨论自动驾驶汽车时,实际上也是在讨论自动驾驶技术本身,这是因为自动驾驶汽车区别于传统汽车的关键点就在于自动驾驶功能。

本书在使用"自动驾驶"这一概念时,主要可以从以下几个方面进行理解:

第一,"自动驾驶"指称的是一种新兴的驾驶形态或者驾驶过程。法律调整社会关系的节点在于人的行为或者活动,自动驾驶作为一种创新技术,背后凝结着人类的创新智慧的集体成果,同时也蕴含着自动驾驶汽车及其系统的生产、销售、使用、监管等活动,最为重要的是,自动驾驶的实际应用本身也是对人类驾驶的一种替代过程,本质上也是一种驾驶行为或者过程。因而,无论是在技术意义上还是在行为或者活动意义上,自动驾驶都将是法律规制的客体和法学研究的对象。

---

① See Sec 13(a) of the U. S. Self Drive Act, H. R. 3388, September 7, 2017.

② 参见陈晓林:《无人驾驶汽车致人损害的对策研究》,载《重庆大学学报(社会科学版)》2017 年第 4 期。

第二,“自动驾驶”包含“驾驶自动化”所表达的基本意涵。从前文的分析可以看出,简单的“无人驾驶”概念并不能完全描述当前阶段自动驾驶汽车的所有形态,在有人驾驶和无人驾驶之间,还存在人类因素和自动驾驶因素共存的广泛空间。因而,自动驾驶是一个与程度和水平相关的概念,包含了驾驶自动化的不同阶段、不同水平和不同类型。

第三,本书所涉及的“自动驾驶”属于狭义上的“自动驾驶”,具体是指地面道路交通中的自动驾驶,并不包括水上、空中和轨道上的自动驾驶,如无人船舶、无人机、无人驾驶列车等并非本书的研究对象。同时,地面交通中所涉及的特种装备、工程用车等领域的自动驾驶以及军事用途的自动驾驶也不包含于这里所说的“自动驾驶”。

第四,“自动驾驶”这一概念并不简单排除人类在自动驾驶活动中的参与因素,界定“自动驾驶”的关键在于如何认识人类和自动驾驶系统在车辆驾驶过程中的地位和作用。从前文分析来看,目前主要有两种界定自动驾驶的思路:一是能够控制并执行汽车动态驾驶任务,即为自动驾驶,不管这种自动驾驶是否完全掌控车辆,国际汽车工程师协会即以这种认识为基础;二是在没有人的干预下能够自主掌控车辆的驾驶活动,“汽车的运行并非基于人类驾驶员的操作或监督,而是通过其自身的驾驶系统来实现”①,人类只是起辅助作用,这种认识以车辆主导权为依据,自动驾驶即为驾驶自动化系统主导了车辆运行的驾驶形态,这以部分国家的立法为其典型代表。② 本书采用第一种思路,这是因为判断车辆是否为自动驾驶,应以是否具有自动驾驶功能为依据,即使自动驾驶功能在某一特定车辆上所占比重不高,但只要具有控制和执行能力,特别是控制和执行动态驾驶任务的能力,这就属于自动驾驶的范畴。因

① 侯郭垒:《自动驾驶汽车风险的立法规制研究》,载《法学论坛》2018 年第 5 期。

② 例如,美国内华达州立法规定,自动驾驶汽车是指在没有人类操作员主动干预的情况下,使用人工智能、传感器、全球定位系统自主驾驶的机动车。See Sec. 5 3(b) of Assembly Bill No. 511 – Committee on Transportation, Nevada, U. S., March 28, 2011. 新加坡 2017 年修订后的《道路交通法》也规定,自动驾驶汽车是指完全或者实质性配备自动驾驶系统的机动车辆。See Chapter 276 Sec. 2(1) of Singapore Road Traffic Act.

而,本书基本赞同国际汽车工程师协会的驾驶自动化分级体系,并认为本书所称的自动驾驶是指 L1 ~ L5 五个级别的驾驶自动化。

第五,"自动驾驶"并不意味着单独的驾驶行为或者活动。自动驾驶技术作为一种全新的汽车技术形态,不仅是汽车技术的简单升级换代,更是交通运输理念的一次巨大变革。传统汽车以人类对汽车的操控为核心,法律规制的核心环节也是汽车驾驶员。但是在自动驾驶语境下,对车辆的操纵和控制权由人类逐渐转移到了自动驾驶系统,更重要的是整个自动驾驶功能的形成不仅有赖于自动驾驶汽车软硬件系统,还高度依赖于经过智能化改造的道路、网络等整个道路交通生态。因而,自动驾驶意味着整个交通运输体系的智能化,对自动驾驶的法律规制当然也就不能孤立地关注自动驾驶汽车本身了。

基于此,笔者认为,自动驾驶系指在没有人工干预和操作的情况下,机动车驾驶系统依靠车载传感器、全球定位系统、人工智能、车联网等技术独立实现车辆部分或者全部驾驶功能的驾驶行为或者驾驶过程。自动驾驶是一个复杂和宽泛的概念,具有技术、行为、产品等多重属性和维度。本书是在驾驶行为或者驾驶过程意义上使用这一概念。自动驾驶法律规制的具体指向是自动驾驶行为或者驾驶过程本身的安全性。围绕着安全议题,本书的研究可能会涉及自动驾驶的技术研发、自动驾驶系统的开发以及整车的制造、使用和监管等环节,但并不是对各环节的全方位内容的规制,仅聚焦于驾驶过程的安全性规制,进而规制自动驾驶各环节的行为或者活动;本书的研究不谋求对自动驾驶技术本身的全方位规制,虽然有所涉及,但这是一个具有高度专业技术性的话题,应由知识产权法等法律规范对技术创新与利用等行为进行调整;本书也不将自动驾驶作为一种产品进行规制,也就是自动驾驶汽车作为一种产品的规制活动并非本书研究的重点,这是一种经济法学的视角。总之,本书更为侧重从公法规制的视角,聚焦于自动驾驶行为或者自动驾驶过程的安全性规制。

二、自动驾驶法律规制

规制原本是经济学，特别是制度经济学中的基本范畴，但是随着规制活动对规制对象利益的广泛影响，目前行政法学也已经开始关注规制理论。自动驾驶法律规制属于规制的范畴，因而也适用规制的一般理论，但同时也有其特殊之处。

（一）规制的含义

“规制”一词源于英文“regulation”，又称“政府规制”或者“法律规制”，系指以解决市场失灵、维持市场经济秩序为目的，基于规则对市场主体的经济活动以及伴随经济活动产生的社会问题所施加的干预和控制。[①]《布莱克法律词典》中“规制”被界定为“通过规则或限制的控制行为或控制过程”[②]。日本学者植草益则认为规制是指“依据一定的规制，对构成特定社会的个人和构成经济的经济主体的活动进行限制的行为”[③]。

作为一种当代政策工具，规制的经典定义是“公共机构对那些社会群体重视的活动所进行的持续集中的控制”[④]。可见，规制本身也意味着规制机构在规则设定和监管实施过程中的重要作用。规制的核心要义在于“指导或调整特定行为活动，以实现既定的公共政策目标”[⑤]。规制包括经济性规制和社会性规制。经济性规制主要是政府针对市场主体的经济活动所施加的干预和控制，如限制产品价格、认证产品、实施生产许可等，都属于典型的经济性规制。社会性规制则是政府对社会生活中，特别是公共生活中的行为予以干预和控制，最为典型的是政府部门

---

① 参见马英娟：《政府监管机构研究》，北京大学出版社 2007 年版，第 22 页。

② Bryan A. Garner, *Black's Law Dictionary*, 9th ed., Thomson Reuters, 2009, p. 1311.

③ ［日］植草益：《微观规制经济学》，朱绍文等译，中国发展出版社 1992 年版，第 1 页。

④ Philip Selznick, *Focusing Organizational Research on Regulation*, in Roger G. Noll ed., Regulatory Policy and the Social Sciences, University of California Press, 1985, p. 363.

⑤ ［英］科林·斯科特：《规制、治理与法律：前沿问题研究》，安永康译，清华大学出版社 2018 年版，第 3 页。

针对生态环境保护、城乡规划、交通管理等领域的规制活动。

在行政法上,政府的规制行为属于行政主体所实施的行为,但并不能简单等同于行政行为,应当说"规制"或者"行政规制"更多的还是从内容的角度对政府管理活动进行界定的术语,这种意义上的规制需要通过特定行政行为或者行政活动方式等法律形式来实现规制的目标。因此,"不宜将'规制'概念泛化,不宜用'规制'一词来泛指行政任务的方方面面"。同时,在规制研究中,要动态地审视规制过程,"关注规制规则的制定、监督和执行,关注规制法的制定过程、制度安排、实施效果,发展出相应的规制学习机制,对已有的规制法规范予以评估和修正"①。

(二)自动驾驶法律规制的界定

自动驾驶法律规制作为规制的一种,自然也需要遵守规制活动的一般规律和原理。自动驾驶法律规制侧重于对自动驾驶汽车道路行驶等相关活动的规制,即对自动驾驶活动的规制,涉及道路交通安全和秩序,因而主要是一种社会性规制。但是自动驾驶汽车的生产、销售以及自动驾驶系统的研发、设计也是一种经济性行为,需要法律加以经济性规制。但无论如何,前者才是自动驾驶法律规制的出发点和落脚点,后者处于从属地位。

自动驾驶法律规制同其他规制活动一样,需要解决以下三个基本问题:一是规制主体,即由谁来规制的问题,规制主体主要是法律规定的有权实施规制活动的个人和组织,同时包括规制主体的组织架构和体制;二是规制对象,即规制谁的问题,规制活动的规制对象必须是特定的、具体的;三是规制方式,即如何规制的问题,规制方式是规制主体对规制对象施加规制的具体方法、措施和手段等,传统上规制方式包括行政许可、信息披露、标准制定等。

然而,与传统规制相比,对自动驾驶的规制存在一定的特殊性。这

---

① 宋华琳:《迈向规制与治理的法律前沿——评科林·斯科特新著〈规制、治理与法律:前沿问题研究〉》,载《法治现代化研究》2017年第6期。

主要表现在:其一,规制的客体具有高度智能化特点。自动驾驶法律规制针对的是自动驾驶技术或者自动驾驶汽车。与传统规制客体相比,自动技术具有高度智能化、自动化等特点,因而其行为及其后果难以预测和控制,这无疑增加了规制的复杂性和难度。其二,规制内容具有高度复合性、系统性的特点。一般意义上的规制活动通常是单一的规制内容,如对于传统汽车的道路交通规制,主管部门主要针对司机的驾驶行为进行管理。但是在自动驾驶环境下,自动驾驶以车辆、道路等设施的高度智能化、网联化为基本条件,人员、车辆、道路设施、网络、云端等诸要素构成了一个有机的智能交通运输系统,因而自动驾驶的这种系统性特征决定了自动驾驶法律规制内容的系统性。其三,规制主体需具有多元性和协同性。由于自动驾驶技术存在较大的风险性,且自动驾驶汽车的制造和自动驾驶系统的研发设计直接影响驾驶行为的安全性,因而即便是已经上路行驶的自动驾驶汽车,法律也不能忽视对于生产、设计行为的规制,这就要求自动驾驶法律规制的主体间具备协同性和多元性特征。其四,法律责任的重要性。自动驾驶带来的主体责任问题直接影响了自动驾驶法律规制的效果,是自动驾驶法律规制中的关键环节,因而对责任机制的设计和落实需要从立法、执法和司法的视角重新予以全面认识。

基于此,本书认为,自动驾驶法律规制是相关规制主体依据法律规定对自动驾驶技术和自动驾驶活动进行的法律干预和控制。笔者并没有采用“行政规制”“政府规制”等表述,主要是基于对自动驾驶特点的把握,保持了自动驾驶规制主体的多元性和开放性态度。同时,“法律规制”的使用一方面是因为在当前自动驾驶相关法律制度尚不健全的情况下,通过建章立制完善相应法律制度(规则制定)较之于行政监管活动更为紧迫;另一方面也意在强调法律在自动驾驶规制活动中的重要性,鉴于自动驾驶汽车的驾驶自动化特点,需要从法律制定和法律适用的角度考量和设计自动驾驶及规制主体的法律责任配置与实现机制。

第二节 现实依据:自动驾驶法律规制的时代语境

自动驾驶技术的创新与进步加快了自动驾驶汽车的测试和应用进度。波士顿咨询公司(BCG)的研究报告显示,首批全自动驾驶汽车将于2025年正式上路,到2035年,全自动驾驶汽车的全年全球销量预计可达1200万辆。① 面对日新月异的技术创新,自动驾驶技术有何现实依据?自动驾驶法律规制为何如此必要和紧迫?要回答这些问题,就必须将自动驾驶及其法律规制置于其所在的时代背景下进行考察。总体而言,自动驾驶正处于一种风险社会日渐形成、人工智能技术飞速发展和交通运输体系变革迫在眉睫的社会、技术和制度语境之中。

一、风险社会中的自动驾驶法律规制

现代科学技术促进了生产力的巨大发展,也为人类社会带来了各种风险。除了日益严重的生态环境污染、核泄漏、金融危机及地区战争,因高科技而带来的网络入侵与破坏、软件系统故障等问题也对人类社会秩序构成了严重的威胁,并且极大地挑战和冲击着整个社会公共治理体系。

(一)风险社会及其特征

在文明的早期阶段,人类认识和改造自然的能力为低下的生产所局限。“自然界起初是作为一种完全异己的、有无限威力的和不可制服的力量与人们对立的,人们同自然界的关系完全像动物同自然界的关系一

---

① 参见陆佳丽:《联合国起草安全标准 自动驾驶汽车加速驶来》,载每日经济新闻网,http://www.nbd.com.cn/articles/2016-01-21/979518.html,最后访问日期:2023年6月13日。

样,人们就像牲畜一样慑服于自然界。”①当人类进入“文明人”的阶段,人类便开始了自己选择其生活方式的历史,标志着人类开始摆脱受外在的自然界控制的历史。② 人类社会变得越来越复杂和脆弱。科技被广泛运用到社会生活的各个领域,但是科技的成果往往孕育着更多的风险。“在这个世纪,科学越成功,就越反射出其自身的确定性方面的局限,它们就更多地成为反思性的人为不确定性的源泉。科学在可能性范围内发挥作用,这并不排除最坏的情况。”③

当我们在享受日益增长的物质财富和科技带来的便捷生活之时,我们也正攀登在“文明的火山”之上。随着现代化工业和科技的进步,现代社会面临各种风险,从某种意义上讲现代社会就是一个风险四伏的社会。“在发达的现代性中,财富的社会生产系统地随着风险的社会生产。”④在现代化进程中,越来越多的破坏力被释放出来,即便人类的想象力也对此显得乏力。

与之前的社会形态相比,风险社会具有以下四个显著特征:

首先,风险具有不可预测性。现代社会系统的复杂性决定了风险触发机制的不确定性。再加上人类几百年的近现代化工业文明的积少成多,人类正蹲在“文明的火山上”,骑虎难下,积重难返。在人们的印象中,科学是追求精确性和确定性的,但是在现代风险社会中,科学似乎失去了以往无所不能的巨大威力。“科学研究的对象有些是极其复杂的,而这种复杂性就是造成科学上不确定性的一个重要原因。”⑤

其次,风险具有系统性。在风险社会,风险具有系统性特征。某个局部的、地方性的风险事件的影响都远远超出了一个局部的狭小范围,

---

① [德]马克思、恩格斯:《马克思恩格斯选集》(第1卷),中共中央马克思恩格斯列宁斯大林著作编译局编译,人民出版社1995年版,第81~82页。

② 参见林兵:《环境伦理的人性基础》,吉林人民出版社2002年版,第3页。

③ [德]乌尔里希·贝克:《风险社会政治学》,刘宁宁、沈天霄编译,载《马克思主义与现实》2005年第3期。

④ [德]乌尔里希·贝克:《风险社会》,何博闻译,译林出版社2004年版,第15页。

⑤ [瑞典]斯万·欧维·汉森:《知识社会中的不确定性》,刘北成译,载《国际社会科学杂志(中文版)》2003年第1期。

而酿成整个社会的巨大挑战和灾难。从洛杉矶光化学烟雾事件到2003年"非典"病毒的扩散,再到2020年新冠病毒疫情在世界范围内的蔓延,它的影响已经不仅在于其所属的领域,其最大危害在于其看似很小的局部性危机,却可能引发社会公众的集体不安和不信任,甚至给当下的社会生活和制度体系造成难以想象的冲击。

再次,风险具有全球性。经济全球化随着风险全球化,风险社会本质上是一种"全球风险社会",风险的空间影响超越了地理边界和社会文化的边界。[①] 各种本来仅限于某国或某地区的风险随着作为其载体的商品、信息等,传播到世界各地落地生根。"今天的风险和危险在一个关键方面,与中世纪表面上类似的东西有着本质的区别,即它们是现代化的风险,它们是工业化的一种大规模产品,而且系统地随着它的全球化而加剧。"从本质上看,"它们使这个行星上所有的生命形式都处于危险之中"[②]。

最后,风险具有二重性。现代社会风险不是完全负面的东西,它具有两面性:一方面,风险意味着不确定性、危险性;另一方面,风险也是社会发展、创新的动力源泉。[③] 我们需要防范风险的负面作用,但从积极方面看,人类要谋求更大的发展空间,就必须付出一定的社会代价。在这里,风险与某种收益、进步相联系,只有风险才能点燃创新的火种,而后者是人类社会进步的不竭动力。

(二)风险社会背景下的自动驾驶法律规制

科技和经济发展带来的现代社会风险日益影响着人们的日常生活,也给政府的风险规制带来了极大的困难和挑战。自动驾驶一方面受到社会风险规制大环境的影响,另一方面也会制造新的社会风险。探讨风险社会中的风险规制也为强化自动驾驶法律规制提供了某种正当理由

---

① 参见吴汉东:《人工智能时代的制度安排与法律规制》,载《法律科学(西北政法大学学报)》2017年第5期。

② [德]乌尔里希·贝克:《风险社会》,何博闻译,译林出版社2004年版,第18~19页。

③ 参见庄友刚:《风险社会理论研究述评》,载《哲学动态》2005年第9期。

和可能的方向。

1."有组织的不负责任"带来的责任危机

风险总是与某种风险责任联系在一起,对风险负责是基于"风险可以被控制"的假设。然而,"风险只要一出现,就必然会产生责任问题。人们在处理这些风险的过程中总是想方设法回避责任问题"①。我们的时代正深陷一种贝克所谓的"有组织的不负责任"的混乱状态之中。有组织的不负责任,首先表现为政府等主体对风险责任的推诿;同时,由于风险本身的不确定性和复杂性特点,判定一个风险事件中谁应当承担责任往往不太可能。② 制度在风险面前的无所适从也使人们看到了政府在风险面前责任意识的缺失。为此,作为规制主体的政府需要在制度和责任意识两个方面进行补强。自动驾驶技术本身作为风险社会重要的风险源,其自身存在主体和责任模糊的特点,因而风险和责任在设计者、生产者、使用者等主体之间的分配存在很大的不确定性和模糊性,这可能引发责任危机,也给法律规制造成了很大麻烦。

2.信任与权威缺失带来的不确定性

在风险社会中,人与人、人与社会之间的关系变得不那么确定了,原先十分稳固的社会关系,现在变得相互质疑、相互批判。公众信任的减退进一步降低了公共机构和科技的权威。更为可怕的是,这种信任与权威的缺失已经渗透到制度体系之中。任何一个社会制度得以维系都需要不可或缺的两种关系,即法律关系与信任关系。以伦理为基础的人际关系主要体现为一种信任关系,而以法律为基础的人际关系则主要体现为一种相互尊重关系。③ 在传统汽车社会,由于汽车由人工驾驶,法律对驾驶行为的规制过程中的信任基于法律对以驾驶员为核心的交通参与主体的调整,法律几乎是唯一的权威;而在自动驾驶时代,汽车主要由

① 周战超:《当代西方风险社会理论引述》,载《马克思主义与现实》2003 年第 3 期。

② 参见[德]乌尔里希・贝克、[德]约翰内斯・威尔姆斯:《自由与资本主义:与著名社会学家乌尔里希・贝克对话》,路国林译,浙江人民出版社 2001 年版,第 143 页。

③ 参见薛晓源、刘国良:《全球风险世界:现在与未来——德国著名社会学家、风险社会理论创始人乌尔里希・贝克教授访谈录》,载《马克思主义与现实》2005 年第 1 期。

自动驾驶系统掌控,这使原先对人类驾驶员的监管变成了对冷冰冰的自动驾驶汽车及其系统的监管,同时由于作为自动驾驶汽车核心的自动驾驶系统在设计上主要依赖于算法结构,可以说算法才是自动驾驶汽车运行过程中的真正"法律",国家法律的权威被严重削弱,从而给规制过程和规制结果带来了极大的不确定性,在很大程度上影响了法律规制的实然效果。

3. 风险规制滞后性带来的规制缺位

风险规制是一种典型的"决策于未知之中"的领域。[①] 在风险社会中,政府已经难以仅依赖于自身体系来完成防范和化解整个社会风险的艰巨任务。风险社会中的政府无论在职责设定上还是在规制依据上,都远远滞后于风险本身的生产和演化。自动驾驶一方面将会给人类出行带来前所未有的安全、舒适、高效体验;但另一方面,其软硬件上的技术风险始终是道路交通秩序的潜在安全隐患,尤其是考虑到在汽车网联化程度不断加深的情况下,自动驾驶汽车完全可能成为违法犯罪活动的新的移动空间。同时,自动驾驶系统"算法黑箱"的客观存在也是对规制活动的极大挑战。特别是设计开发者在"算法黑箱"里装进了过度的商业资本追求、价值偏好和不公正因素时,凭借算法来侵蚀大众权益的情况就会变得日益普遍化。[②] 显然,政府在面对自动驾驶时,在规制依据、规制手段等方面准备严重不足,如不对传统汽车社会中的规制工具加以变革,将很难跟上自动驾驶技术发展的步伐,自动驾驶的法律规制的效能也将大打折扣。

从社会风险管理的角度看,在回应社会风险的实践中,人类一般采取如下方法避免或者减少风险:(1)避免或者根除风险;(2)控制或者矫正活动以减少负面影响的发生范围和频率;(3)降低暴露人或者财产的脆弱性;(4)发展并实施事后缓解和恢复程序;(5)建立损失补偿和损失

---

① 参见戚建刚:《风险规制的兴起与行政法的新发展》,载《当代法学》2014 年第 6 期。

② 参见马长山:《人工智能的社会风险及其法律规制》,载《法律科学(西北政法大学学报)》2018 年第 6 期。

分散机制。尽管上述根除、避免、减少社会风险的技术仍在使用，但是有关社会风险管理的现代观念扎根于保险、普通法、政府干预和私域自我规制四种基本控制方案。[①] 交通运输领域作为风险社会中风险较为集中和复杂的领域，理应受到法律较为严格的规范和控制。自动驾驶技术本身是对传统汽车技术的创新发展，具有更多的风险性特征，与自然灾害、流行病、环境污染、食品安全等领域类似，法律在对其进行规制中仍显不足，因而需要不断强化法律规制的有效性和制度供给的及时性。

自动驾驶是人工智能技术应用于交通领域的创新成果，自动驾驶技术的应用面临相较之于传统驾驶更多的安全风险挑战。自动驾驶汽车的风险具有多样性与复合性、不可预测性和难以控制性、社会性等特点。[②] 自动驾驶技术带来的安全风险包括个体层面、社会层面和国家层面的安全风险。其中，个体层面的安全风险包括交通出行安全风险和公民隐私安全风险等，社会层面的安全风险包括技术性失业的风险和社会公共安全风险等，国家层面的安全风险包括跨境数据安全风险和国家机密泄露风险等。[③]

二、人工智能与自动驾驶法律规制

当今时代是一个人工智能迅速发展的时代，以人工智能为代表的云计算、大数据、物联网等新兴技术“正在深刻改变着当下的经济关系、政治关系、社会关系和法律结构与形态，将人类文明带入了一个崭新的人工智能时代”[④]。就人工智能的具体含义而言，目前学界并没有统一的认识，但一般用于指代那些能够执行特定任务的机器，这些任务如果由

① 参见金自宁编译：《风险规制与行政法》，法律出版社2012年版，第36～37页。

② 参见朱溯蓉：《论风险预防原则在自动驾驶汽车风险上的适用》，载《数字法治评论》第2辑，中国社会科学出版社2022年版。

③ 参见谭九生、胡健雄：《自动驾驶的安全风险及其治理》，载《学术交流》2023年第8期。

④ 齐延平：《论人工智能时代法律场景的变迁》，载《法律科学（西北政法大学学报）》2018年第4期。

人类执行,则会被认为具有智能。[①] 在人工智能正逐步渗透进经济、政治、社会和法律生活的背景下,现代社会正逐渐被赋予智能化、自动化色彩。自动驾驶是建立在人工智能技术基础之上的,因而讨论自动驾驶必然离不开人工智能的基本语境。

1956 年的达特茅斯会议首次提出了用机器来模仿人类学习以及其他方面的智能,并正式提出了"人工智能"(artificial intelligence)这一科学术语。因此,1956 年也就成为人工智能元年,达特茅斯会议也因此成为人工智能诞生的标志。[②] 人工智能理论和技术经过数十年的发展,并正在逐步深刻地塑造着人类社会的生产方式。在信息互联网普及的今天,由物联网、大数据、人工智能引发的产业革命也被称为"智网化生产方式"。与前几次产业革命不同,"正在进行中的这次产业社会的结构转型是以数据驱动和人工智能网络化为基本特征的"[③]。虽然按照人工智能产品智能化程度的划分,当前仍处于弱人工智能阶段,然而其发展趋势及其对人类社会全方位的影响仍然不可小觑。

鉴于人工智能技术给经济、科技领域带来的巨大变革和契机,各国也加紧出台政策,为人工智能的发展和应用创造良好的政策法规环境。2016 年,美国发布《国家人工智能研发战略计划》,提出对人工智能研发进行长期投资、开发补充和增强人能力的人工智能系统、理解并解决人工智能的伦理道德、法律和社会影响等七大战略。目前该计划已经于 2019 年进行了更新,增加了"扩大公私合作伙伴关系,加速人工智能的发展"的相关内容。[④] 2017 年,法国发布《人工智能战略》。法国人工智

---

① See Matthew U. Scherer, *Regulating Artificial Intelligence Systems: Risks, Challenges, Competencies, and Strategies*, Harvard Journal of Law & Technology, Vol. 29(2), 2016, p. 362.

② 参见华宇元典法律人工智能研究院编著:《让法律人读懂人工智能》,法律出版社 2019 年版,第 45 页。

③ 有学者认为,人类迄今为止经历了四次重大产业革命,分别采取了不同的生产方式,即机械化生产方式、电气化生产方式、自动化生产方式以及智网化生产方式。参见季卫东:《人工智能开发的理念、法律以及政策》,载《东方法学》2019 年第 5 期。

④ 参见金智塔:《美国白宫〈国家人工智能研究发展战略计划〉》,载搜狐网,https://www.sohu.com/a/328800695_640913,最后访问日期:2023 年 6 月 13 日。

能战略包括四大重要方面：一是巩固和完善法国和欧洲的人工智能生态体系；二是实施数据开放政策；三是调整法国和欧洲的投资与法规框架；四是确定与人工智能相关伦理与政策问题。[①] 我国于2017年发布的《新一代人工智能发展规划》中提出了“三步走”的人工智能战略目标，并提出“到2030年人工智能理论、技术与应用总体达到世界领先水平，成为世界主要人工智能创新中心”[②]。

随着各国对人工智能产业发展的支持和投入，人工智能将越来越密切地影响到日常生活，人工智能不但能为人类社会带来便利、舒适、高效、清洁的生活方式和生产方式，也会深刻影响着法律、政治和人类的认知。

首先，人工智能将变革社会经济运行模式。“人工智能被广泛应用在移动互联网、大数据、信息通讯、传感技术、神经科学和生物科学等进步性成果的基础上”[③]，并被进一步应用于医疗、教育、交通等具体领域，在促进产业升级、加速经济社会运行效率、完善公共服务体系等方面具有积极意义。但与此同时，人工智能产品的应用也不可避免地引发深层次的社会变化。例如，人工智能可能会改变现有的生产和流通模式，并逐步接管劳动密集型产业。[④] 人工智能还将深刻影响社会结构，“技术的研发、应用与再生系统从封闭性、地域性走向开放性和全球性”，由此导致“大量的虚拟社区、虚拟公司应运而生，生产运作的方式借由集中化的生产转为分散化的运作方式”[⑤]。人工智能的这种影响直接增加了

---

① 参见科技部：《法国总统马克龙宣布法国人工智能战略》，载新华网，http://www.xinhuanet.com/tech/2018-05/09/c_1122804656.htm，最后访问日期：2023年6月22日。

② 《国务院关于印发新一代人工智能发展规划的通知》（国发〔2017〕35号）。

③ 陈姿含、郭琪：《人工智能法律规制变迁机理与价值导向》，载《人工智能》2020年第4期。

④ 被机器取代的人工发现自己的技艺无处施展、难以寻找到新的工作时会产生迷茫感与失落感，也将对社会稳定构成潜在威胁，这无疑增加了法律调整社会生活的难度。参见邹丹丹：《人工智能及其现代性困境的哲学思考》，载《重庆大学学报（社会科学版）》2020年第4期。

⑤ 陈姿含、郭琪：《人工智能法律规制变迁机理与价值导向》，载《人工智能》2020年第4期。

传统法律制度调控社会关系的难度。

其次,人工智能变革冲击了传统法律制度。法律制度的最大特点是稳定性,以确保社会生活的安定性和可预见性。为此,任何法律的制定、执行和适用在一定时期内是保持基本稳定的。然而,由于人工智能技术演进和迭代的周期较短,同时新技术的应用和部署本身需要一个反复测试和试验的过程,因此,人工智能既要求法律需要保持一定的稳定性,同时也对法律的灵活性提出了较高的要求。为此,现有法律框架下的基本应对策略有两个:一是为了应对人工智能的发展,及时出台相关国家立法;二是不改变立法,暂时通过政策文件和行政权的运作来予以规范。通过及时对相关立法进行立改废,在人工智能快速发展的当下显然不利于维护法律秩序的安定性,而通过政策文件和行政裁量权的灵活运作来对人工智能进行规制则往往伴随合法性危机。可见,人工智能的发展实际上给法律规制提出了难题。

最后,人工智能产品本身的运作也会带来一定的理论和现实难题。使自动驾驶汽车成为可能的技术创新,意味着新的传感器(特别是雷达)和帮助计算机对环境进行识别和反应的机器学习技术的不断改进。[①] 人工智能以机器学习和算法为核心,而代码是算法的基石。在信息社会,人们不得不接受代码构筑其自由和行为这一事实,在算法统治之下,人们没有任何其他替代方案,也不能做出任何选择,“算法甚至能够作为现存法律或者政策的补充,或者能够取代法律的作用”[②]。然而从输入数据到产生模型,计算机基于对经验数据的自动学习生成了高级的认知结果,这种被称为“算法黑箱”的算法过程本身是不透明的。[③] 这种算法过程的不透明性增加了人工智能产品行为的不可预见性。另外,算法本身的偏见和歧视也是难以回避的问题,算法在表面上就缺乏法律

① See Ryan Calo, *Commuting to Mars: A Response to Professors Abraham and Rabin*, Virginia Law Review Online, Vol. 105, 2019, p. 88.

② Egbert Dommering & Lodewijk Asscher, *Coding Regulation: Essays on the Normative Role of Information Technology*, T-M-C-Asser Press, 2006, p. 67.

③ 参见陶盈:《机器学习的法律审视》,载《法学杂志》2018 年第 9 期。

的无偏私性和一般性，“它毫不遮掩地服务于设计者植入其中的目的”①。因而，人工智能技术使歧视往往难以察觉，如不及时克服则极易固化为数据算法的内在逻辑。② 同时，在人工智能条件下，法律规制的对象存在模糊性特征。传统上，法律规制社会生活一般具有确定的人或者物，而以自动驾驶为代表的人工智能产品应用中所从事的活动很难落实到某一个具体的人身上，即使是设计者本人也不能完全预测和控制人工智能产品的行为。在人工智能条件下，“人们都‘自愿服从’于某种他们看不见的力量，而这种力量借助‘人工智能’的超强‘脑力’使得法律和监管完全找不到对象，乃至被它牵着鼻子走”③。实际上，人类正在进入算法统治而不是法律统治的时代。

三、智能交通变革与自动驾驶法律规制

自动驾驶技术的发展和应用并不是孤立地存在，而是伴随整个现代交通运输体系的变革的历史进程。某种意义上，汽车的智能化必须依托于整个交通运输体系的智能化。就此而言，对自动驾驶的法律规制离不开对现代交通运输体系变革的整体性认识和判断。

交通运输系统是一个人、车、路、网、云等多要素耦合联动的复杂系统，当前的交通系统已从人、车、路等诸要素协调走向了智能化协同发展的新阶段。④ 自动驾驶汽车依托信息通信技术，实现车内、车与车、车与路、车与人、车与服务平台的全方位连接和数据交互。很显然，这对交通运输系统本身提出了较高的要求。在高度智能化、网联化的现代交通运输系统中，人、车、路、网、云等基本交通要素共同发挥作用，自动驾驶汽车只是这个大系统中的一个重要参加者。在智能交通时代，“从应用层面看，汽车将由单纯的交通运输工具逐渐转变为智能移动空间和应用终

---

① 郑戈：《人工智能与法律的未来》，载《探索与争鸣》2017 年第 10 期。

② 参见郭传凯：《人工智能风险规制的困境与出路》，载《法学论坛》2019 年第 6 期。

③ 郑戈：《人工智能与法律的未来》，载《探索与争鸣》2017 年第 10 期。

④ 参见田大新：《智能车联网系统未来展望》，载《信息通信技术与政策》2020 年第 8 期。

端,成为新兴业态重要载体”①。也只有将自动驾驶技术置于交通运输体系中进行理解,才能更深刻地理解自动驾驶及其法律规制的独特属性。

现代交通运输体系面临深刻的现代化变革。我国 2019 年出台的《交通强国建设纲要》提出,到 2035 年,“现代化综合交通体系基本形成,人民满意度明显提高,支撑国家现代化建设能力显著增强”。与此同时,国家层面和各地都纷纷出台了智能网联汽车、数字交通等方面的政策文件,这无疑对于促进我国交通运输体系的现代化具有积极意义。在国际上,美国早在 20 世纪 90 年代就开始了智能交通运输系统的研究和布局。1992 年 5 月,美国智能汽车与公路协会就提出了《美国智能汽车与公路系统战略计划》(Strategic Plan for Intelligent Vehicle-Highway Systems in the United States),这成为国家发展战略的主骨架。该战略计划提出了提高道路运输的安全性、减少交通拥堵、提高道路运输的机动性、减少道路运输对环境的负面影响以及能源消耗等目标。② 进入新世纪后,美国加快了智能交通运输系统的研究、计划和部署。自 2010 年以后,联邦政府先后出台了三个智能交通运输系统相关的战略计划。③ 这些智能交通运输系统相关政策文件不但加速了美国交通运输体系的智能化和现代化步伐,也为其自动驾驶技术的测试和应用创造了较好的政策环境和交通基础设施环境。

自动驾驶与现代交通运输体系之间存在紧密的联系,自动驾驶本身是构成交通运输体系的重要组成部分,同时现代交通运输体系也为自动

---

① 国家发展和改革委员会等《关于印发〈智能汽车创新发展战略〉的通知》(发改产业〔2020〕202 号)。

② IVHS America, *Strategic Plan for Intelligent Vehicle-Highway Systems in the United States*, National Transportation Library, https://rosap.ntl.bts.gov/view/dot/2708. 6/12/2020.

③ 这三个文件分别是 2010 年提出并于 2012 年更新的《通过网联改变交通运输:智能交通运输系统战略研究计划(2010 - 2014)》[ITS Strategic Research Plan(2010 - 2014)]、《智能交通运输系统战略计划(2015 - 2019)》[ITS Strategic Plan(2015 - 2019)]以及《智能交通运输系统联合项目办公室战略计划(2020 - 2025)》[ITS Joint Program Office Strategic Plan (2020 - 2025)]。

驾驶提供了宏观的体系和制度保障,具体体现在:

首先,自动驾驶技术和自动驾驶汽车高度依托于现代交通运输体系。没有变革中的交通运输,自动驾驶将很难取得实质性进展。这就意味着对自动驾驶的认识和理解应建立体系化的立场,不能停留于自动驾驶汽车的孤立立场,政府对自动驾驶技术和产业的政策、法规制定都应着眼于交通运输诸要素的协同性和系统性。

其次,自动驾驶汽车的测试和应用应以变革和完善智能化、网联化的现代交通运输体系为基本条件。现代交通运输体系的建立和变革呼唤政府和社会加大对道路交通基础设施、车用无线通信网络、车用高精度时空基准服务、道路交通地理信息系统、自动驾驶大数据云控平台等智能交通基础设施在技术、政策和资金方面的支持力度。

再次,政府应维系促进自动驾驶发展和规制自动驾驶设计、制造和使用等目标的适当平衡,在强化对自动驾驶汽车进行规制的同时,还应兼顾自动驾驶规制的协同性。这突出地表现在自动驾驶相关标准的制定和出台应充分考虑与自动驾驶之外相关交通要素之间的密切协调和对接,从而保证自动驾驶技术与现有交通运输体系的无缝对接。

最后,自动驾驶法律规制的开展应从交通运输体系运行过程的动态角度确立监管规则、程序和责任机制等交通监管制度。特别是对自动驾驶法律主体性问题和责任问题的解决,应着眼于自动驾驶从设计、制造到使用、监管的各个环节以及各参与主体的法律义务的科学设定和法律责任的合理配置。

第三节 理论依据:自动驾驶法律规制的正当性基础

自动驾驶法律规制的理论依据,也即自动驾驶法律规制的正当性基础,主要是从理论上证成对自动驾驶进行法律规制的必要性和正当性,同时也可以为自动驾驶法律规制提供某种理论指引。自动驾驶法律规制在理论上的必要性、正当性可以从公共产品理论、信息不对称理论以及行政法治理论三个角度加以说明。

一、公共产品理论

(一)公共产品理论的内涵

公共产品(public goods),亦称公共物品,与私人物品相对应,是指那些满足集体共同消费、为社会公共生活所需要,具有非排他性和(或)非竞争性,而必须由政府提供的产品或者服务,如国防、公安司法、交通设施、义务教育等。公共产品分为纯公共产品和准公共产品两类。[①] 西方经济学认为,在均衡市场环境下,纯粹的私人产品具有竞争性和排他性两个特征。与之相反,纯公共产品具有完全的非竞争性和非排他性的特点,如社区的和平与安全、国防、法律、空气污染控制、防火、路灯等。[②] 而准公共产品则介于私人产品和纯公共产品之间,只具有非竞争性和非排他性两个特征之一,因而不是纯粹意义上的公共产品,但是由于其满足公共需求的属性和私人难以提供的特点,一般也纳入公共产品理论的讨论之中。[③] 公共产品的上述特征决定了其不能或者很难由市场直接提供,这时候就需要政府介入,运用公共财政并履行政府职能,提供相应的公共产品,同时还需要负责对相应环节进行规制,包括对公共产品数量、质量、安全等进行法律规制。

(二)公共产品理论对自动驾驶法律规制的要求

同传统功能汽车类似,自动驾驶汽车本身也是现代汽车工业生产的成果,是一个高度市场化的产品。自动汽车与传统汽车一样,其应用也离不开相应的交通基础设施,如道路设施、交通标牌等,不同的是自动驾

① 参见潘军、胡武贤主编:《西方经济学》,华南理工大学出版社 2007 年版,第 186 页。
② 参见史璐:《政府管制经济学》,知识产权出版社 2012 年版,第 31 ~ 32 页。
③ 参见潘军、胡武贤主编:《西方经济学》,华南理工大学出版社 2007 年版,第 186 ~ 187 页。

驶对于政府提供的公共基础设施依赖程度更高,主要表现在:首先,自动驾驶技术的研发,特别是公共交通领域的自动驾驶研发,具有显著的公共产品属性,因而政府需要从政策和资金等方面对自动驾驶研发给予必要的引导和支持,以弥补市场研发意愿和能力上的不足;其次,自动驾驶所赖以生存的基础交通设施要求更高,需要政府予以保证,如自动驾驶汽车依托的智能化道路基础设施、车用无线通信网、道路交通地理信息系统等,仅依靠市场和私人力量无法提供;[①]再次,自动驾驶汽车在行驶过程中的交通秩序需要加以特别维护,尤其是考虑到自动驾驶与人工驾驶很可能长期并存的事实,自动驾驶对于道路交通秩序的冲击和破坏将不可避免,需要政府提供必要的道路交通安全与秩序;最后,自动驾驶公共交通工具和服务需要政府提供和保障运营,传统公共交通本身就是典型的公共产品和公共福利,自动驾驶条件下的公共交通当然也具有类似的公共产品属性。

二、信息不对称理论

(一)信息不对称理论的内涵

信息不对称(asymmetric information)本是西方经济学中的概念,是指在市场交易中,因双方或多方对交易具体信息掌握情况多寡,而事实上形成在其作出最终决策前的主被动状态,即有些人比其他人拥有更多的相关信息。[②] 充分的竞争市场以充分有效的信息披露为前提,但是在实际市场经济活动中,各类人员对有关信息的了解是有巨大差异的,这意味着掌握信息比较充分的人员往往处于比较有利的地位,而信息贫乏

---

① 我国目前已经在规划建设先进完备的智能汽车基础设施体系,这一基础设施体系的建设包括以下内容:(1)推进智能化道路基础设施规划建设;(2)建设广泛覆盖的车用无线通信网络;(3)建设覆盖全国的车用高精度时空基准服务能力;(4)建设覆盖全国路网的道路交通地理信息系统;(5)建设国家智能汽车大数据云控基础平台。参见国家发展和改革委员会等11部门《关于印发〈智能汽车创新发展战略〉的通知》(发改产业〔2020〕202号)。

② 参见高鸿业主编:《西方经济学》(第6版),中国人民大学出版社2014年版,第348~350页。

的人员则处于比较不利的地位。不对称信息可能导致“逆向选择”和“道德风险”两类问题。①

在信息时代,信息已经是一种重要的经济资源,信息分配的状况决定着信息不对称的状况,是信息不对称的主要根源。信息不对称理论已经远远超出了当初经济学研究的范畴,而成为人文社会科学中的重要分析工具。要解决主体间信息不对称的问题,就要分析不同主体信息的配置状况。在社会公共生活中,信息不对称也时有发生,特别是公众与产品提供者之间信息的严重不对称,将可能危及公众的基本权利和自由,甚至危及公共利益和公共安全。

(二)信息不对称理论对自动驾驶法律规制的要求

信息不对称在自动驾驶及其法律规制中广泛存在。首先,自动驾驶汽车用户与自动驾驶汽车设计制造者之间存在严重的信息不对称。自动驾驶汽车是技术集成度较高的汽车产品,无论是自动驾驶汽车硬件还是自动驾驶系统,由于技术的专业性和复杂性,用户都很难充分掌握和理解,特别是自动驾驶系统与有形物品不同。作为自动驾驶系统核心的算法“不可以被拆解以观察其内部结构,只能通过数据的输入和输出来推测其可能的架构”,因而算法常被视为“黑箱”,其所带来的直接后果是“算法不透明”。② 其次,自动驾驶汽车与人工驾驶汽车驾驶员之间存在信息不对称现象。在今后相当长时间内,人工驾驶和自动驾驶将共存于道路之上。然而,人类驾驶员与自动驾驶系统在获取路况、车况等信息的方式、渠道和数量等方面存在显著的差异,其直接结果是自动驾驶系统和人类驾驶员在信息的获取和掌握上并不同步和对等,再加上人类

① 逆向选择是指市场的某一方如果能够利用多于另一方的信息使自己受益而使另一方受损,倾向于与对方签订协议进行交易,逆向选择的直接后果是劣质产品驱逐优质产品。道德风险是指在信息不对称条件下,不确定或不完全合同使负有责任的经济行为主体不承担其行动的全部后果,在最大化自身效用的同时,做出不利于他人行动的现象。参见黄亚钧主编:《微观经济学》(第3版),高等教育出版社2009年版,第56页。

② 参见孙清白:《人工智能算法的“公共性”应用风险及其二元规制》,载《行政法学研究》2020年第4期。

和机器在反应速度方面存在的天然差距，这将会增加自动驾驶汽车与人工驾驶汽车在道路上行驶时因为信息不对称而发生各种风险甚至意外事故。最后，规制主体与规制对象之间存在严重的信息不对称。规制主体在日常规制活动中熟悉并掌握大量的“监管规范信息”，但是对于规制对象（如自动驾驶汽车使用者、制造者等）的活动，特别是专业性较强的领域，规制主体则很难充分了解和掌握相关“监管事实信息”。[①] 自动驾驶法律规制的对象多为自动驾驶技术性企业，如自动驾驶汽车厂商、自动驾驶系统开发企业以及自动驾驶信息服务平台等，这些企业和组织较之于作为政府机构的规制主体，往往具有技术上的优势，而且掌握了政府难以掌握的大量用户信息以及其他自动驾驶相关数据。在自动驾驶的法律规制中，规制主体可能面临着强大的技术壁垒和信息壁垒。

由此可见，自动驾驶设计、生产、使用和监管过程中普遍存在信息不对称现象，需要政府运用法律改善信息分布不对称、不公平的局面，而规制主体的规制活动将可以通过必要的信息披露、准入机制、技术标准等手段确保信息尽量以标准化、权威化、透明化的方式呈现在公众和各参与主体面前，以解决自动驾驶法律规制中信息配置不均衡、不对等的问题。

三、行政法治理论

（一）行政法治理论的内涵

行政法治理论是行政法中的核心理论，也是行政法的基本原则。行政法治，也称依法行政或者合法行政，是指行政机关在行政管理过程中应当严格依照法律进行，行政机关实施行政行为的职权、内容、程序和形

① 有学者以市场监管为例分析信息不对称的法律规制，将监管信息分为监管规范信息和监管事实信息。前者是指“基于市场监管的一系列法律、法规、规章、标准等规范性文件以及监管主体适用这些规范性文件而衍生出来的各类监管信息”，后者是指“监管对象在市场经营活动过程中所形成的各类信息”。参见刘恒、李冠钊：《市场监管信息不对称的法律规制》，载《行政法学研究》2017 年第 1 期。

式都必须有法律依据,不得违反法律规定。一般认为,行政法治原则主要包括法律创制、法律保留和法律优位三项子原则。[①] 在我国政府规制实践中,行政法治意味着:第一,法律规制所依之"法"包括宪法、法律、法规、规章;第二,行政法治要求行政机关依法的明文规定行政,还要求政府依法的原理、原则行政;第三,行政法治既要求行政机关依法定行为规则行政,还要求其依法定职权和法定程序行政;第四,行政法治不仅要求政府对行政相对人依法管理,还要求行政机关自身守法,并依法提供服务和依法接受监督。[②]

规制活动往往与公权力的运作密切相关,而行政机关是实施规制活动的最常见规制主体。法律一方面为政府提供开展规制活动的实体法依据和程序法依据,另一方面也约束着政府规制权力的行使。例如,市场准入与退出、行政许可等行为与规制对象的切身利益密切相关,政府权力的行使一旦缺乏充分的法律约束,将不可避免地影响规制对象的基本权利和利益,同时也可能产生权力滥用和权力"寻租"等腐败现象,进而破坏行政法治。行政法治为规制活动提供了一整套法律装置和权力约束机制。

(二)行政法治理论对自动驾驶法律规制的要求

行政法治是自动驾驶法律规制权力运作的重要依据和基础,没有法治保障的规制活动与封建专制时代的行政管理无异。行政法治理论为自动驾驶法律规制带来了更多的法治内涵:其一,行政法治要求国家为自动驾驶技术发展及其应用确立统一、权威的法律规范,这是任何规制主体开展规制活动的法律依据,规制活动必须符合法律规定;其二,行政法治要求法律规制主体依照法定的程序和形式对自动驾驶进行规制,这主要是强调自动驾驶法律规制的过程必须具备合法性要素,程序和形式合法是实体合法的重要保证;其三,行政法治要求自动驾驶法律规制应

---

① 参见陈新民:《行政法学总论》,台北,三民书局1995年版,第54页。

② 参见姜明安:《行政法基本原则新探》,载《湖南社会科学》2005年第2期。

在充分维护公共利益的前提下,确保规制对象合法权利和利益,不得过度规制和滥用规制手段,法律也应为规制对象提供充分的救济渠道和机制;其四,行政法治还要求规制机构在规制自动驾驶的过程中严格按照法律规定的职责权限实施规制活动,任何行政职权的来源与作用都必须具有明确的法定依据,否则越权无效,要受到法律的追究,①以确保自动驾驶技术及其应用在法治的轨道上运作;其五,行政法治原则本身也要求规制机构具有可责性,应当依法承担其在具体过程中因违法或者失职而引发的行政法律责任。

① 参见周佑勇:《行政法基本原则研究》,武汉大学出版社 2005 年版,第 167 页。

第二章　自动驾驶法律规制实践

第一节　我国自动驾驶法律规制实践

一、我国自动驾驶技术发展概况

自动驾驶技术是国际公认的未来交通的发展方向。“一个事实似乎很明确，我们正在走向一个交通运输由完全自动化驾驶汽车所统治的未来社会。”[①]研究表明，全世界每年交通拥堵的成本达到了 22 000 亿美元，在北美洲的北部地区，自动驾驶汽车通过减少交通拥堵、能源成本和时间浪费，每年节约了650 亿加元。[②]与传统人工驾驶相比，自动驾驶技术可提供更安全、更节能、更环保、更舒适的出行体验和交通运输综合解决方案，是智能交通系统的重要环节，是构建绿色汽车社会、建设交通强国的关键要素。自动驾驶技术的意义不仅在于其对传统功能汽车产品与技术进行改造升级，其也必将带来汽车相关产业链体系的更新和重塑。美、欧、日等技术发达国家和地区都将驾驶自动化技术

---

① Eric Palmer & Kyle Willems, *Liability in Self-Driving Cars*, Hennepin Lawyer, Vol. 88(1), 2019, p. 22.

② See Grieman K., *Hard Drive Crash: An Examination of Liability for Self-Driving Vehicles*, *Journal of Intellectual Property*, Information Technology and Electronic Commerce Law, Vol. 9(3), 2018, p. 297.

作为交通领域的重点发展方向，并从国家层面进行战略布局。作为世界第二大经济体，我国是交通运输大国，自动驾驶汽车发展的国家政策、行业发展也亟须形成统一的规范，以更好地促进自动驾驶汽车行业发展，确保公共安全。

在我国，自动驾驶技术始于1992年国防科技大学成功研制出第一辆无人驾驶汽车。目前，以百度为代表的互联网巨头、传统IT企业、传统车厂都逐步开始进入无人驾驶领域。① 近年来，随着自动驾驶技术的迅猛发展，国内自动驾驶汽车法律规制实践也在快速推进。与欧美国家相比，我国目前的规制实践主要停留在自动驾驶政策制定和实施环节，相关法律法规的制定和修改则处于空白状态。在规制的类型上以政府规制为主，行业和企业的自我规制实践迅速兴起但仍较为滞后。在规制的具体内容上，当前的实践更侧重于对自动驾驶道路测试环节加强监管。

从技术路线来看，目前自动驾驶有两条基本技术发展路线：一是车路协同的"渐进演化"的路线，即在传统汽车上逐渐增加一些自动驾驶功能，通过车联网实现车与车辆、道路、行人、云端等的实时交互，使道路上所有移动与固定的物体相互联系，通过网络实现自动驾驶，特斯拉、宝马、奥迪、福特等车企均采用此种方式；二是单车智能的"革命性"的路线，即从一开始就是彻彻底底的自动驾驶汽车，该路线主要依靠车载环境感知系统、驾驶控制系统实现单车自主驾驶，如谷歌和福特公司正在一些结构化的环境里测试的自动驾驶汽车。②

从应用场景来看，第一种方案更加适合在结构化道路上测试，因而也更易推广；第二种方案自主性更强，可以适应不同道路环境，但是实现的技术难度更大。我国目前各地的封闭测试中两种方案并行，但

---

① 参见前瞻产业研究院：《2019年中国自动驾驶行业发展研究报告》，载中国数谷，http://www.cbdio.com/BigData/2019-08/21/content_6150633.htm，最后访问日期：2023年8月6日。

② 腾讯研究院：《自动驾驶产业发展现状及趋势》，载腾讯研究院官网，https://www.tisi.org/4896，最后访问日期：2023年7月10日。

是从技术上讲,建立在 5G - V2X 车联网基础上的智能网联车方案更有利于推进自动驾驶技术的发展。我国从中央到地方,从政府到企业,也更加重视智能网联汽车方案(车路协同)的技术路线。在全球自动驾驶行业快速发展的背景下,对智能网联汽车的政策引导、道路测试监管和标准体系建构就理所当然地成为自动驾驶规制活动的重要内容了。2019—2024 年全球无人驾驶汽车市场规模统计与预测如图 2 - 1 所示:

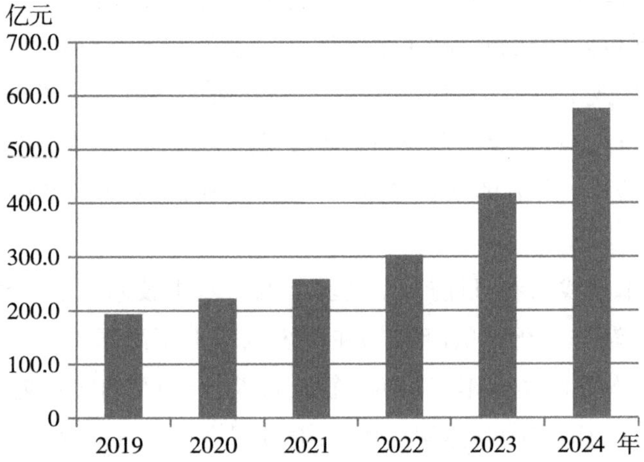

图 2 - 1　2019—2024 年全球无人驾驶汽车市场规模统计与预测

注:统计数据来自中商产业研究院,图中年份加字母“E”的数据为预测数据,不加字母“E”的数据为当年实际统计数据。载网易官网,https://www.163.com/dy/article/ISMH728705198SOQ.html,最后访问日期:2024 年 3 月 21 日。

我们国家从顶层设计层面出台了一系列推进关键产业和领域创新发展的相关政策、标准和管理规范,加快了科技创新的步伐。目前,中共中央、国务院和国家部委已经出台了数十个旨在促进智能网联汽车行业快速发展、加强智能网联汽车标准体系建设和道路测试监督管理工作的相关政策文件和技术标准,如表 2 - 1 所示。

表 2-1 国家层面有关自动驾驶汽车行业发展的主要政策文件

发布时间	文件名称	制定主体
2015 年 5 月	《中国制造 2025》	国务院
2016 年 2 月	《关于加强自动驾驶地图生产测试与应用管理的通知》	国家测绘地理信息局(现为自然资源部)
2016 年 5 月	《国家创新驱动发展战略纲要》	中共中央、国务院
2016 年 7 月	《“十三五”国家科技创新规划》	国务院
2016 年 12 月	《“十三五”国家社会发展科技创新规划》	科学技术部
2017 年 4 月	《汽车产业中长期发展规划》	工业和信息化部等
2017 年 7 月	《新一代人工智能发展规划》	国务院
2017 年 11 月	《增强制造业核心竞争力三年行动计划(2018—2020 年)》	国家发展和改革委员会
2017 年 12 月	《促进新一代人工智能产业发展三年行动计划(2018—2020 年)》	工业和信息化部
2017 年 12 月等	《国家车联网产业标准体系建设指南》系列政策文件	工业和信息化部等
2017 年 12 月	《智能汽车关键技术产业化实施方案》	国家发展和改革委员会
2018 年 4 月	《智能网联汽车道路测试管理规范(试行)》(已废止)	工业和信息化部等
2018 年 10 月	《车联网(智能网联汽车)直连通信使用 5905-5925MHz 频段管理规定(暂行)》	工业和信息化部
2018 年 12 月	《车联网(智能网联汽车)产业发展行动计划》	工业和信息化部
2019 年 7 月	《数字交通发展规划纲要》	交通运输部
2019 年 9 月	《交通强国建设刚要》	中共中央、国务院
2020 年 2 月	《智能汽车创新发展战略》	国家发展和改革委员会等

续表

发布时间	文件名称	制定主体
2020 年 8 月	《关于推动交通运输领域新型基础设施建设的指导意见》	交通运输部
2021 年 7 月	《智能网联汽车道路测试与示范应用管理规范(试行)》	工业和信息化部等
2022 年 2 月	《关于试行汽车安全沙盒监管制度的通告》	市场监管总局等
2023 年 11 月	《关于开展智能网联汽车准入和上路通行试点工作的通知》	工业和信息化部等
2023 年 11 月	《智能网联汽车准入和上路通行试点实施指南(试行)》	工业和信息化部等
2023 年 11 月	《自动驾驶汽车运输安全服务指南(试行)》	交通运输部

自 2017 年以来,在国家有关自动驾驶政策和规范的指引下,各地以城市为主体,以自动驾驶汽车道路测试为重点,纷纷开展了自动驾驶汽车产业规划、监管的有关实践。其中,重庆市最早出台了促进自动驾驶汽车产业发展的政策,确立了车联网应用示范项目分两个阶段实施的基本方案。[①] 2017 年 12 月 15 日,北京市交通委员会、北京市公安局公安交通管理局、北京市经济和信息化委员会联合发布了《北京市关于加快推进自动驾驶车辆道路测试有关工作的指导意见(试行)》和《北京市自动驾驶车辆道路测试管理实施细则(试行)》两个重量级文件。[②] 北京也在全国范围内率先开展了自动驾驶汽车法律规制的初步探索,截至 2024 年 7 月,北京市的管理细则已经进化到了第四个版本。2018 年 4 月,工业和信息化部等三部门联合制定的《智能网联汽车道路测试管理

① 参见重庆市人民政府办公厅《关于印发〈重庆市推进基于宽带移动互联网的智能汽车与智慧交通应用示范项目实施方案(2016 — 2019 年)〉的通知》(渝府办发〔2016〕205 号)(已废止)。

② 目前这两个文件已失效。

规范(试行)》充分借鉴和吸收了北京市的先期实践经验。2021 年 7 月，工信部等三部门根据智能网联汽车道路测试与监管的实际需要，在上述文本的基础上出台了《智能网联汽车道路测试与示范应用管理规范(试行)》，以取代原有规范。在此背景下，其他省市也结合本地区汽车产业基础、道路交通特点等实际情况，纷纷出台了适合本地特点的智能网联汽车道路测试管理实施细则。截至 2024 年 3 月，全国已有 51 个城市出台了自动驾驶道路测试和示范应用的相关政策文件，其中深圳、上海、江苏、杭州等多省市已制定自动驾驶相关地方立法，不断加速拓展应用场景。北京、上海、广州、深圳、武汉等地已开展无驾驶人车辆公开道路试点示范。比如，北京在积极推进示范区 3.0 的基础上不断拓展大兴机场等新应用场景，武汉在 12 个行政区内支持近 500 辆无驾驶人车辆常态化试点服务。①

二、自动驾驶产业发展政策制定

自 2015 年以来，我国在国家层面出台的与自动驾驶汽车行业相关的主要政策有 20 多个，地方各级政府也出台了大量的政策文件，但就积极引导和促进自动驾驶产业发展的政策文件而言大体上包括一般性和专门性政策、指南、规划和战略等。

(一)涉及自动驾驶产业发展的一般性政策与规划

1. 将自动驾驶产业作为实现智能制造的重要内容

国务院 2015 年发布的《中国制造 2025》提出了我国实施制造强国战略的第一个十年行动纲领。在全球制造业格局面临重大调整、我国经济发展环境发生重大变化的背景下，《中国制造 2025》提出了实现制造强国的“三步走”战略和具体指标，明确将发展自动驾驶汽车提升至国家战略高度，为以自动驾驶、人工智能等为代表的新兴制造业提出了明

① 参见付文超:《全国政协委员江浩然:建议加快完善自动驾驶法律法规体系》，载搜狐网，http://healthnews.sohu.com/a/762319517_120952561，最后访问日期:2024 年 3 月 21 日。

确的发展方向和目标。《中国制造 2025》十分强调加快发展智能制造装备和产品,指出要“统筹布局和推动智能交通工具、智能工程机械、服务机器人、智能家电、智能照明电器、可穿戴设备等产品研发和产业化”①。自 2015 年至今,中央和地方各级政府同自动驾驶产学研各界及政府纷纷围绕这项新技术,分别从不同角度寻求突破,包括研发新技术、完善智能网联技术的顶层设计、制定相关法规标准。在《中国制造 2025》战略纲领的基础上,国家和地方先后出台了多个重量级文件,对我国自动驾驶汽车产业发展的形势、目标、任务作了系统安排和部署,以引领产业健康发展。

2. 将自动驾驶置于国家科技创新发展战略之下

自动驾驶技术集成了包含人工智能技术、环境感知技术、高精度定位技术、决策控制技术等多领域、多方面的技术要素,对技术创新提出了极高的要求。2016 年 5 月,中共中央、国务院发布《国家创新驱动发展战略纲要》。该纲要指出要“加快工业化和信息化深度融合,把数字化、网络化、智能化、绿色化作为提升产业竞争力的技术基点,推进各领域新兴技术跨界创新”。在《国家创新驱动发展战略纲要》的指引下,2016 年 7 月国务院出台的《“十三五”国家科技创新规划》准确把握科技创新发展新态势,确立了科技创新发展新蓝图。该规划将发展现代交通技术与装备置于构建具有国际竞争力的现代产业技术体系的框架中,提出面向建设“安全交通、高效交通、绿色交通、和谐交通”重大需求,大力发展新能源、高效能、高安全的系统技术与装备,并将电动汽车智能化、网联化、轻量化技术及自动驾驶技术作为重点发展领域。②

3. 从人工智能产业发展的高度布局自动驾驶产业

从技术角度看,以自动驾驶技术为核心的自动驾驶汽车是人工智能的创新应用。以习近平同志为核心的党中央高度重视人工智能发展,中

---

① 国务院《关于印发〈中国制造 2025〉的通知》(国发〔2015〕28 号)。

② 参见国务院《关于印发〈“十三五”国家科技创新规划〉的通知》(国发〔2016〕43 号)。

央和国家战略层面对人工智能的重视促进了人工智能的快速布局。2017年7月,国务院出台了《新一代人工智能发展规划》。该规划是我国人工智能领域的第一个系统部署的规划性文件,也是面向未来打造我国先发优势的一个指导性文件。①

《新一代人工智能发展规划》提出以提升新一代人工智能科技创新能力为主攻方向。就自动驾驶汽车产业而言,该规划提出要重点突破自主无人系统计算架构、复杂动态场景感知与理解等共性技术。同时,该规划将自动驾驶技术作为战略性新兴产业,提出要"发展自动驾驶汽车和轨道交通系统,加强车载感知、自动驾驶、车联网、物联网等技术集成和配套,开发交通智能感知系统,形成我国自主的自动驾驶平台技术体系和产品总成能力,探索自动驾驶汽车共享模式"②。以《新一代人工智能发展规划》为依据,2017年12月工业和信息化部出台的《促进新一代人工智能产业发展三年行动计划(2018—2020年)》从推动产业发展角度出发,对《新一代人工智能发展规划》相关任务进行了细化和落实,并明确提出"构建软件、硬件、算法一体化的车辆智能化平台","到2020年,建立可靠、安全、实时性强的智能网联汽车智能化平台,形成平台相关标准,支撑高度自动驾驶(HA级)"③。

4. 将自动驾驶产业纳入汽车产业与智慧交通发展规划之中

汽车产业是建设制造强国的重要支撑,是推动新一轮科技革命和产业变革的重要力量。近年来,我国汽车产业发展迅猛,已经形成了种类齐全、配套完整的产业体系。据中国汽车工业协会统计,2023年,我国汽车产销量分别达3016.1万辆和3009.4万辆,同比分别增长11.6%和12%,年产销量双双创历史新高。我国汽车产销总量连续15年稳居全

---

① 国务院新闻办公室:《〈新一代人工智能发展规划〉政策解读》,载国务院新闻办公室网站,http://www.scio.gov.cn/34473/34515/Document/1559231/1559231.htm,最后访问日期:2023年7月10日。

② 国务院《关于印发新一代人工智能发展规划的通知》(国发〔2017〕35号)。

③ 工业和信息化部《关于印发〈促进新一代人工智能产业发展三年行动计划(2018—2020年)〉的通知》(工信部科〔2017〕315号)。

球第一。其中,新能源汽车表现也十分令人振奋。2023 年,我国新能源汽车产销量分别达 958.7 万辆和 949.5 万辆,同比分别增长 35.8% 和 37.9%,市场占有率达 31.6%。[①] 随着能源、材料和信息技术的不断突破和创新,当今全球汽车产业的发展趋势是加快向新能源、轻量化、智能化和网联化的方向发展。

在自动驾驶汽车产业发展规划方面,2017 年 4 月发布的《汽车产业中长期发展规划》以做大做强中国品牌汽车、培育具有国际竞争力的企业集团为核心要义,并以新能源汽车和智能网联汽车为突破口,通过合理的政策引导,持续引领整个产业更好更快转型升级。[②] 该规划将智能网联汽车作为重点领域进行突破,促进产业转型升级,并指出要加大智能网联汽车环境感知、智能决策等关键核心技术的攻关。此外,该规划还提出了开展自动驾驶汽车示范推广的具体举措,出台测试评价体系,分阶段、有步骤推进智能网联汽车示范应用。[③]

在智慧交通发展规划方面,2019 年 7 月,交通运输部印发了《数字交通发展规划纲要》。该规划纲要提出,到 2025 年,我国交通领域"全周期的数字化升级迈出新步伐,数字化采集体系和网络化传输体系基本形成"。就与自动驾驶技术相关的举措而言,该规划纲要提出"推动自动驾驶与车路协同技术研发,开展专用测试场地建设",并鼓励在物流园区、港口等场所推广应用自动驾驶技术。[④] 随后,中共中央、国务院印发的《交通强国建设纲要》提出了"到本世纪中叶,全面建成人民满意、

---

① 参见翟子赫:《超过 3000 万辆! 2023 年中国汽车产销量创历史新高》,载新华网,http://www.news.cn/auto/20240111/6a310c4324aa45389f364ae322dabdf4/c.html,最后访问日期:2024 年 3 月 13 日。

② 参见工业和信息化部:《〈汽车产业中长期发展规划〉解读》,载工业和信息化部官网,http://www.miit.gov.cn/n1146285/n1146352/n3054355/n3057585/n3057592/c5599879/content.html,最后访问日期:2023 年 7 月 15 日。

③ 参见工业和信息化部、国家发展和改革委员会、科技部《关于印发〈汽车产业中长期发展规划〉的通知》(工信部联装〔2017〕53 号)。

④ 参见交通运输部《关于印发〈数字交通发展规划纲要〉的通知》(交规划发〔2019〕89 号)。

保障有力、世界前列的交通强国"的基本目标,并提出要大力发展智慧交通,构建泛在先进的交通信息基础设施。《交通强国建设纲要》可以从顶层设计上为我国自动驾驶技术的发展创造高度智能化的道路交通基础设施,为车路协同提供外部条件。此外,2020 年 8 月交通运输部出台的《关于推动交通运输领域新型基础设施建设的指导意见》对打造智慧公路、智慧信息基础设施和创新基础设施等方面提出了具体的实现路径和举措,对下一步开展自动驾驶技术测试和拓展应用场景具有指导意义。①

(二)自动驾驶汽车产业发展的专门性政策

1. 自动驾驶创新发展战略与规划

专门的自动驾驶战略与规划可以为自动驾驶汽车发展提供充分的顶层设计。当前,国外发展环境与国内产业态势同时发生深刻变化,全球汽车产业正全面重构。面对智能汽车激烈的国际竞争和我国汽车产业转型升级突破的强烈诉求,国家发展和改革委员会等 11 个部门于 2020 年 2 月联合发布了《智能汽车创新发展战略》。该规划勾勒出未来较长一段时间中国智能汽车发展的宏伟蓝图,由于涉及的国家部委较多,政策覆盖面广,该规划对今后产业发展和技术创新具有较强的指引作用。

《智能汽车创新发展战略》着眼当今世界科技发展趋势,结合我国汽车产业发展现状和需求,综合考虑我国汽车产业发展的基础,从战略层面首次提出了我国智能汽车产业发展的近期和远期目标。就近期目标而言,《智能汽车创新发展战略》指出到 2025 年,实现有条件自动驾驶的智能汽车达到规模化生产以及高度自动驾驶的智能汽车在特定环境下市场化应用;就远期目标而言,《智能汽车创新发展战略》提出 2035 到 2050 年,中国标准智能汽车体系全面建成、更加完善,安全、高效、绿

---

① 参见《交通运输部关于推动交通运输领域新型基础设施建设的指导意见》(交规划发〔2020〕75 号)。

色、文明的智能汽车强国愿景逐步实现。①

具体的任务举措是落实自动驾驶汽车产业发展战略的关键所在。《智能汽车创新发展战略》为了落实上述战略目标,规划了智能汽车的技术创新体系、产业生态体系、路网设施体系、标准法规体系、产品监管体系以及信息安全体系等六大体系,也即六个方面的具体任务和举措。②《智能汽车创新发展战略》起草组核心成员孔凡忠表示,《智能汽车创新发展战略》的出台对于整个产业的推动将起到引领的作用,这六个体系对于整个智能汽车社会的产业生态重构,将有巨大的推动作用。③

2. 自动驾驶汽车产业发展的具体计划与路线

2017 年 11 月 20 日,国家发展和改革委员会发布的《增强制造业核心竞争力三年行动计划(2018—2020 年)》将智能汽车作为该行动计划的重点攻克领域,并提出了开展智能汽车基础共性技术研发、开展智能汽车信息安全和测试评价技术攻关、提升智能汽车关键软硬件水平等五个方面的重点任务。④ 以此为依据,2017 年 12 月 13 日,国家发展和改革委员会印发的《智能汽车关键技术产业化实施方案》就智能汽车关键技术产业化的发展目标、主要任务、重点工程和保障措

① 参见国家发展和改革委员会等 11 部门《关于印发〈智能汽车创新发展战略〉的通知》(发改产业〔2020〕202 号)。

② 这六个方面具体包括:一是构建协同开放的智能汽车技术创新体系,包括开展复杂环境感知、智能决策控制等基础前瞻技术研发,推动有条件的地方开展城市级智能汽车大规模、综合性应用试点;二是构建跨界融合的智能汽车产业生态体系;三是构建先进完备的智能汽车基础设施体系;四是构建系统完善的智能汽车法规标准体系,提出开展智能汽车"机器驾驶人"认定、责任确认等法律问题及伦理规范研究;五是构建科学规范的智能汽车产品监管体系,完善智能汽车道路交通违法违规行为取证和处置、安全事故追溯和责任追究相关规定,建立公开透明的智能汽车监管和事故报告机制,完善多方联动、信息共享、实时精准的运行监管体系;六是构建全面高效的智能汽车网络安全体系,加强数据安全监管。参见国家发展和改革委员会等 11 部门《关于印发〈智能汽车创新发展战略〉的通知》(发改产业〔2020〕202 号)。

③ 参见智能交通:《〈智能汽车创新发展战略〉重点及对比解读》,载搜狐网,https://www.sohu.com/a/375563763_776618,最后访问日期:2023 年 8 月 2 日。

④ 参见国家发展和改革委员会《关于印发〈增强制造业核心竞争力三年行动计划(2018—2020 年)〉的通知》(发改产业〔2017〕2000 号)。

施等做出了详细的部署。通过实施本方案，国家智能汽车创新发展平台基本建成并投入实质性运作，智能汽车自主可控的产业体系初步形成。[①]

随着我国从战略层面对自动驾驶的高度重视，自2017年以来，我国自动驾驶产业进入“快车道”，技术创新日益活跃，产业规模不断扩大，但在实践中也存在关键核心技术创新欠缺、产业生态不够完善以及政策法规未能及时跟进等问题。为进一步促进产业持续健康发展，2018年12月工业和信息化部《车联网（智能网联汽车）产业发展行动计划》在深入调研基础上，研究提出下一步智能网联汽车产业发展的五个方面重点任务，具体包括：一是突破关键技术，推动产业化发展；二是完善标准体系，推动测试验证与示范应用；三是合作共建，推动完善车联网产业基础设施；四是发展综合应用，推动提升市场渗透率；五是技管结合，推动完善安全保障体系。[②]

3. 地方自动驾驶汽车产业发展政策和规划

根据国家层面自动驾驶相关战略部署，部分地区也陆续开展了自动驾驶产业布局和政策制定工作。四川、湖南、浙江等地已经从省级层面出台了自动驾驶汽车产业政策、规划。

以浙江省为例，吉利、万向等汽车龙头企业以及浙江大学、阿里达摩院、清华长三角研究院等重大创新载体都在加快推进智能汽车相关核心技术攻关，阿里达摩院正在研发适应城市道路的L4级自动驾驶技术，菜鸟物流在智能驾驶干线物流、快递配送领域已着手道路测试，智能汽车技术创新势头强劲。浙江省结合国内外自动驾驶汽车产业发展趋势和自身资源优势，于2019年10月推出了首个省级自动驾驶汽车产业五年规划，即《浙江省智能汽车创新发展规划（2020—

---

① 参见国家发展和改革委员会办公厅《关于印发〈增强制造业核心竞争力三年行动计划（2018—2020年）〉重点领域关键技术产业化实施方案的通知》（发改办产业〔2017〕2063号）。

② 参见工业和信息化部《关于印发〈车联网（智能网联汽车）产业发展行动计划〉的通知》（工信部科〔2018〕283号）。

2025)》。该规划明确提出:到2022年,L2、L3级别智能汽车实现广泛应用和规模化量产,新车L2级别搭载率达到80%以上,智能汽车及关联产业产值突破8000亿元;到2025年,L3级别智能驾驶汽车新车用户渗透率达到60%以上,培育形成3~5家有全球竞争力的智能汽车企业,智能汽车及关联产业产值突破万亿元。此外,该规划还针对目前各地智能网联汽车道路测试实践中测试场景不规范、不统一,智能汽车应用范围有限等问题,提出"规划建设集封闭测试、半开放道路测试、开放道路测试、无人驾驶应用'四位一体'的测试区与示范区。鼓励城市间协同合作,建立智能汽车测试场景和应用场景研究平台,研究和落实多种智能汽车应用场景,支持多种技术路线测试验证和应用示范"①。

四川省也十分重视智能网联汽车产业发展,四川将新能源与智能汽车列为构建该省"5+1"现代产业体系的重要领域。为贯彻国家有关部委和四川省决策部署,抢抓智能网联汽车产业发展机遇,2020年5月,四川省经济和信息化厅等多部门联合发布了《关于推进智能网联汽车产业发展的通知》。该通知结合四川汽车产业发展的实际情况,从提高创新能力、建设基础设施、完善标准体系、强化车辆监管等六个方面提出了该省发展智能网联汽车产业的具体举措。②

在地方自动驾驶发展政策纷纷出台的背景下,自动驾驶推广与应用的区域合作也已经悄然起步。2020年9月14日,在2020年世界智能网联汽车大会上,长三角三省一市的经济和信息化主管部门签署了《国家级长三角区域车联网先导区建设合作协议》,决定共同建设国家级长三角区域车联网先导区。先导区将涵盖统一的智能信号灯、5G通信基站,开发区域内标准统一的智能网联汽车高精度地图,统一车联网通信协

① 浙江省发展和改革委员会《关于印发〈浙江省智能汽车创新发展规划(2020—2025)〉的通知》(浙发改产业〔2019〕449号)。

② 参见四川省经济和信息化厅等《关于推进智能网联汽车产业发展的通知》(川经信汽车〔2020〕91号)。

议、道路交通管理平台和车路协同网络安全维护，探索公交、共享、租赁、物流等领域的智能网联汽车发展模式。[1]

三、自动驾驶标准体系构建

随着国内智能网联技术日趋成熟，市场规模快速扩大，自动驾驶标准作为规范市场行为、引领产业健康发展的基本技术规范体系，已经成为政府、行业和企业需面对的首要课题。以各地迅速推进的自动驾驶道路测试为契机，我国自动驾驶汽车产业标准体系的框架也在日益成型。

（一）自动驾驶汽车产业标准体系框架

自动驾驶产业是汽车、信息通信、道路交通运输等行业深度融合的新型产业形态，是全球技术创新的热点和未来发展制高点。在当前自动驾驶产业发展如火如荼的背景下，自动驾驶技术标准的完善和统一无疑对于规范自动驾驶技术创新和应用、维持产业发展秩序具有积极意义。然而自动驾驶作为新兴业态，技术标准体系并不完善，这就迫切需要建立跨行业、跨领域、适应我国技术和产业发展需要的标准体系。为此，工业和信息化部组织编制并联合国家标准化管理委员会印发了《国家车联网产业标准体系建设指南》。该指南包含总体要求、智能网联汽车、信息通信、电子产品与服务、车辆智能管理、智能交通相关标准体系等部分。[2] 国家车联网产业标准体系的主要内容如表2-2所示：

---

① 参见北京智能车联产业创新中心政策研究与产业推进部：《智能网联产业研究分析月度报告》2020年第7期，载微信公众号"智联会"，https://mp.weixin.qq.com/s/jV7ooyKnrvMGzedcEkVS0w，最后访问日期：2024年1月12日。

② 2017年12月至今，工业和信息化部、公安部等多部门已经联合发布了《国家车联网产业标准体系建设指南》的总体要求、车辆智能管理、电子产品与服务、信息通信、智能网联汽车、智能交通相关等多个子文件。

表 2－2　国家车联网产业标准体系的主要内容

名称	发布时间	文号	主要内容
总体要求	2018 年 6 月	工信部联科〔2018〕109 号	提出车联网产业标准体系的基本要求、体系结构、建设内容，指导车联网产业标准化总体工作，推动逐步形成统一、协调的国家车联网产业标准体系架构
信息通信	2018 年 6 月	工信部联科〔2018〕109 号	面向车联网信息通信技术、网络和设备、应用服务进行标准体系设计
电子产品与服务	2018 年 6 月	工信部联科〔2018〕109 号	支撑车联网产业链的汽车电子产品、车载信息系统、车载信息服务和平台相关的标准化工作，明确车联网电子产品和车载信息服务的标准化发展方向
车辆智能管理	2020 年 4 月	工信部联科〔2020〕61 号	主要包括基础标准、智能网联汽车登记管理、身份认证与安全、智能网联汽车运行管理、车路协同管控与服务标准五部分
智能交通相关	2021 年 2 月	工信部联科〔2021〕23 号	主要包括基础类标准、道路设施标准、车路交互标准、管理与服务标准、信息安全标准五部分
智能网联汽车	2023 年 7 月	工信部联科〔2023〕109 号	在 2017 年版的基础上提出，到 2025 年，系统形成能够支撑组合驾驶辅助和自动驾驶通用功能的智能网联汽车标准体系，制(修)订 100 项以上智能网联汽车相关标准；到 2030 年，全面形成能够支撑实现单车智能和网联赋能协同发展的智能网联汽车标准体系，制(修)订 140 项以上智能网联汽车相关标准并建立实施效果评估和动态完善机制

(二)具体标准制定情况

当前，政府、企业与行业组织正在针对自动驾驶汽车、自动驾驶系统、智慧交通基础设施、车用无线网络、自动驾驶服务平台等多领域技术标准与规范开展研究、起草和制定工作。一般而言，我国的标准类型包括国家标准、行业标准、地方标准、团体标准和企业标准。其中，前三项属于政府主导的标准，团体标准和企业标准属于市场自主制定的标准。[①] 早在 2019 年,《汽车信息安全通用技术要求》等 8 项标准新获批立项,《自动驾驶汽车数据记录系统性能要求及试验方法》等 10 项标准预研工作正式启动,《汽车软件升级通用技术要求》《智能网联汽车自动驾驶功能测试方法及要求》等 16 项标准草案提交立项申请,《汽车驾驶自动化分级》完成审查,《道路车辆 先进驾驶辅助系统(ADAS)术语及定义》等 4 项标准进入报批程序。[②] 根据相关统计数据,截至 2022 年 9 月,我国已完成 39 项国家和行业标准报批发布、42 项标准立项起草以及 31 项标准化需求研究项目的成果应用;在国际标准法规协调方面,承担多个主席、副主席、召集人及项目负责人等职责,牵头和参与国际标准法规 19 项。[③] 根据 2023 年版《国家车联网产业标准体系建设指南(智能网联汽车)》设定的目标,到 2025 年,我国将制(修)订 100 项以上智能网联汽车相关标准;而到 2030 年,这一数字将达到 140 项以上。

具体而言,在国家标准方面,国家有关部门近年来按照《国家车联网产业标准体系建设指南》的要求,并根据自动驾驶道路测试的实际情况,开展相关标准的研究和制定工作。这些标准主要涉及自动驾驶分级、智能网联汽车技术规范、自动驾驶道路测试相关标准等。例如,2020 年 3 月工业和信息化部发布的《汽车驾驶自动化分级》推荐性国家标准已于 2021 年 1 月 1 日实施。与 SAE 分级标准中的 L0 ~ L5 类似,《汽车驾驶自动化分级》也将自动驾驶分为 0 ~ 5 级,共 6 个级别(如表 2 - 3 所示)。这为我国自动驾驶技术等级划分提供了明确的指引。在行业标准制定上,目前我国已经或正在研究起草"自动驾驶高精地图特征定位

---

① 根据《标准化法》第 2 条规定,标准包括国家标准、行业标准、地方标准和团体标准、企业标准。国家标准分为强制性标准、推荐性标准,行业标准、地方标准是推荐性标准。强制性标准必须执行。国家鼓励采用推荐性标准。

② 参见全国汽车标准化委员会秘书处、中国汽车技术研究中心有限公司标准化研究所:《汽车行业标准化 2019 年工作总结及 2020 年工作重点》,载《中国汽车》2020 年第 2 期。

③ 参见陈桂华等:《智能网联汽车蓝皮书(2022)》,载搜狐网,http://news.sohu.com/a/660310634_620780,最后访问日期:2024 年 3 月 12 日。

数据技术规范”“面向 C－V2X 的 MEC 业务服务能力开放和接口技术要求”等多个技术标准和技术规范。

表 2－3 驾驶自动化等级与划分要素的关系

分级	名称	车辆横向和纵向运行控制	目标和事件探测与响应	动态驾驶任务接管	设计运行条件
0 级	应急辅助	驾驶员	驾驶员及系统	驾驶员	有限制
1 级	部分驾驶辅助	驾驶员和系统	驾驶员及系统	驾驶员	有限制
2 级	组合驾驶辅助	系统	驾驶员及系统	驾驶员	有限制
3 级	有条件自动驾驶	系统	系统	动态任务接管用户（接管后成为驾驶员）	有限制
4 级	高度自动驾驶	系统	系统	系统	有限制
5 级	完全自动驾驶	系统	系统	系统	无限制[a]

注：a 排除商业和法规等因素的限制。

在地方标准方面，目前北京市由于相对领先的自动驾驶道路测试对标准建设提出了巨大的需求，其业已出台了《北京市自动驾驶车辆道路测试能力评估内容与方法（试行）》《北京市自动驾驶车辆封闭测试场地技术要求（试行）》《北京市自动驾驶车辆测试道路要求（试行）》等地方标准。

在团体标准方面，目前以汽车行业协会、自动驾驶企业联盟为主体的企业自治团体通过合作制定了多项团体标准。根据笔者在全国团体标准信息平台上检索的结果，截至 2020 年 7 月，与自动驾驶直接相关的团体标准已达 18 项。[①] 在加速支持高级别自动驾驶路测与应用方面，上海市于 2023 年 8 月发布了《支持高级别自动驾驶的 5G 网络规划建设和验收要求》《支持高级别自动驾驶的 5G 网络性能要求》等两项团体标准。值得注意的是，行业组织和企业联盟在自动驾驶团体标准的制定

① 参见全国团体标准信息平台网，https://www.ttbz.org.cn，最后访问日期：2023 年 7 月 28 日。

上十分活跃。例如,以打造“中关村标准”闻名的中关村智通智能交通产业联盟在自动驾驶团体标准体系建设上做出了十分重要的贡献。[①] 截止到2020年8月,该联盟已累计发布8项团体标准,已立项待发布1项。其中,3项被北京市认定为自动驾驶相关评价标准,1项入选工业和信息化部百项团标,3项被认定为“中关村标准”,并面向全国推广应用。[②] 截至2022年年底,该联盟牵头并参与累计69项智能网联汽车国际、国家、行业、地方和团体标准的制定工作。[③] 实际上,当前国家标准、行业标准和地方标准的起草和出台都离不开自动驾驶相关企业和行业组织的积极参与和通力合作。

四、自动驾驶相关地方立法探索

当前,我国关于自动驾驶测试与应用的规范以政策和规范性文件为主,但也有少数地方已经在探索制定专门的自动驾驶地方性法规(经济特区法规)、通过自动驾驶相关立法性决定或者修改既有地方性立法等自动驾驶地方立法路径。截至2024年7月底,深圳、上海、杭州、无锡、苏州、阳泉等地已经相继出台了专门的自动驾驶相关地方性法规,北京、广州、武汉、合肥等部分省市也已经启动了自动驾驶相关地方性法规的

---

① 该联盟由超过60家企业、高校、科研院所等签署协议共同出资成立,旨在共同推进产业共性技术、评测方法、法规、标准等工作。在北京市自动驾驶测试管理联席工作小组的指导下,北京市科学技术委员会、中关村科技园区管理委员会等单位的支持下,中关村智通智能交通产业联盟联合产业上中下游龙头企业、科研院所等,共同研制自动驾驶相关标准,解决产业发展中的瓶颈问题。

② 参见北京智能车联产业创新中心:《北京市自动驾驶车辆道路测试报告(2019)》,载未来智库官网,https://www. vzkoo. com/doc/8953. html,最后访问日期:2023年7月28日。

③ 参见北京智能车联产业创新中心:《北京市自动驾驶车辆道路测试报告(2022)》,载未来智库官网,https://www. vzkoo. com/document/20230518f5017ddf4fbfb207a8903876. html?keyword = %E5%8C%97%E4%BA%AC%E5%B8%82%E8%87%AA%E5%8A%A8%E9%A9%BE%E9%A9%B6%E8%BD%A6%E8%BE%86%E9%81%93%E8%B7%AF%E6%B5%8B%E8%AF%95%E6%8A%A5%E5%91%8A%EF%BC%882023%EF%BC%89,最后访问日期:2023年7月26日。

起草工作。[①] 以下选取深圳市、江苏省、杭州市等代表性省市分别进行介绍。

（一）深圳经济特区自动驾驶立法

2022 年 6 月 23 日，深圳市第七届人民代表大会常务委员会第十次会议通过《深圳经济特区智能网联汽车管理条例》，自 2022 年 8 月 1 日起施行。这是国内首部关于自动驾驶汽车管理的地方性法规（经济特区法规），也意味着深圳成为首个对 L3 级乃至更高级别自动驾驶“放行”的城市，这使自动驾驶汽车上路行驶真正实现有法可依，对于后续相关技术商业化落地和应用，以及其他城市甚至国家层面相关立法都将起到积极的示范和借鉴作用。具体而言，《深圳经济特区智能网联汽车管理条例》具有以下特色：

一是明确该条例的适用范围。深圳经济特区范围内智能网联汽车的道路测试和示范应用、准入和登记、使用管理等相关活动均适用《深圳经济特区智能网联汽车管理条例》。与当前多数地方的道路测试和示范应用管理规范相比，《深圳经济特区智能网联汽车管理条例》对于智能网联汽车的准入、登记、使用管理和责任追究等问题做了具体规定。[②]

二是明确界定智能网联汽车的概念。《深圳经济特区智能网联汽车管理条例》所称的智能网联汽车，是指可以由自动驾驶系统替代人的操作在道路上安全行驶的汽车，包括有条件自动驾驶、高度自动驾驶和完全自动驾驶三种类型，[③]依次对应着《汽车驾驶自动化分级》中的第 3 ~ 5 级和 SAE 自动驾驶分级中的 L3 ~ L5。这就意味着深圳将低级别的辅

---

① 为了规范自动驾驶汽车的研发、测试、应用和管理，保障道路交通安全和公共利益，北京市起草了《北京市自动驾驶汽车条例（征求意见稿）》，目前已经由北京市经济和信息化局公开征集意见。自动驾驶立法工作已纳入北京市人大 2024 年的立法审议项目，有望在 2024 年内完成审议发布。此外，广州、武汉、合肥、长沙等省市也已陆续启动了自动驾驶地方立法程序。可以预见的是，在未来几年内各地必将掀起一波自动驾驶专门性地方立法的浪潮。

② 参见《深圳经济特区智能网联汽车管理条例》第 2 条。

③ 参见《深圳经济特区智能网联汽车管理条例》第 3 条。

助驾驶排除在智能网联汽车概念之外,将今后自动驾驶测试和应用的重点集中到了高等级的自动驾驶技术上,某种程度上也代表了当前国内外自动驾驶技术发展和应用的趋势。

三是明确了政府及相关部门在自动驾驶技术发展与应用中的具体监督管理职责,对智能网联汽车的准入和登记制度进行规范。《深圳经济特区智能网联汽车管理条例》规定实行智能网联汽车产品准入管理制度。只有列入国家汽车产品目录或者深圳市智能网联汽车产品目录的智能网联汽车产品才能在深圳市销售和登记。① 同时,该条例还要求实行智能网联汽车登记制度。列入国家汽车产品目录或者深圳市智能网联汽车产品目录的智能网联汽车,经公安机关交通管理部门登记后,方可上道路行驶。② 此外,该条例明确规定了更新升级自动驾驶系统和其他涉及汽车安全的设施设备的,智能网联汽车产品生产者应当向市工业和信息化部门备案。③

四是强化网络安全和数据保护的要求。首先,《深圳经济特区智能网联汽车管理条例》明确了网信部门和其他相关职能部门在全市智能网联汽车产品、服务及其供应链的网络安全风险监督管理工作,以及智能网联汽车网络安全事件应急预案的制定和实施中的具体职责。其次,要求智能网联汽车相关企业依法取得网络关键设备和网络安全专用产品的安全检测认证,依法制定智能网联汽车网络安全事件应急预案,并建立网络安全评估和管理机制。再次,智能网联汽车相关企业应当依照国家相关规定,制定数据安全管理制度和隐私保护方案,采取措施防止数据的泄露、丢失、损毁,并将存储数据的服务器设在中华人民共和国境内。未经批准,不得向境外传输、转移相关数据信息。最后,明确列举了禁止利用智能网联汽车从事的三类活动:非法收集、处理、利用个人信息;采集与本车辆行驶和交通安全无关的信息;非法采集涉及国家安全

① 参见《深圳经济特区智能网联汽车管理条例》第 20 条。
② 参见《深圳经济特区智能网联汽车管理条例》第 27 条。
③ 参见《深圳经济特区智能网联汽车管理条例》第 32 条。

的信息。[①]

五是规定交通违法和事故处理以及法律责任。在道路交通行政违法责任方面,《深圳经济特区智能网联汽车管理条例》根据智能网联汽车是否有人或者自动驾驶是否为完全自动驾驶进行了差异化规定:有驾驶人的智能网联汽车发生道路交通安全违法情形的,由公安机关交通管理部门依法对驾驶人进行处理;完全自动驾驶的智能网联汽车在无驾驶人期间发生道路交通安全违法情形的,由公安机关交通管理部门依法对车辆所有人、管理人进行处理,但对作为违法行为人的所有人和管理人的处罚不适用驾驶人记分的有关规定。[②] 在民事侵权责任方面,该条例采用了与上述道路交通行政违法责任类似的做法:有驾驶人的智能网联汽车发生交通事故造成损害,属于该智能网联汽车一方责任的,由驾驶人承担赔偿责任;完全自动驾驶的智能网联汽车在无驾驶人期间发生交通事故造成损害,属于该智能网联汽车一方责任的,由车辆所有人、管理人承担赔偿责任。此外,该条例还规定了智能网联汽车存在"产品缺陷"情形下的产品责任。[③] 在事故责任认定上,最为关键的是如何调查取证。针对实践中可能面临的取证问题,该条例明确智能网联汽车车载设备、路侧设备、监管平台等记录的车辆运行状态和周边环境的客观信息,可以作为认定智能网联汽车交通事故责任的重要依据。[④]

(二)江苏省自动驾驶相关立法与决定

江苏省在推进自动驾驶地方立法过程中,展现出了兼顾和尊重既有道路交通法律体系和有针对性重点突破的基本理念,其采用了修改既有《江苏省道路交通安全条例》和通过自动驾驶相关立法性决定两种方式探索符合江苏省自动驾驶产业发展和示范应用的自动驾驶立法路径。

1. 江苏省通过修订既有立法为自动驾驶技术发展与应用提供必要

---

① 参见《深圳经济特区智能网联汽车管理条例》第44~48条。

② 参见《深圳经济特区智能网联汽车管理条例》第51条。

③ 参见《深圳经济特区智能网联汽车管理条例》第53~54条。

④ 参见《深圳经济特区智能网联汽车管理条例》第55条。

的法律依据。2023 年 7 月 27 日，江苏省第十四届人民代表大会常务委员会第四次会议审议通过了修订后的《江苏省道路交通安全条例》，该条例已于 2024 年 1 月 1 日生效。本次修订的亮点在于新增了有关自动驾驶的相关规定。该条例主要在第五章“道路通行规定”、第八章“法律责任”和第九章“附则”中增加规定了自动驾驶汽车的相关规定。一是明确了该条例所称的“自动驾驶汽车”仅限于有条件自动驾驶汽车、高度自动驾驶汽车和完全自动驾驶汽车（L3 ~ L5 等级的自动驾驶汽车）三种类型。① 二是规定自动驾驶汽车在公共道路上行驶时的具体法律要求。根据该条例的规定，有条件自动驾驶汽车、高度自动驾驶汽车和完全自动驾驶汽车开展道路测试或者上道路行驶时，应当记录和存储汽车发生事故或者故障前至少 90 秒的位置、运行状态、驾驶模式、车内外监控视频等行驶数据，并保持数据的连续性和完整性，数据存储期不得少于 30 日。发生道路交通事故的，汽车生产企业、自动驾驶系统开发单位、设备提供方等相关主体应当配合公安机关交通管理部门调查处理。② 三是首次明确自动驾驶汽车引发道路交通事故时的责任认定问题。有条件自动驾驶汽车、高度自动驾驶汽车发生道路交通安全违法行为的，由公安机关交通管理部门依法对机动车驾驶人实施处罚；完全自动驾驶汽车发生道路交通安全违法行为的，由公安机关交通管理部门依法对汽车所有人、管理人进行处理。③

2. 江苏省运用灵活的省级人大常委会立法性决定的形式对自动驾驶相关问题进行专门性规范。2023 年 11 月 29 日，江苏省第十四届人民代表大会常务委员会第六次会议审议通过《关于促进车联网和智能网联汽车发展的决定》，该决定自 2024 年 1 月 1 日起施行。作为促进车联网和智能网联汽车发展的全国首部省级地方性法规，该决定针对新业态新问题进行创制性立法，为江苏相关产业继续走在全国前列提供了法治

---

① 参见《江苏省道路交通安全条例》第 87 条。

② 参见《江苏省道路交通安全条例》第 59 ~ 60 条。

③ 参见《江苏省道路交通安全条例》第 85 条。

保障。该决定的主要亮点包括:(1)界定"智能网联汽车"的概念,并对"智能网联汽车"和"自动驾驶汽车"两者的关系进行了明确,明确智能网联汽车在外延上包括先进驾驶辅助汽车、自动驾驶汽车,也就是将先进驾驶辅助汽车排除在自动驾驶汽车之外,自动驾驶汽车仅包括有条件自动驾驶汽车、高度自动驾驶汽车和完全自动驾驶汽车三类(对应 L3 ~ L5 等级的自动驾驶汽车);(2)明确了车联网和智能网联汽车发展应遵循创新引领、包容审慎、应用牵引、安全有序的基本原则;(3)明确了相关政府及政府部门在自动驾驶技术发展与应用中的职责;(4)鼓励保险机构针对车联网和智能网联汽车产品研发、制造、使用、经营等开发保险产品;等等。①

(三)杭州市自动驾驶专门立法

为了更好地在法治轨道上推进自动驾驶技术测试与应用的快速发展,2023 年 12 月 29 日,杭州市第十四届人民代表大会常务委员会第十五次会议通过了《杭州市智能网联车辆测试与应用促进条例》。该条例已于 2024 年 3 月 29 日经浙江省第十四届人民代表大会常务委员会第九次会议批准,自 2024 年 5 月 1 日起施行。

《杭州市智能网联车辆测试与应用促进条例》结合杭州市近年来自动驾驶汽车道路测试和示范应用的实践及其监管经验,做出了一些有益的探索。一是《杭州市智能网联车辆测试与应用促进条例》独创性地使用了"智能网联车辆"的概念,智能网联车辆包括智能网联汽车和功能型无人车两类,该条例在此基础上进行分级分类规范,其中明确规定功能型无人车道路测试、创新应用期间参照适用非机动车的有关通行规定。② 二是明确要求市人民政府建立监督管理联合工作机制,组织制定

① 参见江苏省人民代表大会常务委员会《关于促进车联网和智能网联汽车发展的决定》,载江苏人大网,http://www.jsrd.gov.cn/qwfb/sjfg/202312/t20231208_564588.shtml,最后访问日期:2024 年 3 月 11 日。

② 参见《杭州市智能网联车辆测试与应用促进条例》第 2 条、第 18 条。

智能网联车辆产业发展规划,优化产业发展环境。① 三是明确组建市智能网联车辆测试与应用管理服务平台,由市经信主管部门负责建设和管理,并明确要求用于道路测试、创新应用的智能网联车辆应接入市智能网联车辆测试与应用管理服务平台。② 四是确立了按照分级管理原则,从低风险到高风险、从简单类型到复杂类型规范智能网联汽车和功能型无人车道路测试、创新应用活动具体流程,具体包括管理机制、申请条件、审查流程、行为规范、监管要求和退出机制六个方面内容。五是广泛采用立法授权的形式满足自动驾驶及其监管实践的需要。《杭州市智能网联车辆测试与应用促进条例》在对有关自动驾驶道路测试和示范应用做出一般性规定的前提下,在第 11 ~ 13 条等条文中授权交管部门、经信部门等相关主管部门做出细化规定。六是在立法上率先探索自动驾驶商业化模式。《杭州市智能网联车辆测试与应用促进条例》明确在创新应用过程中向不特定对象收取费用的,应用主体应当提前 7 日向社会公布有关计费规则。③ 七是确立了有关主管部门在监管中的容错免责与尽职免责机制。经信部门、交管部门等有关主管部门在智能网联车辆道路测试、创新应用监督管理工作中出现失误,符合《杭州市智能网联车辆测试与应用促进条例》规定的条件的,对有关部门和个人不作负面评价。这将有利于推动自动驾驶技术创新和监管创新。八是明确了道路交通行政违法责任的认定和追究。《杭州市智能网联车辆测试与应用促进条例》也采用了分类处置的思路,即智能网联车辆发生道路交通安全违法情形,配备驾驶人或者安全员的,公安机关交通管理部门可以依法对驾驶人或者安全员进行处理;不配备驾驶人、安全员的,公安机关交通管理部门可以依法对车辆所有人或者管理人进行处理。在智能网联车辆发生道路交通事故时,应当根据事故各方的行为对事故发生所

---

① 参见《杭州市智能网联车辆测试与应用促进条例》第 4 条。

② 参见《杭州市智能网联车辆测试与应用促进条例》第 6 条。

③ 参见《杭州市智能网联车辆测试与应用促进条例》第 21 条。

起的作用以及过错严重程度，确定各方的事故责任。①

五、自动驾驶道路测试与示范应用监管

自动驾驶汽车道路测试是实现智能网联车产业化和商业化应用的前提基础，自动驾驶汽车道路测试包括仿真测试、封闭测试、开放道路测试和示范运营等场景。随着我国将自动驾驶产业上升到国家发展战略的高度，以自动驾驶汽车道路测试为主要内容的自动驾驶监管框架正在逐步建立。

（一）自动驾驶道路测试与示范应用基本情况

我国从中央到地方各级政府十分重视自动驾驶测试工作。在自动驾驶汽车道路测试规范制定上，2017 年 12 月，北京市出台了我国首个自动驾驶汽车道路测试的地方性管理规范。2018 年 4 月，工业和信息化部、公安部、交通运输部三部门联合发布了我国第一个规范自动驾驶汽车道路测试的规范性文件——《智能网联汽车道路测试管理规范（试行）》（已失效）。与此同时，上海、长沙、重庆、天津等数十个省市地方政府也相继出台自动驾驶汽车道路测试的相关实施细则，加快推动智能网联车道路测试。国家和各地纷纷出台的自动驾驶道路测试管理规范为自动驾驶技术的产业化和广泛应用创造了良好的政策制度环境，也为各地对自动驾驶汽车上路行驶进行有效监管、维护交通秩序和公共安全提供了重要规范依据。

在自动驾驶汽车道路测试和示范运行平台建设方面，早在 2015 年，我国就开始在全国各主要城市布局。目前我国已经在北京、上海、长沙、重庆、武汉等地建设了数十个不同级别的智能网联汽车示范区，截至 2023 年年底，共有 17 个国家级测试示范区（其中 7 个自动驾驶封闭场地测试基地）、7 个车联网先导区、16 个智慧城市与智能网联汽车协同发

① 参见《杭州市智能网联车辆测试与应用促进条例》第 27 ~ 28 条。

展试点城市。[①] 以此为基础，各地正在积极推动封闭、半封闭和开放道路等不同场景下的测试验证。[②] 此外，国家还大力支持建设智能网联汽车基础数据平台，目前我国已经建立了交通行业网联化统一监管平台，其具有全国性平台的架构。与此同时，在工业和信息化部的支持下，中国汽车工程学会联合包括汽车整车企业、科研院所、通信运营商、软硬件厂商等30多家单位共同发起成立"车联盟产业技术创新战略联盟"(2015年7月更名为"智能网联汽车产业技术创新战略联盟")，旨在政策和战略研究、关键共性技术研发、人才培等方面展开合作，为自动驾驶汽车道路测试提供更好的组织条件和平台基础，进而推动我国智能网联车技术的商业化应用和快速发展。[③]

就各地自动驾驶汽车道路测试开展情况而言，前瞻产业研究院发布的《2019年中国自动驾驶行业发展研究报告》显示，截至2019年5月底，全国已有13个城市发放了约105张自动驾驶路测牌照。从城市发放牌照数量的角度来看，北京市发放数量最高，共59张，占发放总量的比重为56%；其次是重庆市，牌照发放数量为12张，占发放总量的11%。[④] 在各地道路测试实践中，北京市具有典型性。北京市在人才队伍、场地环境、法规政策等方面具有明显优势。2021年4月13日正式公布设立的北京市智能网联汽车政策先行区是全国首个以管理政策创新为核心的先行区。目前北京市拥有海淀、亦庄和顺义基地共3个测试场地，测试覆盖京津冀地区城市、乡村、高速85%的交通场景。截至2024年2月底，北京市已向18家企业348辆智能汽车发放自动驾驶道

---

① 参见《全国国家级智能网联先导区、示范区、"双智"试点城市盘点》，载腾讯网，https://new.qq.com/rain/a/20240302A02OLB00，最后访问日期：2024年3月24日。

② 参见《泰伯智库发布智能汽车测试场地排名，35个城市激烈角逐》，载搜狐网，https://www.sohu.com/a/380331699_335896，最后访问日期：2023年8月8日。

③ 参见前瞻产业研究院：《2020年中国智能网联车市场发展现状分析》，载搜狐网，https://www.sohu.com/a/394411892_473133，最后访问日期：2023年8月7日。

④ 参见《〈2019年中国自动驾驶行业发展研究报告〉出炉》，载中国数谷官网，http://www.cbdio.com/Big Data/2019-08/21/content_b150633.htm，最后访问日期：2024年1月12日。

路测试用临时号牌。北京市自动驾驶车辆道路测试安全行驶里程已超过 20 705 421 公里,开放测试道路达 336 条,总里程达 1160.89 公里,涉及北京市共 7 个市辖区。其中,无人化测试道路 82 条,共 423.26 公里,夜间测试道路 108 条,共 509.12 公里。① 由千方科技牵头,京津冀地区汽车、交通、通信、互联网行业 10 家龙头企业共同出资成立了北京智能车联产业创新中心。该中心已于 2016 年 12 月获批成为北京市唯一一家智能网联测试与服务领域的市级产业创新中心,定位于打造智慧交通方向下,国内领先的智能网联汽车"全生命周期"测试、验证、检测与评估机构以及应用示范的产业服务平台。

(二)自动驾驶道路测试与示范应用监管的主要内容

目前,自动驾驶技术的应用场景正在得到逐步推广,自动驾驶技术已经被应用到无人接驳、无人物流、无人配送等商业运行场景,已实现多种自动驾驶车辆多场景示范运行。然而,如何对这些道路测试和示范的自动驾驶汽车进行有效的监管,是摆在监管层面前的棘手难题。对于在开放道路上测试的自动驾驶汽车,根据国家和地方政府已经出台的道路测试管理规范和实施细则,主要包括以下五个方面的内容:

1. 监管主体

目前,各地自动驾驶汽车道路测试监管体系包括主管部门、专家委员会和第三方授权监管机构三个层次。根据工业和信息化部、公安部、交通运输部 2021 年 7 月发布的《智能网联汽车道路测试与示范应用管理规范(试行)》(以下简称《管理规范》)的规定,省、市级政府工业和信息化主管部门、公安机关交通管理部门和交通运输主管部门为自动驾驶道路测试的共同主管部门。② 至于主管部门的具体运作形式,各地一般

---

① 数据来源:参见智能车联产业创新中心官网,http://www.mzone.site,最后访问日期:2024 年 3 月 18 日。

② 参见《管理规范》第 4 条。

采取跨部门协调机制(工作小组)。例如,北京、长沙、深圳、重庆等地采用联席工作小组的形式,上海、长春则成立了推进工作小组。[①] 联席工作小组或者推进工作小组负责组织开展自动驾驶车辆道路测试具体实施工作。在主管部门协调机制之下,各地还设置了专家委员会或者专家组,主要负责对测试主体提出的道路测试申请进行论证评估,出具专家意见,或者提供咨询和指导服务。[②] 此外,自动驾驶车辆道路测试的日常管理(包括申请受理、材料审核、监测跟踪等日常监管职责)交由第三方机构进行。

2. 道路测试(示范应用)主体、人员和车辆要求

道路测试(示范应用)主体是提出智能网联汽车道路测试和示范应用申请、组织道路测试和示范应用并承担相应责任的单位。由于自动驾驶道路测试作为一种科学试验,在开放道路上进行存在巨大的安全风险,有必要对测试主体提出较高的申请门槛。按照《管理规范》的要求,道路测试(示范应用)主体应在注册地、业务能力、责任能力、测评规程、监控等方面符合一定的要求。特别是在责任能力上,一般要求其具备足够的赔偿能力,例如要求为每车购买不低于500万元人民币的交通事故责任保险或提供不少于500万元人民币的自动驾驶道路测试事故赔偿保函。[③] 北京等地则根据不同的道路测试、应用场景和需求分别规定了测试主体的条件。

道路测试(示范应用)人员包括测试驾驶人、安全员以及工程师等。各地道路测试和示范应用实践都要求配备道路测试(示范应用)驾驶人。道路测试(示范应用)驾驶人是经道路测试(示范应用)主体授权,

---

① 参见《北京市自动驾驶车辆道路测试管理实施细则(试行)》第3条、《上海市智能网联汽车道路测试和示范应用管理办法(试行)》第4条等。

② 参见《北京市自动驾驶车辆道路测试管理实施细则(试行)》第5条、《上海市智能网联汽车道路测试和示范应用管理办法(试行)》第5条、《重庆市自动驾驶道路测试管理实施细则(试行)》(已失效)第4条等。

③ 参见《管理规范》第5条、第10条、第17条等,《长沙市智能网联汽车道路测试与示范应用管理细则(试行)V4.0》第8~9条。

负责道路测试(示范应用)并在出现紧急情况时对道路测试(示范应用)车辆实施应急措施的驾驶人。在道路测试(示范应用)阶段要求测试主体安排测试驾驶人,有利于实时确保自动驾驶车辆符合道路交通安全规定,确保自动驾驶道路测试与示范应用过程的安全有效性。根据《管理规范》的规定,道路测试(示范应用)驾驶人应满足与测试主体签订有劳动合同或劳务合同、具有 3 年以上驾驶经历、无致人死亡或者重伤的交通事故责任记录等条件。① 北京市则按照通用技术测试、专项技术测试以及试运营测试的测试场景分类,对测试驾驶员提出了逐步严格的要求。随着自动驾驶技术不断向更高水平的自动化驾驶方向迭代升级,特别是能满足 L3 级以上甚至完全无人驾驶的道路测试呼唤更为多样化的测试和应用场景。广州、平潭等地已经允许测试主体开展自动驾驶远程测试。② 值得注意的是,深圳市立法对于有条件自动驾驶和高度自动驾驶的智能网联汽车要求配备驾驶人,而对于完全自动驾驶的智能网联汽车可以不配备驾驶人。③

道路测试(示范应用)车辆是申请用于道路测试和示范应用的智能网联汽车,包括乘用车、商用车辆,但不包括低速汽车、摩托车。一般而言,测试车辆首先必须符合传统汽车的相关技术标准和规范要求,同时针对自动驾驶场景,国家和地方管理规定都提出了特殊的要求。例如,《管理规范》要求测试车辆必须具备人工操作和自动驾驶两种模式,且能够以安全、快速、简单的方式实现模式转换并有相应的提示,保证在任何情况下都能将车辆即时转换为人工操作模式。④ 北京市还要求测试

---

① 参见《管理规范》第 7 条。

② 广州准许驾驶员组委设置在远程,进行远程测试,不过测试主体的测试里程需要累计超过 3 万公里且无发生交通事故及失控状况,方可申请远程测试。平潭则借鉴美国加州测试经验,大胆突破,在取消测试车辆方向盘的强制性要求和允许车内无测试驾驶人的情况下,平潭用安全员的概念取代测试驾驶人,且不需要安全员必须坐在车内驾驶座位上,但必须实时监控系统的运行状况。参见胡薇:《国内各主要城市自动驾驶公开道路测试情况梳理》,载电子发烧友网,http://www.elecfans.com/d/810150.html,最后访问日期:2023 年 8 月 19 日。

③ 参见《深圳经济特区智能网联汽车管理条例》第 34 条。

④ 参见《管理规范》第 8 条。

车辆配备自动驾驶数据记录装置，应自动记录和存储车辆位置、车辆速度等在车辆发生碰撞、事故、脱离自动驾驶状态或失效状况发生前至少90 秒及发生后 30 秒的数据。① 就各地对道路测试的具体做法来看，一般都对测试车辆申请前有封闭测试经历的要求，但在具体要求上各地也存在差异。其中，北京、深圳等地提出了封闭测试里程的要求。②

3. 道路测试（示范应用）申请与审核

道路测试申请与审核流程一般在测试申请人的配合下，由第三方管理机构、专家委员会和联席工作小组共同完成。在申请审核流程的规定上，北京市、长沙市的实施细则规定得较为详细，可操作性较强。道路测试申请与审核的流程一般包括以下几个阶段：(1)材料初审，即测试主体向第三方管理机构提出申请并提交相应材料，由第三方管理机构进行材料初审；(2)第三方管理机构组织现场审查；(3)安装监管装置并接入第三方管理机构的日常监管平台；(4)组织专家组进行评估、论证并提出专家意见；(5)联席工作小组审查确认，并出具审查意见或者测试通知书；(6)测试主体凭审查意见或者测试通知书到指定的公安交通管理部门办理测试车辆的临时行驶车号牌。③ 道路测试时间一般不超过 18 个月。

示范应用申请在道路测试基础上应符合额外的条件和要求。根据《管理规范》，对初始申请或增加配置相同的示范应用车辆，应以自动驾驶模式在拟进行示范应用的路段和区域进行过合计不少于 240 小时或1000 公里的道路测试，在测试期间无交通违法行为且未发生道路测试

---

① 参见《北京市自动驾驶车辆道路测试管理实施细则（试行）》第 9 条第 5 项。

② 北京市 2019 年版实施细则规定，同批次（满足车辆型号、自动驾驶系统、传感器配置一致原则且同一批次提出申请）车辆应累计完成不少于 5000 公里的自动驾驶封闭，其中每车不少于 100 公里且至少有一辆车完成不少于 1000 公里的封闭测试，而 2020 年 11 月发布的最新版实施细则则针对通用技术测试、专项技术测试和试运营测试三种不同的测试类型，规定了不同的测试要求。深圳市则规定，每台测试车辆按有关要求应在相应场景内累计进行不少于1000 公里的测试。参见《北京市自动驾驶车辆道路测试管理实施细则（试行）》第 9 条第 4 项、第 20 条、第 24 条第 1 项、第 32 条第 4 项等，《深圳市关于贯彻落实〈智能网联汽车道路测试管理规范（试行）〉的实施意见》。

③ 参见《北京市自动驾驶车辆道路测试管理实施细则（试行）》第 11 条、《长沙市智能网联汽车道路测试管理实施细则（试行）V3.0》第 14 条。

车辆方承担责任的交通事故。示范应用主体应提供智能网联汽车示范应用安全性自我声明并由省、市级政府相关主管部门进行确认，拟进行示范应用的路段或区域不应超出道路测试车辆已完成的道路测试路段或区域范围。同时，对开展载人示范应用的，应包括为搭载人员购买的座位险、人身意外险等必要的商业保险。①

4. 道路测试（示范应用）管理

道路测试（示范应用）管理是自动驾驶道路测试监管中的关键环节。某种程度上，加强道路测试监管的初衷也是更好确保测试安全和道路交通秩序，因此对道路测试阶段加强监管十分必要。为此，道路测试（示范应用）主体和驾驶人应当严格遵守相关管理规定。国家和地方的测试规定普遍要求道路测试应符合以下主要监管要求：（1）道路测试（示范应用）车辆应遵守临时行驶车号牌管理相关规定，未取得临时行驶车号牌，不得上路行驶；（2）道路测试（示范应用）主体和道路测试（示范应用）驾驶人在遵守道路交通规则的情况下，还应严格依据规定测试时间、测试路段和测试项目开展测试工作；（3）道路测试（示范应用）车辆车身应以醒目的"自动驾驶道路测试"或者"自动驾驶示范应用"字样提醒外界注意；（4）《管理规范》和多数地方实施细则都要求必须配备道路测试（示范应用）驾驶人，随时准备接管车辆；（5）目前，车辆在道路测试及示范应用过程中，不得非法从事道路运输经营活动，不得搭载危险货物。② 另外，在特定情形下，主管部门可以终止或者撤销其道路测试、示范应用资格。③

---

① 参见《管理规范》第16~17条。

② 参见《管理规范》第27条第2款、《深圳经济特区智能网联汽车管理条例》第39条。

③ 结合国家和地方规定，主管部门撤销测试资格的情形主要包括以下四种：（1）主管部门认为测试活动具有重大安全风险的；（2）测试车辆有违反交通信号灯通行、逆行或者依法可以处暂扣、吊销机动车驾驶证或拘留处罚等的严重交通违法行为的；（3）发生交通事故造成人员重伤、死亡或车辆毁损等严重情形，测试车辆方负主要责任以上法律责任的；（4）未按要求在指定时间提供测试报告或者其他材料的。参见《管理规范》第32条、《江苏省智能网联汽车道路测试管理细则（试行）》第23条、《北京市自动驾驶车辆道路测试管理实施细则（试行）》第64条。

5. 责任认定与追究

违法责任的认定与追究是规范道路测试与示范应用活动的法律保障。在汽车驾驶自动化水平不断提高的当下,如何分配和认定法律责任、依法正确认定最终责任人直接事关公共交通安全、交通参与者的生命健康权益和自动驾驶道路测试与示范应用的积极性。如果设置过高的责任门槛,则一方面会增加道路测试和示范应用人员的心理负担,另一方也会打击道路测试(示范应用)主体的积极性,制约自动驾驶技术在我国的推广和应用进程;如果设置过低的责任门槛,则会直接与现行交通法律法规确立的法律责任体系相冲突,也会严重危及道路交通安全。目前,国家和地方层面的管理规范确立了以道路测试(示范应用)主体和道路测试(示范应用)驾驶人为责任主体的法律责任认定和追究机制。对于发生交通事故或者交通违法行为的,道路测试(示范应用)主体可能面临民事赔偿责任,同时主管部门可以根据情况暂停道路测试(示范应用)主体的测试活动、撤销道路测试(示范应用)主体的道路测试(示范应用)资格或者一定期限内不受理后续道路测试(示范应用)申请;而对于道路测试(示范应用)驾驶人在测试过程中违反道路通行规则甚至发生交通事故的,由公安机关交通管理部门按照现行道路交通安全法律法规对道路测试(示范应用)驾驶人进行处理。[①] 不过,在各地的道路测试(示范应用)监管实践中,有关责任主体的规定也存在细微差别。例如,北京市规定在发生交通事故或违章行为时,道路测试(示范应用)驾驶人应承担相应法律责任,尤其是在民事侵权责任和刑事责任上并没有像上海、重庆那样直接规定道路测试(示范应用)主体和道路测试(示范应用)驾驶人为共同责任方,而是通过道路测试(示范应用)主体和道路测试(示范应用)驾驶人之间的劳动合同,来达到认定和追

---

① 参见《管理规范》第 33 ~ 34 条,《嘉兴市智能网联汽车道路测试管理办法实施细则(试行)》第 26 ~ 29 条,《河南省智能网联汽车道路测试管理办法(试行)》第 23 ~ 24 条、第 27 ~ 28 条,《南京市智能网联汽车道路测试管理细则(试行)》(已失效)第 24 ~ 26 条,《阳泉市智能网联汽车道路测试管理办法(试行》第 33 ~ 34 条。

究道路测试(示范应用)主体相应法律责任的效果。[①] 可见,目前各地在道路测试(示范应用)监管中仍以道路测试(示范应用)驾驶人作为道路交通安全违法行为的责任人,并未考虑汽车驾驶高度自动化(特别是L4、L5级别的自动驾驶)情况下的法律责任配置、认定与追究问题。而深圳市的做法具有一定的探索性。《深圳经济特区智能网联汽车管理条例》在区分有人自动驾驶和无人自动驾驶场景下,分别规定不同的责任追究方式。对于有驾驶人的智能网联汽车发生道路交通安全违法情形的,依法对驾驶人进行处理;而对于完全自动驾驶的智能网联汽车在无驾驶人期间发生道路交通安全违法情形的,则对车辆所有人、管理人进行处理,但对违法行为人的车辆所有人和管理人的处罚不适用驾驶人记分的有关规定。[②]

六、我国自动驾驶汽车法律规制实践评析

目前我国自动驾驶技术已处于全球自动驾驶第一梯队,然而自动驾驶法律规制实践则起步较晚,远滞后于日新月异的自动驾驶技术和产业发展。就目前国家层面和各地的自动驾驶汽车产业政策出台和监管实践来看,自动驾驶法律规制实践具有以下五个特点:

一是自动驾驶汽车法律规制的内容相对有限,主要集中在产业政策制定和道路测试应用监管等方面。从2015年国家出台《中国制造2025》以来,中央层面出台了多个与自动驾驶相关或者专门针对自动驾驶的战略、规划或者指导意见,以此为依据各地也纷纷出台了旨在推动自动驾驶产业化和商业化应用的政策。这些政策聚焦于扶持自动驾驶汽车厂商、自动驾驶系统研发与设计、自动驾驶相关基础设施智能化改造等方面,有利于在激烈的国际科技竞争中抢占科技高地,完善我国的自动驾驶产业链。不过从长远看,自动驾驶产业政策的制定“要考虑自

---

① 参见《上海市智能网联汽车道路测试和示范应用管理办法(试行)》第26条、《重庆市自动驾驶道路测试管理实施细则(试行)》(已失效)第16条。

② 参见《深圳经济特区智能网联汽车管理条例》第51条。

动驾驶汽车产业作为新兴战略性产业的发展需求,以促进软硬基础设施完善为目的"①。而在自动驾驶汽车道路测试与示范应用方面,我国已经初步建立起了以《管理规范》为统领的自动驾驶道路测试与示范应用监管框架。然而,在道路测试与示范应用监管中,仍然存在只重道路测试而轻仿真测试、封闭测试和示范应用监管的问题。从自动驾驶汽车道路测试与应用的全过程来看,仿真测试和封闭测试是基础,开放道路测试是关键,在不同场景的示范应用则是目标和归宿。未来应在加强对自动驾驶测试与应用的全过程监管方面予以明确规范。另外,从标准制定看,《国家车联网产业标准体系建设指南》系列文件的出台为我国当前和今后一段时间构建完善包含人、车、路、网、云诸要素的驾驶自动化标准体系搭建了初步的框架,以企业联盟和行业组织为主体的团体标准制定活动正日益丰富着我国自动驾驶标准体系,但是我国自动驾驶标准仍处于快速发展阶段,标准的统一性、引领性仍有待于提升。

二是自动驾驶相关管理规范主要是行政规范性文件。这些规范性文件从内容上看,涵盖了自动驾驶技术战略规划、产业政策、技术标准、监管规则等,在制定和执行上本身也体现出了一定的多部门联合规制色彩,在规则上往往侧重技术规范,对于法律权利、义务与责任等内容则较少涉及。这是因为当前自动驾驶技术仍处在快速迭代更新的时期,自动驾驶技术与产业发展尚不成熟,也是因为目前国家层面尚缺乏基础性的刚性立法。因此,现行国家和各地的规定仍没有解决自动驾驶系统的法律准入、行政监管、责任认定等现实法律问题。而自动驾驶汽车(特别是 L3 级以上的自动驾驶汽车)的大规模商业化推广和应用必然要求现行交通法律法规体系作出适当调整。适应无人驾驶汽车道路测试与示范应用实际需要的法律制度仍处于研究和试点阶段,主要汽车制造商进

① 余积明:《自动驾驶汽车产业治理的框架和要点》,载《行政法学研究》2019 年第 2 期。

行的自动驾驶汽车道路测试存在不符合中国现行的交通法规的情形。[①]目前,除深圳、江苏、杭州等省市外,各地法规政策制定中地方性法规、地方政府规章等较高位阶的地方立法推进仍较为缓慢,主要原因是自动驾驶地方立法存在难以突破的上位法(包括《道路交通安全法》等法律和行政法规)瓶颈,在没有上位法依据和全国人大及其常委会明确立法授权的情况下,地方立法难有较大作为。由此可见,对现有道路测试监管细则进行全面梳理和研究,并适时制定出台或者修订高位阶的国家立法显得十分迫切。

三是以地方自动驾驶道路测试和应用管理实施细则为主体的自动驾驶监管规范更新迭代频繁,汽车驾驶自动化监管规范体系和管理制度尚不成熟。自动驾驶技术尚处于技术创新和产业化的初级阶段。这一阶段的显著特征是技术更新迭代频繁,这导致本来就较为滞后的法律规制变得越发僵硬。目前,我国已经出台自动驾驶汽车道路测试和示范应用规范的城市和省份虽然道路监管跟进很快,但是在道路测试和示范应用规范的修订、调整方面仍然未能满足道路测试和示范应用实践的需要,自动驾驶监管规范体系和管理制度尚不够成熟。例如,由于 2018 年工业和信息化部等三部门联合发布的《智能网联汽车道路测试管理规范(试行)》(已失效)未对道路测试场景和等级等作出明确规定,2021 年出台的《智能网联汽车道路测试与示范应用管理规范(试行)》也未对此予以明确,各地的规定也大多受限于 2021 年《管理规范》的规定,并未按照测试场景等要求,更新道路测试实施细则,这直接影响了自动驾驶测试主体进行更大范围、更多元场景道路测试的选择空间。但也有少数地区已经注意到了这一问题。例如,北京市、长沙市根据本地自动驾驶道路测试和示范应用的实际需求,已经对原有的实施细则进行了多次

① 参见陈紫燕:《无人驾驶汽车立法的中美比较与思考》,载《北方论丛》2020 年第 1 期。

修订。[①] 自动驾驶汽车道路测试和示范应用监管制度的建立，是自动驾驶技术进一步发展的重要一环，其重要意义在于通过驶入实际道路可获得对其研发至关重要的海量数据，并据此充分证明自己的安全性和稳定性。[②] 可见，针对道路测试和示范应用实际需求和监管要求及时完成规则层面的立改废，仍是目前和今后很长一段时间内自动驾驶法律规制的重要内容。

四是已出台的自动驾驶政策地区差异较大。由于各地在监管理念、测试场地建设、自动驾驶产品研发和产业化等方面存在显著差异，在贯彻落实国家自动驾驶政策的同时，各地在制定和实施自动驾驶政策时往往存在较大差异。这些差异主要表现在：第一，自动驾驶车辆道路测试与示范应用主体的门槛存在差异。例如，部分城市认为百度、腾讯等互联网企业具有自动驾驶系统研发能力，因而允许其作为测试主体参与测试，但也有地方认为上述企业不具备《管理规范》要求的汽车及零部件制造、技术研发或者试验检测等智能网联汽车相关业务能力。第二，道路测试与示范应用管理方面存在差异。目前，各地道路测试与示范应用实施细则中多数并未根据不同测试和应用场景或者测试和应用等级提出不同的监管要求，这不利于自动驾驶道路测试的开展，不过北京市、长沙市等地已经尝试根据不同测试场景和测试需求作出了细化规定。第三，在道路测试与示范应用准入上各地基本上仍是各自为政，这主要体现在道路测试申请时对封闭测试的要求上。目前，绝大多数城市都要求测试主体应在其指定的本地测试场地进行一定里程的封闭测试，这无疑

---

① 例如，2020 年 11 月修订后的《北京市自动驾驶车辆道路测试管理实施细则（试行）》已经根据通用技术测试、专项技术测试和试运营测试三种测试类型，具体分为多种不同测试场景，特别是增加了特殊天气测试、高速公路测试和无人化测试等，并分别对道路测试主体、车辆和人员、监管要求等作出了较大调整，新版实施细则也更能满足不同的测试需求。而对于测试申请上的数量限制等要求也做了适当降低，这无疑有利于测试主体参与道路测试的积极性和降低测试成本。

② 参见李磊：《论中国自动驾驶汽车监管制度的建立》，载《北京理工大学学报（社会科学版）》2018 年第 2 期。

不利于不同地区间封闭测试报告的地区互认。[①] 2020 年 7 月，国务院办公厅发布的《关于进一步优化营商环境更好服务市场主体的实施意见》要求统一智能网联汽车自动驾驶功能测试标准，推动实现封闭场地测试结果全国通用互认，简化测试通知书申领及异地换发手续。为落实上述意见，在工信部指导下，智能网联汽车测试示范工作组成立。2020 年 11 月，工作组梳理形成的《智能网联汽车测试互认推进路线图》正式对外发布，这为推进全国各地智能网联汽车道路测试结果互认铺平了道路。虽然《智能网联汽车测试互认推进路线图》为自动驾驶道路测试的跨地区互认做出了有意义的探索，但制度化、规范化程度还远未达到理想状态。[②]

五是自动驾驶汽车测试与应用评价体系尚未形成。自动驾驶汽车作为科技发展的高端产物，具有“行为的自主性、人机可交流性以及对指令的服从性”等特征，这使无人驾驶汽车集价值判断与工具属性于一身。[③] 自动驾驶作为一项新兴的技术形态，其仍处于试验阶段，传统的单一工况重复测试并不能穷尽复杂的路况等道路交通环境，并且自动驾驶汽车最终是以商业化应用为归宿的，因此如何在最终应用之前保证自动驾驶测试的科学性、充分性显得十分重要。但是，目前我国国家层面和各地尚未建立起完整意义上的自动驾驶测试与应用评价体系，自动驾驶汽车道路测试与示范应用缺乏统一规范的评价尺度。这导致各地测

---

① 最早承认其他国家和国内其他城市测试经历的城市是广州市。广州市明确规定，测试主体在广州市认可的封闭测试场地中按照有关要求，进行过不少于规定里程与规定场景的测试且被评估合格，或者已在其他国家或者地区、国内其他城市获得智能网联汽车测试许可，且测试时间不少于 6 个月或者测试里程不少于 2000 公里；其中，已在其他国家或者地区获得智能网联汽车测试许可的，需同时提交经测试专家委员会认可的测试证明或测试报告、测试车辆一致性及测试功能一致性说明材料。参见广州市交通运输局、广州市工业和信息化局、广州市公安局《关于印发智能网联汽车道路测试有关工作的指导意见的通知》（穗交运规字〔2020〕4 号）。

② 参见田艳军：《〈智能网联汽车测试互认推进路线图〉正式发布，高级别自动驾驶示范区迎新机》，载澎湃新闻，https://www.thepaper.cn/newsDetail_forward_10048706，最后访问日期：2024 年 7 月 30 日。

③ 参见张玉洁：《论无人驾驶汽车的行政法规制》，载《行政法学研究》2018 年第 1 期。

试与应用评价内容、标准和方法各异，显然不利于我国自动驾驶产业的规范有序发展，也不利于自动驾驶汽车快速大规模示范应用。

第二节　域外自动驾驶法律规制实践

有关国际组织、美国、英国、德国、荷兰、新加坡等相继从不同层面，以不同方式对自动驾驶国际政策协调、国家战略、自动驾驶相关国内立法等方面展开了探索。各国自动驾驶规制包含促进技术创新和保障安全的双重目标。在对自动驾驶技术进行限制的同时，立法者平衡保护公共安全和促进无人驾驶技术未来的测试和部署两个方面。① 从整体上看，各国自动驾驶法律规制也多是在建立有关公共安全的管理制度的前提下，尽量给予自动驾驶技术测试和部署较为宽松的政策环境。

一、自动驾驶相关政策制定的初步摸索

自动驾驶政策是一个较为宽泛的概念，并没有严格的定义，一般是指除正式立法之外的自动驾驶国家发展战略、产业政策、政策指南等文件，其功能主要体现为对自动驾驶行业发展的规范和引导，主要包括国际和国家两个层面。

（一）自动驾驶政策的国际协调

联合国在推动协调各国自动驾驶政策和法规制定上的探索主要包括相关国际合作框架的建立和技术层面的国际文件的制定两个层次。

1. 自动驾驶法律规制国际合作框架的建立

近年来，美国、德国、英国等国家和地区陆续出台引导和规范自动驾驶技术发展的政策文件，制定和修改相关法律法规。这为自动驾驶技术

---

① See Conrad A. Buchler Jr., *Where We're Going, We Don't Need Drivers*, Loyola Journal of Public Interest Law, Vol. 19(1), 2017, p. 14.

的应用提供了相应的法律依据,但同时也带来了各国(地区)间在自动驾驶汽车研发设计标准、政策法规制定和法律准入等方面的巨大差异。为系统推进自动驾驶相关法规的制定与协调,2019 年 6 月,联合国世界车辆法规协调论坛(WP. 29)第 178 次全体会议审议通过了由中国、欧盟、日本和美国共同提出的《自动驾驶汽车框架文件》。

《自动驾驶汽车框架文件》的提出旨在确立 L3 及更高级别自动驾驶汽车的安全性和相关原则,并为 WP. 29 附属工作组提供工作指导。据悉,该文件不仅包含了自动驾驶汽车相关的工作准则、安全因素,还包括 WP. 29 就自动驾驶汽车法规制定与协调工作需要优先考虑的关键性、原则性等问题。此外,该文件还确立了 WP. 29 的工作重点,并明确了相关成果、时间表和工作安排。《自动驾驶汽车框架文件》中对"系统安全""人机交互界面/操作者信息""失效保护响应""事件数据记录和数据存储""消费者教育培训""碰撞后自动驾驶汽车行为"等十多项术语进行了定义,确定了未来自动驾驶技术的发展基础和政策框架。① 另外,该文件应每年复审一次,必要时给予更新,这也在最大程度上契合了该文件的协调各国政策和立法的宗旨。

2. 具体技术规范的制定

以《自动驾驶汽车框架文件》为基础和依托,2020 年 6 月 24 日联合国世界车辆法规协调论坛召开第 181 次全体会议期间,《1958 年协定书》管理委员会(AC. 1)投票表决通过了《网络安全与网络安全管理系统》(CSMS)、《软件升级与软件升级管理系统》(SUMS)、《自动车道保持系统》(ALKS)三个文件,这三个文件涉及自动驾驶网络安全、软件升级以及自动车道保持系统三个方面的内容,已于 2021 年 1 月开始实施。

《网络安全与网络安全管理系统》与《软件升级与软件升级管理系统》是这一领域有史以来首批具有约束力的国际统一技术规范。其中,

---

① 参见《自动驾驶汽车框架文件已通过联合国 WP. 29 审议》,载贤集网,https://www.xianjichina.com/special/detail_415245.html,最后访问日期:2023 年 8 月 20 日。

《网络安全与网络安全管理系统》适用于与网络安全相关的 M 类、N 类、至少装有一个电控单元的 O 类以及具有 L3 以上自动驾驶功能的车辆。此外,该文件还对"网络安全""网络安全管理系统""风险""威胁"等术语进行了具体界定。《软件升级与软件升级管理系统》适用于允许软件升级(更新)的 M 类、N 类、O 类、R 类、S 类、T 类车辆。上述两个文件将通过为汽车制造商建立明确的性能和审核要求,帮助其解决安全风险。文件要求自动驾驶系统能够满足以下要求:(1)管理车辆网络风险;(2)通过设计确保车辆网络安全,以减缓价值链上的风险;(3)检测并处置车队的安全事件;(4)提供安全可靠的软件升级并确保不会损害车辆安全。①

《自动车道保持系统》是针对 L3 驾驶自动化功能的第一个具有约束力的国际法律文件。该文件旨在建立允许带有自动车道保持系统的汽车的统一规范,以联合国《自动驾驶汽车框架文件》为指导,从系统安全、故障安全响应、人机界面、信息安全及软件升级等方面对 ALKS 提出严格要求:只有在驾驶员坐在方向盘后并系上安全带的情况下,自动车道保持系统方可控制车辆;该系统只能在安装了物理隔离设施的道路上启用,禁止行人和非机动车进入;车辆最高时速不得超过 60 公里;车辆需配备自动驾驶数据记录和存储系统;车辆上必须安装特定识别系统,以监测驾驶员能否随时接管车辆;等等。②

(二)自动驾驶相关发展战略与政策指南的出台

在自动驾驶技术发展初期完善的自动驾驶发展战略和政策指南对于自动驾驶行业的规范有序发展、自动驾驶汽车的道路测试和部署具有

---

① 参见智联会:《联合国发布三项智能网联汽车领域重要法规》,载微信公众号"智能车联",https://mp. weixin. qq. com/s/A5XCBSm00ru_5gXSg62uPQ,最后访问日期:2023 年 7 月 26 日。

② 参见北京智能车联产业创新中心政策研究与产业推进部:《智能网联产业研究分析月度报告》2020 年第 4 期,载微信公众号"智能车联",https://mp. weixin. qq. com/s/iCYLIyODTeemQB0fNzEmkg,最后访问日期:2023 年 8 月 17 日。

先导性的战略意义，在这方面美国走在了世界的前列。

在美国，自动驾驶的观念最早可追溯到 20 世纪 30 年代。在 1939 年世界博览会期间，通用汽车公司（General Motor）首次提出了汽车在开放道路上自主行驶的理念。[①] 经过几十年的发展，美国不但在自动驾驶技术研发和应用上领先全球，而且在自动驾驶法律规制方面，特别是自动驾驶立法方面，也走在世界前列，并具有鲜明的特色。美国联邦政府和各州政府在自动驾驶法律规制上分工明确。联邦政府主要从国家战略高度，通过制定自动驾驶专门法案，出台一系列政策文件，做出自动驾驶国家顶层设计，引导各州自动驾驶产业发展和安全监管。各州则从实施层面制定自动驾驶相关立法或者政策，具体负责自动驾驶法律准入、交通监管、责任制定和划分等工作，推动以道路测试为主要内容的自动驾驶测试和应用。

1. 早期自动驾驶政策

美国联邦政府早期的规制实践侧重于对智能汽车与道路系统的智能化和网联化建设。早在 1991 年，美国就开始了大规模智能交通系统技术研究、验证。1992 年 5 月，美国智能汽车与公路协会（Intelligent Vehicle-Highway Society，IVHS）提出了《美国智能汽车与公路系统战略计划》（Strategic Plan for Intelligent Vehicle-Highway Systems in the United States），并于同年 12 月在国会获得通过，其成为美国自动驾驶和智能交通系统国家发展战略的主骨架。该战略计划提出了美国 IVHS 提高道路运输的安全性、减少交通拥堵、提高道路运输的机动性、减少道路运输对环境的负面影响以及能源消耗等目标。[②] 1998 年 9 月，联邦层面颁布了《面向 21 世纪的运输平衡法案》（Transportation Equity Act for the 21st Century，TEA－21），从立法的角度宣布重点由智能交通运输系

① See R. J. Duplechin, *The Emerging Intersection of Products Liability, Cybersecurity, and Autonomous Vehicles*, Tennessee Law Review, Vol. 85(3), 2018, p. 808.

② See IVHS America, *Strategic Plan for Intelligent Vehicle-Highway Systems in the United States*, National Transportation Library, https://rosap.ntl.bts.gov/view/dot/2708.

统(ITS)研究开发转移为 ITS 基础设施实施和集成,启动了智能车辆先导计划,加速开发、引进和商业化驾驶员辅助驾驶产品,美国 ITS 的发展正式进入实际应用阶段。①

2. 智能交通系统战略计划

2010 年以后,随着谷歌、特斯拉、福特等汽车制造商和高科技企业加快研发和部署自动驾驶汽车,美国自动驾驶政策的制定也迅速跟进,美国交通运输部从 2010 年开始先后出台了三个智能交通系统战略计划。

其中,2010 年提出并于 2012 年更新的《通过网联改变交通运输:智能交通运输系统战略研究计划(2010—2014)》[ITS Strategic Research Plan(2010—2014)]从国家战略层面提出研究发展智能网联技术及智能网联汽车应用。该战略研究计划认为,以无线网通信为代表的网联技术不但深刻地影响了人们的生活,也渗透到政治、商业和教育领域,"它们重新定义了我们如何获得知识"②。美国交通运输部试图通过先进无线通信技术的充分应用将网联技术引入交通运输领域。

2014 年美国交通运输部 ITS 联合项目办公室发布了《智能交通运输系统战略计划(2015—2019)》[ITS Strategic Plan(2015—2019)],汽车的智能化、网联化成为该战略计划的核心。该战略计划的愿景是"改变社会的移动方式"(transform the way society moves),"通过研究、开发和教育活动促进信息和通信技术的应用,以促进更安全、更高效的社会移动"。该战略计划还提出了确保车辆和道路更安全、提高机动性、降低环境影响、促进改革创新、支持交通运输系统信息共享五项发展战略目标。③

---

① 参见电子产品世界:《细看美国智能网联汽车发展的八个阶段》,载搜狐网,https://www.sohu.com/a/107837827_279241,最后访问日期:2023 年 8 月 18 日。

② U. S. Department of Transportation, *ITS Strategic Research Plan* (2010—2014), National Transportation Library, https://rosap.ntl.bts.gov/view/dot/34609.

③ See U. S. Department of Transportation, *ITS Strategic Plan* (2015—2019), National Transportation Library, https://rosap.ntl.bts.gov/view/dot/3506.

2020 年 5 月,美国交通运输部公布了《智能交通运输系统联合项目办公室战略计划(2020—2025)》[ITS Joint Program Office Strategic Plan (2020—2025)]。该战略计划的愿景是“加速智能交通运输系统改变社会移动方式的应用”。ITS 联合项目办公室的使命是“领导协作性和创造性的研究、发展和智能交通运输系统的应用,以改善人员和货物移动的安全性和机动性”。以此为前提,该战略计划也提出了发展智能交通运输的五大战略:(1)识别和评估针对交通匀速系统的新兴技术选项;(2)协调和领导智能交通运输技术的研究和发展以符合公共利益;(3)展示新兴智能交通运输技术改善交通运输系统的益处;(4)支持获得验证的智能交通运输系统技术、路线和政策在交通运输系统中的普遍推广应用;(5)确保智能交通运输技术和政策在所有地面交通运输方式中完全的潜在益处。①

3. 联邦自动驾驶政策系列文件

2016 年 9 月,美国交通运输部发布了《联邦自动驾驶汽车政策:加速道路安全变革》(AV1.0)。AV1.0 为未来美国自动驾驶技术的规制建立了一个基础性框架。自 2016 年以来,该政策作为美国自动驾驶领域的顶层设计项目,基本保持了年度更新,截至 2020 年 1 月该系列文件已经更新到了第 4 版。

在这四个文件中,AV1.0 为整个美国联邦自动驾驶法律规制提供了基本框架,其借鉴国际汽车工程师协会对驾驶自动化系统的分级,根据是否由人类驾驶员或由自动驾驶系统对于驾驶环境监控的初始响应的差异,将驾驶自动化系统分为 L0 ~ L2 和 L3 ~ L5。前者主要由人类驾驶员掌控,后者则由自动驾驶系统掌控,称为高度自动驾驶汽车(HAV)。AV1.0 主要针对高度自动驾驶汽车(HAV)。② AV1.0 主体内容包括四

---

① See U. S. Department of Transportation, *ITS Joint Program Office Strategic Plan* (2020—2025), ITS Joint Program Office, https://www.its.dot.gov/STRATPLAN2020/.

② See U. S. Department of Transportation, *Federal Automated Vehicles Policy: Accelerating the Next Revolution in Roadway Safety*, U.S. Department of Transportation, https://www.transportation.gov/AV/federal-automated-vehicles-policy-september-2016.

个方面:(1)自动驾驶汽车性能指南,主要用于指导汽车制造商等企业进行自动驾驶汽车安全设计、开发等,确立了15项安全评估要求;(2)统一的州政策,界定了联邦和各州在自动驾驶规制上的立法职责,向各州建议制定自动驾驶汽车政策的范围和内容,确保在建立统一的自动驾驶国家政策框架目标下,开发和测试自动驾驶汽车;(3)国家公路交通安全管理局(NHTSA)监管工具,允许在车辆设计上对现行法律规范进行更大的适应性解释,允许为非传统车辆设计的测试提供有限豁免;(4)新的监管工具,提出有助于安全和效率的新监管工具和立法权力。①

2017年9月发布的《自动驾驶系统2.0:安全愿景》(AV2.0)旨在以非强制性指导的方式,帮助自动驾驶系统(ADS)的设计者在将ADS推广应用之前分析、识别和解决安全关切。AV2.0提出了包括系统安全、物体和事件探测响应、人机互动界面、汽车网络安全、数据记录、消费者教育和培训等12个安全因素。此外,AV2.0也对NHTSA和各州的监管责任进行了划分。NHTSA负责管理机动车辆及其设备,各州负责管理机动车辆驾驶人员和其他方面的工作,鼓励各州允许其规范ADS技术的安全设计和性能。在最佳法律实践(best practice)方面,AV2.0建议采用以下最佳做法:(1)提供一个"技术中立"的环境;(2)提供许可和注册程序;(3)为公共安全官员提供报告和沟通办法;(4)审查可能阻碍ADSs运营的交通法律法规。②

2018年10月发布的《准备迎接未来交通:自动驾驶汽车3.0》(Preparing for the Future of Transportation: Automated Vehicle 3.0, AV3.0)提出了美国交通运输部确立的关于自动驾驶的包括安全优先、技术中立、法规现代化、持续规制和运行环境等六项原则。同时,根据AV3.0,美国交通运输部将根据情况调整对于"驾驶员"(driver)和"操

---

① 参见陈燕申、陈思凯:《美国政府〈联邦自动驾驶汽车政策〉解读与探讨》,载《综合运输》2017年第1期。

② See U.S. Department of Transportation, *Automated Driving Systems: A Vision for Safety*, U.S. Department of Transportation, https://www.transportation.gov/av/2.0.

作员”(operator)定义的理解,承认二者所指并非仅限于人类,也包括自动驾驶系统,认可和支持由相关组织协会制定的非强制性标准作为一种能有效加快自动驾驶技术推广应用的非强制性手段,取消了“机动车必须安装方向盘、踏板、后视镜等传统控制装置,才可以在公共道路上行驶”的规定。[①]

2020 年 1 月发布的《确保美国自动驾驶汽车技术领导地位:自动驾驶汽车 4.0》(Ensuring American Leadership in Automated Vehicle Technologies: Automated Vehicles 4.0, AV4.0)提出,整合 38 个联邦部门、独立机构、委员会和总统行政办公室在自动驾驶领域的工作。AV4.0 将为州政府和地方政府、创新者以及所有利益相关者提供美国政府有关自动驾驶汽车工作的指导。从保护用户和团体、促进高效市场、促进协作三个方面,其提出了包括安全优先、确保隐私和数据安全、增强机动性和可及性、保持技术中立、保护美国创新和创造力、法规现代化、保持统一的标准和政策等 10 条美国下一阶段自动驾驶技术发展及监管应遵循的基本原则。[②]

(三)其他代表性国家自动驾驶政策制定情况

德国是老牌汽车工业强国,汽车工业从业人员高达 75 万人,积极采纳自动驾驶是德国汽车工业保持领先的一个重要举措。[③] 德国政府 2015 年 9 月发布的《自动联网驾驶战略》(Strategy for Automated and Connected Driving)在“保持领导供应商,成为领导市场,引入通用操作”

---

① See U. S. Department of Transportation, *Preparing for the Future of Transportation: Automated Vehicle* 3.0, U. S. Department of Transportation, https://www.transportation.gov/av/3/preparing-future-transportation-automated-vehicles-3.

② See U. S. Department of Transportation, *Ensuring American Leadership in Automated Vehicle Technologies: Automated Vehicles* 4.0, U. S. Department of Transportation, https://www.transportation.gov/av/4.

③ See Frank Henkel, Christoph Ritzer, Clemens Rübel, Tiffany Zilliox & Eva-Maria Barbosa, *Autonomous Vehicles: The Legal Landscape of DSRC in Germany*, Norton Rose Fulbright, https://www.nortonrosefulbright.com/en/knowledge/publications/e77157b8/autonomous-vehicles-the-legal-landscape-of-dsrc-in-germany.

的战略目标下，提出了自动驾驶基础设施、立法、创新、互联性、网络安全和数据保护等重点行动领域。其中，通过立法为其发展创造条件，是该战略的行动重点之一。该战略强调，德国国家层面的交通法律法规应最大限度允许自动驾驶系统应用，必须允许装载自动驾驶系统的汽车上路测试，但这并不意味着驾驶员可以不再履行审慎职责。①

英国自2015年以来，先后出台了《通往无人驾驶之路：自动驾驶汽车测试实践守则》（The Pathway to Driverless Cars：A Code of Practice for Testing）、《联网和自动驾驶汽车网络安全关键原则》（The Key Principles of Vehicle Cyber Security for Connected and Automated Vehicles）等政策。在一系列政策文件的引导下，2018年11月，英国政府宣布了2021年开展包括横跨苏格兰福斯大桥的AV巴士和伦敦的自动驾驶出租车等三项自动驾驶公开测试的计划。②

在自动驾驶法律规制上，新加坡是较早采取行动的国家之一。2014年，新加坡发布了《新加坡自动驾驶汽车倡议》（Singapore Autonomous Vehicle Initiative），并成立了专门机构，即自动驾驶道路交通委员会（Committee on Autonomous Road Transport for Singapore），为自动驾驶研究、发展和部署提供指导。③ 此后，新加坡又在南洋科技大学成立了自动驾驶汽车测试和研究中心（Centre of Excellence for Testing and Research of Autonomous Vehicles-NTU，CETRAN），创造自动驾驶汽车道路测试的真实场景，推进新加坡自动驾驶技术测试与应用。

---

① See German Federal Ministry of Transport and Digital Infrastructure, *Strategy for Automated and Connected Driving*, BMVI, https://www. bmvi. de/SharedDocs/EN/publications/strategy-for-automated-and-connected-driving. pdf? __blob = publicationFile.

② See Hanna Rzeczycka & Mitja Kovac, *Autonomous Self-Driving Vehicles - The Advent of a New Legal Era*? King's Student Law Review, Vol. 10(1), 2019, p. 42 – 43.

③ See News Releases, MOT sets up CARTS to chart future for AV-enabled land mobility concepts in Singapore, Committee on Autonomous Road Transport for Singapore, https://www. mot. gov. sg/news-centre/news/Detail/Committee-on-Autonomous-Road-Transport-for-Singapore.

二、自动驾驶立法模式的探索

当前，域外国家在自动驾驶立法方面进展较快的主要是发达国家，个别国家的地方政府在推进自动驾驶立法方面也扮演着先驱者和示范者的角色。虽然通过立法机关制定较高层级的法律规范是最为理想的方式，但是基于各国不同的国情和技术发展阶段性特征，域外自动驾驶立法在推进模式上也具有不同程度的差异性，归结起来主要包括修改完善既有立法、发布行政命令（executive order）和制定专门立法等模式。

（一）修改既有立法

随着自动驾驶技术的发展，完全依据既有道路交通法律规范对自动驾驶汽车进行调整可能不合时宜。以美国为例，虽然联邦政策确认各州保留对车辆的传统责任，这包括人类驾驶员执照、机动车登记、车辆检查以及车辆保险和赔偿责任，且现有法律将人视为汽车的驾驶员或操作员，但“随着技术的进步，法律必须被修改或包括自动驾驶汽车的例外规定必须被添加进法律”①。通过现有交通法律规范来完善自动驾驶法律体系是兼顾自动驾驶法律规制需求和现行制度框架的折中做法。该模式以德国、新加坡、美国内华达州等国家和地区为其典型代表。

2017 年 5 月，德国联邦参议院通过了《德国道路交通法案》的修正案（German Road Traffic Amendment Regulating the Use of Motor Vehicles with “Highly or Fully Automated Driving Function”），首次将自动驾驶汽车测试的相关内容纳入其中。该修正案已于 2017 年 7 月 17 日生效，这是德国首部关于自动驾驶的法律。从调整范围看，该修正案调整的是具有“高度自动化驾驶或者完全自动化驾驶功能”（highly or fully automated driving function）的汽车，分别对应于 SAE International 的 L3、L4 级别自动驾驶车辆。

---

① Conrad A. Buchler Jr., *Where We're Going, We Don't Need Drivers*, Loyola Journal of Public Interest Law, Vol. 19(1), 2017, p. 5.

该法案规定的具有高度或者完全自动化驾驶功能的汽车是指具有以下特征的车辆：(1)启动后能够执行横向控制和纵向控制的驾驶任务；(2)符合适用于高度或者完全自动化驾驶的交通规章；(3)驾驶员能够人工接管或者关闭自动驾驶功能；(4)意识到驾驶员人工控制的必要性；(5)自动驾驶系统能够在移交汽车控制权之前及时通知驾驶员；(6)当车辆的运作与自动驾驶系统说明相背离时，应当及时通知驾驶员。自动驾驶汽车驾驶位置必须有司机，保留方向盘、油门和刹车等装置，这样可保证驾驶者能随时介入人工驾驶。不过，在自动驾驶系统介入时，该法案也允许驾驶人的手离开方向盘。[①] 法案还要求汽车厂商安装数据记录和存储装置（“黑匣子”）用于收集和存储自动驾驶汽车控制权人机切换的位置、时间等数据，以便将来万一发生事故时，为进行责任判定和划分提供依据。在自动驾驶法律责任方面，法案除针对自动驾驶汽车规定了较高的赔偿数额外，并没有改变传统的交通责任认定模式，自动驾驶汽车造成事故或者损失的，由汽车的所有者承担责任。当然，在不可抗力和未经所有者授权或者同意下操作自动驾驶汽车，汽车所有者不承担责任。[②]

此外，美国内华达州是美国最早通过自动驾驶立法的州，也是最早允许自动驾驶道路测试的州。2011 年 3 月，内华达州议会通过了 AB511 法案（Assembly Bill No. 511 – Committee on Transportation），该法案修正了该州交通运输相关立法规定，为自动驾驶汽车在该州上路测试和应用创造了良好的制度环境。该法案第 2 节要求该州交通运输部门通过制定规章，允许自动驾驶汽车上路行驶，确立自动驾驶汽车在内华达州上路行驶时驾驶员许可证的可选类型，并允许驾驶员不必主动驾驶自动驾驶汽车。[③] 对于自动驾驶车辆上路行驶，该法案还要求交通运输部门采取如下监管措施：(1)规定自动驾驶汽车在该州道路上行驶前

① See § 1a(2), 1b of the German Road Traffic Amendment Regulating the Use of Motor Vehicles with “Highly or Fully Automated Driving Function”.

② See § 7, § 12, § 32 of the German Road Traffic Amendment Regulating the Use of Motor Vehicles with “Highly or Fully Automated Driving Function”.

③ See Sec. 2 of Assembly Bill No. 511 – Committee on Transportation, Nevada.

应具备的条件;(2)规定自动驾驶汽车道路测试和运营的保险要求;(3)确立自动驾驶汽车及其行驶的最低安全标准;(4)规定自动驾驶汽车测试的要求;(5)限制自动驾驶汽车道路测试区域;(6)提出交通运输部门认为必要的其他要求。[①] 此外,立法还要求自动驾驶汽车配备“独立的数据收集装置”(separate data-gathering mechanism)用来获取和储存自动驾驶汽车在碰撞发生前30秒的数据。[②]

(二)发布行政命令

发布行政命令是一种通过行政立法推进自动驾驶立法进程的方式,虽然行政命令缺乏足够的权威性和稳定性,但是在自动驾驶技术发展的早期阶段,面对快速发展的自动驾驶技术,特别是应对自动驾驶道路测试,行政命令比立法具有更强的灵活性和适应性。美国亚利桑那州是通过行政命令搭建自动驾驶法律规制基本框架的典型代表。

亚利桑那州在议会层面尚未通过自动驾驶立法,而是通过行政命令的形式开展自动驾驶的法律规制活动。亚利桑那州分别于2015年和2018年颁布了Executive Order 2015－09、Executive Order 2018－04以及Executive Order 2018－09共三项自动驾驶相关的行政命令。其中,Executive Order 2015－09确立了自动驾驶汽车道路测试和运营的安全指南,同时命令政府部门减少对自动驾驶这项新技术不必要的管制和负担,要求交通运输部门、公共安全部门和其他机构在各自的管辖权范围内,“采取任何必要措施,支持在亚利桑那州公共道路上测试和运营自动驾驶车辆”。根据Executive Order 2015－09,自动驾驶汽车应由符合条件的人员和实体操作,且由具备监控自动驾驶汽车运行能力、获得驾驶许可的操作员监控,自动驾驶汽车的所有者应当按照规定的形式提交具备一定

① See Sec. 5 of Assembly Bill No. 511 – Committee on Transportation, Nevada.

② See Jesse Krompier, *Safety First: The Case for Mandatory Data Sharing as Federal Safety Standard for Self-Driving Cars*, University of Illinois Journal of Law, Technology & Policy, 2017 (2), p. 452.

数额的财务责任能力的凭证。[①] 此外，该行政命令还在州长办公室下创设了自动驾驶汽车监督委员会，负责为交通运输部门、公共安全部门、指定的大学以及其他机构提供顾问咨询，提出修改相关政策、法规的建议，以推进自动驾驶汽车道路测试与应用。[②] Executive Order 2018 - 04 则对 2015 年行政命令进行更新，以适应自动驾驶技术及其道路测试实践的发展，特别是增加了对完全自动驾驶汽车的监管内容，同时该命令还强化了“公共安全优先”的原则，要求“所有自动驾驶系统应当符合联邦和州的安全标准”，并提出了具体安全要求。[③] Executive Order 2018 - 09 创设了一个“自动化移动机构”（institute of automated mobility），其主要职责是“联合全球企业、大学研究人员、私人部门和公共部门，为不同交通形式的自动驾驶技术测试提供道路测试设施，发展必要的政策、安全指引以及充分实施这项先进技术所需要的安全平台”[④]。

亚利桑那州自动驾驶行政监管主要是在不出台自动驾驶相关法案的情况下，通过行政命令解释该州既有道路交通立法和规则，从而达到规制自动驾驶的目的。通过上述三项行政命令，亚利桑那州建立起了规制自动驾驶技术的基本规则和组织框架。总体而言，亚利桑那州的自动驾驶监管规则较为宽松。只要符合汽车责任险、驾照、驾驶规则等基本规则，测试主体都可以开展自动驾驶汽车道路测试和应用，即使是远程测试只要符合传统的道路交通法律规则，也无须申请专门许可。得益于宽松的自动驾驶监管政策环境，亚利桑那州吸引了通用汽车（General Motors）、Waymo、Uber、Intel 等众多高科技和汽车制造企业在该州开展自动驾驶汽车道路测试和示范运营，在应用场景和运营模式等方面积累

---

① See Alexandra DeArman, *The Wild, Wild West: Case Study of Self-Driving Vehicle Testing in Arizona*, Arizona Law Review, Vol. 61(4), 2019, p. 995.

② See Self-Driving Vehicle Testing and Piloting in the State of Arizona & Self-Driving Vehicle Oversight Committee, Executive Order 2015 - 09, State of Arizona.

③ See Advancing Autonomous Vehicle Testing and Operating & Prioritizing Public Security, Executive Order 2018 - 04, State of Arizona.

④ Establishment of the Institute of Automated Mobility (IAM), Executive Order 2018 - 09, State of Arizona.

了丰富的经验,亚利桑那州因而也被《纽约时报》誉为“自动驾驶汽车的驾校”。①

(三)制定专门立法

自动驾驶专门立法是指立法机关通过的专门针对自动驾驶的立法。专门立法的制定有利于从宏观层面解决阻碍自动驾驶技术推广的体制性问题,且可以较好突破既有立法的桎梏,具有较高的稳定性和权威性,对于完善自动驾驶法律体系和提升自动驾驶法律规制的有效性具有举足轻重的作用。自动驾驶专门立法的典型代表是德国和美国。

德国在自动驾驶立法方面并没有止步于 2017 年修订《道路交通法案》的努力。2021 年 5 月 20 日和 5 月 28 日,德国《自动驾驶法(草案)》先后获德国联邦议院和参议院通过。德国《自动驾驶法》允许 L4 级完全自动驾驶汽车于 2022 年正式出现在德国的公共道路上。该法案的通过意味着在自动驾驶应用上,德国已经走在世界前列。凭借该法案,德国成为全球首个允许无人驾驶车辆(L4 级)参与日常交通并应用在全国范围的国家。德国联邦交通和数字基础设施部部长朔依尔(Scheuer)表示,“德国将成为世界上第一个将自动驾驶汽车从研究实验室运送到大街上的国家”。新法案要求,自动驾驶汽车应在全德国公共道路的特定区域实现完全自动驾驶。由于其多功能性、安全性、环保性及灵活性,德国政府应进一步采取措施,将自动驾驶车辆和配套产业落实到城市建设中,充分利用产品和服务的潜能,让它们服务于社会,也让社会的参与促进技术的发展。新法案指出,L4 级自动驾驶车辆应最大可能地投入日常交通中,同时法案规定了技术监督,一旦自动驾驶汽车出现故障,技术人员可通过远程控制将其关闭。自动驾驶汽车的应用场景包括接驳班车交通、市区内短程公共客运、配送中心之间的物流运输、乡镇地区以需

---

① See News Release, Governor Ducey Updates Autonomous Vehicle Executive Order, Office of the Governor of Arizona, https://azgovernor.gov/governor/news/2018/03/governor-ducey-updates-autonomous-vehicle-executive-order#:~:text=The%20executive%20order%20established%20safety,welcoming%20new%20technology%20and%20innovations.

求为导向的非高峰时段客运、第一或最后一公里人员或货物运输以及“Dual-Mode 双模式车辆”自动泊车。[①] 以 2022 年实现自动驾驶车辆在公共交通领域中的正式运营为目标，该法案对《道路交通法案》和《机动车辆保有人强制责任保险法》(Pflichtversicherungsgesetz)两部法律进行了重要修正，设定了自动驾驶车辆的技术要求，明确了在特定区域内运行的自动驾驶车辆的运营准入方式，规定了自动驾驶车辆运营涉及各方的义务等，并授权联邦交通和数字基础设施部制定配套法规。[②]

美国自动驾驶技术以智能交通系统为基础，自动驾驶相关法律规制起步于 20 世纪 90 年代。经过 30 多年的发展，美国联邦层面已经形成了以联邦自动驾驶专门立法和各州立法为统领，以自动驾驶相关战略计划、政策指南等为主要内容的自动驾驶政策法规体系。2017 年 9 月，美国联邦众议院提出了《自动驾驶法案》(Self Drive Act)，虽然该法案尚未获得参议院通过，但该法案或将成为美国乃至世界上第一部专门的自动驾驶法律，开启了自动驾驶专门立法的先河，在美国乃至世界各国自动驾驶法律规制的进程中无疑具有重要意义。

从内容上看，该法案本质上是一个法律修正案，主要是对《美国法典》(United States Code)第 49 编“交通运输”(transportation)中相关内容的修正，但是该法案在内容上主要是新增的，且主要用于规范自动驾驶汽车(特别是高度自动驾驶汽车)。该法案全文包括“目的”“NHTSA 职权与自动驾驶车辆的州优先权”“更新的或者全新的高度自动驾驶车辆的安全标准”“自动驾驶系统的网络安全”“一般豁免”等 13 节内容。其主要内容包括：(1)规定在自动驾驶汽车监管上，美国联邦法律优先于各州；(2)授予 NHTSA 自动驾驶汽车监管权限，要求其升级、出台新的自动驾驶汽车安全标准，以适应高度自动驾驶车辆的技术发展；

---

① 参见马飞：《浅析德国自动驾驶法对中国自动驾驶产业的启示》，载搜狐网，https://www.sohu.com/a/493930304_195414，最后访问日期：2024 年 3 月 24 日。

② 参见丁芝华：《德国自动驾驶立法的逻辑内核与体系构造》，载《河北法学》2023 年第 10 期。

(3)要求自动驾驶汽车厂商制订和落实详细的网络安全计划;(4)授权NHTSA 豁免制造商应符合已经阻碍自动驾驶技术发展的联邦机动车辆安全标准;(5)要求 NHTSA 组建高度自动化汽车咨询委员会(Highly Automated Vehicle Advisory Council),具体负责收集信息,提供技术咨询,并对各种新出现的问题向 NHTSA 提出建议;(6)要求制造商在销售高度自动化汽车、半自动化汽车或自动驾驶系统时应制作书面隐私计划。该法案为自动驾驶汽车道路测试和上路行驶提供了充分的法律保障。根据法案规定,只要获得联邦机动车辆安全标准的豁免,制造商就可以生产不带方向盘、油门,以及刹车踏板的车辆。① 若该法案获得参众两院通过,将对许多与自动驾驶汽车相关的联邦道路交通立法进行松绑。

美国各州在自动驾驶地方立法和政策上,特别是自动驾驶道路测试和商业部署上做了很多有益的探索。早在 2011 年内华达州就率先确认了自动驾驶汽车的合法性,此后加利福尼亚州、佛罗里达州、密歇根州等州的自动驾驶立法迅速推进。根据州级立法机关全国联盟(National Conference of State Legislatures)的实时统计,全美共有 41 个联邦成员(包括州和华盛顿特区)制定了自动驾驶相关立法或者行政命令,其中有 35 个州已经通过了自动驾驶相关立法。

作为美国重要的汽车制造基地和硅谷所在地,加利福尼亚州是较早开展自动驾驶汽车道路测试和自动驾驶专门立法的州。2012 年 9 月,加利福尼亚州就通过了《汽车:自动驾驶汽车:安全和性能要求》(Vehicles: Autonomous Vehicles: Safety and Performance Requirements, SB No. 1298)。作为加利福尼亚州第一部自动驾驶立法,该法旨在"确保本州自动驾驶汽车以安全的方式进行测试和运行",并授权自动驾驶汽车在经过申请许可并获得许可后可以在公共道路上进行测试,该法要求机动车管

① See Rep. DeSaulnier, Mark, H. R. 3388, Moving and Fostering Innovation to Revolutionize Smarter Transportation Act, House – 06/21/2019 Referred to the Subcommittee on Highways and Transit.

理局(Department of Motor Vehicles,DMV)在2015年之前尽快出台确立自动驾驶车辆道路测试申请的规章。为了适应自动驾驶技术测试和应用的需要,该法使用了"操作员"(operator)这一概念来取代"驾驶员"(driver)。自动驾驶汽车的"操作员"(operator)是指"坐在驾驶座上的人,或者虽然驾驶座上没有人但是通过自动化技术参与驾驶"①。截至2024年3月,加利福尼亚州共制定或修改了多部自动驾驶相关立法,这些立法同行政部门的行政命令和规章一起,构成了加利福尼亚州自动驾驶法律规范体系,分别从道路测试、示范运营、注册登记等方面对自动驾驶的测试和应用做了较为全面和细致的规定。

然而,加利福尼亚州的自动驾驶立法也带来了一些抵制的声音,特别是近年来自动驾驶汽车引发交通事故并造成人员伤亡的新闻屡见报端,刺激了人们的敏感神经。近期,通用汽车、谷歌旗下的自动驾驶出租车(Waymo)发生事故之后,安全问题正日益受到各界关注。美国加利福尼亚州立法者和工会举行集会,呼吁制定法律禁止没有配备驾驶员的自动驾驶汽车上路。提案人参议员戴夫·科尔蒂斯(Dave Cortese)表示,自动驾驶汽车引发的交通事故为立法的必要性画上了一个感叹号,提案人主张赋予市级单位对自动驾驶汽车的许可及相关法律执行的控制权。此次发起的另一项提案拟规定重量超过10 001磅的自动驾驶汽车必须配备一名"训练有素"的人类驾驶员。美国卡车司机工会对上述法案表示支持,副总裁彼得·芬恩(Peter Finn)表示,通用汽车旗下自动驾驶子公司Cruise和Waymo陆续发生的事故表明,自动驾驶技术"尚未做好进入黄金时代的准备",人们也无法相信大型科技公司能够做到"自我监管"。② 可见,即便是自动驾驶技术发展和应用较为深入的加利福尼亚州,在自动驾驶立法上仍面临较大的阻力和不确定性。

---

① Sec. 2, 38750 (a)(4). Of Vehicles: Autonomous Vehicles: Safety and Performance Requirements, Senate Bill No. 1298.

② See Abhirup Roy, *California Lawmakers Call for Stricter Regulation of Autonomous Vehicles*, Business Reporter, https://www.business-reporter.co.uk/news/california-lawmakers-call-for-stricter-regulation-of-autonomous-vehicles-9929.

美国各州自动驾驶相关法规政策制定情况如图 2 - 2 所示：

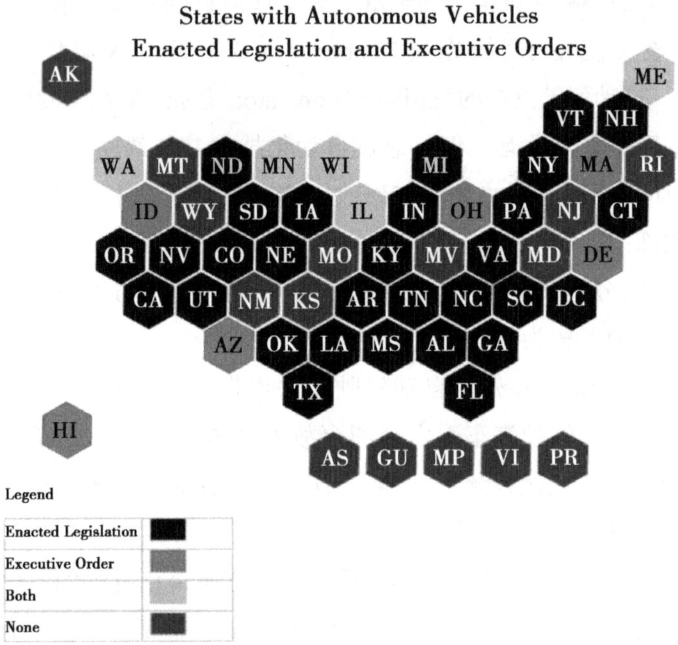

图 2 - 2　美国各州自动驾驶相关法规政策制定情况

资料来源：NCSL, *States with Autonomous Vehicles Enacted Legislations and Executive Orders*, NCSL, https://www. ncsl. org/research/transportation/autonomous-vehicles-self-driving-vehicles-enacted-legislation. aspx#：~：text = Twenty% 2Dnine% 20states% E2% 80% 94Alabama% 2C, % 2C% 20Virginia% 2C% 20Vermont% 2C% 20Washington% 20and.

三、自动驾驶汽车“身份”合法化的努力

自动驾驶汽车“身份”的合法性问题一直是其面临的主要问题之一。例如，在美国，各州在自动驾驶汽车法律规制方面缺乏统一性，导致人们在缺乏相关立法和管理机构明确规定和授权的情况下，对自动驾驶汽车是否真的合法产生了大量猜测。在自动驾驶汽车进入公众视野的早期阶段，人们普遍认为自动驾驶汽车并不合法，这种观点是基于一种“法律没有明确许可，自动驾驶即被禁止”的法律假设。然而，在西方普

通法体系之下,普遍的指引性原则是"法无禁止即可为"。[①] 因此,具体到自动驾驶汽车是否能够合法地上路行驶,在很长一段时间内存在较大争议。

1968 年通过的《维也纳道路交通公约》(Vienna Convention for Road Traffic)第 8 条明确要求车辆应配备驾驶员,且驾驶员在任何时候应能控制车辆或者引导动物,当接近其他道路使用者时,应当注意保护后者的安全。有学者在分析该公约时,认为该条款存在法解释学上的灵活空间,如驾驶员的界定和控制方式等,可以允许自动驾驶汽车的合法上路。[②] 然而,原有规范毕竟未能明确肯定自动驾驶的合法性,各项规定也仅是针对有人驾驶的车辆而存在的。在自动驾驶技术不断发展的背景下,2016 年 3 月 23 日,联合国欧洲经济委员会(United Nations Economic Commission for Europe,UNECE)对《维也纳道路交通公约》进行了修正,[③]其中一项有关车辆自动驾驶技术的修正案在当天获得通过并已正式生效。联合国欧洲经济委员会根据奥地利、比利时、法国、德国和意大利等国政府的提议,对《维也纳道路交通公约》第 8 条第 5 款进行了补充。这项修正案明确规定,在全面符合联合国车辆管理条例或者驾驶员可以选择关闭该技术的情况下,将驾驶车辆的职责交给自动驾驶技术可以被允许应用到交通运输当中。[④]

2016 年《维也纳道路交通公约》有关自动驾驶修正案的生效为车辆自动驾驶技术在推广应用方面的规制实践奠定了重要的法律基础,《维也纳道路交通公约》首次在国际法层面正式确认了自动驾驶的合法身

---

① See Trayce Hockstad & Justin Fishert, *Automated Unity: Evaluating the Uniform Law Commission's Autonomous Vehicle Act*, Washburn Law Journal, Vol. 61(2), 2022, p. 280.

② See Bryant Walker Smith, *Automated Vehicles Are Probably Legal in the United States*, Texas A&M Law Review, Vol. 1(3), 2014, p. 435 – 437.

③ 截至 2024 年 7 月,《维也纳道路交通公约》共有 74 个签约国,包括大部分欧洲国家以及美洲墨西哥、巴西等国,但美国、中国并未签署。

④ 参见联合国:《〈维也纳道路交通公约〉获得修正 自动驾驶技术获准即将得到应用》,载联合国官网,https://news.un.org/zh/story/2016/03/254182,最后访问日期:2023 年 11 月 8 日。

份。在此之前,出于对道路安全的考虑,《维也纳道路交通公约》第8条明确规定,驾驶车辆的职责必须由人类驾驶员负责。欧洲经济委员会表示,自动驾驶技术将成为交通运输领域的下一个重大变革。[①] 这实际上扩大了自动驾驶及其规制在国际层面的广泛认同与合作基础。

自动驾驶汽车法律地位问题事关自动驾驶法律规制对象的明确化和法律责任的具体化问题,因而从法律上明确自动驾驶汽车的法律主体资格或者法律地位对于化解实践中的监管和责任难题无疑具有十分积极的意义。然而,目前出台立法的国家和地区并没有明确规定自动驾驶汽车具有法律主体资格,一般要求自动驾驶汽车在道路测试中应当具有相应的操作员或者安全员对自动驾驶汽车的运行进行全程监控,对自动驾驶汽车所引发的法律责任的解决方式仍是依托于传统侵权责任法或者产品责任法。以美国加利福尼亚州为例,自动驾驶汽车道路测试和部署采用许可的准入方式。目前,加利福尼亚州机动车管理局(DMV)对不同自动驾驶测试主体的测试需求规定了配备驾驶员的自动驾驶车辆测试许可、无驾驶员的测试许可以及自动驾驶车辆部署许可三类测试许可,只有获得了相应的测试许可,自动驾驶汽车方能合法地进行道路测试。不过,对于自动驾驶出租车(Robotaxi)载客测试主体还需取得加利福尼亚州公共事业委员会(Public Utility Counsel)的自动驾驶车辆营运许可。截至2020年7月,已经有62家美国本土企业和国外企业获得配备驾驶员的自动驾驶汽车道路测试许可,获得无驾驶员的道路测试许可的企业有安途(AutoX)、Waymo等三家,有五家企业被允许面向公众开展Robotaxi载客测试。[②]

---

① See UNECE:*UNECE Paves the Way for Automated Driving by Updating UN International Convention*, UNECE, https://www.unece.org/info/media/presscurrent-press-h/transport/2016/unece-paves-the-way-for-automated-driving-by-updating-un-international-convention/doc.html.

② See DMV, *Autonomous Vehicle Testing Permit Holders*, California Department of Motor Vehicle, https://www.dmv.ca.gov/portal/vehicle-industry-services/autonomous-vehicles/testing-autonomous-vehicles-without-a-driver/.

四、自动驾驶技术标准的建构

自动驾驶汽车标准体系的建立是自动驾驶法律规制的重要方式。“自动化行为与日俱增的标准化程度能够使自动驾驶汽车变得更加具有可预测性。”[①]自动驾驶技术标准体系的建设体现在国际组织和国家两个层面，这两个层面的代表分别是国际汽车工程师协会和新加坡。

（一）自动驾驶分级和相关术语的规范化

2014 年，国际汽车工程协会（SAE International）制定并发布了《汽车驾驶自动化系统分级和相关术语定义》这一推荐性标准。为了适应世界自动驾驶技术的发展和自动驾驶规制实践的需求，《汽车驾驶自动化系统分级和相关术语定义》发布之后，分别于 2016 年、2018 年进行了两次修订。SAE International 的分类针对能够持续地部分或者完全执行动态驾驶任务（dynamic driving task，DDT）的汽车驾驶自动化系统。根据该文件的分类，自动驾驶被分为 L0 ~ L5 共六个等级。此外，上述文件还对主动安全系统、自动驾驶系统、驾驶自动化、驾驶员辅助等自动驾驶相关术语进行了界定。[②]

从上述文件对自动驾驶的定义和分类看，SAE International 直接针对的是驾驶自动化系统本身，而不是通常所认为的自动驾驶汽车。根据这种认识，L0 级的自动驾驶意味着不存在驾驶自动化系统，L1 级则是驾驶员辅助系统，从 L2 级开始，汽车便逐步增加了驾驶自动化系统的因素，直至 L5 级实现完全意义上的自动驾驶。国际汽车工程师协会推荐的自动驾驶分类被美国、欧洲和中国等国家和地区广泛接受，是目前最为主流的自动驾驶分类分级方法。

---

① Harry Surden & Mary-Anne Williams, *Technological Opacity, Predictability, and Self-Driving Cars*, Cardozo Law Review, Vol. 38(1), 2016, p. 176.

② See Society of Automotive Engineers International, *Taxonomy and Definitions for Terms Related to Driving Automation Systems for On-Road Motor Vehicles* (*SAE J*3016-2018), Society of Automotive Engineers International, https://www.sae.org/standards/content/j3163_201809/.

（二）首个自动驾驶国家标准

在推动相关立法修改的同时，新加坡也开始积极制定自动驾驶国家标准。2019 年 1 月，新加坡陆路交通管理局（Land Transit Authority, LTA）、新加坡国际企业发展局（ESG）、新加坡标准委员会（SSC）联合发布了世界上第一个有关自动驾驶技术的国家标准《技术指引 68》（Technical Reference 68，TR68）。①

TR68 主要涉及 L4、L5 级别的自动驾驶汽车，包括"基础行为"（basic behavior）、"安全"（security）、"网络安全原则和评估框架"（cybersecurity principles and assessment framework）以及"车载数据类型与格式"（vehicular data types and formats）四大部分。其中，第一部分"基础行为"规范自动驾驶汽车在公共道路上行驶的基础驾驶行为，旨在维护公共道路上的其他车辆、骑自行车的人、行人等交通参与主体安全共存，该部分包含了自动驾驶汽车提供安全驾驶和维持交通运行的关键准则，并提供了一套解决交通规则之间潜在冲突的规范等级体系。第二部分"安全"阐述了安全设计和持续的安全管理程序要求和机构质量认证，以确保自动驾驶汽车在公共道路上按照设计的方式安全地行驶。第三部分"网络安全原则和评估框架"为相关组织确立了自动驾驶汽车发展和管理的原则和评估框架，评估框架旨在为自动驾驶汽车在公共道路上部署前提供一个网络安全防护。第四部分"车载数据类型与格式"设定了自动驾驶汽车数据、分辨率、接收频率以及数据的传输格式，从而保证数据接收方和发送方之间进行无缝信息交换。②

---

① See Robert Fischer, Singapore sets standards for Autonomous Vehicles, Wisconsin Automated Vehicle Proving Grounds, https://wiscav. org/singapore-sets-standards-for-autonomous-vehicles/.

② See Technical Reference 68 – 2019, Singapore Standards, https://www. singaporestandardseshop. sg/Product/SSPdtDetail/a733be12 – d1c5 – 44e5 – b3a4 – e96eed1e6b6e.

五、自动驾驶责任保险制度的尝试

由于自动驾驶的技术性和风险性，一旦自动驾驶汽车在驾驶中发生交通事故，责任的认定在责任主体、主观过错、责任大小和举证上都存在较大的不确定性和复杂性，因而保险制度也许是解决自动驾驶法律责任问题的一个可行思路。在这方面，英国一直致力于解决阻碍自动驾驶技术大规模推广和应用的责任和保险难题，近年来在自动驾驶保险制度设计上引领了全球自动驾驶责任保险立法与实践。英国自动驾驶责任保险制度经历了一个不断完善的过程。

（一）单一承保人模式

在英国，传统上对机动车违法和事故责任的追究基于驾驶员的过错（驾驶员履行注意义务的程度）。[①] 这就意味着受害者要维权，就必须证明汽车司机有主观过错，也就是司机的驾驶行为存在过失。[②] 然而，这种责任追究机制无法满足自动驾驶情况下的需求。在保险方面，传统上英国对机动车实行第三者责任强制保险制度，第三者责任强制保险的对象为机动车的使用者，保险公司进行赔付的前提是机动车使用者对受害方负有侵权责任。不过，在自动驾驶情况下，自动驾驶系统取代人工驾驶掌控汽车行驶过程，事故的发生可能不是人为过失而是车辆本身的故障造成的。此时，受害方因事故而遭受损害将无法根据传统保险规则获得赔偿。事实上，在英国国内有关自动驾驶责任与保险的立法思路主要存在三种：一是对现有保险制度不做任何修改，由市场去创新和探索自动驾驶相关保险产品；二是修改立法，要求现有汽车强制保险同时覆盖车主和自动驾驶汽车，即车主为本人和自动驾驶汽车购买保险；三是另辟蹊径，建立全新的汽车产品责任保险制度，从“保人”变

---

① See Francesco Paolo Patti, *The European Road to Autonomous Vehicles*, Fordham International Law Journal, Vol. 43(1), 2019, p. 134 – 135.

② See Roeland de Bruin, *Autonomous Intelligent Cars on the European Intersection of Liability and Privacy*, European Journal of Risk Regulation, Vol. 7(3), 2016, p. 493 – 494.

成“保车”。

第一种方式改造成本较低,但是由于缺乏对自动驾驶汽车风险的统一规定,不利于新技术的迅速推广;而第三种方案由于是全新设计,与现行保险制度缺乏有机协调。英国在实践中采取了第二种方案,提出了单一承保人模式(single insurer)。在这种模式下,自动驾驶事故中的受害方(包括自动驾驶汽车的驾驶员、操作员)可直接向保险公司索赔,而保险公司则可根据法律向直接责任人进行追偿。2017 年 2 月,英国《汽车技术和航空法案》(Vehicle Technology and Aviation Bill)确立了单一承保人模式,并规定了保险人的严格责任,同时也明确了保险人的责任减免事由和追偿权,但该法案最终因议会解体而夭折。① 该模式为后来通过的《自动与电动汽车法案》(Automated and Electric Vehicles Act,以下简称 AEV 法案)所继承和发扬。

(二)AEV 法案对自动驾驶责任与保险的规定

AEV 法案已经于 2018 年 7 月生效,该法案有关自动驾驶责任与保险的立法具有典范意义。AEV 法案中有关自动驾驶责任与保险的内容包括以下几个方面。

1. AEV 法案主要适用于“自我驾驶”(driving itself)汽车。自我驾驶是指自动驾驶汽车在没有人类控制也不需要人类监控的模式下运行,主要针对配备了自动驾驶功能的自动驾驶汽车,不包括配备了高级辅助驾驶系统(ADAS)的汽车。②

2. 在单一承保人模式基础上,针对自动驾驶汽车拓宽传统强制责任保险范围。其明确规定自动驾驶汽车司机也在承保范围之内,并具体界

---

① See *What Does the Vehicle Technology & Aviation Bill Mean for Self-Driving Cars*? Lawyer Monthly, https://www. lawyer-monthly. com/2017/03/what-does-the-vehicle-technology-aviation-bill-mean-for-self-driving-cars/.

② See Centre for Connected & Autonomous Vehicles, *Pathway to Driverless Cars: Consultation on Proposals to Support Advanced Driver Assistant Systems and Automated Vehicles*, Government Response, January 2017.

定了“损失”(damage)的范围。所谓“损失”指的是“死亡、人身损害以及任何财产损失,但不包括自动驾驶汽车本身、车载货物以及在被保险人或者车辆控制者所保管或控制下的财产”。可见,AEV 法案所确定的保险范围包括自动驾驶汽车内部的人员,超出了传统交通责任强制保险不包括车内人员的承保范围。①

3. 自动驾驶汽车在“自我驾驶”的状态下发生事故的,根据车辆是否投保,分别由保险人和车辆所有人对事故造成的损失负首要责任。其中,保险公司承担理赔责任的条件为:(1)自动驾驶汽车在道路上或其他公共场所进行“自我驾驶”而发生事故;(2)车辆在发生事故时已经投保;(3)被保险人或其他人因事故而遭受损失。②

4. 规定责任减免事由和责任追偿机制。AED 法案规定,在存在共同过失的情况下可以减免保险人或者自动驾驶汽车所有人的责任。例如,在保险人或自动驾驶汽车所有人按照规定对自动驾驶汽车发生的事故承担法律责任,且事故或损害在一定程度上是由受损害方所造成的情况下,可以在相应程度上减免保险人或自动驾驶汽车所有人的责任份额;当事故的发生完全由车辆控制者因疏忽而在不适宜的情况下允许车辆进行“自我驾驶”所导致时,保险人或自动驾驶汽车所有人无须向车辆控制者负法律责任。另外,因被保险人或第三人违反保险条款的规定更改软件或未及时更新安全软件而造成事故的,可以免除或限制保险人的责任。在上述情况下,若事故是由被保险人之外的人所造成的,保险

① 参见曹建峰、张嫣红:《〈英国自动与电动汽车法案〉评述:自动驾驶汽车保险和责任规则的革新》,载微信公众号“腾讯研究院”,https://mp.weixin.qq.com/s/BBWBsbSBqPbHgkk6AUmZbg,最后访问日期:2020 年 10 月 4 日。

② 车辆所有人对事故承担责任的条件为:(1)自动驾驶汽车在道路上或其他公共场所进行“自我驾驶”而发生事故;(2)在事故发生时车辆未投保;(3)1988 年《道路交通法案》第 143 条(机动车使用者需投保第三者责任险)的规定由于如下原因而不能适用:该车辆由公共机构(如地方当局、警察机构、卫生当局等)所有,或者该车辆在从事政府公共服务;(4)有人因事故而遭受损失。参见曹建峰、张嫣红:《〈英国自动与电动汽车法案〉评述:自动驾驶汽车保险和责任规则的革新》,载微信公众号“腾讯研究院”,https://mp.weixin.qq.com/s/BBWBsbSBqPbHgkk6AUmZbg。最后访问日期:2023 年 12 月 4 日。

公司在履行赔偿义务后,可以行使追偿权。①

六、自动驾驶伦理规范的制定

在面对类似于人类权衡多元、复杂的价值和利益的情境时是否应遵循必要的伦理规范以及遵循何种规范,是自动驾驶技术大规模应用需要回答的问题。在自动驾驶系统设计和运营中应遵循何种伦理规范的问题上,德国已率先做出了探索,为各国自动驾驶技术系统的设计和自动驾驶技术的监管路径提供了新的借鉴。2017 年 6 月,德国联邦交通与数字基础设施部自动驾驶伦理委员会拟定了《自动驾驶伦理准则》(Ethical Rules for Automated and Connected Vehicular Traffic)。目前,德国内阁已经批准了该准则,这使德国成为世界上首个为自动驾驶技术制定专门伦理规范的国家。

《自动驾驶伦理准则》一共包括 20 条规则。这些规则大致可以分为规范自动驾驶技术的基本伦理规范、具体伦理规范和选择规范三大类。

基本伦理规范主要涉及自动驾驶技术应追求的基本目的,反映了自动驾驶技术的根本价值取向。例如,《自动驾驶伦理准则》规定,部分或完全自动化交通运输系统的首要目的是提升所有道路交通参与者的安全体验,另一个目的是增强人们的便利性和其他好处;自动驾驶技术的发展应遵循"个人自治"原则(principle of personal autonomy),这意味着个人享有行动自由并为此负责。《自动驾驶伦理准则》还规定,尽管采取了所有的技术性预防措施,但危险仍被证明无法避免时,应将对人的生命的保护置于优先于包括动物或者财产在内的所有其他法律保护的利益的位置。②

---

① See Louis Butcher, Tim Edmonds, *Automated and Electric Vehicles Act* 2018, Briefing Paper No. CBP 8118, August 15, 2018, House of Commons Library, https://commnslibrary.parliament.uk/research-briefings/cbp-8118/.

② See Article 1, Article 7 of Ethical Rules for Automated and Connected Vehicular Traffic, Ethics Commission of German Federal Ministry of Transport and Digital Infrastructure.

具体伦理规范涉及自动驾驶系统设计、运行的各具体环节或者事项。例如，根据《自动驾驶伦理准则》，为了辨明事故承担责任方，自动驾驶车辆必须配置始终记录和存储行车数据的装置；自动驾驶系统应在实际应用中消除突然将车辆控制交予人类驾驶员的情况，系统必须适应人类的交流习惯，而不是反过来要求人去适应自动驾驶系统；在紧急情况下，自动驾驶系统必须自主进入"安全状态"。① 这些规则都不同程度地关注到了自动驾驶系统责任分担、人机交互以及安全保障等方面的具体伦理要求。

选择规范本质上是自动驾驶具体伦理规范的一种特殊情形，即在涉及类似于人类驾驶员在紧急状况下遭遇到的复杂价值判断和利益权衡（如在两个生命之间或者在生命和守法之间做出选择）时，自动驾驶系统如何做出选择的伦理规范。这类规范针对的是自动驾驶系统的设计和运行应如何回应和解决类似于"电车困境"的两难境地。《自动驾驶伦理准则》显然认识到了自动驾驶系统解决两难选择的难度，但是仍用两个条款表达了其立场。例如，《自动驾驶伦理准则》第 8 条规定，在两难境地中作出何种决定取决于具体情况，自动驾驶系统不能通过标准化的形式取代或者优先于一位拥有伦理意识、负责任的人类驾驶员所作出的决定。而《自动驾驶伦理准则》第 9 条则指出，在不可避免的交通事故中，任何基于人群特征（年龄、性别、生理或者精神状况等）的评判标准应当被禁止，对出行风险产生过程中的当事人不能以牺牲局外人为代价保全自身。② 可见，《自动驾驶伦理准则》对于自动驾驶系统未来可能面临的复杂选择和权衡问题提出了一个基本规范立场，即自动驾驶系统面临的两难选择困境复杂多样，即使是人类驾驶员也难以做出最合理的响应，因而很难被标准化从而形成伦理规范，但是自动驾驶系统不能简

---

① See Article 16 – 17, Article 19 of Ethical Rules for Automated and Connected Vehicular Traffic, Ethics Commission of German Federal Ministry of Transport and Digital Infrastructure.

② See Article 8 – 9 of Ethical Rules for Automated and Connected Vehicular Traffic, Ethics Commission of German Federal Ministry of Transport and Digital Infrastructure.

单地以牺牲无辜的局外人的利益作为保全自身以及车内人员的代价。

《自动驾驶伦理准则》的推出具有开创意义，其为世人提供了一个技术必须在实际可行的范围内尽可能防止事故发生以及自动驾驶汽车在实践中如何行为的例证。“如果自动驾驶汽车不可避免地会伤害人类，则计算机不应基于任何个人特征（例如年龄，性别，身体或精神构造）进行区分。根据这些准则，人们的生活应被认为是平等的，受害者在困境中不能简单地在数量上相互抵消。”①因此，自动驾驶技术要顺利应用到人类交通出行之中，首先要适应人类社会的伦理规范。德国的实践为我们展示了如何运用伦理规范约束自动驾驶技术。

七、自动驾驶监管实践的创新

部分国家和地区在自动驾驶道路测试和部署的法律规制方面，对于自动驾驶汽车的规制方式、规制机构和运营模式等方面进行了灵活、大胆的制度创新，十分具有借鉴和启发意义。

（一）“监管沙盒”的引入

2017 年，新加坡通过了《道路交通法》的修正案，该修正案允许自动驾驶汽车进行道路测试，但必须配备测试驾驶员，且需购买第三者责任保险。新修正案允许陆路交通管理局（LTA）创设或者修改规则，为自动驾驶汽车道路测试创造良好的制度环境。该法案授权 LTA 采取“监管沙盒”（regulatory sandbox）的监管模式对自动驾驶汽车的公共道路测试进行有效监管，这不但确保了自动驾驶道路测试的安全性，实际上也赋予了 LTA 探索监管模式的较大裁量权，以适应新技术的快速发展。②

“监管沙盒”起源于英国的金融监管实践。自 2016 年 4 月英国金融

---

① Hanna Rzeczycka & Mitja Kovac, *Autonomous Self-Driving Vehicles - The Advent of a New Legal Era?* King's Student Law Review, Vol. 10(1), 2019, p. 41.

② Kevin McSpadden, Singapore set to boost self-driving vehicle testing after law amendment, e27, https://e27.co/singapores-latest-regulatory-sandbox-concentrate-transportation-20170208/.

行为监管局(Financial Conduct Authority,FCA)首次引入"监管沙盒"以来,"监管沙盒"不仅在金融监管领域日益流行,而且开始为其他领域所重视,如新加坡就将"监管沙盒"模式引入自动驾驶汽车的监管之中。典型的"监管沙盒"的运作模式是:在"沙盒"内,受测企业免受监管机构通常依法采取的监管手段的规制,如对违法行为的处罚等;同时,监管机构要求受测企业采取适当措施,以保证市场、社会免受创新业务风险的负面影响。"监管沙盒"的结构性要素包括沙盒准入机制、适用部门限制、沙盒内特殊的规则以及沙盒退出机制。[①] 依据接受监管强度和准入程序的不同,"监管沙盒"可以分为授权沙盒(实验的开展须经官方明确授权)、虚拟沙盒(在不进入真正市场的情况下测试解决方案)和保护伞沙盒(针对非营利公司,监管较弱)三种。[②]

在以"监管沙盒"为代表的一系列政策和监管创新的推动下,到2019年10月,新加坡政府将自动驾驶汽车公共道路测试的范围扩展到新加坡西部地区约1000公里的范围,并且正在对100名公交车司机进行再培训,计划2022年在三个新的乡镇部署无人驾驶公交车。[③] 在新加坡樟宜国际机场,无人牵引车、无人环卫车、清洁机器人等产品已经实现常态化运营。2023年以来,新加坡拓展更多自动驾驶应用场景,相关机构也与国内文远知行、九识别智能等多家自动驾驶企业达成合作,文远知行于2023年3月正式开启在新加坡的自动驾驶车辆测试及示范运营,并于2023年12月成功获得新加坡T1、M1自动驾驶牌照。[④] 此外,新加坡还通过财政补贴和减税等方式,加大对自动驾驶汽车测试

---

① 参见朱娟:《区块链金融消费者权益保护:实验性规制的路径》,载《南京社会科学》2018年第12期。

② 参见张红:《监管沙盒及与我国行政法体系的兼容》,载《浙江学刊》2018年第1期。

③ See News Release, *Autonomous Vehicle Test-Bed to be Expanded to Western Singapore - Continued Emphasis on Public Safety*, Land Transit Authority of Singapore, https://www.lta.gov.sg/content/ltagov/en/newsroom/2019/10/1/Autonomous_vehicle_testbed_to_be_expanded.html.

④ 参见黄玮:《2023年海外自动驾驶发展现状解读-应用突破、政策发展与挑战并存》,载搜狐网,https://roll.sohu.com/a/751330182_121319482,最后访问日期:2024年3月28日。

和应用的支撑力度。[①] 根据毕马威(KPMG)会计师事务所2020年发布的最新版《自动驾驶汽车成熟度指数》(Autonomous Vehicles Readiness Index)对全球30个国家和地区的考察,新加坡位列榜首。在报告统计的四个维度中,新加坡在"政策和立法""消费者接受度"两个方面排名第1,"技术和创新"排名第11,"基础设施"排名第5。[②]

(二)专门监管机构的设置

专门机构的设置既有利于加强自动驾驶的监管,又有利于促进自动驾驶立法和政策落地,加速自动驾驶的测试和部署。此外,自动驾驶技术的前瞻性、复杂性和风险性特征决定了传统监管机构和人员难以有效完成自动驾驶规制的任务。因而,部分国家和地区针对自动驾驶汽车的监管设置了专门机构。例如,新加坡设置了自动驾驶道路交通委员会和自动驾驶汽车测试和研究中心,以更好地推动自动驾驶政策制定、道路测试监管和研究。[③] 美国《自动驾驶法案》也明确要求建立自动驾驶汽车咨询委员会,同时赋予NHTSA有关监管自动驾驶汽车的权限。

为了强化对自动驾驶汽车道路测试和部署的监管,美国加利福尼亚州机动车管理局(DMV)设立了自动驾驶车辆分局(Autonomous Vehicle Branch),具体负责监督和管理自动驾驶车辆在加利福尼亚州境内公共道路上的测试和部署。加利福尼亚州的自动驾驶汽车测试分为测试和试用两个阶段。目前,加利福尼亚州在监管层面已经全面放宽自动驾驶车辆有人测试和无人测试。2014年,DMV建立了"自动驾驶车辆测试项目"(autonomous vehicle tester program),允许自动驾驶车辆生产商在驾驶座上有人的情况下进行自动驾驶道路测试。但该项目无法满足完

---

① See KPMG International, 2020 *Autonomous Vehicles Readiness Index*, KPMG, https://home.kpmg/uk/en/home/insights/2020/07/2020-autonomous-vehicles-readiness-index.html.

② See KPMG International, 2020 *Autonomous Vehicles Readiness Index*, KPMG, https://home.kpmg/uk/en/home/insights/2020/07/2020-autonomous-vehicles-readiness-index.html.

③ See KPMG International, 2020 *Autonomous Vehicles Readiness Index*, KPMG, https://home.kpmg/uk/en/home/insights/2020/07/2020-autonomous-vehicles-readiness-index.html.

全无人驾驶甚至车辆无驾驶座情况下的道路测试需求，于是2018年DMV又推出了“无驾驶员的自动驾驶车辆测试项目”（autonomous vehicle driverless tester program），允许生产商在没有驾驶员的情况下进行自动驾驶车辆道路测试。

（三）自动驾驶运营模式创新

自动驾驶运营模式关系到自动驾驶汽车从道路测试阶段到上路行驶和部署的顺利过渡，也是自动驾驶技术真正走向社会生活的重要环节。因而，自动驾驶运营模式关系到自动驾驶技术在应用中的具体实现路径。自动驾驶技术正在沿着至少四个不同的路径发展：（1）车辆自动化技术的稳定发展；（2）完全自动驾驶汽车的近期发展和测试；（3）网联汽车技术，如V2V、V2I等；（4）拼车技术（ridesharing technologies），即交通网络公司（transportation networking companies，TNCs）通过运用智能手机应用程序，联系乘车人和驾驶员，从而达到自动驾驶汽车共享运营的目的。① 其中，第四种路径代表了一种新的共享式运营理念，即由统一的TNCs来承担自动驾驶汽车服务中枢的角色。

实践中已经开始了专门的自动驾驶汽车网络公司运营模式的探索。2017年6月，内华达州议会通过了AB69法案（Assembly Bill No. 69 - Committee on Transportation）。该法案修正了自动驾驶汽车道路测试的相关要求，授权驾驶员辅助性编队行驶技术（driver-assistive platooning technology）和经过许可的人员操控完全自动驾驶汽车在特定情形下提供交通运输服务。该法案的最大亮点在于创设了“自动驾驶汽车网络公司”（autonomous vehicle network company）这一全新自动驾驶商业化运作模式。根据该法案，自动驾驶汽车网络公司是自动驾驶汽车为乘客提供完全自动驾驶（仅指L4、L5）服务过程中承担赔偿责任的实体。该

---

① See Daniel A. Crane, Kyle D. Logue & Bryce C. Pilz, *A Survey of Legal Issues Arising from the Deployment of Autonomous and Connected Vehicles*, Michigan Telecommunications and Technology Law Review, Vol. 23(2), 2017, p. 197, 201.

法案要求自动驾驶汽车网络公司应当向符合条件的保险公司购买不少于150万美元的保险。此外,该法案还允许交通网络公司在获得许可的情况下作为自动驾驶汽车网络公司向乘客提供符合法案要求的完全自动驾驶服务。[①]“自动驾驶汽车网络公司”这一自动驾驶汽车运作模式的探索对于全面推广应用自动驾驶技术、完善自动驾驶行政监管体系和落实自动驾驶汽车运营中的法律责任颇具建设性价值。

八、域外自动驾驶法律规制实践评析

国际组织和域外国家对自动驾驶政策制定和监管活动展开了丰富的实践,这些实践暴露出了现阶段自动驾驶法律规制的一些共性问题,同时各国的技术和监管创新也为我国开展对自动驾驶汽车的立法、完善自动驾驶道路测试和应用管理提供了丰富的营养。

(一)通过立法确认和保障自动驾驶汽车上路行驶的合法性

目前,美国、德国、新加坡、英国、日本、韩国等国家已经出台了自动驾驶相关立法,以确认自动驾驶汽车的法律地位,为自动驾驶法律规制提供相应的监管规则,同时也为自动驾驶开展道路测试和示范运营创造了法规政策环境。在立法思路上,德国、日本、新加坡等国家采用修改现行道路交通相关法律规范的方式,确认和保障自动驾驶汽车的合法地位。例如,日本新修订并于2020年4月生效的《道路运输车辆法》(Road Transport Vehicle Act)对自动驾驶汽车的法律地位予以了正式确认,同时也规定了自动驾驶相关监管规范(如明确了检查制度和许可制度)。重新修订的《道路交通法》(Road Traffic Act)则界定了自动驾驶设备,并允许使用自动驾驶汽车的人员操作移动手机和车载导航系统。[②]

---

① See Sec. 14. 24, Sec. 14. 9, Sec. 54, Assembly Bill No. 69 – Committee on Transportation, Nevada.

② See KPMG International, 2020 *Autonomous Vehicles Readiness Index*, KPMG, https://home. kpmg/uk/en/home/insights/2020/07/2020 – autonomous-vehicles-readiness-index. html.

美国则在联邦层面出台了《自动驾驶法案》,虽然该法案尚未得到参议院通过从而成为生效立法,但是美国《自动驾驶法案》也为自动驾驶专门立法树立了标杆,成为自动驾驶专门立法的典范。当然,美国各州在立法路线选择上显然存在差异性,截至 2024 年 7 月底,有 40 多个州已经修订了相关立法或者出台了专门的自动驾驶立法,同时也有不少州通过行政命令的形式推动自动驾驶汽车的合法化。行政立法的方式给自动驾驶监管带来了较大的法律空间,但是因为缺乏足够的效力层级和统一性,从长远看其并不利于推动自动驾驶测试和应用。

从各国自动驾驶立法的调整对象来看,目前主要聚焦高度自动化汽车的法律规制。各国立法的调整对象大多是 L3 以上的自动驾驶汽车,而对于辅助驾驶(主要是 L2 以下的自动驾驶),则交由传统的道路交通规则进行规范。例如,《德国道路交通法案》规定的自动驾驶汽车主要是指具有高度自动驾驶功能或者完全自动驾驶功能的机动车。美国《自动驾驶法案》针对的也主要是高度自动化车辆。

目前来看,自动驾驶相关立法的展开已然成为一种国际趋势,因而也成为 KPMG 年度报告《自动驾驶汽车成熟度指数》的重要评价指标。某种程度上,自动驾驶立法不仅显示出政府对自动驾驶技术和产业发展的重视程度,而且成为一国自动驾驶产业化水平的一个重要参考依据。

(二)监管和运营模式持续创新

在自动驾驶测试和部署的监管上,以美国、荷兰、新加坡为代表的国家一般都对自动驾驶纷纷给予了足够宽松的监管环境。例如,在新加坡,法律允许监管部门在自动驾驶道路测试和应用中,保持较高的自由裁量权,以便为自动驾驶技术的推广创设更为灵活和宽松的规则。新加坡陆路交通管理局(LTA)借助于国际金融行业监管中首创的"监管沙盒"的监管模式,对自动驾驶汽车测试和部署进行管理。"监管沙盒"是一个"安全空间",在这个安全空间内,金融科技企业可以测试其创新的金融产品、服务、商业模式和营销方式,而不用在相关活动碰到问题时立即受到监管规则的约束。[①] "监管沙盒"模式的运用为新加坡自动驾驶测试和应用监管提供了明确的思路,将有利于自动驾驶监管规则的创新和完善。此外,为了推动自动驾驶政策制定和落地,加速自动驾驶的测试和部署,不少国家设置了专门的监管机构。例如,新加坡设置了自动驾驶道路交通委员会和自动驾驶汽车测试和研究中心,以更好地推动自动驾驶政策制定、道路测试监管和研究。[②] 美国《自动驾驶法案》也明确要求建立自动驾驶汽车咨询委员会,同时赋予 NHTSA 有关监管自动驾驶汽车的权限。

在自动驾驶运营模式上,目前的实践较为有限。受限于自动驾驶技术的发展阶段,自动驾驶汽车目前仍处于前期的研发和测试阶段,大规模的商业化应用仍缺乏有效的运营模式,不过也有个别实践仍具有示范意义。例如,美国内华达州在监管实践中独创了"自动驾驶汽车网络公司"这一全新自动驾驶商业化运作模式。自动驾驶汽车网络公司是自动驾驶汽车为乘客提供完全自动驾驶(仅指 L4、L5)服务过程中承担赔偿责任的实体。这一模式能够合理分配自动驾驶运营中各方主体的权利义务以及最终的责任承担,具有很好的应用前景。

(三)各国越来越重视对技术本身的规制

自动驾驶汽车作为一种新型的车辆种类,为当今社会治理和交通监管带来了较大的挑战。在关注自动驾驶法律准入和监管方式等问题的同时,也有不少国家已经开始关注作为自动驾驶汽车核心的自动驾驶技术的规制问题。在完全自动驾驶情况下,车辆的控制权完全由自动驾驶系统享有和行使,这对自动驾驶系统的开发和设计提出了极高的要求。

---

① See Financial Conduct Authority, *Regulatory Sandbox*, Financial Conduct Authority, https://www.fca.org.uk/publication/research/regulatory-sandbox.pdf.

② See KPMG International, 2020 *Autonomous Vehicles Readiness Index*, KPMG, https://home.kpmg/uk/en/home/insights/2020/07/2020-autonomous-vehicles-readiness-index.html.

为了保障自动驾驶汽车的安全性，德国已经推出了《自动驾驶伦理准则》。该准则试图从伦理角度，从源头上为自动驾驶技术的研发和设计提供某种规范指引。作为自动驾驶领域第一个国家标准，新加坡 TR68 也涉及了自动驾驶设计和监管中有关规则选择问题的规范。[①] 虽然目前有关对自动驾驶技术本身的规制更多仍停留在技术标准的层次上，但是随着自动驾驶实践的发展，自动驾驶技术的有关监管问题将会逐步显现，特别是自动驾驶研发和设计规则、自动驾驶系统相关运行规则和标准如何与现有的道路交通规范体系进行有效衔接，将是今后自动驾驶法律规制的重要议题。

（四）通过保险机制来应对自动驾驶法律责任危机

自动驾驶技术应用在法律上的最大障碍之一是如何解决自动驾驶汽车发生交通事故后的责任归属与承担问题。近年来，自动驾驶汽车发生交通事故甚至造成人员伤亡的报道屡见报端。2018 年 3 月 18 日晚，美国亚利桑那州一名女子 Herzberg 被 Uber 自动驾驶汽车撞伤，事后不幸身亡，这是全球首例自动驾驶汽车致行人死亡的事故。事发时，这辆汽车正处于自动驾驶模式，不过调查显示该车并无过错。然而，事故依然引起了广泛的关注，因为该自动驾驶系统并未准确识别行人在没有红绿灯的情况下横穿马路，该车只有在人行横道或者十字路口时才能识别行人。[②] 根据汽车自动驾驶系统记录的车载雷达所观测到的事故发生前 6 秒的数据，在汽车接近 Herzberg 的过程中，自动驾驶系统在识别受害者时出现了问题，一开始将 Herzberg 识别为一个未知物体，接着将她识别为一辆汽车，最后将她识别为一辆自行车。无论如何，自动驾驶系

---

① See Technical Reference 68 – 2019, Singapore Standards, Part 1, Basic Behavior, https://www.singaporestandardseshop.sg/Product/SSPdtDetail/a733be12 – d1c5 – 44e5 – b3a4 – e96eed1e6b6e.

② See Phil McCausland, *Self-Driving Uber Car that Hit and Killed Woman Did Not Recognize that Pedestrians Jaywalk*, NBCNews, https://www.nbcnews.com/tech/tech-news/self-driving-uber-car-hit-killed-woman-did-not-recognize – n1079281.

统并没有及时像人类一样减速或者变道。抖动大约 5 秒钟后,系统才最终确定要求进行紧急制动。然而,不幸的是在测试期间紧急制动操作被禁止以减少车辆行为的不稳定性,因而系统也不能及时向操作员发出紧急刹车的预警。① 该案中,Uber 最终与受害人家属达成了和解,由 Uber 进行了相关事故赔偿。② 不过,该案涉及的只是自动驾驶汽车道路测试中的民事侵权赔偿责任。随着自动驾驶汽车的普及应用,类似的事故出现后如何划分责任,仍是实务部门和学术界所面临的难题。责任划分事关自动驾驶产业的发展,“针对自动驾驶技术和自动驾驶汽车制造商规定实质性责任缺乏远见,因为它将可能阻碍自动驾驶汽车及时进入市场”③。

自动驾驶汽车处于自动驾驶模式下的驾驶行为后果如果仅由传统意义上的司机承担,显然有失公平。自动驾驶汽车的制造商和自动驾驶系统的开发设计商是否应当承担责任呢?在有关自动驾驶汽车归责问题上,美国 NHTSA《联邦自动驾驶汽车政策》推荐生产商在自动驾驶汽车上安装数据记录装置,以便于分析交通事故。法院也可以借此分析自动驾驶系统在事故发生时是否参与了驾驶行为:如果法院认为自动驾驶系统没有参与,则责任由人类驾驶员或者操作员承担;如果自动驾驶系统参与了驾驶行为,法院则不得不调查车载数据,以划分过错。④ 而在美国各州的实践中,虽然通过自动驾驶相关立法的州不在少数,但是鲜有对自动驾驶法律责任问题作出全面规定的。⑤ 理论界对于自动驾驶

---

① See Alexander B. Lemann, *Autonomous Vehicles, Technological Progress, and the Scope Problem in Products Liability*, Journal of Tort Law, Vol. 12(2), 2019, p. 171 – 172.

② See Kiara Alfonseca, *Uber Reaches Settlement with Family of Woman Killed by Self-Driving Car*, NBC News, https://www.nbcnews.com/news/us-news/uber-reaches-settlement-family-woman-killed-self-driving-car – n861131.

③ Kyle Colonna, *Autonomous Cars and Tort Liability*, Case Western Reserve Journal of Law, Technology and the Internet, Vol. 4(1), 2012, p. 84.

④ See Conrad A. Buchler Jr., *Where We're Going, We Don't Need Drivers*, Loyola Journal of Public Interest Law, Vol. 19(1), 2017, p. 12.

⑤ See Paul Hoybjerg & Adam Buck, *The Self-Driving Ccare: Disruptive Innovation on Established Industries and Legal Practices*, Utah Bar Journal, Vol. 31(6), 2018, p. 37.

法律责任的解决,提出了如下方案:(1)通过产品责任理论落实自动驾驶汽车侵权责任;(2)在一定条件下重塑现有道路交通责任体系;(3)基于机器人权力观念,以自动驾驶汽车为中心,发展自动驾驶责任理论;(4)“代理人”(agent)学说。① 目前,美国法律界尚未就自动驾驶责任问题达成一致意见。

2017 年 2 月,欧盟议会投票表决通过一份关于机器人民事法律规则的决议,提出为智能机器人重构责任规则,考虑赋予复杂的自主机器人所谓的“电子人”(electronic person)法律地位的可能性。② 这种赋予自动驾驶汽车独立法律人格的观点认为,“自动驾驶汽车具有高级意识并且能够在多风险选择中做出独立判断,也能够做出错误的社会性选择”。③ 通过赋予自动驾驶汽车以“电子人”的法律主体资格来一劳永逸地解决自动驾驶汽车法律责任问题,虽然是一种确定责任归属的有效方案,但当前自动驾驶监管实践中更多的是通过保险制度来解决有关责任问题。例如,在各国有关自动驾驶道路测试的监管法规一般都要求测试主体为自动驾驶汽车购买一定数额的保险或者出具保函。其中,英国更是直接出台了《自动与电动汽车法案》,为自动驾驶汽车通过保险来确保责任承担的最终落实提供了明确的法律依据。按照 AEV 法案的规定,自动驾驶汽车的车主应购买第三者责任险,保险公司是自动驾驶汽车有关事故责任的首要责任人。当然在特定情况下,保险公司享有追偿权。由于自动驾驶汽车的测试和应用存在较大的公共交通安全风险,且风险的源头确定的难度较大,因此,通过设计合理的保险规则来应对责任问题是自动驾驶汽车法律规制的一个必然趋势。

---

① See Brian S. Haney, *The Optimal Agent: The Future of Autonomous Vehicles & Liability Theory*, Albany Law Journal of Science & Technology, Vol. 30(1), 2020, p. 26 – 28.

② See Janosch Delcxer, *Europe Divided Over Robot "Personhood"*, POLITICO, https://www.politico.eu/article/europe-divided-over-robot-ai-artificial-intelligence-personhood/.

③ Spencer C. Pittman & Mbilike M. Mwafulirwa, *Autonomous Vehicles and the Trolley Problem: An Ethical and Liability Conundrum*, Oklahoma Bar Journal, Vol. 88(24), 2017, p. 1722.

（五）现阶段自动驾驶法律规制主要围绕道路测试展开

当前，各国自动驾驶法律规制实践主要围绕自动驾驶的道路测试展开。通过制定或者修改自动驾驶相关法律，确立自动驾驶汽车的合法身份，为自动驾驶上路测试扫清制度障碍，创造较为宽松的制度环境。这是各国现阶段普遍采取的做法。在自动驾驶汽车道路测试监管上，各国主要采取了以下措施：（1）配备相应的测试驾驶员或者安全员，准备随时接管车辆。但是，这一要求也会随着自动驾驶技术的更新迭代而有所放松。例如，根据美国加利福尼亚州2018年通过的自动驾驶立法，加利福尼亚州从2018年4月开始允许企业申请在公共道路上测试无人驾驶汽车，无须配备测试驾驶人，由远程操作人员对测试汽车进行远程监控即可。[①]（2）对测试主体的赔偿能力提出要求，一般要求购买一定金额的保险，如美国内华达州、加利福尼亚州、佛罗里达州等要求测试企业购买不低于500万美元的保险，不过美国哥伦比亚特区并未设定保险要求。[②]（3）要求满足传统机动车安全性能和安全标准。（4）要求建立测试记录和报告制度。记录和报告自动驾驶汽车道路测试中的接管、碰撞、故障等信息，既有利于测试主体后续改进自动驾驶汽车性能，也有利于监管部门及时掌握测试活动的合规情况。（5）制定和出台自动驾驶相关标准和指南，为自动驾驶汽车的安全监管提供必要依据。自动驾驶相关标准和指南包括自动驾驶系统、自动驾驶汽车、道路环境、网络连接、数据与隐私保护等内容，目前新加坡已经出台了自动驾驶国家标准，美国《联邦自动驾驶汽车政策》《自动驾驶系统2.0：安全愿景》等政策文件也已经确立了自动驾驶多项非

---

① See Lora Kolodny, *California Now Allows Driverless Truck and Cargo Van Testing on Public Roads*, CNBC, https://www.cnbc.com/2019/12/18/california-lets-driverless-trucks-cargo-vans-test-on-public-roads.html.

② See Rustin Diehl & Matthew I. Thue, *Autonomous Vehicle Testing Legislation: Review of Best Practices from States on the Cutting Edge*, Journal of Technology Law & Policy, Vol. 21(2), 2017, p. 219.

强制性安全评价标准。(6)通过自动驾驶道路测试逐步向示范应用过渡,目前美国、荷兰等国家在开展自动驾驶测试监管的同时也在为自动驾驶的示范应用和部署创造条件。例如,2016 年,在道路测试的基础上,荷兰在公共道路上首次部署了有固定线路的无人驾驶往返班车 WEpods。①

① See Brian, Caulfeld, *Best Way to Get Aaround Amsterdam? WEpods Come to GTC Europe*, NVIDIA, https://blogs. nvidia. com/blog/2016/09/29/wepod-gtc-europe/.

第三章　自动驾驶法律规制面临的挑战

第一节　理 论 挑 战

目前,自动驾驶技术在世界范围内正处于道路测试和示范应用的阶段,自动驾驶汽车的大规模部署和应用阶段尚未真正来临。然而,自动驾驶技术在给现代社会带来效率和便利的同时,也给自动驾驶法律规制理论与实践带来了巨大挑战。这些挑战从法律理论上来看表现在自动驾驶的法律主体资格、法律责任和法律伦理三个方面。

一、自动驾驶带来的法律主体资格问题

法律关系的主体是指法律关系的参与者,包括在法律关系中享有权利、承担义务的自然人或者组织。传统法律主体包括自然人和法律拟制人。后者主要是指公司、国家机关、社会团体等以一定组织形态存在的由法律直接拟制的法律关系主体。与古代基于血缘、地域、身份等外在条件的差异化的法律主体相比,现代意义上的法律主体去除了各种外在因素对人的法律主体地位的影响,法律上的人是享有法律权利和负担法律义务的人,更为注重抽象、形式意义上的法律人格。同时,法律主体的外延也不断拓展到了自然人之外的

拟制主体。

传统法律主体资格的赋予是建立在人们对自然人具有理性的认识基础上的。人类理性意味着人因理性而成为目的,是一个能动的认知主体,还意味着人不得被自己和别人当作手段,人具有在实践能力方面之实践理性(自由意志)造就的为自己立法的能力。然而,随着参与法律关系主体范围的拓展,因经济社会发展需求,法律授予组织机构以团体法人资格。这种拟制主体具有实体性基础、实益性基础和法技术基础,因而也具备了正当性依据。[①] 陈景辉教授认为,人之所以称其为人,主要是因为其具备两种不同类型的人性尊严:一是基于独有的人性尊严,"能够在诸多物种之中居于较高的支配地位",即"人的尊严";二是个人作为拥有人性尊严的个体,"本身就值得其他个体的尊重,并且也无法为其他的个体所替代",即"个体尊严"。[②]

以自动驾驶为代表的人工智能技术的兴起,冲击了传统法律主体理论。一方面,法律关系的主体应当具备享有法律权利和履行法律义务的法律资格和意志能力。[③] 很显然,从传统法律理论出发,自动驾驶系统并不能独立地做出具有法律意义的意思表示,当然也不具备独立承担法律责任的能力。另一方面,由于人类在运用自动驾驶汽车为其带来某些便利的同时,又以数据化的方式,成为人工智能分析和记录的对象,于是个体的尊严和主体性就遭到了挑战,法律主体理论基础也不可避免地遭到动摇。然而,自动驾驶汽车所具有的自主驾驶和深度学习的特征意味着经过不断学习和模仿人类驾驶行为,自动驾驶系统可以获得类似于人类驾驶员的驾驶思维和技术。从技术层面看,工程师使用"自动化"这一术语,意味着计算机控制的驾驶系统能够在人类很少干预或者无人干预情况下就其行为做出重要选择,"自动驾驶系统能够在面对无法预期

---

① 参见刘洪华:《论人工智能的法律地位》,载《政治与法律》2019 年第 1 期。

② 参见陈景辉:《人工智能的法律挑战:应该从哪里开始?》,载《比较法研究》2018 年第 5 期。

③ 参见冯洁:《人工智能体法律主体地位的法理反思》,载《东方法学》2019 年第 4 期。

或者不断变化的物理或者数字环境时主导它们自己的活动，而这些选择在很多情形下，本来是由人类在非自动驾驶（人类主导）模式下做出的”①。因此，自动驾驶系统似乎具备了某些人类所具有的主体性特征。

有关自动驾驶汽车是否具有法律主体资格的问题，绝不仅是个哲学层面的问题，也是自动驾驶汽车接受法律调整和规制的法理前提。目前，学界对于自动驾驶汽车以及其他人工智能产品法律主体问题的讨论仍在深入，有代表性的观点主要包括以下几种。

1. 法律主体否定说

法律主体否定说否定自动驾驶汽车的法律主体资格，认为自动驾驶汽车不具有独立的法律主体资格，其承载的法律权利与义务由自动驾驶汽车所有人、使用人、制造商等主体承受。该说认为，判断某一已具社会存在的实体是否享有法律人格需主要关注两点：一是是否具有独立做出意思表示的能力；二是能否独立主张法律权利和承担法律责任。自动驾驶汽车难以产生独立意志，并且无法独立主张法律权利和承担法律责任，因而也无所谓法律主体资格。同时，有学者担心人工智能可能有“使人类贬值之虞”，人工智能的技术理性“无法确证人作为自为存在的意义和价值，因为它忽视和抹杀了人和世界的属人性、目的性和创造性”②。该说坚持主客体二分体系和人类唯一主体理论，根据奥卡姆剃刀定律，即“如无必要，勿增实体”，认为应当在现有法律框架之下对自动驾驶进行法律调整和规制。③

2. 法律主体肯定说

法律主体肯定说认为人工智能产品具有法律主体资格。该说认为，将某些非个人的组织予以“人格化”，这种“社会人格化”论证方法是法

---

① Harry Surden & Mary-Anne Williams, *Technological Opacity*, *Predictability*, *and Self-Driving Cars*, Cardozo Law Review, Vol. 38(1), 2016, p. 131.

② 龙文懋：《人工智能法律主体地位的法哲学思考》，载《法律科学（西北政法大学学报）》2018 年第 5 期。

③ 参见朱艺浩：《人工智能法律人格论批判及理性应对》，载《法学杂志》2020 年第 3 期。

律史上一种普遍性的法律推理思维方式。① 随着人工智能的发展,特别是强人工智能,其创造力和自主性可以比肩人类,因而可以赋予其法律主体资格。从法律推理的形式逻辑与论证的方法论角度看,这并不违背传统法学理论。例如,有学者在研究人工智能技术产生的智力成果时认为,只要符合"作品的独立性"和"创作的独立性"两个条件,人工智能在没有人类参与下就其独立创作完成的作品,应被法律赋予作者或者发明者的主体资格。② 从自动驾驶技术发展的长远角度审视,该说无疑具有积极意义。不过,该说并没有回答自动驾驶汽车等人工智能产品为何种意义上的法律主体。

3. 代理人说

该说试图从人工智能工具性人格的视角来阐释人工智能的法律主体问题,并认为人工智能产品可以作为人类行为的延伸或者代理人。法律对相关主体的认可乃是基于以人的利益为中心的功利主义的现实需要,以法律工具主义为中心的权利与义务应是认定民事主体的法律标准。据此,智能机器人应被定性为"理性代理人"的角色。③ 该说进而认为,意志并不是人工智能产品工具性人格的本质属性,权利与义务才是这种工具性人格的认定标准。1999 年美国统一州法全国委员会通过的《统一电子交易法》(修订稿)第 2 条在立法实践中正式确立了电子代理人的定义。电子代理人系指"非经人的行为或审核,全部或部分独立地发起某种行为或应对电子记录或履行的计算机程序、电子手段或其他自动化手段"④。

4. 有限法律人格说

根据有限法律人格说,以自动驾驶汽车为代表的人工智能产品所具有的独立自主意识等独有的特点决定了其具有法律人格在理论上具有

---

① 参见周详:《智能机器人"权利主体论"之提倡》,载《法学》2019 年第 10 期。

② See Russ Pearlman, *Recognizing Artificial Intelligence (AI) as Authors and Investors under U. S. Intellectual Property Law*, Richmond Journal of Law & Technology, Vol. 24(2), 2018, p. 34.

③ 参见许中缘:《论智能机器人的工具性人格》,载《法学评论》2018 年第 5 期。

④ 孙占利:《智能机器人法律人格问题论析》,载《东方法学》2012 年第 3 期。

可能性,但这种法律人格同自然人或现有的拟制法人并不完全等同。“虽然人工智能可以作出独立自主的行为,但其承担行为后果的能力是有限的。在人工智能法律人格有限的前提下,方可对法律规制做出合理的安排。”尽管人工智能往往具有高度智能化和自主决策等特点,但“人工智能仍作为工具存在,仅应具有有限的法律人格”①。

5. 电子人说

该说认为,由于人工智能具有自主性、主动性等特点,以自动驾驶汽车为代表的人工智能产品并非单纯受支配的客体,而是一种“基于法律存在的人格化人工智能系统或机械装置”②,即是一种“电子人”身份,应通过立法设定“电子人”赋予自动驾驶汽车等人工智能产品以独立的法律主体资格。实际上,“鉴于与我们人类关系的丰富性和行为模式的特性,具有某些成为有意识的系统的能力的智能机器有足够的理由被认为具有人格属性。考虑到它们现在的能力以及在增加精细化程度方面的持续发展,原则上没有理由认为智能机器不能获得这种地位(人格)”③。2017 年 2 月,欧洲议会通过了其法律事务委员会于 2016 年发布的《关于机器人民事法律规则立法建议致欧盟委员会的报告》(Report with Recommendations to the Commission on Civil Law Rules on Robotics)。该报告第 59 条第 f 项规定:“从长远来看,为机器人建立特定的法律地位,以便至少可以将最先进的自主机器人确定为具有负责弥补可能造成的任何损害的电子人员的身份,并可能将电子人格应用于机器人自主作出决定或以其他方式与第三方独立互动的情形。”④虽然该报告并不是严格意义上的法律文本,但其站在人工智能技术长远发展的视角,第一

---

① 袁曾:《人工智能有限法律人格审视》,载《东方法学》2017 年第 5 期。

② 郭少飞:《“电子人”法律主体论》,载《东方法学》2018 年第 3 期。

③ Samir Chopra & Laurence F. White, *A Legal Theory for Autonomous Artificial Agents*, The University of Michigan Press, 2011, p. 189.

④ Committee on Legal Affairs, *Report with Recommendations to the Commission on Civil Law Rules on Robotics*, European Parliament, https://www.europarl.europa.eu/doceo/document/A-8-2017-0005_EN.html.

次在国际组织层面为以自动驾驶为代表的人工智能的法律主体问题做出了新的探索。

6. 电子法人说

电子法人说否定电子人说,该说认为包括自动驾驶汽车在内的人工智能产品应被定性为新型法人型法律主体,即电子法人。电子法人与现有的社团法人和财团法人相并列。人工智能的自主性、交互性和深度学习能力决定了其既不是物,也不是人,而是介于人与物之间的客观存在,其本质在于财产性。与社团法人和财团法人相比,人工智能产品不必然由自然人代为,在特定领域可以自为,其背后混合了包括自动驾驶汽车开发制造者、购买者、国家等多方主体"有目的性的意志"和自动驾驶系统自身"无目的性的意思",且其在运作上既可致损也可获利。[①] 因此,自动驾驶汽车可以通过电子法人而获得法律主体地位。

以上几种人工智能产品法律主体相关理论观点中,法律主体否定说严格坚守法律关系中主客体二元论,或者认为在现有法律制度框架下能够有效解决自动驾驶技术带来的法律主体难题,或者认为现阶段人工智能并未进化到需要创造新的法律主体来解决的程度。"尽管对科技的适当前瞻预测有助于缓解法律制度滞后性造成的困境,但不建立在可靠的科学依据基础上的理论探讨与科幻小说无异"[②];或者担心"旨在通过赋予其法律人格以达到的责任限定效果不符合正义的基本要求,并且与法人的类比论证忽略了自然人之于法人的重要意义"[③]。否定说与现实中既有法律理论对自动驾驶汽车所带来的诸如自动驾驶法律准入、法律责任等问题的回应严重不足存在较大出入。完全坚守既有的法律主体理论,实际上也无视了自动驾驶技术给人类社会,特别是给法律理论和实务带来的巨大挑战。其他五种观点基本上属于肯定自动驾驶汽

① 参见张志坚:《论人工智能的电子法人地位》,载《现代法学》2019 年第 5 期。

② 时方:《人工智能刑事主体地位之否定》,载《法律科学(西北政法大学学报)》2018 年第 6 期。

③ 冯珏:《自动驾驶汽车致损的民事侵权责任》,载《中国法学》2018 年第 6 期。

车法律主体资格的范畴,但是在肯定的方式和程度上存在差异。例如,有限法律人格说并不承认自动驾驶系统具有完全的法律主体资格。而电子人说与电子法人说的区别在于,前者更倾向于确认人工智能机器人的独立机器人格,在法律上属于一种新型法律主体的创造;而电子法人说则巧妙地借助于现行的法人制度,将自动驾驶系统等智能机器人的法律主体资格问题嵌入既有的法律主体理论和制度框架当中。

自动驾驶技术发展的阶段性决定了自动驾驶汽车法律主体理论的多样性和复杂性。然而,自动驾驶汽车的法律主体问题却又是对其进行法律规制时难以回避的前提性问题。如果不能很好地解决主体资格问题,自动驾驶法律规制的理论探讨和制度构建将因缺乏对自动驾驶合理的理论定性和法律定位而失去明确的方向性。

首先,自动驾驶法律主体问题直接影响自动驾驶汽车法律地位的确定。现阶段我国和域外国家所进行的自动驾驶法律规制,尽管部分确定了自动驾驶汽车上路测试和应用的法律条件,但是并未对自动驾驶汽车以及自动驾驶系统的法律主体问题作出全面规定和明确。这使自动驾驶汽车所有人和使用人因缺乏明确的法律指引而对自动驾驶汽车的使用畏手畏脚,从而也就影响了自动驾驶技术的推广与应用。相比较而言,“有人驾驶汽车的被许可对象是驾驶员,而无人驾驶汽车被许可的对象是车本身,实质上是无人驾驶汽车的开发者、生产者”①。

其次,自动驾驶法律主体问题将直接影响政府对自动驾驶汽车的法律监管。传统汽车的法律规制可以通过约束汽车驾驶人和车主的方式实现,而在自动化驾驶环境下,人类驾驶员退居次要或者辅助地位,自动化驾驶系统逐渐主导并掌握汽车驾驶的权利。自动驾驶技术的应用将导致交通事故的风险场景变迁。自动驾驶汽车作为“轮子上的电脑”,

---

① 刘权:《无人驾驶 立法应先行》,载《第一财经日报》2017 年 11 月 8 日,第 A11 版。

兼具传统工业时代的机械性物理性风险与信息时代的风险融合的特征。[①] 在自动驾驶系统法律主体地位不明确的情况下，这种风险会加剧。同时，现行调整传统汽车的法律规则又难以有效适用于自动驾驶汽车，很显然其直接结果是执法部门无法明确自动驾驶汽车的监管对象，因而也就难以及时对自动驾驶汽车相关违法行为进行处理。就传统行政执法的角度而言，自动驾驶法律规制的可能对象包括自动驾驶汽车所有者、使用者、制造者和设计者等主体，然而在实际执法中，一旦无法确定谁应该是规制的对象，则会导致执法者的无所适从。

最后，自动驾驶法律主体问题影响自动驾驶法律责任制度的设计。作为法律关系的参与者，法律主体享有法律权利，同时承担相应的法律义务，而对义务的不履行则意味着法律主体需承担法律责任。"赋予人工智能体法律人格意味着人工智能体能够享有权利，负担义务，甚至会承担特定的法律责任。"[②]法律主体问题天然地与法律责任问题紧密联系。自动驾驶法律主体难题很大程度上影响了自动驾驶汽车法律责任制度的设计。例如，在行政管理中，执法机关一旦发现道路交通违法行为，都要及时调查违法行为，确定违法责任人，然而在自动驾驶主体问题尚未得到解决的情况下，执法机关无法追究自动驾驶汽车的违法驾驶责任，相关的法律责任也没有明确的责任人来承担，因而自动驾驶汽车的行政法律责任也就无从谈起。很显然，对自动驾驶法律主体问题的回答将有助于解决自动驾驶法律责任难题。

总之，自动驾驶法律主体问题的明确化事关自动驾驶汽车法律地位、行政监管和法律责任实现等一系列理论和法律问题。既有法律主体理论难以解决以自动驾驶为代表的人工智能主体性问题。虽然学界提出了多种自动驾驶法律主体问题相关理论观点，但其均不能在较好解决

---

① 参见王莹：《法律如何可能？——自动驾驶技术风险场景之法律透视》，载《法制与社会发展》2019 年第 6 期。

② 彭诚信、陈吉栋：《论人工智能体法律人格的考量要素》，载《当代法学》2019 年第 2 期。

自动驾驶汽车法律主体问题和与既有法律主体理论相契合两个方面令人信服。

二、自动驾驶带来的法律责任难题

法律责任问题是自动驾驶法律规制得以推行和实现的基本保障。主流理论认为,法律责任是“由特定法律事实所引起的对损害予以补偿、强制履行或者接受惩罚的特殊义务,亦即由于违反第一性义务而引起的第二性义务”①。法律责任的存在以破坏某种法律上的义务关系为前提,因此法律责任首先表示一种关系的存在,其次才表示责任形式。②在自动驾驶汽车尚未成为主流的汽车形态以前,自动驾驶汽车将与传统汽车和其他交通参与主体在公共道路上混合存在,因而自动驾驶汽车也必然要遵守现行道路交通法律规范。一方面,自动驾驶技术给人类社会交通运输效率带来前所未有的提升,解放了人类司机在驾驶过程中的体力和脑力付出;③另一方面,一旦自动驾驶系统出现故障或者失控情形,其所造成的交通失序甚至交通事故也是难以避免的。法律责任的设定可以为法律制止和制裁违法的自动驾驶行为提供基本的规制工具。

“人与其他生物的一个重要区别在于,只有人才能够对自己的所作所为承担道德责任。”④一个人应为自己的行为、疏漏以及行为和疏漏造成的后果负责。那么,作为高度智能化的自动驾驶系统是否应为自己的

---

① 张文显主编:《法理学》(第4版),高等教育出版社、北京大学出版社2011年版,第121页。

② 参见孙笑侠:《法的现象与观念——中国法的两仪相对关系》,光明日报出版社2018年版,第170页。

③ 机器对于人类能力的扩展包括人类体能和人类智能两个方面,特别是随着计算机存储和计算能力的提升,这一机器对于人类智能的扩展愈加明显。自动驾驶技术在两个方面拓展了人类的能力。参见王晓:《机器崛起:人机群体共生的新形态》,载《文化纵横》2017年第4期。

④ John Martin Fischer, Mark Ravizza & S. J., *Responsibility and Control: A Theory of Moral Responsibility*, Cambridge University Press, 1998, p. 1.

驾驶行为、疏漏以及行为和疏漏的后果承担责任呢？对于快速发展的自动驾驶技术，传统法律责任理论显然无法回应当下自动驾驶道路测试和应用的现实需要。目前，学界对于自动驾驶汽车的法律责任，特别是交通事故中的侵权责任开展了不少讨论。归结起来，学者对于如何解决自动驾驶法律责任问题主要提出了以下几种方案。

1. 产品责任理论

将自动驾驶汽车致人损害的法律责任定性为产品责任的观点由来已久。为了应对自动驾驶条件下没有驾驶员承担责任的问题，该理论提出，自动驾驶汽车发生事故后导致其他车辆或者人员损失的，应追究自动驾驶汽车制造商的产品责任。自动驾驶系统也是一种特殊的产品。在产品责任理论中，“生产和设计过失的主张基于这样一种理解，即制造商有义务供应不会对公众造成不合理的伤害或伤害风险的产品”。这就“要求生产商能够预见到对他们产品的所有合理使用和误用，并且尽可能降低发生损害的风险”①。自动驾驶汽车制造商承担产品责任的前提是自动驾驶汽车存在产品缺陷，包括设计缺陷、制造缺陷和警示缺陷。② 在实践中，虽然法律未明确规定自动驾驶汽车致损责任由汽车制造商承担，但是沃尔沃汽车公司、谷歌、戴姆勒等企业已经明确表示接受现行法律框架下的产品责任的约束。③

2. “理性汽车标准”理论

“理性汽车标准”（reasonable car standard）是指只有当自动驾驶汽

① Mbilike M. Mwafulirwa, *The Common Law and the Self-Driving Car*, University of San Francisco Law Review, Vol. 56(3), 2022, p. 403.

② 设计缺陷主要是指对产品导致损害的可预见风险本可采取合理的替代设计减少或避免，但因疏忽没有采纳该替代设计而使产品具有不合理危险；制造缺陷是指产品偏离其预期设计的情况，即使生产者在制造和推广产品时已尽到所有可能的注意；警示缺陷是指产品所导致的可预见的损害风险本可通过提供合理的说明或警示而减少或避免，但说明或警示不充分致使产品产生不合理的危险。参见王乐兵：《自动驾驶汽车的缺陷及其产品责任》，载《清华法学》2020 年第 2 期。

③ See Bryant Walker Smith, *Automated Driving and Product Liability*, Michigan State Law Review, Vol. 2017(1), 2017, p. 66.

车不能像其他自动驾驶汽车那样理性地行动时,汽车制造商才承担责任。[①]“理性汽车标准”是传统理性人标准在自动驾驶领域的拓展。按照“理性汽车标准”,只要自动驾驶汽车合理地预见了相应的危险,并采取了合理的措施,则制造商可以免责。这种理论存在先天性的不足:一是该理论无法对何为“理性汽车”给出具体明确的界定,因而可操作性大打折扣;二是该理论实际上也为制造商逃脱责任大开方便之门,未能较好地平衡自动驾驶汽车所有人、使用人等多方主体之间的利益。

3. “生产者企业责任”理论

“生产者企业责任”(manufacturer enterprise responsibility, MER)理论要求自动驾驶汽车生产者对自动驾驶汽车运行过程中所造成的所有伤害承担法律责任。MER 显著独立于现有的侵权法律责任体系,这意味着需要“在既有侵权法律体系基础上建构起一套新的处理长期且不均衡的自动驾驶技术过渡时期的新方法,并且在任何事故中都向生产者施加实体性的、适当的财产性责任”[②]。然而,MER 理论的不足之处在于:一方面,其会打击自动驾驶汽车制造商部署自动驾驶汽车的动力,从而阻碍技术创新;另一方面,其脱离了现行的侵权法体系。

4. 动物理论

该理论认为,自动驾驶汽车法律责任的承担可类比于饲养动物致人损害的法律责任,自动驾驶汽车是车主的工具,车主应对非主观的以及不可预见的行为承担责任。[③] 这种观点站在工具主义的立场上,将自动驾驶汽车置于与饲养的动物类似的法律地位,企图在现有理论和制度框架内解决自动驾驶法律责任问题,具有一定的合理性。然而,自动驾驶汽车是被人类理性设计出来的智能产品,与动物行为完全无法预测和控

---

① See K. C. Webb, *Products Liability and Autonomous Vehicles: Who's Driving Whom*, Richmond Journal of Law & Technology, Vol. 23(4), 2017, p. 34.

② Brian S. Haney, *The Optimal Agent: The Future of Autonomous Vehicles & Liability Theory*, Albany Law Journal of Science & Technology, Vol. 30(1), 2020, p. 26.

③ 参见许中缘:《论智能汽车侵权责任立法——以工具性人格为中心》,载《法学》2019 年第 4 期。

制有本质区别。

5. 代理人理论

代理人理论将自动驾驶汽车视为车主的代理人，因而自动驾驶行为也理所当然地归属于车主。当自动驾驶汽车违法甚至发生交通事故，需要承担法律责任时，自动驾驶汽车的“委托人”也就自然需要替作为自己的“代理人”的自动驾驶汽车承担法律责任了。该理论的好处是将自动驾驶汽车的法律责任直接归属于车主，毕竟“保持注意的最安全的方法是将风险置于那个采取何种预防措施的人”①。代理人理论强化了车主的责任意识，顺应了减少汽车致死率的目标，同时也降低了受害人寻求赔偿的成本。

6. 链式责任理论

该理论认为，自动驾驶法律责任在无法由单一主体独自承担的情况下，应通过对自动驾驶汽车背后的设计者、生产者、使用者、监管者等多元主体的义务来达到实现自动驾驶法律责任的效果，具体应结合自动驾驶汽车开发、生产、使用和监管的实际，每个环节均需要清晰的责任体系规制并形成所谓“链式分配机制”。例如，设计者需要遵循人类的基本伦理，生产者需要承担基础性义务，使用者必须承担恰当的义务，监管者对于市场准入、数据控制、事后处理负有监督责任。②

7. 机器人权利理论

机器人权利(robot right)理论主张赋予自动驾驶汽车以类似于人类的权利，实际上是将自动驾驶系统视作一个相当于传统驾驶员的独立主体，从而解决法律责任承担的问题。有学者提出，智能机器应被赋予类似于人类的权利，自动驾驶汽车可以取得自己的利益，同时在违反注意义务和造成损害的情况下可以被起诉并承担责任。这样做的理由是，

---

① Brian S. Haney, *The Optimal Agent: The Future of Autonomous Vehicles & Liability Theory*, Albany Law Journal of Science & Technology, Vol. 30(1), 2020, p. 28.

② 参见袁曾：《无人驾驶汽车侵权责任的链式分配机制——以算法应用为切入点》，载《东方法学》2019年第5期。

"如果自动驾驶汽车被视作一个独立的商业实体,缺陷的受害者就可以在不妨碍生产者生产更多自动驾驶汽车的情况下起诉自动驾驶汽车"①。这种理论有一个重要的缺陷,即如单个自动驾驶汽车被起诉,它将需要保留收入和利润,这将会抑制生产者生产自动驾驶汽车,从而不利于促进技术创新。

除此之外,尚有学者将自动驾驶汽车引发的法律责任类比于电梯运行事故责任、大型运输工具损害责任等,从而认为自动驾驶责任应由生产商承担。② 总的来说,以上理论都从不同角度对自动驾驶汽车法律责任,特别是民事责任问题做出了积极的探索。自动驾驶汽车在违法或者事故中采取何种责任理论,仍然是富有争议的问题。同时,现有的理论探讨并没有回答自动驾驶汽车破坏公共秩序、违反行政法律规范的法律责任及其承担问题,这需要在既有理论基础上提出新的解决之道。

三、自动驾驶带来的法律伦理挑战

伦理关涉法律的基本价值和人类基本道德规范体系。自动驾驶打破了传统人类驾驶所遵守的法律和道德准则,也给道路交通带来了更多的不确定性。而在这些不确定性风险的背后则蕴藏着人类社会的伦理问题。自动驾驶技术可能会挑战传统的驾驶伦理观念,同时也可能在现有伦理和法律框架无法满足需要的情况下催生新的驾驶伦理规范。

自动驾驶系统的设计和运行的基础是人工智能技术。自动驾驶法律规制所遭遇的法律伦理难题某种程度上也是人工智能技术所面临的伦理困境。作为自动驾驶基础的人工智能是一种颠覆性技术。以自动驾驶为代表的人工智能不仅会带来社会组织和互动模式的改善,也会冲

---

① Brian S. Haney, *The Optimal Agent: The Future of Autonomous Vehicles & Liability Theory*, Albany Law Journal of Science & Technology, Vol. 30(1), 2020, p. 27.

② See Liliya Ivanova & Nikita Kalashnikov, *The Liability Limits of Self-Driving Cars*, Legal Issues Journal, Vol. 9(1), 2022, p. 7.

击社会伦理和法律秩序，甚至可能导致伦理与法律的对立和断裂。[1] 这种论调绝不是危言耸听，因为与传统计算机不同，“人工智能通过自我学习和储存经验的方式，模仿人类思考过程和人类理性行为，正因为如此，其能够根据先前行为，在相同的情形下采取不同的行动”[2]。由此可见，自动驾驶系统区别于传统计算机的特征在于，其具备“机器学习”（machine learning）能力，[3]能够根据自身携带的传感器或者车联网，不断熟悉和适应外界环境，并且深度学习人类驾驶技术、驾驶规则和驾驶经验，自动驾驶系统的不断演进必将导致汽车最终完全可以摆脱人类控制，自动驾驶系统完全可以根据复杂的道路交通情况做出自主决策并予以执行，某种意义上这也是人类体力和脑力的一种解放。

基于机器学习的人工智能的产生通常包括以下三个基本步骤：（1）对 AI 的源程序进行编码；（2）训练 AI 以完成其功能；（3）基于基础数据和反馈的变化进行持续的自我修正。[4] 与此相适应，法律伦理作用于自动驾驶也是分阶段的。机器伦理实质上存在两个层次：一是前机器伦理赋予阶段，其关键是以伦理规范约束技术人员；二是后机器伦理实践阶段，即智能机器在前一阶段的基础上进行自主的道德决策与实践。[5] 对于自动驾驶给法律规制带来的伦理挑战的分析，应充分考虑自动驾驶系统设计和应用的不同阶段性特征。笔者认为，在 L3 以上自动驾驶技术尚不成熟的情况下，现有辅助驾驶技术仍然未突破传统的

---

① 参见李飞：《无人驾驶碰撞算法的伦理立场与法律治理》，载《法制与社会发展》2019年第5期。

② Mark Fenwick, Wulf A. Kaal & Erik P. M. Vermeulen, *Regulation Tomorrow: What Happens When Technology Is Faster than the Law*, American University Business Law Review, Vol. 6(3), 2017, p. 564.

③ “机器学习”是计算机科学的分支学科，主要是关于能够学习经验并持续改善性能的计算机软件的。通过对经验的学习，机器能够改变其行为以增强完成某些任务的性能。See Harry Surden, *Machine Learning and Law*, Washington Law Review, Vol. 89(1), 2014, p. 89.

④ See Iria Giuffrida, *Liability for AI Decision-Making: Some Legal and Ethical Considerations*, Fordham Law Review, Vol. 88(2), 2019, p. 442.

⑤ 参见李飞：《无人驾驶碰撞算法的伦理立场与法律治理》，载《法制与社会发展》2019年第5期。

法律伦理。然而,考虑到更高水平的自动驾驶,特别是完全自动驾驶(无人驾驶)的状态下,自动驾驶技术必然需要面临和克服不少伦理难题。

(一)自动驾驶技术应用中的伦理难题

自动驾驶技术在应用中区别于传统的机动车,尤其是在完全自动驾驶情况下,汽车的驾驶完全由自动化驾驶系统掌控,汽车行驶的安全因此也取决于驾驶系统的运行情况。而驾驶系统在复杂道路交通环境下做出何种驾驶决策很大程度上取决于系统设计时的算法规则。“由于算法的复杂性,算法带来的结果可能无法预测,并在更大范围内带来系统性的不利后果。”[①]可以说,是算法在暗中决定车辆行驶过程中的驾驶决策,“而算法的专业性和不透明性却容易导致一般人理解的困难性和法律监管的复杂性,这使我们有理由担心当将本该由人类负担的决策工作委托给人工智能系统之后,由人类创造的算法可能会造成歧视”[②]。自动驾驶技术在应用中可能面临在不同价值(如生命、法律等)之间进行艰难权衡的难题。

首先,自动驾驶可能会加剧“电车难题”(trolley problem)。“电车难题”是关于机器在两难境地下如何做出选择的问题,“电车难题”是伦理学领域最为知名的思想实验之一。最典型的“电车难题”场景是:在一列火车行驶的前方有五个人站在预定的轨道上,在这五个人之前有一个岔道,现假定火车司机可以让火车改行到岔道上,但是岔道上也有一个人。假定火车来不及紧急刹车,此种情形下,司机是让火车按照原定轨道行驶而压死那五个人,还是让火车行驶进岔道压死另一个人?[③] 在自动驾驶场景下,“电车难题”这个思想实验提出了自动驾驶汽车在可

① 胡凌:《人工智能的法律想象》,载《文化纵横》2017 年第 2 期。

② 崔靖梓:《算法歧视挑战下平等权保护的危机与应对》,载《法律科学(西北政法大学学报)》2019 年第 3 期。

③ 参见陈晓平、翟文静:《关于自动驾驶汽车的立法及伦理问题——兼评“德国自动驾驶伦理指南”》,载《山东科技大学学报(社会科学版)》2018 年第 3 期。

能面临事故时如何在损害不同主体间进行价值衡量的问题。① 在进行这种计算和衡量时，"很难发现救助机会和被害风险之间可用数字表达的确定比例关系，在此关系中，可以期待的是多人的共识：可以把这种比例关系规定为一项有约束力的规则"②。然而，自动驾驶汽车在行驶中遇到不可避免的碰撞等事故时，车内乘客与车外行人、车辆等在法律上享有最基本的生命健康权、安全通行权等合法权益。自动驾驶在最初的技术设计上并不必然要求考虑如同人工驾驶条件下人类的选择，即便要求，也很难想象将有关生命价值的衡量交给毫无约束的机器背后的设计者。因此，自动驾驶系统在运行中可能会作出不合乎人类伦理道德的决定。尤其是"电车难题"对于人类而言本身就是一个难以得到标准答案的难题，而对于自动驾驶汽车而言则可能因为没有统一标准和伦理规范而做出不一致的选择，进而危及乘客、行人和其他车辆的生命和安全。在自动驾驶技术尚不成熟、法律规范尚不完善的背景下，自动化技术的应用可能会加剧这种"电车难题"。

其次，自动驾驶给人机协同带来了新的挑战。目前，各国自动驾驶汽车道路测试一般都要求自动驾驶汽车具有让测试驾驶员随时接管的能力。自动驾驶技术的发展方向表明，驾驶自动化技术的最终目标是解放人类的手和脑，即使是测试过程中的驾驶员，也仅是"照看"自动驾驶汽车，以在紧急情况下采取必要的保护措施，自动驾驶汽车在行驶的大多数时间仍处于自动驾驶模式，人类驾驶员则处于休息状态。例如在德国，法律允许在自动驾驶系统介入时驾驶人的手离开方向盘。③ 这意味

---

① 从理论上对"电车难题"进行回应的学说较多，但从伦理学理论上看，主要可以概括为结果论（consequentialism）和义务论（deontology）两种：前者主张从行为的结果来判断行为的合理性；后者强调基本伦理规范和原则以对个体在不同情形中应当如何行动予以约束。See William J. Tronsor, *The Omnipotent Programmer: An Ethical and Legal Analysis of Autonomous Cars*, Rutgers Journal of Law and Public Policy, Vol. 15(2), 2018, p. 231.

② ［德］托马斯·魏根特：《自动驾驶汽车的紧急避险权》，樊文译，载《中国应用法学》2019 年第 4 期。

③ See § 1a(2), 1b of the German Road Traffic Amendment Regulating the Use of Motor Vehicles with "Highly or Fully Automated Driving Function".

着人类驾驶员的注意力将不在车辆和道路上。“虽然自动驾驶汽车被认为远比传统汽车安全,但是没有任何传感器、道路或者算法是完美无缺的,事故的发生在所难免。”①人类驾驶员长时间脱离人工驾驶状态,致使在紧急情况下人类驾驶员接管车辆变得十分困难,除非驾驶员一直如同处在人工驾驶模式下一样,时刻监控车辆和路况。然而这样一来,人类驾驶员可能比在人工驾驶模式下还要疲惫不堪,自动驾驶技术的意义和优势就荡然无存了。要求人类时刻准备接管车辆显然不现实。可见,即便是紧急情况下的接管,技术仍然要确保车辆行驶的基本安全。

最后,自动驾驶技术加大了道路通行规则与交通安全之间的张力。一般而言,“法律是一种保守的社会力量,不以满足具有创新精神和创新能力的人士追求‘更快、更高、更好’的野心为目的”②。在传统道路交通环境下,由于驾驶员能够对车辆和道路环境具有较为能动的了解和掌握,遵守道路通行规则同时也意味着更多的道路交通安全,此时遵守规则与保障安全是一致的,二者之间很少出现冲突。在自动驾驶环境下,情况发生了变化。以 2018 年 Uber 自动驾驶汽车致路人死亡为例,涉案车辆当时处于自动驾驶模式,由于车载传感器未能准确感知和识别横穿马路的行人,虽然 Uber 自动驾驶汽车并未违反交通规则,但是其仍然造成了难以挽回的交通悲剧。因此,在这种情况下,即使自动驾驶汽车严格遵守了交通规则,也仍然有发生交通事故的可能,原因既可能是自动驾驶汽车本身软硬件的故障或者缺陷,也可能是行人或者其他交通参与主体违反交通规则或者疏忽大意。在极个别情况下,自动驾驶汽车可能需要在法律规则与生命安全之间做出选择。自动驾驶系统做出这些选择的伦理依据何在?自动驾驶系统的运行应遵守何种伦理规范?这仍然是悬而未决的伦理问题。

---

① Paul J. Pearah, *Opening the Door to Self-Driving Cars: How Will This Change the Rules of the Road*, Journal of High Technology Law, Vol. 18(1), 2017, p. 42.

② 郑戈:《人工智能与法律的未来》,载《探索与争鸣》2017 年第 10 期。

（二）自动驾驶设计中的伦理难题

自动驾驶在设计中是否需要遵循特定的伦理准则，这是一个值得思考的问题。随着技术的发展，“由于海量数据所需的算力超出人工计算能力，社会资源的分配权力不得不逐渐让位于算法”。这使算法逐渐脱离数学工具的角色，并与数据资源结合成为重要的新兴社会力量，算法也因此在某种意义上具有了“权力”的特征。① 自动驾驶，特别是完全自动驾驶自然要以完善的算法体系为基础，因而自动驾驶汽车的设计和制造将直接影响自动驾驶汽车的行驶安全。与自动驾驶系统相比，传统的计算机软件设计无须考虑计算机行为对人类社会伦理价值体系的影响，因为电脑并未达到人工智能意义上的自动化水平，计算机充其量只是人类的计算工具，计算机系统的工具性价值占据了压倒性的统治地位。

与传统计算机软硬件设计相比，自动驾驶汽车的不同之处在于：其一，自动驾驶汽车的自动化水平远高于传统计算机，超强的自主感知、决策和控制能力使其能够在没有人类驾驶员的情况下完成驾驶任务；其二，自动驾驶汽车的应用以充满着行人、车辆等交通参与主体的复杂道路交通场景为基本环境，其任何驾驶决策将直接影响到他人生命财产安全甚至公共利益，因而此时的价值判断和伦理选择将显得格外重要；其三，在相当长时间内，自动驾驶和人工驾驶并存将是道路交通发展的基本趋势，这就意味着自动驾驶汽车将要学会如何与人工驾驶汽车在共同的规则之下和谐共处，自动驾驶系统不得不适应人类驾驶员的驾驶习惯。

传统算法设计并未对设计中应遵循的伦理准则提出要求，然而在自动驾驶条件下，考虑到自动驾驶汽车设计在后续使用环节的直接影响，需要为设计人员提供一套完善的设计伦理准则以供参考。如果按照传统的算法设计实践，自动驾驶应用场景中所面临的复杂伦理难题将无法在设计环节得以提前解决。设计者应遵循的伦理准则包括实体性准则

---

① 参见张凌寒：《算法权力的兴起、异化及法律规制》，载《法商研究》2019 年第 4 期。

和过程性准则两个方面。前者表达了自动驾驶系统未来应用中可能面临的伦理难题时的解决思路,后者则规范着设计人员在设计过程中的各个环节,以确保前者目标的实现。然而,在加大自动驾驶设计环节伦理约束的同时,一方面可能会制约自动驾驶技术的发展,另一方面由于伦理价值观念的个体差异性,也存在设计者将自己认为根本的那些价值观念嵌入设计之中的可能性。[①] "在算法社会,算法作为私权力的新基础、公权力的新能量,它的强化会扩大公权力主体和私权力主体的权力边界以及执行能力,加大公民空间被其侵蚀的风险。"[②]这里尤其值得注意的是"算法偏见"带来的伦理风险。所谓算法偏见或者算法歧视,是指那些"可以造成不公平、不合理结果的系统性可重复出现的错误",如算法设计者刻意编写带有主观性的程序,将出现算法操纵现象。[③] 为保证人类社会的和谐稳定,"对人工智能产品进行伦理设计、限制人工智能技术应用范围、控制人工智能的自主程度和智能水平等,都应以和谐价值作为指引方向和评价准则"[④]。可见,怎样平衡设计伦理与公共伦理也是自动驾驶设计环节的重要议题。

第二节 现实挑战

自动驾驶作为一种融合了人工智能、车联网等先进科技的技术形态,不但给自动驾驶法律规制的既有理论提出了难题,同时也突破了传统的道路交通法律规则和行政监管模式,对公共安全、个人信息保护等形成了新的挑战。

---

① See Stefan Larsson, *Conceptions in the Code: How Metaphors Explain Legal Challenges in Digital Times*, Oxford University Press, 2017, p. 6.

② 周辉:《算法权力及其规制》,载《法制与社会发展》2019 年第 6 期。

③ 参见刘友华:《算法偏见及其规制路径研究》,载《法学杂志》2019 年第 6 期。

④ 吴汉东:《人工智能时代的制度安排与法律规制》,载《法律科学(西北政法大学学报)》2017 年第 5 期。

一、自动驾驶带来法律准入问题

法律将自动驾驶汽车作为其调整对象是对驾驶技术进行规制的法律前提。在现阶段各国道路交通法律规范体系仍主要是针对传统汽车而设计的情况下，自动驾驶汽车无论在法律地位，还是在市场准入、上路许可等方面都存在不小的制度障碍。这突出地表现在自动驾驶的法律地位、车辆准入以及驾驶许可等方面。

（一）自动驾驶汽车的合法性饱受质疑

自动驾驶汽车作为一种新的汽车形态，一般很难容于现行道路交通法律体系。2017 年 7 月 5 日，百度创始人李彦宏乘坐由百度和博世基于 Apollo 技术共同开发的自动驾驶汽车进入北京市五环路行驶。① 该事件引发了公众对于自动驾驶汽车的关注。在自动驾驶模式下，特别是没有司机在驾驶座上的情况下，交管部门是否应该按照现行交通法律法规进行处理？如果处理，应当如何处理？这个问题实际上涉及自动驾驶汽车的法律地位问题。

我国现行《道路交通安全法》规定了机动车登记和驾驶人许可制度，机动车上路行驶应当配备驾驶人，并不允许自动驾驶汽车上路行驶。现行道路交通法律法规的规则设计完全基于传统汽车技术，并没有给予自动驾驶汽车以合法的“身份”。而如果从现行法律规范的解释的角度来看，无论如何扩大既有规范，也很难涵盖自动驾驶汽车。虽然我国在国家层面出台了自动驾驶汽车道路测试的管理规范，地方层面上，各地也出台了自动驾驶汽车上路测试的实施细则，但是这些规范性文件的层级普遍较低，在《道路交通安全法》未予修改的情况下，存在合法性的问题；而且，目前北京、上海、长沙等地的做法主要是开展自动驾驶汽车道

---

① 参见杨清清：《李彦宏乘坐的无人车系为违规行驶：该怎么罚》，载新浪教育官网，http://edu.sina.com.cn/bschool/2017-07-06/doc-ifyhrxsk1863450.shtml，最后访问日期：2023 年 9 月 13 日。

路测试监管,而自动驾驶汽车道路测试在法律定性上只是一种“科学试验”,[①]道路测试中的自动驾驶汽车并不意味着可以如同传统汽车一样处于商业化运营(如付费载客等)状态,法律并没有给予自动驾驶汽车如同传统汽车一样的“待遇”。因此,即使自动驾驶汽车目前可以在北京、上海等地开展公共道路测试,但是测试的目的是应用,测试完成的自动驾驶汽车归宿如何,能否合法地被生产、销售并最终上路行驶,现行法律缺乏有力的回应。长此以往,这将会影响自动驾驶汽车的道路测试和商业部署进程。

从各国已经完成的立法来看,美国、德国等国家都将高等级的自动驾驶汽车纳入法律调整的范围,而对 L2 及以下的自动驾驶汽车则交由传统的道路交通规则调整。以美国内华达州为例,该州 2011 年通过的 AB 511 法案定义的自动驾驶汽车系“在没有人类操作员主动干预的情况下,使用人工智能、传感器、全球定位系统自主驾驶的车辆”。但是立法者很快就意识到,定速巡航、泊车辅助等技术也是在没有人类操作员干预的情况下使用了传感器和人工智能。由于进一步规制已经在公共道路上安全运行多年的半自动驾驶技术没有太大意义,该州已经修改了该规定,实际上将自动驾驶汽车的范围仅局限于 L3 以上的真正意义上的自动驾驶汽车。[②] 在对自动驾驶汽车进行法律规制,给予其应有的法律地位(承认其合法身份)的前提下,法律应对自动驾驶汽车设置区别于传统汽车的法律规则。因而,什么样的自动驾驶汽车需要接受现行道路交通法律规范体系的调整就十分关键了。按照 SAE International 的驾驶自动化分级,自动驾驶包括 L0 ~ L5 共 6 级,法律是否需要对所有等级的自动驾驶汽车通过设置特殊的法律规则进行调整,这是今后立法

① 例如,《北京市自动驾驶车辆道路测试管理实施细则(试行)》第 65 条第 1 项规定:“自动驾驶道路测试是指测试主体在取得北京市自动驾驶道路测试资格后,遵守本实施细则相关规定,以测试自动驾驶系统为目的进行的科学试验。”

② See Rustin Diehl & Matthew I. Thue, *Autonomous Vehicle Testing Legislation: A Review of Best Practices from States on the Cutting Edge*, Journal of Technology Law & Policy, Vol. 21 (2), 2017, p. 211.

需要加以认真考量的问题。

(二)既有车辆准入制度难以适应自动驾驶的要求

自动驾驶汽车的车辆准入主要包括市场准入和产品准入两个方面内容。

1. 市场准入

在我国,传统汽车制造商一般不需要取得生产许可,但我国对汽车产品实行强制认证管理,汽车零配件产品中也有部分是需要取得生产许可证的。根据国家质量监督检验检疫总局(现为国家市场监督管理总局)《关于公布实行生产许可证制度管理的产品目录的公告》,涉及汽车零配件的产品为蓄电池、内燃机(汽车发动机)、橡胶制品(如汽车液压制动橡胶皮碗、汽车制动气室橡胶隔膜、汽车 V 带等)、汽车制动液等少数产品。[①] 根据现行《道路交通安全法》第 10 条的要求,准予登记的机动车应当符合机动车国家安全技术标准;申请机动车登记时,应当接受对该机动车的安全技术检验。可见,汽车整车产品并没有设置前置性许可程序,而是要求事后认证和检验。

自动驾驶在硬件上当然要符合传统汽车的准入要求,但同时也存在其特殊性。作为自动驾驶汽车核心的自动驾驶系统的设计不需要类似于传统汽车制造商的专业生产设备和技术能力,其主要依靠的是自动驾驶系统软件开发能力。例如,截至 2020 年年底,北京市已向 14 家企业(包括 7 家互联网企业、6 家主机厂和 1 家地图厂商)共 87 辆智能汽车发放自动驾驶道路测试用临时号牌。[②] 可见,以互联网企业为主的非汽车相关企业已经超过了申请企业的一半。互联网企业参与设计和制造自动驾驶汽车是否需要法律准入制度的规范呢?目前开

---

① 参见《关于公布实行生产许可证制度管理的产品目录的公告》(2012 年第 181 号公告)。

② 中关村智通智能交通产业联盟、北京智能车联产业创新中心:《北京市自动驾驶车辆道路测试报告(2020 年)》,载智能车联产业创新中心官网,http://www.mzone.site/Uploads/Download/2021-02-05/601ca91a10ef4.pdf,最后访问日期:2024 年 3 月 1 日。

展自动驾驶汽车测试的国家一般都允许车企之外的科技企业参与设计和测试自动驾驶汽车。[①] 但是,传统车企和互联网企业在自动驾驶汽车市场准入方面是否一视同仁?对于互联网企业参与自动驾驶系统设计和道路测试应设置特殊的准入规则吗?这需要从立法上予以回应。

2. 产品准入

自动驾驶汽车准入相关的国家标准和行业标准缺失影响了自动驾驶市场准入制度的建构。无论是坚持传统的认证还是检验,都必须以统一规范的产品标准为依托,否则规范化的市场准入机制将难以发挥引导企业研发、促进技术进步和确保车辆安全的积极作用。目前,我国从国家层面正在构建自动驾驶标准体系,行业和企业也正在开展以自动驾驶功能检验、道路测试、硬件技术标准等为主要内容的企业标准和团体标准体系建设,这为我国自动驾驶标准体系的最终建立提供了坚实的基础。但是作为自动驾驶市场准入的相关基础性标准,法律应确立其法律地位,从而成为自动驾驶汽车准入的重要组成部分。

除按照针对现行传统汽车的做法,对自动驾驶汽车进行相关认证和检验之外,自动驾驶系统是否需要符合专门的产品/服务准入规则?传统汽车由于存在人工驾驶,一旦被投入使用就由驾驶员承担了掌控和驾驶车辆的主要责任。自动驾驶汽车的驾驶行为很大程度上取决于车载驾驶系统事先的程序设计(核心是程序算法),正是基于自动驾驶系统与传统汽车的这一区别,自动驾驶汽车投入使用前是否需要经过额外的产品许可程序就值得立法者认真考虑了。针对自动驾驶汽车是否需要新的批准机制,美国交通运输部提出了两种新的方案:一是批准机制,即对于高度自动化汽车,可以用批准机制完全取代自我认证程序;二是自

---

① 例如,包括谷歌、苹果在内的多家科技公司都已在美国加利福尼亚州申请并开展了自动驾驶汽车测试。

我认证和批准程序的混合机制，对于既有的联邦机动车安全标准，由无人驾驶汽车制造商进行自我认证，对于未被联邦机动安全标准涵盖的无人驾驶汽车功能（比如安全攸关的系统功能），则由国家公路交通安全管理局或者经授权的第三方进行批准。[①] 因此，未来我国自动驾驶系统的准入制度设计到底是仅要求企业自我认证还是需要相关部门进行审批，也是需要认真研究的问题。

（三）自动驾驶突破了现行道路准入制度

关于传统汽车上路行驶，一方面，车辆需要经过相关部门登记并取得相应牌证之后方能上路行驶；另一方面，法律要求机动车配备驾驶员且对车辆驾驶员规定了严格的驾驶许可制度。[②] 从法律规范文本解读的角度看，作为我国道路交通领域的基础性立法，《道路交通安全法》不仅没有给自动驾驶道路测试预留空间，更没有给自动驾驶的应用提供法律准入条件。当前各地开展的自动驾驶道路测试已经突破了现有规定，同时未来要鼓励和支持自动驾驶汽车投入使用，还必须对现有机动车道路准入制度做出相应调整。特别是在自动驾驶汽车没有人类驾驶员或者操作员的情况下，如何为其规定合理的驾驶准入机制，显得十分必要和紧迫。

另外，从驾驶员具体准入程序的设计看，目前大多数国家都要求自动驾驶道路测试需要经过特定的审查程序，但是个别国家和地区对自动驾驶汽车上路行驶持开放态度。2015 年，英国交通部宣布，在没有任何

---

① 参见曹建峰：《自动驾驶发展呼吁创新监管手段》，载程序园，http://www.voidcn.com/article/p-hybbvcpx-bnt.html，最后访问日期：2023 年 9 月 10 日。

② 根据我国《道路交通安全法》等的规定，我国对传统机动车实行登记制度，机动车经公安机关交通管理部门登记后，取得机动车号牌、行驶证后方可上道路行驶；即使是尚未登记的机动车临时上路行驶，也需取得临时通行牌证。从驾驶员角度看，法律要求机动车需配备驾驶员，驾驶员应依法取得机动车驾驶证；申请机动车驾驶证，应符合国家规定的驾驶许可条件，并经考试合格后，由公安机关交通管理部门发给相应类别的机动车驾驶证。参见《道路交通安全法》第 8 条、第 19 条，《道路交通安全法实施条例》第 5 条、第 19 条。

附加的法规条例前提下无人驾驶车辆可以在英国进行合法测试。[①] 相较而言,我国国家层面自动驾驶道路准入相关立法仍处于空白状态。我国现行立法要求申请人参与驾校培训,经考试合格后方能取得驾驶证。这一程序的设计初衷是让机动车驾驶员熟练掌握驾驶技术,熟悉交通法规,学习道路通行条件和交通规则,对于传统机动车驾驶人显得十分必要。然而,“人机共驾阶段的自动驾驶汽车不仅要求驾驶人掌握基本的驾驶技能,还要求驾驶人熟悉自动驾驶汽车的系统操作,这无疑对驾驶人的资格提出了更高的要求”[②]。对于自动驾驶系统是否需要类似的单车“考核”,方能获得驾驶许可呢?考虑到同一个驾驶系统可以同时服务于数量众多的自动驾驶汽车,如果仿照现行针对传统机动车的做法,对每一辆自动驾驶汽车都进行自动驾驶系统的测试、考核和许可,则可能既无必要也影响了效率。但是,如果允许自动驾驶汽车制造商或者自动驾驶系统的设计运营商只对自动驾驶系统本身申请测试、考核,则可能埋下较大的安全隐患,毕竟自动驾驶汽车包括车辆硬件和驾驶系统软件两个方面,即使二者都符合安全标准且符合相关的准入条件,二者之间的协同性在不同车辆之间恐怕也难以保证万无一失。因此,法律如何在安全和效率二者之间进行取舍将直接影响自动驾驶道路许可的制度设计。在自动驾驶汽车道路测试和应用的环境下,《道路交通安全法》中关于驾驶员培训的内容不能适应自动驾驶上路行驶的发展趋势,我们应该更加专注于提高自动驾驶汽车本身的性能,而自动驾驶汽车的准入将成为重点,自动驾驶道路准入“需要从原有的驾驶员培训制度(驾驶

---

① 虽然英国政府于 2015 年 7 月发布了《自动驾驶汽车测试实践守则》,但未对自动驾驶测试施加特别的准入门槛,仅对测试活动的开展提出了要求,比如所有系统软件必须先经过广泛的模拟测试再进行封闭道路或专用场地测试,最后才能进行公共道路测试。参见腾讯研究院法律研究中心:《2018 年全球自动驾驶法律政策研究报告》,载搜狐网,https://www.sohu.com/a/253947924_372592,最后访问日期:2023 年 9 月 10 日。

② 郑琳、李明雨:《论自动驾驶汽车准入的双层法律障碍及其克服》,载《中国海洋大学学报(社会科学版)》2023 年第 4 期。

员准入制度)重点转向自动驾驶汽车准入制度”①。

二、既有规制模式滞后于自动驾驶发展实践

模式是主体行为的一般方式,道路交通法律规制模式是指在实际运用中必须结合具体情况,实现法律规定的一般性和监管实践的特殊性的衔接并根据实际情况的变化随时调整要素与结构。

(一)既有规制模式的法律特征

既有道路交通规制模式根植于现有的行政管理体制,并围绕传统人工驾驶汽车展开,具有一些基本法律特征。

其一,规制主体组织形态上实行专业化分工。我国各级人民政府之下都根据事权划分成主管不同行业、不同领域的职能部门。在道路交通管理领域,行政规制也难逃这种“条条分割”的管理体制。例如,处于规制流程前端的工信部门主要负责生产技术标准的制定并依照技术标准对企业及其汽车设计参数等进行把关,负责车辆的有关前端法律准入监管;处于后端的公安交管部门和交通运输部门则主要负责汽车使用过程的交通执法、道路交通安全监管,并通过驾驶许可等制度确保汽车使用中的安全。处于“条条分割”体制下的各道路交通监管部门在各自的职权范围内履行监管职能,如此专业化的行政部门可谓是“行政资源的集散地”“公共政策的发动引擎”,②同时有着相对专业化的行政官员、技术支撑机构、信息网络及行政管理经验。这样的规制主体组织形态在传统汽车规制中发挥着十分积极的作用。

其二,规制权力形态上主要依赖国家行政权。“权力本质上是一种强制力量,而且首先是国家的强制力量。行使这种强制力量的直接目的是迫使对方服从掌权者的意志,但其最终目的是夺取或维护掌权者的利

---

① 胡元聪、李明康:《自动驾驶汽车对〈道路交通安全法〉的挑战及应对》,载《上海交通大学学报(哲学社会科学版)》2019 年第 1 期。

② 参见宋华琳:《建构政府部门协调的行政法理》,载《中国法律评论》2015 年第 2 期。

益。”[①]作为国家权力的一种典型形式,行政权在传统汽车和道路交通规制中起着主导性作用。我国对传统汽车的规制,从生产、销售到使用的各个环节,主要是依靠国家行政机关运用国家行政权对相关企业和个人进行的强力监管和执法。这种监管和执法被打上了国家公权力的深深烙印,有利于提升管理的效率,促进和保障道路交通安全秩序。同时,高权行政下的道路交通法律规制对于行政相对人(包括车企和驾驶员等)主要是一种“命令—控制”型的规制。由于传统汽车社会中,汽车行驶的道路安全风险基本处于人类的控制范围内,即使偶然发生交通违法事件甚至交通事故,亦可归责于驾驶员,其风险和责任方便识别并很难被转移,因而这种基于行政权的规制模式基本适用于当下的道路交通监管实践。

其三,针对传统汽车和道路交通的法律规制手段相对简单。现行法律对传统汽车的生产、销售和上路行驶都有着相对健全和成熟的规范,其主要规制手段包括技术标准、法律准入以及后续的交通执法(如针对交通违法行为的行政处罚、行政强制)等。由于汽车技术和产业发展到今天已经相当成熟,与之相适应的管理制度也相对完善。例如,汽车认证和检验制度保证了汽车上路前的安全性能,驾驶许可为传统汽车的驾驶提供了较高的法律门槛,而道路交通执法则能够确保上路行驶的传统汽车符合法律规范的要求,从而有力保障了道路交通安全。这些规制手段以规制人类驾驶为核心,共同构成了传统汽车社会法律规制的基本骨架,经过长期的迭代进化,已经基本适应传统汽车社会的规制需求。

其四,规制路径选择上主要遵循规则之治。这意味着传统规制模式下,有关部门对传统汽车和道路交通行为实施规制主要依赖于法律规定,遵守严格的形式法治主义。有关规制主体的职责主要是实施相关行政许可,预防、制止和惩处交通违法行为,行政机关的作用范围主要停留在涉及公共利益的消极秩序维护和安全保障职能。在形式法治传统之

---

① 俞可平:《权力与权威:新的解释》,载《中国人民大学学报》2016年第3期。

下，行政合法性的最高理想是行政职能根本不存在，"即使不得不存在，也必须有议会法律的严格授权，并由法院确保这一授权不被超越"[①]。因此，在既有规制模式下，道路交通管理部门等行政机关扮演的更像是一种秩序维护者的角色。而对于新技术下行政机关的积极行动则缺乏足够动力和法律保障。传统规制模式对于规制对象往往采取较为严格的法律方式进行，法律之外的其他规制方式（如技术性规制）很难获得法律和规制实践的认可。

（二）自动驾驶对既有规制模式的冲击

自动驾驶法律规制区别于既有规制模式。这是因为与传统汽车相比，自动驾驶汽车具有以下显著特征：首先，自动驾驶汽车在技术上具有不成熟性。现阶段，各国对于自动驾驶技术在发展路线、应用场景等方面都在进行积极的探索，自动驾驶汽车计算平台的判断和认知能力需要在测试中通过不断的自主学习来提高，从而最大限度地自主应对复杂多变的现实交通路况，并最终实现同人类驾驶者那样对车辆的自主操控。[②] 其次，自动驾驶技术具有复合性、专业性特征。自动驾驶汽车主要由自动驾驶汽车硬件和自动驾驶系统两部分构成，在传统汽车工业的基础上融合了先进的人工智能、无线通信等新兴技术，在技术形态上是软件与硬件的融合，技术集成度较高，专业化水平也远超传统汽车，因而对法律规制提出了更高的要求。再次，自动驾驶汽车风险具有不可预测性。传统汽车由人类驾驶员进行操作，由于驾驶员对路况和车况有着较为直观和及时的现场把握，传统汽车的道路交通安全风险基本上仍然在一个可控的范围之内，这种风险出现的原因往往是人类驾驶员出现失误或者故意行为。但是自动驾驶系统基于事先写就的算法程序进行自主驾驶，"并且人工智能算法的学习模式决定了其本身具有自我建构的能

① 毛玮：《行政法红灯和绿灯模式之比较》，载《法治论丛（上海政法学院学报）》2009 年第 4 期。

② 参见侯郭垒：《自动驾驶汽车风险的立法规制研究》，载《法学论坛》2018 年第 5 期。

力，这意味着算法随着数据集和学习状态的变化而不断更新，外界难以对其运行过程与结果进行准确预测”①。最后，自动驾驶汽车技术更新迭代速度较快。这意味着自动驾驶汽车技术更新所带来的相关技术标准、技术规范也需要以较快的速度跟进，以适应自动驾驶技术的发展步伐。

正是因为自动驾驶技术具有上述特征，自动驾驶技术给既有规制模式带来了较大的冲击，主要表现在以下几个方面。

第一，传统规制模式中规制主体的协同性严重不足。这种协同性上的不足源自传统规制主体组织架构碎片化和分散化的布局。在静态结构上，单一、分散的监管模式难以为继。由于自动驾驶汽车软硬件系统的高度复杂性和专业性，其在实际运行中还面临与交通参与主体以及周围道路环境、云端平台等自动驾驶基础设施之间的互联互通。自动驾驶汽车的法律规制区别于传统汽车的地方就在于，自动驾驶汽车对汽车之外的环境和条件要求同样很高，其要求政府构建与之相匹配的智能交通系统，这对于政府部门日常的监管活动是一个极大的挑战。况且，自动驾驶复杂的软硬件系统也伴随更为系统和复合的风险，“这使得防范风险的任务可能超出单一部门的职责和能力范围，导致以部门为中心的分隔式组织体系难以为继”②。在动态运行上，规制主体缺乏协调性。传统道路交通规制模式侧重于专业分工、各负其责的制度设计，汽车从生产、销售再到上路行驶各个环节都有专门的部门负责监管，传统汽车和道路交通规制在事先、事中和事后三个阶段的监管职能都被法律具体分配给相应的主管部门。但是，由于自动驾驶技术风险的不可预测性和自动驾驶系统高度复杂性等特点，自动驾驶汽车在某一个环节出现的问题可能是基于上一阶段的问题，如使用过程中出现的违法行为完全有可能

① 孔祥稳：《面向人工智能风险的行政规制革新——以自动驾驶汽车的行政规制为中心而展开》，载《行政法学研究》2020 年第 4 期。

② 孔祥稳：《面向人工智能风险的行政规制革新——以自动驾驶汽车的行政规制为中心而展开》，载《行政法学研究》2020 年第 4 期。

是由于自动驾驶系统设计存在固有缺陷,如果依然按照传统思维进行监管,则可能无法判明事实的真相,进而规制主体也无法得出公允的法律结论,这与自动驾驶法律规制的目标大相径庭。总之,传统规制主体缺乏协同性。当前,各地开展的自动驾驶道路测试监管实践也表明,自动驾驶条件下法律规制主体需要更多的协同性和整体性。①

第二,传统规制模式过分依赖于政府规制。现阶段,法律只赋予享有国家行政权的特定行政机关对传统汽车和道路交通进行规制,这种规制模式严重依托于国家行政权的正常有序运作,虽然能确保足够的行政合法性,但是在面对新技术快速发展的局面时,无法对一些新问题及时作出反应。自动驾驶汽车是一种综合了多个技术门类的综合体,其技术集成度远超过了传统汽车。这意味着完全依靠政府无法完成规制任务,需要"强调政府和非政府机构之间管治权的合理分配,并且政府和非政府部门之间的互动也应当被纳入政府制定监管政策时的考察"②。因而,对自动驾驶技术本身的法律规制,不仅需要国家公权力及时果断介入规制对象的生产、销售和使用过程,更需要来自规制对象对于规制活动的配合与支持,"就政府规制而言,其时常有赖于企业的守法义务与自我规制,行业协会的自律性规制,以及公众对行政规制的参与"③。

第三,传统规制模式缺乏制度弹性。传统规制模式主要基于道路交通法律规范体系,依托于国家行政权的强力干预。这种基于公权力的规制取向在任何时候都必不可少,即便是在自动驾驶条件下也莫不如此。

---

① 这一点在目前各地自动驾驶汽车道路测试实践中有充分的体现。以长沙市为例,自动驾驶道路测试实施细则的出台和道路测试监管都体现了多部门协同的基本立场。《长沙市智能网联汽车道路测试管理实施细则(试行)V3.0》由长沙市工业和信息化局、公安局、交通运输局、城市管理和综合执法局和湖南湘江新区管理委员会产业促进局等部门联合出台。而在监管体制上,则由长沙市工业和信息化局、公安局、交通运输局、城市管理和综合执法局、湖南湘江新区管理委员会产业促进局共同成立长沙市智能网联汽车道路测试联席工作小组,负责推进实施自动驾驶道路测试实施细则。参见长沙市工业和信息化局等《关于印发〈长沙市智能网联汽车道路测试管理实施细则(试行)V3.0〉的通知》(长工信数字发〔2020〕77号)。

② 刘鹏、王力:《回应性监管理论及其本土适用性分析》,载《中国人民大学学报》2016年第1期。

③ 宋华琳:《论政府规制中的合作治理》,载《政治与法律》2016年第8期。

不过,值得注意的是,传统规制注重法律的刚性约束,往往缺乏足够的制度弹性。自动驾驶作为一种新兴的技术形态,其有一个不断发展、成熟的过程,可以预见的是,自动驾驶汽车从道路测试到大规模部署尚需一段时间。而道路测试本身就属于科学试验的性质。因此,规制理论和实践无法回避这样一个现实情况,那就是自动驾驶技术在道路测试过程中需要法律加以认可和规范,同时也需要给予其充分的制度空间,为其进行充分的“试错”创造必要的制度条件。例如,新加坡推行的“监管沙盒”正是出于对自动驾驶技术及其监管规则尚处于探索阶段的考虑,而给予了企业充分的制度空间。在传统规制模式下,类似于“监管沙盒”这样的制度创新往往因为缺乏足够的法律依据而被主管部门予以排除。这恰恰从侧面证实了其制度弹性的缺失。

第四,在自动驾驶条件下,传统规制手段的有效性大打折扣。由于驾驶形态上的差异,自动驾驶汽车与传统汽车在面对相同的行驶规则时不会产生相同的“驾驶思维”,反而还会出现所谓“驾驶方式的外在冲突”。[①] 面对交通违法与事故,法律对传统汽车和道路交通的规制主要是通过赋予相关行政主体相应的管理和执法职权,运用行政手段和法律手段展开。一般而言,公安、交通等执法部门在应对道路交通违法行为时,也往往遵循较为严格的行政程序规则,并最终作出对于道路交通行政相对人具有法律意义的行政行为或者实施相关行政管理措施(如交通管制、车辆限行等)。但是在自动驾驶环境下,原先执法部门对机动车驾驶员的监督管理变成了与自动驾驶汽车本身的互动,执法对象从人类向机器的转变也伴随监管手段的变化。自动驾驶汽车与外界发生联系的方式一般是通过车联网或者车载传感器等硬件设备以及作为自动驾驶汽车核心的自动驾驶系统,具有信息交互高度自动化、无人化、瞬时性等显著特征。如果依照传统方式对自动驾驶汽车的违法行为进行监管,则可能无法发挥作用。例如,很难想象通过传统的行政行为和行政

---

① 参见张玉洁:《论无人驾驶汽车的行政法规制》,载《行政法学研究》2018 年第 1 期。

程序对一辆在公共道路上违法行驶的自动驾驶汽车进行处理,这种情况下更有效的方法可能是来自技术方面的,即以技术手段规制技术。这是传统规制模式所无法应对的。

三、自动驾驶安全监管面临巨大挑战

安全是自动驾驶法律规制的核心关切。在美国,交通事故每年导致约 4 万人死亡,244 万人受到人身伤害。[①] 世界卫生组织数据显示,全球每年大约有 130 万人在汽车碰撞事故中丧生,而这些伤亡中的绝大多数都与驾驶员的错误有关。自动驾驶的发展在未来将会减少交通事故以及与交通事故有关的伤亡数量。实际上,随着自动驾驶汽车在日常交通运输中越来越流行,事故率会减少至少 90%。[②] 尽管自动驾驶汽车被认为远比人工驾驶汽车更为安全,但是没有计算机、传感器、道路或者算法是完美无缺的,事故因而也就不可避免。事实上,大量传感器、高精度地图以及经过训练的数据等的广泛使用会带来自动驾驶汽车上更多设备和信息的引入,从而可能加剧数据的混乱性和系统的复杂性。[③] 虽然自动驾驶汽车的推广应用可以显著减少汽车逃逸、飞车追逐和盗车劫车等涉车犯罪,但自动驾驶汽车本身也可能成为威胁公共安全的"炸弹",引致新的公共安全风险。[④] 与传统汽车相比,自动驾驶汽车仍存在两大安全威胁,即"技术失败"(technology failure)和"人类错误"(human error)。[⑤] 可见,安全仍是自动驾驶法律规制的首要目标,有关自动驾驶

① See Kenneth S. Abraham & Robert L. Rabin, *Automated Vehicles and Manufacturer Responsibility for Accidents: A New Legal Regime for a New Era*, Virginia Law Review, Vol. 105 (1), 2019, p. 129.

② See Brian S. Haney, *The Optimal Agent: The Future of Autonomous Vehicles & Liability Theory*, Albany Law Journal of Science & Technology, Vol. 30(1), 2020, p. 1 - 2.

③ See Daniel Seng, *Autonomous Vehicles and the Law: Technology, Algorithms and Ethics*, Singapore Journal of Legal Studies, 2019(1), p. 287.

④ 参见谭九生、胡健雄:《自动驾驶的安全风险及其治理》,载《学术交流》2023 年第 8 期。

⑤ See Daniel Spencer, *The Road to the Future: A Regulatory Regime for the Rise of the Robot Cars*, in William & Mary, Environmental Law and Policy Review, Vol. 42(2), 2018, p. 654.

法律规制的制度设计都必须围绕着保障基本安全这个核心展开。

(一)自动驾驶安全监管挑战的具体形态

与传统汽车安全风险不同,自动驾驶汽车的安全风险具有系统性、复杂性,对安全监管的挑战主要包括道路交通安全、网络安全和信息安全三个方面。

1. 对道路交通安全监管的挑战

自动驾驶汽车对实体道路交通安全监管的挑战是在物理意义上进行探讨的,即自动驾驶技术应用后给道路交通安全带来的物理性风险。从这个意义上讲,自动驾驶汽车与传统汽车同样面临道路交通安全监管问题,只不过在自动驾驶条件下,道路交通安全形势具有某些新的特点,而这可能是传统安全监管体系所无法涵盖的。

在世界范围内,各国均从传统汽车法律准入、技术标准、执法与责任机制等多个角度对现有道路交通安全监管构建了较为完善的法律体系。目前,我国已建立起了以《道路交通安全法》为核心的道路交通安全监管法律体系。《道路交通安全法》第1条规定的立法目的中除“维护秩序”“提高效率”之外,主要的关切仍是安全议题。不过,现有的道路通行条件、通行规定、责任和保险等安全监管规则主要是围绕着有人驾驶情形而设计的。例如,对于道路通行条件的规定,目前的交通标识、信号等规定无法完全适应自动驾驶技术的要求,从而构成了一定的安全隐患。又如,《道路交通安全法》对于车辆靠右行驶,不再需要司机遵守,而由人工智能系统对车辆进行操控,似乎就成了技术问题而不是法律问题。① 关于车道的规定,自动驾驶汽车是否需要设置专用车道或者其他车道标识,直接影响着自动驾驶汽车与传统汽车的驾驶安全以及其他交通参与主体的人身财产安全。

实体道路交通安全风险的主要表现是自动驾驶汽车发生碰撞等交

---

① 参见胡元聪、李明康:《自动驾驶汽车对〈道路交通安全法〉的挑战及应对》,载《上海交通大学学报(哲学社会科学版)》2019年第1期。

通事故。传统汽车的行驶由于存在驾驶员的实时动态掌控,其安全风险和安全监管风险完全可以基于对人类驾驶员的规制而得以预防和化解。但是 L4、L5 级别的自动驾驶汽车将完全依赖于自动驾驶系统的驾驶行为,于是安全风险由人类转移到了机器上,从而现有安全监管规则难以适用,且监管难度激增。例如,对于正在发生的传统违规驾驶行为,交通执法人员可通过现场警示和指挥等方法进行制止和处置,但是自动驾驶条件下,这种措施将难以收获预防安全事故的效果。另外,现有法律规定对于交通事故的调查和处置可通过调查驾驶员、乘客、行人等方式获取直接的证据资料。但是自动驾驶条件下,一切安全相关的调查和处置程序将主要针对自动驾驶汽车和自动驾驶系统本身进行,这都使现行针对传统汽车安全监管的规则难以适用。

2. 对网络安全监管的挑战

自动驾驶汽车结合了人工智能技术和互联网技术,其高度智能化和网联化的特点意味着自动驾驶汽车更加依赖于自动驾驶系统,从而也更容易受到来自互联网的攻击、控制等。网络安全将是传统安全监管体系难以覆盖的领域。2015 年,曾就职于美国国家安全局的查理·米勒(Charlie Miller)和 IOActive 车辆安全研究主管克里斯·瓦拉塞克(Chris Valasek)做了一次黑客控制汽车的演示:"黑客"仅借助普通笔记本电脑以及自己编写的软件,就可以通过互联网轻易侵入一台以 70 英里/小时的速度行驶在洲际公路上的吉普切诺基越野车,掌握其车载系统 Uconnect 的最高权限,最终迫使该车停止行驶。[①] 虽然这次演示的只是一部非自动驾驶汽车,但是可想而知,在自动驾驶条件下,由于汽车网联化程度更高,自动驾驶汽车受到网络攻击和控制的风险只会更大。由此,自动驾驶汽车网络安全也引起了各国的高度关注。

---

① See Caleb Kennedy, *New Threats to Vehicle Safety: How Cyber-Security Policy Will Shape the Future of Autonomous Vehicles*, Michigan Telecommunications and Technology Law Review, Vol. 23(2), 2017, p. 344.

目前,我国规范网络安全问题的专门性国家立法是2016年通过的《网络安全法》。该法的首要立法目的就是“保障网络安全”。《网络安全法》确立了网络运行安全的相关规则,明确了公共通信和信息服务、能源、交通、水利、金融、公共服务、电子政务等重要行业和领域的关键信息基础设施的安全保障制度,确立了国家、运营者等主体的职责或义务。① 同时,该法还建立了网络信息安全法律制度。自动驾驶需要依托于网联技术,因而其基于网络的运行活动也应遵循该法的规定。但是,自动驾驶汽车充分融合了包括互联网技术、人工智能技术、高精度定位导航技术在内的多项先进技术,其与传统的以计算机为基础的互联网活动相比,仍然具有较大差别,我国目前的道路交通安全监管体系对于车辆网络安全问题的确存在立法空白和很大的监管漏洞。再加上《网络安全法》并非专门针对自动驾驶汽车的立法,因此可能无法有效应对自动驾驶汽车的网络安全问题。② 值得注意的是,《国家车联网产业标准体系建设指南》十分重视网络安全,并明确定义了自动驾驶网络安全的范围和基本要求。③

3. 对信息安全监管的挑战

信息化时代背景下,人类在网络实现了与肉体分离的“数字化生存”,拥有了“数字化人格”。④ 与现实世界不同,在网络空间,第三人对个人信息的监视和追踪是不可见的,数据往往在个人没有意识到的情况

---

① 我国《网络安全法》第31~32条、第34条分别明确了关键信息基础设施的安全保障制度以及主管部门的监管职责和运营者的安全保护义务。

② 参见江溯:《自动驾驶汽车对法律的挑战》,载《中国法律评论》2018年第2期。

③ 根据《国家车联网产业标准体系建设指南(信息通信)》,车联网产业网络与数据安全包括通信网络安全体系架构、通信安全、数据安全、网络安全防护、安全监测、应急管理、重要通信、网络信息安全等。同时,根据《国家车联网产业标准体系建设指南(智能网联汽车)》,信息安全标准在遵从信息安全通用要求的基础上,以保障车辆安全、稳定、可靠运行为核心,主要针对车辆及车载系统通信、数据、软硬件安全,从整车、系统、关键节点以及车辆与外界接口等方面提出风险评估、安全防护与测试评价要求,防范对车辆的攻击、侵入、干扰、破坏和非法使用以及意外事故。

④ 参见吴汉东:《人工智能时代的制度安排与法律规制》,载《法律科学(西北政法大学学报)》2017年第5期。

下被记录和收集。[①] 与传统汽车相比，自动驾驶汽车对于系统软件和车联网的依赖性使自动驾驶在运行中会产生大量数据信息，这些数据既包括与安全相关的自动驾驶汽车及环境数据、功能状态数据、技术数据等，也包括车内人员的个人数据信息，如娱乐信息、位置信息等，甚至包括其他无关的行人的数据。[②] 这些数据如果被其他个人和组织非法获取或者不当使用，可能会危及自动驾驶系统安全，如果是涉及个人隐私的敏感数据，则还会侵犯自然人的个人隐私。以自动驾驶为代表的人工智能的核心技术是数据与算法，“这意味着人工智能越智能，就越需要海量的个人信息作为支撑，同时也意味着处理个人信息的能力也就越强，由此引发严重的隐私危机”[③]。

自动驾驶技术所面临的信息安全问题实际上在智能手机、定位导航设备和互联网普及的今天早就客观存在，其中个人数据以及隐私保护更是社会关注的焦点。对数据安全和隐私保护的担心包括政府和私主体（主要是商业用途）接触或者使用个人数据。[④] 可见，政府在自动驾驶安全监管过程中一方面负有防范和弥补自动驾驶信息安全漏洞、制止和惩治危害数据安全和个人隐私的违法行为的法律职责；另一方面应尊重和保护所获取、接触、掌握和使用的个人数据和隐私。自动驾驶应用背景下的信息安全监管在面临传统信息安全问题的基础上，也具有其特殊性：一方面，自动驾驶涉及的数据信息很大一部分直接在自动驾驶过程中产生并服务于自动驾驶本身，与自动驾驶安全有着密切联系；另一方

---

① See Lawrence Lessig, *The Law of the Horse: What Cyber Law Might Teach*, Harvard Law Review, Vol. 113(2), 1999, p. 505.

② 参见江溯：《自动驾驶汽车对法律的挑战》，载《中国法律评论》2018 年第 2 期。

③ 有学者认为，在人工智能时代，“隐私危机”具体表现在以下七个方面：(1)人工智能增强了对隐私的直接监控；(2)人工智能带来了更多的隐私获取性；(3)人工智能具有超强的“画像识别”能力；(4)人工智能本身将成为隐私信息的载体；(5)人工智能的算法并不完美；(6)人工智能侵害隐私的行为具有迷惑性；(7)人工智能侵害隐私的后果非常严重。参见郑志峰：《人工智能时代的隐私保护》，载《法律科学(西北政法大学学报)》2019 年第 2 期。

④ See William J. Kohler & Alex Colbert-Taylor, *Current Law and Potential Legal Issues Pertaining to Automated, Autonomous and Connected Vehicles*, Santa Clara High Technology Law Journal, Vol. 31(1), 2014, p. 121.

面,自动驾驶汽车本身是一个集成了多种软硬件设备(如手机、电脑等)和信息化的消费场景(如驾驶、购物、娱乐、学习等),自动驾驶相关的数据信息具有高度隐私性和数据覆盖面广的特点,与传统数据安全风险相比,一旦被泄露或者非法利用,其对个人的生活影响大得多。

目前,我国在通用信息安全方面的立法主要包括《民法典》《网络安全法》《电子商务法》等。其中,《民法典》第111条规定:"自然人的个人信息受法律保护。任何组织或者个人需要获取他人个人信息的,应当依法取得并确保信息安全,不得非法收集、使用、加工、传输他人个人信息,不得非法买卖、提供或者公开他人个人信息。"《民法典》作为我国民事领域的基础性立法,确立了自然人个人信息受法律保护的基本规则,为民事主体防范和制止个人信息侵权行为、维护个人信息安全提供了基本法律依据。但是,根据民法的调整范围,该规定仅局限于规范平等民事主体间信息安全维护问题,对于政府的信息安全监管则无法触及。此外,我国《网络安全法》第四章"网络信息安全"中首次确立了信息安全保护法律制度,该法具体明确了个人和组织、网络运营者以及监管部门在维护信息安全方面的法定义务或职责,特别是规定了用户信息保护制度,对网络运营者收集和使用个人信息的基本要求做出了原则性规定。[①] 这些规定仍然适用于在自动驾驶条件下的信息安全监管,但是鉴于自动驾驶过程中的数据信息与驾驶安全密切相关且对个人生活波及面较广,现行《网络安全法》对以自动驾驶为代表的人工智能信息安全监管仍缺乏针对性,特别是对于自动驾驶系统设计者、运营者以及自动驾驶汽车制造商等主体相关信息安全保障义务,目前仍存法律空白。最后,我国2019年开始实施的《电子商务法》首次从算法的角度具体规范了电子商务中网络交易平台在数据信息分析、加工和使用上的基本要求,明确了网络交易平台设计、部署和应用的算法责任,包括网络平台的搜索算法明示义

---

① 参见《网络安全法》第40~41条。

务、搜索算法自然结果的提供义务及推荐和定价算法的消费者保护义务。[①]《电子商务法》虽然只是电子商务领域的基本立法，但其对用户信息（特别是个人购物偏好等消费信息）的大数据分析、加工和利用从算法过程的角度进行规制，在促进电子交易的公平化的同时，也"部署了算法的事前监管，实现了事前监管和结果监管并重"，从而强化了电子商务中个人信息的保护力度。[②] 自动驾驶过程中的电子商务活动当然也适用上述规定，如自动驾驶系统平台在出售自动驾驶相关内容软件时就应当符合《电子商务法》的有关规定。但是，毕竟该法的主要调整对象是电子商务活动，其并非专门针对自动驾驶信息安全监管活动，特别是对于自动驾驶直接相关的数据信息安全，该法和其他现行立法并不能为自动驾驶使用者、运营平台、监管者等主体提供法律依据。但是，该法引入的对算法的规制路径仍不失为今后自动驾驶信息安全监管与立法的重要借鉴。

（二）自动驾驶安全监管挑战的成因分析

自动驾驶给既有的安全监管带来了较大挑战，特别是其所特有的网络安全与信息安全问题是传统交通安全监管所没有的。然而，要实现对自动驾驶充分有效的安全监管，首先需要分析和发现自动驾驶产生安全监管问题的成因。笔者认为，与传统汽车相比，自动驾驶时代特有的以下四个因素共同造成了其对现有安全监管体系的冲击和挑战。

一是算法偏差。自动驾驶汽车的核心是作为车辆控制中枢的自动驾驶系统，自动驾驶系统发生作用的基础是程序算法。然而，算法本身具有不透明性，在人工智能系统输入的数据和其输出的结果之间，存在人们无法洞悉的所谓"算法黑箱"。[③] 自动驾驶系统算法的运行具有高度专业性和客观程序性，"面对高效运转架构复杂的算法决策，长久以

---

① 参见《电子商务法》第18条、第40条。

② 参见张凌寒：《〈电子商务法〉中的算法责任及其完善》，载《北京航空航天大学学报（社会科学版）》2018年第6期。

③ 参见徐凤：《人工智能算法黑箱的法律规制——以智能投顾为例展开》，载《东方法学》2019年第6期。

来为确保人类决策的理性，避免人类决策的武断、恣意和不当，以正当程序为内核而设置的制衡机制频繁失效”，从而出现所谓的“算法暴政”。因此，作为人类的智力成果，智能算法本身也很容易出现偏差和疏漏。算法偏差的直接结果是导致自动驾驶汽车出现安全隐患。2020 年 9 月 5 日，一辆特斯拉 Model 3 在四川西南部的南充市撞死了两名行人，同时造成六人受伤，多辆汽车受损。目前，因为自动驾驶系统算法偏差而引发的自动驾驶汽车失控酿成交通事故的不在少数。[①]

二是网络入侵。在汽车电动化、智能化、网联化和共享化这一行业公认的大趋势下，汽车的发展已经先后经历了“机械定义汽车”“电器定义汽车”“电子定义汽车”，直到现在的“软件定义汽车”（software defined vehicles，SDV）。[②] 毫无疑问，与传统汽车相比，自动驾驶汽车的运行更加依赖软件系统和互联网，这一方面提升了自动驾驶汽车的智能化、网联化水平，另一方面也为违法犯罪分子通过网络入侵和控制自动驾驶汽车，甚至劫持自动驾驶汽车，将其作为实施恐怖活动等危害公共安全的犯罪工具提供了方便之门。对自动驾驶汽车的远程劫持是自动驾驶汽车世界的一个严重风险，如一辆汽车突然的、毫无预警的行驶路线的改变将可能引发严重的损害和交通中断，而许多自动驾驶汽车若在

---

① 根据有关报道，2020 年 6 月至 9 月，中国发生了四起涉及“失控”特斯拉汽车的事故，每起事故都是汽车的“意外加速”引起的。2020 年早些时候，美国国家公路交通安全管理局（NHTSA）也曾表示，正在调查特斯拉车辆是否存在导致“突然意外加速”的缺陷，并称已经收到了 127 起涉及 Model 3、S 和 X 的索赔事件投诉，大部分是在 2013—2019 年生产的车辆，共计 110 起特斯拉汽车事故，已经造成 52 人受伤。很显然，自动驾驶模式下的汽车突然失控跟软件算法的关系很大。参见半岛都市报：《特斯拉在华发生多起事故遭遇失控危机 官方反驳称车主误踩油门》，载半岛都市报官方百家号，https://baijiahao.baidu.com/s?id=1677537350374985138&wfr=spider&for=pc，最后访问日期：2020 年 9 月 11 日。

② “软件定义汽车”的概念已经在业界达成基本共识，即软件定义汽车描述了一种特征和功能主要通过软件来实现的车辆。软件带动着汽车技术的革新，引领汽车产品差异化发展潮流，正逐渐成为汽车信息化、智能化发展的基础和核心。根据美国电气和电子工程师协会与 IHS 咨询公司报告，20 世纪 80 年代初，一辆轿车的电子系统只有 5 万行代码，而现在高端豪华汽车的电子系统就有6500 万行程序代码，提升了近 1300 倍。参见北京智能车联产业创新中心政策研究与产业推进部：《智能网联产业研究分析月度报告》，载智联会，http://www.mzone.site/Uploads/Editor/2020-09-11/5f5b4b4ec3f4f.pdf，最后访问日期：2023 年 9 月 11 日。

城市中心区域被劫持将会引发类似“9·11”恐怖袭击规模的恐怖事件。[①] 网络入侵虽然不是自动驾驶汽车本身软硬件系统的偏差或者故障，但在万物互联的时代，其波及面更广。

三是信息不对称。信息不对称是指“在市场交易中，因双方或多方对交易具体信息掌握情况多寡，而事实上形成在其做出最终决策前的主被动状态，即有些人比其他人拥有更多的相关信息”[②]。在自动驾驶汽车发展的早期阶段，车内人机混合驾驶、车外自动驾驶和人工驾驶汽车共存的局面将长期存在。人类驾驶员和自动驾驶系统在获取车况和路况信息方面存在明显的差别。相比较而言，自动驾驶系统在获取外界信息上更加全面、准确和及时，反应也更迅速；人类驾驶员在适应道路环境、在复杂路况中做出符合人类社会价值取向的选择等方面存在先天优势。二者的这种差异直接影响了自动驾驶汽车上路行驶中的车内协同和车外协同。“因人类操控的汽车在短期内仍会统治道路，安全监管者将需要考虑当自动驾驶汽车与半自动汽车、传统汽车、骑行者和行人共享道路时所存在的危险。”[③]另外，在人机切换的过程中也很容易产生安全问题。

四是人为失误。一般认为，人为失误是传统汽车交通事故的主因，自动驾驶将有利于彻底弥补人类驾驶过程中的操作失误。但是，这并不是说在自动驾驶技术条件下交通事故不会因人类操作失误而产生。现阶段自动驾驶技术尚不成熟，完全无人驾驶尚未真正应用，因而短期内辅助驾驶和半自动驾驶将是自动驾驶汽车的主流形态，这都离不开人类驾驶员或者操作员对自动驾驶汽车的驾驶和监控；即使是在完全自动驾

---

① William J. Kohler & Alex Colbert-Taylor, *Current Law and Potential Legal Issues Pertaining to Automated, Autonomous and Connected Vehicles*, Santa Clara High Technology Law Journal, Vol. 31(1), 2014, p. 133.

② 高鸿业主编：《西方经济学》（第6版），中国人民大学出版社2014年版，第349～350页。

③ Brian A. Browne, *Self-Driving Cars: On the Road to a New Regulatory Era*, Case Western Reserve Journal of Law, Technology and the Internet, Vol. 8, 2017, p. 6.

驶环境下，也并不意味着自动驾驶汽车就可以完全脱离人类的掌控，因为自动驾驶汽车毕竟是人类的出行工具，必要时人类在最低限度上可以设定驾驶线路、目的地，调整速度和方向等。总之，人的因素不会在自动驾驶时代彻底消灭，而是会长期与机器共存，人类参与的环节虽然安全风险较小，但因人为失误所形成的安全隐患毕竟客观存在。

四、自动驾驶冲击道路交通法律责任体系

面对传统汽车的违法行为甚至交通事故责任，法律已经准备了一套相对成熟的责任划分、认定和承担的基本框架。然而，自动驾驶技术充分应用了人工智能的最新成果，颠覆了传统汽车技术。随着自动驾驶系统自动化水平的不断提高，自动驾驶系统的自主性越来越强，对人类驾驶员或者安全员的依赖程度也逐步降低。可以预见，在未来的某个时候，人类驾驶员或者安全员在自动驾驶汽车中将会消失。自动驾驶技术的诞生和不断更新迭代由此给既有道路交通法律责任体系带来了前所未有的冲击和挑战。这主要表现在以下三个方面。

第一，自动驾驶技术使既有道路交通法律责任的配置体系难以为继。随着人工智能技术的快速更新迭代，以自动驾驶为代表的人工智能技术给公民权利和自由带来的侵益性也日益凸显。然而现实情况是，“封闭的传统法律规范显然难以跟上或适应千变万化的技术违规与犯罪，容易给侵害行为留下漏洞”①。现阶段，包括我国在内的各国道路交通法律体系中，都将车辆驾驶员作为交通违法和事故的第一责任人。这样做的法理依据在于，法律已经为驾驶员设定了严格的准入条件，且驾驶员是车辆的绝对控制者，因而驾驶员对其违法犯罪行为和交通事故承担责任存在必要性和可行性。在自动驾驶环境下，驾驶的控制权实际上是由自动驾驶系统掌控，半自动驾驶或者自动驾驶道路测试中的人类驾驶员或者安全员只是起着照看和应急处理的辅助作用。一旦发生交通

① 李晓明：《论人工智能刑法规制中的技术规范》，载《东方法学》2021 年第 2 期。

违法行为甚至交通事故，由人类驾驶员和安全员承担责任显然有失公正，遑论完全自动驾驶条件下无人干预自动驾驶汽车的运行了。而自动驾驶汽车紧急情况下交由人类接管过程中的责任划分问题则显得更加棘手。人类接管一般都是因为人工智能判定情况紧急，所以请求操作员的干预。但是，“无论是自动切换成人工干预，抑或提示人工干预，留给乘客的反应时间可能都很短”。这个时候，人类往往无法及时做出有效反应，且操作员在接管前并没有专注于监控车辆和道路。① 因此，此时完全由人类驾驶员或者操作员承担责任无论是从法律上还是现实中看，都不尽合理。然而，如果将责任的配置和划分扩展到自动驾驶汽车的设计者、生产者、所有者、使用者等主体，则一方面可能出现法律责任被泛化甚至被滥用以至于侵害自然人基本权利和自由的风险，另一方面也可能不当阻碍技术的发展和创新。总之，自动驾驶使法律责任的配置与划分的既有法律框架难以为继，需要做出适当调整。

第二，现有道路交通法律责任的认定规则难以满足自动驾驶技术的发展。在现行法律框架下，道路交通事故中侵权法律责任的归责难以满足自动驾驶规则需求。从我国现行法的角度来看，在自动驾驶汽车造成人身伤亡或者财产损失的情况下，有两种可能的民事归责路径：一是以未尽到合理注意义务为由追究使用者的侵权责任；二是以产品具有缺陷为由追究生产者的产品缺陷责任。② 我国《道路交通安全法》第 76 条规定，机动车之间的侵权责任归责的依据是驾驶人的过错，而机动车致非机动车或者行人损害的则坚持无过错责任原则。在自动驾驶条件下，特别是 L4、L5 等级的自动驾驶汽车，自动驾驶汽车不需要驾驶员，车内只有乘客，在汽车驾驶的过程中，乘客无须注意车况和路况，当然无须像传统驾驶员一样掌控整个车辆。在这种情况下，车内乘客只要不干扰汽车的自动驾驶系统，就算尽到了合理的注意义务，因而车内乘客通常也就无

---

① 参见殷秋实：《智能汽车的侵权法问题与应对》，载《法律科学（西北政法大学学报）》2018 年第 5 期。

② 参见江溯：《自动驾驶汽车对法律的挑战》，载《中国法律评论》2018 年第 2 期。

所谓过错。那么,对于自动驾驶汽车的生产商是否可以追究其产品责任呢?我国《产品质量法》规定了产品存在缺陷情况下生产商的产品质量责任及其免责事由。但是自动驾驶系统的自主性使其在道路上行驶时的驾驶行为具有较大不可预见性,即使产品设计合理,自动驾驶系统也仍然有可能因为外界因素而出现误判或者故障。“当自动驾驶汽车发生事故时,事故本身往往难以解释或者不能合理追溯到设计缺陷或者制造缺陷,或者损害是人工智能系统难以为设计者所预测到的特殊经历造成”,此时如果让自动驾驶系统的开发设计者承担责任将会导致不公平和非正义,反之则会导致被侵权人难以获得及时充分的赔偿。[①] 而在行政法律责任的归责上,传统上一般认为执法机关对违法行为的追究以违法为依据,而不论行为人存在过错与否。由于自动驾驶汽车是由自动驾驶系统控制,而自动驾驶系统赖以运行的基础是驾驶自动化算法,自动驾驶汽车一旦出现交通违法行为,是否意味着自动驾驶汽车在生产设计环节就存在违法行为呢?如果没有,违法行为人将如何确定?这是未来自动驾驶汽车行政监管中可能会经常遇到的情形,需要从法律上加以回应。

第三,自动驾驶给道路交通法律责任的实现带来了难题。法律责任的实现是经过法律责任的归责认定后,由特定责任人实际负担法律惩处、赔偿等责任的过程。传统上,行政违法行为以不考虑行为人的主观状态(故意与过失)为基本原则,只有在法律将行为人的主观过错规定为承担责任的构成要件或者裁量因素时,才具有法律意义。[②] 对于人工驾驶的机动车而言,由于法律明确要求车辆和驾驶人都需要符合法定的准入条件,责任的承担有明确的主体,对违法行为的惩处也可以适用一般的行政处罚种类,包括警告、罚款、暂扣或者吊销驾驶证等。惩罚违法的意义在于制止和预防交通违法行为。如果按照这种思路来处理自动驾驶汽车的法律责任问题,则会立刻面临以下问题:其一,自动驾驶汽车

① 参见司晓、曹建峰:《论人工智能的民事责任:以自动驾驶汽车和智能机器人为切入点》,载《法律科学(西北政法大学学报)》2017 年第 5 期。

② 参见王贵松:《论行政处罚的责任主义》,载《政治与法律》2020 年第 6 期。

本身就缺乏必要的准入管理措施，导致责任的落实缺乏现实和法律基础；其二，无法对自动驾驶系统进行处罚，因为车辆是交通工具，不具有可责性，而如果针对自动驾驶系统的运营主体进行处罚，则因驾驶系统具有普遍性，执法机关也不可能因为对一辆车进行执法而殃及使用同一个自动驾驶系统的所有车辆；其三，由于自动驾驶背后存在多元利益主体，其违法驾驶等违法行为背后也必然存在多元的责任主体，如何进一步落实违法责任，这需要对相关主体的权利、义务与责任进行重新设计和分配。而在民事侵权情形下，民事侵权责任的追究也因为自动驾驶系统的复杂性和责任主体的不确定性而在举证维权方面平添了不少难度。尽管实践中，无论是自动驾驶汽车所有人还是汽车制造商，都试图通过责任保险制度来规避风险，但是风险并没有消失，保险只是将责任的追究权转移给了保险公司，法律事先确定的责任实现机制并没有改变。如果一个设计或者制造缺陷实质性地导致了事故的发生，保险人在对车主进行理赔后有权向制造商提出赔偿诉求。[①] 因此，责任保险制度本身只是责任实现的一种方式，但并不能完全取代法律责任承担所应遵循的基本规则。"法律和规则可能需要经过多次修改以达致完善，特别是在应对新技术的时候。"[②]由此可见，现有法律责任实现机制的调整也需要经历一个循序渐进的漫长过程。

---

① See Robert W. Peterson, *New Technology - Old Law: Autonomous Vehicles and California's Insurance Framework*, Santa Clara Law Review, Vol. 52(4), 2012, p. 1361.

② K. C. Webb, *Products Liability and Autonomous Vehicles: Who's Driving Whom*, Richmond Journal of Law & Technology, Vol. 23(4), 2017, p. 17.

第四章　自动驾驶法律规制的理论展开

第一节　自动驾驶法律主体资格问题的克服

“自动驾驶汽车是否具有法律主体资格”这个问题关系到自动驾驶规制对象的确定及责任承担，同其他人工智能产品一样，自动驾驶的法律主体资格问题具有一定的普遍性，同时也具有自身独特价值。

一、讨论主体资格问题的四个考量因素

正确回答“自动驾驶汽车是否具有法律主体资格”这一理论问题，应基于以下四个考量因素。

（一）探讨自动驾驶汽车法律主体资格的目的

人的有意识的实践活动以目的为依据，目的贯穿于实践过程的始终。要回答自动驾驶汽车是否具有法律主体资格，就要搞清楚确定主体资格目的为何。我们从学理上回答自动驾驶法律主体问题并非仅仅为了回答而回答，更重要的是为了厘定自动驾驶法律规制的对象和范围，提升规制的便利性和明确性。任何不考虑规制便利性和明确性的有关主体资格问题的纯理论探讨，将难以与自动驾驶技术发展的现实无缝衔接。

（二）自动驾驶技术的发展阶段

自1956年达特茅斯会议首次提出“人工智能”以

来,人工智能取得了飞速的发展。人工智能的发展也具有明显的阶段性特征。一般将人工智能分为三个阶段:(1)弱人工智能,也称专用人工智能,弱人工智能能够模拟人类大脑的部分功能(如感知、决策、学习和记忆等),但因无法超越人类智慧而须处于人类支配之下;(2)强人工智能,也称通用人工智能,强人工智能已经达到或者超过人类智慧,在某些方面展现出了匹敌和超越人脑的智慧和能力;(3)超人工智能,指远超人类智慧的人工智能,超人工智能建立在通用人工智能充分发展的基础之上,超人工智能比人类智能更为强大。[①] 在当前和今后相当长一段时间内,人类社会仍处于弱人工智能为主并向通用人工智能逐步过渡的阶段。以此为背景,自动驾驶汽车虽然在驾驶自动化等级上呈现出不断迭代和进化的特点,但即使是自动化程度最高的 L5 级别的自动驾驶汽车也受制于人工智能的客观发展阶段,在今后相当长一段时间内仍无法真正达到或者超越人类智慧,更何况目前大多数自动驾驶创业公司、整车厂等仍然处于 L2 ~ L4 级别自动驾驶技术阶段。[②]

(三)自动驾驶伦理主体与法律主体的适当区分

为了更好地讨论自动驾驶法律主体资格问题,必须区分自动驾驶汽车的伦理主体和法律主体两重身份。其中,伦理主体重在从人的秉性去认知自动驾驶。人的秉性是“人摄取精神价值资源的天赋”,是人区别于其他自然物的重要特征,人的秉性包括了理性、感情和信仰三个层面。[③] 伦理主体重在认识和判断自动驾驶汽车是否具有如同人类一般的思维、道德、情感、意识和认知等秉性。如果回答是肯定的则意味着具有伦理主体意义。同时,伦理上的主体也意味着主体本身能独立对自身行为进行控制并理解自身行为的意义。在工程控制理论上,工程师们真正想要的控制系统是“目标、输入、过程和输出由人工设计者确定,而人

---

① 参见颜佳华、王张华:《人工智能与公共管理者角色的重新定位》,载《北京大学学报(哲学社会科学版)》2019 年第 6 期。

② 参见申泽邦等:《无人驾驶原理与实践》,机械工业出版社 2020 年版,第 3 页。

③ 参见於兴中:《算法社会与人的秉性》,载《中国法律评论》2018 年第 2 期。

工或计算机代理的权限则由非人工的机器确定”①。可见，当前的人工智能无法脱离既有的工程控制理论和技术，仍是在人类操控之下的自动化系统，在伦理上的自主性很难得到满足。法律意义上的主体，也即法律主体，一般是从现实生活中丰富多元的伦理主体中抽象出来的一般性主体，并加以规定。一方面，法律主体源自现实生活中的伦理主体；另一方面，法律主体也正因为独立于伦理主体而具有特殊的价值和意蕴。例如，作为法人的法律拟制主体就不是有血有肉、存在道德和意识的人。二者区分的要点在于，法律主体更多地服务于法律调整社会关系的根本目的，而伦理主体则关涉具体的社会关系和交往行为。

（四）自动驾驶法律主体资格与责任承担的关系

法律主体与责任承担有着千丝万缕的联系，只有确定了特定的法律主体，法律归责才能顺理成章。基于功能主义的立场，一般认为，面对包括自动驾驶汽车在内的人工智能产品致害的责任承担问题，只要人工智能拥有主体地位就可以自主承担损害赔偿责任，即解决主体问题是责任承担的充分条件。② 然而，不具备法律主体资格是否意味着就不能追究法律责任则不可一概而论。正如有学者指出，“人工智能作为一种‘人造物’，其诞生必然体现设计者、开发者的主观目的”，因而人工智能所引发的法律责任“应由其背后的设计者、开发者、组织者、使用者等‘人’的主体来承担”③。可见，从理论上讲，即使自动驾驶汽车不具备法律主体资格，也并不影响责任追究与承担。

二、自动驾驶法律主体资格的双重维度

在考虑上述四个基本因素的基础上，笔者认为，讨论自动驾驶法律

---

① Bryant Walker Smith, *Controlling Humans and Machines*, Temple International & Comparative Law Journal, Vol. 30(1), 2016, p. 168.

② 参见王艳慧：《人工智能民事主体地位的论证进路及其批判》，载《华东政法大学学报》2020 年第 4 期。

③ 王艳慧：《人工智能民事主体地位的论证进路及其批判》，载《华东政法大学学报》2020 年第 4 期。

主体资格问题,应从时间和空间两个维度加以审视。基于这种视角,法律主体问题可以在自动驾驶技术的不断演进迭代过程中加以解决,只有在自动驾驶系统具备了机器意识和意志能力的情况下,法律主体资格才可能被赋予,且法律在赋予自动驾驶汽车法律主体资格时应考虑驾驶自动化的等级和程度。

(一)现阶段不宜赋予自动驾驶以法律主体资格

自动驾驶法律主体资格,即自动驾驶汽车的法律主体资格,核心是自动驾驶系统的法律主体资格问题。现阶段,人工智能仍处于弱人工智能阶段,在相当长一段时间内自动驾驶系统仍难以拥有人类驾驶员一般的操控能力,遑论机器在价值判断等方面与人类驾驶员的巨大差距了。从法律现实主义的立场出发,现阶段不宜赋予自动驾驶以法律主体资格。

首先,当前阶段自动驾驶并不符合法律主体资格条件。传统上,法律关系的主体应当具备权利能力和行为能力两个要素。[①] 有学者认为,判断人或物是否具有法律主体资格一般应考虑以下三个因素:第一,有成为法律主体的能力;第二,能够享有权利和履行义务;第三,具备意识和选择能力。[②] 也有学者认为,作为具有法律人格的法律主体应享有权利、承担义务,具备意思表示的行为能力和责任能力。[③] 可见,法律主体资格的判断一般都要求意思表示能力和责任能力,其中意思表示能力的基础在于作为具有法律人格的主体应当具备一定的认知和控制能力。现行法律秩序中的法律主体都是自然人以及自然人的结合体,“自然人之所以有主体性,是因为他有独立人格,有自我意识”[④]。赋予自动驾驶

---

① 参见舒国滢主编:《法理学导论》,北京大学出版社2006年版,第152~154页。

② 参见肖姗姗:《论智能机器人的法律人格及其刑事责任规范》,载《大连理工大学学报(社会科学版)》2020年第5期。

③ 参见杨清望、张磊:《论人工智能的拟制法律人格》,载《湖南科技大学学报(社会科学版)》2018年第6期。

④ 范忠信:《人工智能法理困惑的保守主义思考》,载《探索与争鸣》2018年第9期。

法律主体资格在当前仍面临巨大的理论和制度障碍:其一,人类设计驾驶自动化算法和发明作为算法载体的自动驾驶汽车并不是为了创制一个目的性存在,而是要解放人类在驾驶中的体力和脑力,为人类交通出行提供便利;其二,赋予自动驾驶汽车以法律人格也无法实现自动驾驶汽车权利与义务的真正统一,毕竟一辆汽车无法享有真正的法律行为能力和责任能力;其三,在短期内驾驶自动化算法通过深度学习难以进化出自由意志、情感等人类特有要素。① 自动驾驶汽车,特别是等级较高的自动驾驶汽车,尽管有智能算法、机器学习等技术的加持,能够在人类驾驶员不参与的情况下完成动态驾驶任务,但是很难与人类以及作为人类结合实体的法人相提并论。

其次,否定自动驾驶法律人格并不必然影响自动驾驶法律规制的开展。政府对自动驾驶汽车的研发、生产、销售和使用等环节进行规制,最终都必须落实到一定的实体上,传统汽车及其驾驶过程一般由个人或者作为个人组合体的组织承受法律规制的作用和后果。自动驾驶的出现突破了传统汽车产业各环节相互分割与独立的基本格局,模糊了驾驶行为和生产设计过程的边界,因为在无人驾驶的条件下,汽车安全运行的根本保障就直接源于汽车软硬件在设计和生产阶段的安全品质。虽然自动驾驶技术对传统汽车产业和汽车驾驶行为的法律规制产生了较大冲击,但传统的规制权力和手段并不会在自动驾驶条件下突然失去作用。在弱人工智能阶段,通常来说人工智能产品本质上只是人类处理某一类具体事务的辅助工具,此时人类尚无法将某件事务完全交由人工智能产品独立处理。② 因此,确认其主体地位并无实际意义,对其加以规制仍应回归到自动驾驶背后的个人和组织身上。

最后,自动驾驶法律主体资格与责任承担并无必然联系。与自动驾

① 参见郑智航:《人工智能算法的伦理危机与法律规制》,载《法律科学(西北政法大学学报)》2021 年第 1 期。

② 参见时方:《人工智能刑事主体地位之否定》,载《法律科学(西北政法大学学报)》2018 年第 6 期。

驶规制对象问题类似，自动驾驶汽车与传统汽车及其驾驶中产生的责任存在显著不同。在传统汽车中，汽车的产品责任和驾驶行为的违法责任泾渭分明，原因是现有道路交通法律规范和产品责任立法对这两种责任形式和责任主体作了清晰明确的规定。特别是作为道路交通安全法律规范调整核心的驾驶行为，目前法律规定由驾驶人承担直接责任，也就是汽车驾驶行为的责任由人类驾驶员承担。这种格局在自动驾驶条件下是否会发生根本改变呢？答案是否定的。在自动驾驶条件下，虽然不一定会有严格意义上的人类驾驶人存在，但是汽车的驾驶责任可以转移到自动驾驶系统上，也就是机器驾驶人。至于自动驾驶汽车发生违反道路交通法规的行为时由谁担责的问题似乎又回到了自动驾驶主体问题的老路上，然而任何法律责任问题的背后必然涉及一定的个人和组织，因而责任仍然可以由人类来承担。正如有学者所指出的那样，"机器人无论以何种方式承担责任，最终的责任承担者都是人，这使得它的'法律人格'显得多余和毫无必要"①。

（二）自动驾驶法律主体资格的赋予应以驾驶自动化程度和等级为依据

目前，自动驾驶或者人工智能法律人格肯定说的观点主要还是基于对以自动驾驶为代表的人工智能技术的发展趋势的一种理论预测，其虽然并不能与现行法律制度框架相契合，但对于自动驾驶法律规制的未来出路无疑也提出了一种可能的方案。就此而言，法律人格拟制说、代理人格说、电子人格说等有关自动驾驶法律主体资格问题的观点不无价值。可见，赋予自动驾驶汽车法律主体资格符合人工智能技术的发展趋势，这是由其本身的"实力"与重要性所决定的。② "对于人类来说，智能机器人是人类模拟自身神经网络创造出来的事物，比世界上任何事物都

---

① 郑戈：《人工智能与法律的未来》，载《探索与争鸣》2017 年第 10 期。

② 参见石冠彬：《人工智能民事主体资格论：不同路径的价值抉择》，载《西南民族大学学报（人文社科版）》2019 年第 12 期。

更类似于人。”①

自动驾驶技术在当前阶段仍处于快速发展的时期，但是并未完全定型和成熟。随着自动驾驶汽车硬件（感知、决策和执行等部件）和软件（主要是自动驾驶系统）的不断演进和迭代，自动驾驶汽车的自动化程度也会不断提高。而作为自动驾驶核心的驾驶自动化系统是人工智能、机器学习等技术应用的典型代表，其是否具有智慧和意识是判断其是否可以反“客”（客体）为“主”（主体）的关键。机器意识走向成熟的标志是除具备传统计算机所拥有的思维能力、计算能力外，还具备语言能力、想象能力、情感能力和自我反思能力等类似人类意识特点。② 鲜明的自我适应性是智能时代与传统的信息时代的最大不同，机器已经从简单的输入输出工具，转为一种具有自动符合人类需求、适应社会需要的参与者。③ 可以预见，今后大数据、智能算法、深度学习和神经网络等新技术、新方法在自动驾驶领域的应用必将带来自动驾驶技术的巨大变革。虽然自动驾驶系统现阶段并没有取得如同人类驾驶员一样的智慧和意识，仍是作为人类的辅助性工具，但在部分领域，机器智能已经达到甚至超过了人类。因此，可以期待，在强人工智能时代甚至超人工智能时代，自动驾驶系统也必将演进到更为智能和类人的地步，这时探讨自动驾驶具有完全的法律主体资格问题具有十分现实的意义。因此，在驾驶自动化系统演进到人类驾驶员的驾驶水平时，法律可以考虑赋予其法律主体资格。

自动驾驶法律主体资格的赋予不但应考虑驾驶自动化程度（自动驾驶技术的发展阶段），还应考虑驾驶自动化的等级。在未来赋予自动驾驶法律主体资格的条件成熟时，并不意味着从 L0 到 L5 所有等级的自动驾驶汽车都会获得同等的法律主体资格，由于驾驶自动化等级上的

① 刘宪权：《人工智能时代的刑事风险与刑法应对》，载《法商研究》2018 年第 1 期。

② 参见游均、周昌乐：《机器意识最新进展的哲学反思》，载《自然辩证法通讯》2018 年第 6 期。

③ 参见周佑勇、王禄生等：《智能时代的法律变革》，法律出版社 2020 年版，第 4 页。

差异，应当在法律主体资格的赋予上做出差异化的制度安排。例如，L4、L5 级别的自动驾驶汽车属于具有高度自动化功能的自动驾驶汽车，汽车已不需要人类驾驶员或者安全员的介入，具有被赋予完全法律主体资格的条件。但是 L3 以下的自动驾驶汽车要么属于半自动驾驶，要么属于辅助驾驶，汽车无法在彻底脱离人类干预的情况下安全运行，因而不能承认其法律主体资格或者需要对自动驾驶法律主体资格进行若干限制。

总之，在现阶段不宜赋予驾驶自动化系统以完全的法律主体资格，但是从长远看，特别是随着自动驾驶技术的发展，自动驾驶系统的智能化程度也会不断攀升，当其机器意识和意志能力达到甚至超过人类时，则可以根据驾驶自动化等级赋予其完全或者有限的法律主体资格。不过，虽然当下不宜承认自动驾驶的法律主体资格，但这并不妨碍人们给予其一定的法律地位（如“机器驾驶人”“智能驾驶人”等），这种地位主要是为了便于法律规制的需要，并不能简单等同于法律主体资格。

第二节　自动驾驶法律责任难题的破解

从第三章的分析可知，自动驾驶的法律责任问题涉及自动驾驶所引发的法律责任由谁来承担以及责任如何实现两个大问题。这里的自动驾驶法律责任主要是指自动驾驶汽车在自动驾驶过程中违反法律规定，破坏交通秩序，造成人身、财产损失等后果的法律责任。目前，学界对自动驾驶法律责任的讨论主要集中在自动驾驶所产生的民事责任（如人身损害侵权责任、产品责任等）和刑事责任（包括如何适用交通肇事罪等），并未对行政责任展开过多探讨。三种责任虽然形式不同，但所涉及的基本问题仍然具有高度一致性。以下尝试回应自动驾驶法律责任难题。

一、自动驾驶法律责任由谁来承担

智能机器人虽然在一定程度上能够做出自己的意思表示，但无法对自己的行为承担法律责任，需要另行确定责任承担者。[①] 确定自动驾驶法律责任的承担者是法律责任实现的前提。从理论上讲，自动驾驶法律责任的承担问题大体有以下四种方案。

1. 由自动驾驶汽车所有人或者使用人承担

由自动驾驶汽车的所有人、使用人承担责任的做法，与传统汽车驾驶责任略有不同，由于自动驾驶，特别是无人驾驶情况下，不存在实质意义上的驾驶员，因此这种情况下只能由自动驾驶汽车的所有者和使用者承担责任。这种思路主要是基于这样一种逻辑：自动驾驶汽车的所有人、使用人对自动驾驶汽车享有直接的占有、使用等权能，其能够按照自己的意图规划路线、启动或者熄火，汽车大体上处于自动驾驶汽车所有人、使用人的掌控之中。

2. 由自动驾驶汽车的生产者或者开发者承担责任

将自动驾驶责任交由自动驾驶汽车的生产者或者开发者承担，主要是基于产品责任法的立场。按照这种思路，自动驾驶汽车因产品缺陷（包括硬件缺陷和软件缺陷）违反法律，造成侵权事故，汽车的生产者或者开发者应对此承担责任。作为自动驾驶汽车核心大脑，驾驶自动化系统的广泛安装和使用使其成为自动驾驶车辆的“固定构成部分”，是自动驾驶车辆区别于传统车辆的核心特征之所在，自动驾驶软件（主要是驾驶自动化系统）所具有的缺陷应当被视为自动驾驶车辆自身的产品缺陷，生产者或者开发者应对此承担产品责任。[②]

3. 通过赋予自动驾驶汽车一定的法律人格或者地位实现法律责任

如前文所述，自动驾驶法律主体资格问题与责任承担紧密相关，赋

---

① 参见张继红、肖剑兰：《自动驾驶汽车侵权责任问题研究》，载《上海大学学报（社会科学版）》2019年第1期。

② 参见王乐兵：《自动驾驶汽车的缺陷及其产品责任》，载《清华法学》2020年第2期。

予自动驾驶汽车一定的法律人格或者法律地位,可以有效地解决其责任承担的问题。例如,法律可以赋予自动驾驶系统以“机器驾驶人”“智能驾驶人”“电子人”等合法身份,这不但方便了外界对车辆驾驶主体的清晰识别,还便于在特定事故中受害方寻求法律救济。当然,这里的法律人格或者法律地位并不能完全等同于自动驾驶法律主体资格,这里只是纯粹为了解决责任问题而赋予自动驾驶汽车一定的法律地位或者身份,并非严格意义上的法律主体。

4. 通过建立自动驾驶责任基金来解决自动驾驶责任承担问题

所谓自动驾驶责任基金,是指通过有关利益主体(包括汽车生产者、系统开发者、车主等)按照一定比例共同出资,设立一个旨在承担赔偿等法律责任的专项责任基金。实际上,目前我国各地在自动驾驶道路测试的申请中要求申请人缴纳一定数额的保证金,即可视为这里的责任基金的雏形。责任基金的建立一方面可以确保未被保险覆盖的损害得到弥补,另一方面可以将自动驾驶汽车生产者、系统开发者和车主的责任限制在一个可以接受的范围之内。①

在以上四种方案中,方案 1 和方案 2 将责任全部由自动驾驶汽车所有人、使用人以及生产者、开发者独立承担,在责任机制设计上较为清晰简单,有利于法律规制的开展和受害人的维权行动,但是过于简单的设计却存在不可回避的弊端。尽管自动驾驶汽车作为物权的标的,“仍然会有所有人或管理人等保有人,这就让保有人基于无过错原则承担责任成为可能”②,但由于在高等级自动驾驶条件下,汽车的所有人、使用人在绝大多数情况下无法对汽车的动态驾驶过程进行及时有效的控制,自动驾驶系统对驾驶过程具有绝对的主导性,因此让汽车所有人或者使用人担责明显不公。

---

① 参见腾讯研究院法律研究中心:《2018 年全球自动驾驶法律政策研究报告》,载腾讯云,https://cloud. tencent. com/developer/news/315273,最后访问日期:2023 年 11 月 5 日。

② 殷秋实:《智能汽车的侵权法问题与应对》,载《法律科学(西北政法大学学报)》2018 年第 5 期。

同样,由生产者、开发者承担汽车在驾驶过程中的全部责任也不尽合理。基于传统的产品责任理论,自动驾驶汽车的生产者和驾驶自动化系统的开发者应对自动驾驶汽车的固有缺陷承担法律责任。由于产品缺陷的认定均是从产品缺乏消费者或者使用者所期待的安全性,因而对消费者或者使用者的人身或财产具有不合理的危险的角度来衡量,通过产品责任制度似乎能够较好保护汽车消费者的权利。[①] 但是驾驶自动化系统一旦被设计出来,由于智能算法在深度学习后,其运行往往并不能为开发设计者所完全预见和掌控,况且对自动驾驶汽车生产者和开发者设置较之于传统汽车更为严苛和沉重的责任,也不利于自动驾驶技术创新和产业发展。因此,方案 1 和方案 2 具有明显的局限性。

方案 3 考虑采用直接赋予自动驾驶汽车一定的法律地位或者人格的方式来彻底解决责任承担问题。笔者认为,本质上自动驾驶在现阶段并不宜被赋予法律主体资格,且即使赋予其“电子人”等法律主体资格,由于其没有独立的财产,从而也就无法独立承担责任。但是,赋予其一定的法律身份或者地位(如“机器驾驶人”“电子驾驶人”等),倒不失为一种较为妥当的解决办法。至于责任的承担则可以在方案 4 中得到完美解决。具体由谁来承担责任,关键看是否符合以下两个条件:一是责任人必须能控制行为并知道自己在做什么;二是存在一个或一些能够被责任人感知的他者与其在道德上相关。[②] 基于此,笔者认为,可以考虑在方案 3 和方案 4 的基础上,通过赋予高等级自动驾驶系统以“机器驾驶人”“智能驾驶人”的法律地位,再辅之以自动驾驶责任基金,将能够较好地解决自动驾驶法律责任承担的问题。

二、自动驾驶法律责任如何实现

在确定自动驾驶法律责任的承担者之后,其责任的实现就成为最重

① 参见冉克平:《产品责任理论与判例研究》,北京大学出版社 2014 年版,第 79 页。

② 参见白惠仁:《自动驾驶汽车的“道德责任”困境》,载《大连理工大学学报(社会科学版)》2019 年第 4 期。

要的内容。从理论上讨论自动驾驶法律责任的实现有赖于风险与责任的科学配置、归责原则的合理确定、人机共驾责任的厘定等。

（一）风险与责任的科学配置

与传统汽车相比，自动驾驶汽车具有高度的风险性，正是技术风险带来的不确定性引发了其责任承担的模糊性和复杂性。"在发达现代性中，财富的社会化生产与风险的社会化生产系统相伴。"在现代社会中，财富的分配也伴随风险的分配。[①] 传统汽车在驾驶过程中本身就伴随较大的安全风险，即便在完全遵守交通规则的情况下，也仍然存在机器故障、失控等各种意外。自动驾驶时代的迅速到来不但没有缩小这种技术风险，反而增加了新的风险。以智能算法、机器学习为支撑的驾驶自动化系统一方面显著提高了人类交通出行的效率，解放了人类驾驶员的四肢；另一方面也使驾驶自动化系统不受人类控制，甚至系统的开发者都无法对经过深度学习后的驾驶自动化系统的行为进行准确的预测和控制。由于驾驶自动化系统的判断和认知能力需要通过不断的自主学习来提高，只有经过无数次的测试，才能最大限度地通过自主学习应对复杂多变的现实路况，从而实现和人类驾驶者那样对车辆的自主操控。[②] 可见，自动化驾驶系统的安全一方面源于算法的可靠性，另一方面源于不断的自主学习，人类在这个过程中能把控的事项十分有限，这也就导致了驾驶系统行为的难以预测性。

技术风险的不确定性映射到法律层面，就是自动驾驶法律责任的模糊性和复杂性。面对日益复杂和专业的自动驾驶技术，自动驾驶过程中一旦出现事故，责任如何分配则变得十分关键。在传统汽车社会，法律责任的追究以充分的举证和明确的因果关系为事实基础。然而，面对专业和复杂的自动驾驶，举证和因果关系的确定将变得异常艰难。同时，

---

① 参见［德］乌尔里希·贝克：《风险社会：新的现代性之路》，张文杰、何博闻译，译林出版社2018年版，第3页。

② 参见侯郭垒：《自动驾驶汽车风险的立法规制研究》，载《法学论坛》2018年第5期。

责任在不同主体间的实质性分配也将因缺乏明晰的责任分配逻辑而变得十分困难。

因此,在自动驾驶条件下科学配置各方责任将十分重要。具体而言,自动驾驶法律责任涉及车主(也包括自动驾驶汽车的使用人、管理人)、自动驾驶汽车厂商、自动驾驶系统开发者、自动驾驶服务平台等。法律应为各方主体的责任设置明确的边界和责任明确化的方法。同时,为了确保风险可控和责任可控,可以引入保险和责任基金等机制,既确保法律责任的最终实现,也确保技术风险保持在一定的限度内。

(二)归责原则的合理确定

归责原则是确定法律责任归属的基本原则。从民法的角度讲,传统归责原则包括过错责任、无过错责任(严格责任、危险责任等)、过错推定责任、公平责任等归责原则。我国《民法典》第1165~1166条规定了过错责任、无过错责任和过错推定责任三种归责原则。

在自动驾驶条件下,以上三种归责原则都存在一定的局限性。其中,过错原则要求事故中的受害人证明自动驾驶汽车使用人或者自动驾驶系统的过错。然而,自动驾驶系统具有高度的专业性和复杂性,即使是专业人士也未必能够准确认定自动驾驶系统和自动驾驶汽车使用人的具体过错,而自动驾驶系统所具有的深度学习能力使过错的识别和认定变得更为复杂。例如,自动驾驶系统完全可能将驾驶人的行为作为模仿和学习的对象,于是驾驶人的行为和自动驾驶的行为发生了"耦合",这也很难从技术上判断过错及其程度。[①] 采用无过错责任则可能显得过于严苛。例如,如果采用无过错责任追究生产者或者开发者的责任,则可能明显加重其负担,从而影响自动驾驶技术的创新和发展。基于此,笔者认为就自动驾驶民事责任而言,应在综合适用各类规则原则的基础上,适当采取过错推定的归责原则较为合适。过错推定较好地兼顾

---

① 参见牛彬彬:《动态系统论视角下自动驾驶侵权损害赔偿体系之建构》,载《大连理工大学学报(社会科学版)》2020年第3期。

了受害人举证能力不足和适度减轻生产者、开发者责任两个方面。

学界对于自动驾驶的公法责任，特别是行政法上的法律责任探讨极少。其原因在于：一方面，行政执法中一般对行为人的过错状态不予追究，只要行为人存在违法行为就具备了追究行政法律责任的必要性；另一方面，行政管理比较重视效率，如果同司法机关一样审查当事人的主观状态，势必降低行政效率，因此只要解决了自动驾驶法律责任由谁承担的问题，责任的实现完全可以通过现行的行政法律责任体系进行。①

（三）人机共驾责任的厘定

自动驾驶法律责任中最复杂的形态是人机共同驾驶过程中的责任划分问题。在现阶段，目前得到推广应用的主要是 L3 以下的自动驾驶技术，主要还处于辅助驾驶和半自动驾驶的阶段。这意味着人类驾驶员在自动驾驶汽车中的参与必不可少。同时，即使今后完全意义上的自动驾驶汽车得到普及，自动驾驶汽车也不可能完全依靠自动驾驶系统的操控。其原因在于：一方面，汽车作为人类的出行工具，必然要服从于人类的个性化出行需求，因而或多或少地会体现人类的意志；另一方面，人类即使出于对驾驶过程的兴趣和好奇，也不会将汽车完全交由自动驾驶系统。此外，法律为了平衡技术创新与公共安全维护两方面价值，也会在鼓励自动驾驶技术的同时，为自动驾驶汽车戴上特殊情况下人类接管的“紧箍咒”，即虽然就技术角度而言，自动驾驶汽车脱离人类掌控独立运行是完全可能的，但在现阶段法律仍然不放松人类对机器掌控的要求，这就是所谓的“掌控悖论”。② 因此，在自动驾驶条件下，人机共驾，驾驶权在人类和自动化驾驶系统之间来回转移具有一定的必要性和必然性。

从心理学的角度讲，驾驶权在人类和汽车之间的转移一般分为警觉唤

---

① 在我国，行政法律责任的归责原则也不全然是违法责任，在法律有特殊规定的情况下，也允许考虑行政相对人的主观过错，如以故意作为行政处罚的构成要件、以有无故意作为处罚轻重的考虑因素等。参见王贵松：《论行政处罚的责任主义》，载《政治与法律》2020 年第 6 期。

② 参见王莹：《法律如何可能？——自动驾驶技术风险场景之法律透视》，载《法制与社会发展》2019 年第 6 期。

醒阶段、接管决策阶段和接管执行阶段。由于自动驾驶技术完全解放了人类的四肢和大脑，在必要和紧急情况下，一旦需要人类接管驾驶权，人类则可能因为人口学因素（年龄、驾驶经验等）、非驾驶相关因素（包括视觉、听觉、操作、认知等，如看视频、听音乐、在手机上输入文字）、驾驶疲劳因素、信任因素等的影响而出现意外，从而违反交通规则甚至发生交通事故。①

从以上分析可知，驾驶权在人类和机器之间转移，尤其是驾驶权从机器向人类转移（人类接管）的过程中，人类由于注意力分散，无法在极短时间内进入驾驶状态，因而很容易造成交通事故，从而引发法律责任。为此，必须找到厘定机器责任和人类责任的办法。首先，可以通过技术手段（如自动驾驶数据记录设备），将驾驶权转移过程予以记录和保留，作为确定责任的重要证据依据。其次，从制度设计上应更多考虑人类和机器在瞬时反应上的差异性，从而在责任配置上减轻人类驾驶人由于反应不及时、过失等而导致的责任。当然，从技术发展的立场看，人机共驾过程中的责任分配问题应交由自动驾驶技术的完全成熟去化解，从而彻底消除驾驶权转移过程中的风险。

第三节　自动驾驶法律伦理挑战的应对

如前文所述，自动驾驶带来的伦理问题主要表现在自动驾驶设计和运行两个环节。② 其中，设计过程中设计人员可能会因各种主客观原

① 参见张艺竞等：《L3 等级自动驾驶条件下驾驶员接管过程及心理模型的构建》，载《心理科学》2019 年第 2 期。

② 人工智能面临的伦理问题一般分为五个方面：(1)人工智能的技术奇点和可能带来的世界末日问题；(2)人工智能对经济和就业的影响；(3)人工智能的法律和责任问题；(4)人工智能对人权和隐私的侵犯及人类能力的侵蚀；(5)如何指导人工智能自身的伦理。参见潘恩荣、杨嘉帆：《面向技术本身的人工智能伦理框架——以自动驾驶系统为例》，载《自然辩证法通讯》2020 年第 3 期。自动驾驶作为人工智能技术的典型应用领域，自然也无法回避上述伦理问题，但本书仅仅讨论第(3)～(5)项伦理问题，即与自动驾驶直接相关的伦理问题，其他伦理问题具有更为宽泛的经济社会意义，且与自动驾驶过程无直接关系。

因，将人类的伦理价值(如偏见、歧视等)赋值给自动驾驶系统的机器算法，从而使自动驾驶系统在运行中出现各种违背人类伦理道德的行为，表现为自动驾驶过程中出现伦理失范；而自动驾驶运行中也可能会面临如同人类一般的伦理价值冲突和选择，也就是自动驾驶可能面临的各种伦理困境。以下主要从这两个方面进行回应。

一、伦理失范的矫正

从一般意义来说，自动驾驶的伦理失范与违反法律同样都是对规范的违反，自动驾驶汽车违反法律的本质也是伦理失范。如果不能矫正伦理失范行为，要求自动驾驶符合法律规定也是“治标不治本”，更何况伦理规范与法律规范也有着千丝万缕的联系，在讨论自动驾驶时无法回避，也不应回避。自动驾驶的伦理失范问题可以从以下三个角度得到校正。

1. 约束生产、开发活动。自动驾驶是一个人、车、路、网、云等多要素高度集成的复杂系统工程。作为其核心要素的自动驾驶系统以及相关软硬件是塑造自动驾驶功能的灵魂。随着专业性、复杂度的日益增长，自动驾驶的生产、开发活动越来越重要，自动驾驶所面临的伦理失范问题很大程度上也取决于生产、开发工艺水平以及生产者、开发者的道德品质和自我管理能力。因此，生产者、开发者应通过加强自身管理，强化生产开发环节的行为约束，落实生产开发规程，约束生产者和开发者的行为，定期对相关自动驾驶系统开发人员进行技术开发伦理培训和指导，加强系统测试和伦理审查，从源头上避免伦理失范问题产生的可能。

2. 确立自动驾驶应遵循的基本伦理原则。人工智能最著名的雏形来自科幻作品中常被提及的“阿西莫夫三定律”。其具体内容包括：(1)机器人不得伤害人类个体，或者目睹人类个体将遭受危险而袖手旁观；(2)机器人必须服从人给予它的命令，该命令与第一定律冲突时例外；(3)机器人在不违反第一定律、第二定律的情况下，要尽可能保护自己的生存。[①] 基于这样一种思路,我们完全可以为自动驾驶制定一系列的具体伦理准则。实际上,德国等国家已经开始了制定自动驾驶伦理规范的尝试。虽然具体的伦理原则仍需要根据实际情况确定,但在自动驾驶的伦理原则的设计上,应当把握以下几个要点:一是要符合人类的基本道德伦理价值,如安全、秩序、自由等;二是要符合人类的根本利益,在对社会影响方面应以促进人类向善为目的,在智能算法方面应符合人的尊严,保障人的基本权利和自由,确保透明度和非歧视等,在数据使用方面应关注隐私保护,防止数据滥用;[②]三是要符合责任原则,即自动驾驶的生产设计应建立起相应的责任体系,确保可溯源和可问责。

3. 将伦理规范嵌入自动驾驶系统。从理论上看,对自动驾驶进行伦理约束有三种路径可供选择:(1)对自动驾驶进行外在的伦理约束,特别是通过规范自动驾驶生产开发活动以及自动驾驶运行过程得以实现;(2)在自动驾驶系统中内在地嵌入自动驾驶应遵循的伦理规范;(3)让自动驾驶系统具有完全自主的道德能动性,也即通过技术的不断演进实现自动驾驶系统真正向伦理主体转化。第一种路径前文实际上已经涉及了,第三种路径则超出了当前自动驾驶技术的能力,第二种思路将人类的伦理规范植入机器算法从而嵌入自动驾驶系统的做法,具有一定的先导性。这种嵌入伦理规范的做法有时也称作"道德物化",其基本内涵是"在技术中嵌入道德规范,助推人的行为向善"[③]。而在伦理道德规范嵌入自动驾驶系统的过程中主要有三种实现路径:(1)"自上而下"路径,即通过在系统中植入伦理道德原则,确立自动驾驶系统行动的伦理规范依据,"有道德的行动就转变为遵守规范的问题",自动驾驶系统需要做的就是"去计算它的行为是否由规则所允许"[④]。这是一种"规则

---

① 参见郭锐:《人工智能的伦理和治理》,法律出版社2020年版,第35页。

② 参见郭锐:《人工智能的伦理和治理》,法律出版社2020年版,第37页。

③ 张卫:《算法中的道德物化及问题反思》,载《大连理工大学学报(社会科学版)》2020年第1期。

④ [美]温德尔·瓦拉赫、[美]科林·艾伦:《道德机器:如何让机器人明辨是非》,王小红主译,北京大学出版社2017年版,第71页。

驱动”的演绎逻辑的路径。(2)“自下而上”路径,即通过大数据的运用和机器学习促使自动驾驶系统从具体交通场景和人机互动情境中学习、归纳出抽象的伦理规范。这是一种“数据驱动”的归纳逻辑的思路。(3)“混合式”路径,即结合了“自上而下”和“自下而上”两种路径而成的一种混合路径。[①] 由于“自上而下”和“自下而上”两种路径都具有各自的先天不足,[②]这种“混合式”路径无疑能够更好地扬长避短。不管采用何种路径,在自动驾驶系统中嵌入一定的伦理规范无疑是从根本上解决自动驾驶伦理失范的重要途径。为此,需要从算法技术层面和法律规则层面对此加以审慎的技术考量和科学的制度设计。

二、伦理困境的出路

自动驾驶伦理困境区别于伦理失范行为,更多出现在自动驾驶系统做出类似人类的伦理选择的过程中。如前文所述,自动驾驶面临的伦理困境主要包括“电车难题”、人机协同困境以及交通安全与交通规则的张力三个方面。自动驾驶面临的以上伦理困境都有一个共同特点,那就是自动驾驶系统必须在紧急情况下对两种以上的利益或者价值做出选择或者协调,因此要克服自动驾驶伦理困境,就必须研究自动驾驶伦理抉择的特殊性。

(一)自动驾驶伦理抉择的特殊性

自动驾驶汽车在驾驶过程中面临的伦理困境与人类所面临的伦理困境(如“电车难题”“隧道难题”等)并无本质区别,都是一种伦理上的两难选择。例如,“电车难题”所涉及的在不同数量生命体之间的选择,即使放眼于人类社会,这也是一个无法回避的伦理难题,更何况从外观到实质都无法实现真正意义上伦理主体的自动驾驶汽车。“难以判断孰轻孰重的困局反映了基本义务之间不可通约的根本矛盾,是真正意义

---

① 参见张卫:《算法中的道德物化及问题反思》,载《大连理工大学学报(社会科学版)》2020年第1期。

② 参见苏令银:《能将伦理准则嵌入人工智能机器吗?——以无人驾驶汽车为例》,载《理论探索》2018年第3期。

上的价值分歧。"①这种"困局"和所谓"价值分歧"不但是自动驾驶应用中需要面对的,还是自动驾驶生产和设计中需要解决的难题。

但是,自动驾驶伦理抉择也具有特殊性。其主要表现在:

1. 自主性。自动驾驶汽车总是在自动驾驶系统伦理算法的指导下做出各种伦理选择,因而其伦理抉择具有高度自动化和自主性的特点,并且随着自动驾驶技术的不断演进和迭代,这种自主性只会越来越强。当然,自主性并不意味着自动驾驶汽车跟人类一样具有高度的智慧和情感水平,而是人类临时寻求机器系统的权威。由于自动驾驶系统不具有自由意志,我们需要授予机器以权力,以使其在一定的限度内能够根据相关的信息自主决定和行为,从而更好地协助人类。自动驾驶系统等自动化系统是人造物,无论根据法律、神学还是心灵哲学,它们都不是真正的伦理主体。②

2. 强制性。伦理抉择的强制性源于伦理抉择的自主性。自动驾驶汽车操作员、乘客等在自动驾驶伦理抉择时无法施加人类意志进行干预,这是因为"道德算法的个人伦理设定(personal ethics setting)存在明显的道德缺陷,以至于自动驾驶的道德算法,最终只能是强制性的伦理设定(mandatory ethics setting)"③。当然,这种强制设定并不是要忽视人们的规范信念和价值观,因为"任何不正确反映受影响民众价值观的提案,都不会被立法者或受影响的人所接受"④。

3. 专业性和不可预见性。与人类的伦理抉择相比,智能机器的伦理选择实际上由人类设计的一系列代码借助于相应的硬件设备得以实现,以算法为核心的自动驾驶软硬件系统具有高度的专业性和复杂性,一般

---

① 谢惠媛:《民用无人驾驶技术的伦理反思——以无人驾驶汽车为例》,载《自然辩证法研究》2017 年第 9 期。

② See Ben Jones, Micah Clark, Claire Finkelstein & Oren Gross, *Autonomous Systems & the Ethics of Conflict*, Penn State Journal of Law and International Affairs, Vol. 7(3), 2020, p. 77 – 78.

③ 陈景辉:《自动驾驶与乘客优先》,载《华东政法大学学报》2020 年第 6 期。

④ 孙保学:《自动驾驶汽车事故的道德算法由谁来决定》,载《伦理学研究》2018 年第 2 期。

很难为普通大众所能理解。同时，算法在深度学习和大数据的加持下，其最终的运行结果（伦理选择）可能偏离了设计之初的预期，因而缺乏解决人类伦理困境的可预见性。

（二）解决自动驾驶伦理困境的路径

从成因上看，自动驾驶可能面临的伦理困境主要源于不可避免的碰撞、人机切换难题等无法回避的伦理选择以及远离真实情境的决策等。[①] 基于自动驾驶伦理抉择的上述特点，自动驾驶伦理困境变得似乎不可避免并且远超出人类社会中的伦理困境的解决难度。面对自动驾驶伦理困境，应坚持一定的方法和路径。

第一，不可苛责于机器。自动驾驶面临的伦理困境不仅是机器难以处理的，即便放之于人类社会，人类也很难解决，甚至不同的人，其伦理抉择的结果都存在很大差异。因而，将这样一个人类社会独有的复杂问题交给机器本身就勉为其难，对机器的任何伦理抉择应保持一定的宽容性。如果把伦理困境当成一个博弈的过程，那么思考问题的出发点就是理性人的假设，其选择结果体现为效用最大化，或者在存在风险和不确定性的形势中则为期望效用最大化。[②] 对于自动驾驶在伦理困境中的表现，我们也可以理性人的假设来要求，并对其选择结果进行评判。试想以下情境：两辆分别由人类驾驶员和自动驾驶系统驾驶的车辆迎面相遇在同一条狭窄的道路上，如果继续向前碰撞就无法避免（刹车已经无济于事），但是车道的一侧（假设是自动驾驶汽车的右侧，有人驾驶汽车的左侧）有行人。那么，在这种情况下，两辆车的选择有三种：要么保持原有前进方向，要么拐向有行人的一侧，要么拐向另一侧。无论是从自动驾驶汽车一方还是从有人驾驶汽车一方，拐向道路无人的一侧则是一种最佳选择，然而当两者同时拐向无人的道路一侧时，碰撞仍然无法避

---

① 参见和鸿鹏：《无人驾驶汽车的伦理困境、成因及对策分析》，载《自然辩证法研究》2017 年第 11 期。

② 参见黄涛编著：《博弈论教程——理论 · 应用》，首都经济贸易大学出版社 2004 年版，第 4 页。

免。从这个具体情境来说,人类驾驶员和自动驾驶系统选择拐向无人的一侧在伦理上似乎无可指责,因为人类能做到的也不过如此,无法期待自动驾驶汽车仍然保持原来的前进方向,而人类驾驶员则拐向道路无人的一侧,从而避免事故。但是无论是机器还是人类,他们都做出了最好的选择,因为向一侧转弯虽然也会碰撞,但是毕竟减轻了碰撞的烈度,实际上降低了风险和损失。因而,人类做不到的,也不能要求自动驾驶系统做到,过于苛责不但在技术上不可行,在人情上也说不通,还可能构成技术进步的障碍。

第二,运用价值冲突处理方法化解伦理困境。自动驾驶在具体伦理困境和选择中,往往会遭遇不同形式的价值冲突,包括两种以上不同价值之间的选择和权衡、多个同种价值在数量上的权衡以及机器伦理与人类伦理的协调。自动驾驶伦理困境背后反映的这种伦理价值冲突,实际上与法律价值冲突在本质上并无不同。法律理论和实践中解决价值冲突的方法可以作为处理伦理价值冲突的参考。传统上,法学理论解决价值冲突的原则包括利害原则、苦乐原则、法的价值等级体系论以及法的价值中心论等。[①] 与此相对应,解决价值冲突的基本方法主要有价值位阶排序、个案平衡和运用比例原则等。其中,价值位阶排序的方法基于法的价值等级体系论,即为了解决价值冲突而建立起某种固定的,可以高度量化、精确化的法的价值等级体系。在价值冲突发生时,可依据该价值等级体系的价值等级决定价值选择,从而解决法的价值冲突。[②] 而个案平衡的方法则主要侧重于在个案中根据具体情境,在考虑和平衡各方利益的情况下进行价值选择。比例原则要求手段和目的必须符合一定的比例,应将价值选择的不利影响限制在尽可能小的范围和限度内,处于适度的比例,包括妥当性原则、必要性原则和均衡性原则三个子原则。[③] 根据比例原则,在对价值冲突做出选择前,应对不同价值以

① 参见卓泽渊:《法的价值论》(第2版),法律出版社2006年版,第616~621页。

② 参见卓泽渊:《法的价值论》,法律出版社2006年版,第618页。

③ 参见张树义主编:《行政法学》(第2版),北京大学出版社2012年版,第33~34页。

及多个同种价值进行横向的量化比较，确保损失和牺牲最少。自动驾驶伦理困境的克服也应当比照法律价值冲突解决的原则和方法，所不同的是，法律需要通过外部行为约束、内部算法嵌入等方式来共同解决。

第三，强化自动驾驶系统自主学习和价值更新。自动驾驶自主化解伦理困境能力的高低取决于其做出合理决策的能力。自动驾驶系统在驾驶实践中，也在不断从人类和外界环境感知越来越多的数据，进而不断改进自动驾驶系统的性能。“如同新生婴儿，机器通过接受大量的信息进行学习。”如果把算法比作引擎，数据就是所添加的汽油。“引擎如果缺少汽油，是无法运作的。同理没有数据支撑的机器学习算法就是个不中用的摆设。”[①]在伦理困境的处理上，自动驾驶系统平时的训练和更新就显得更为重要了。只有不断补足短板，才有可能尽量在占有充分数据信息的情况下达到人类一样的伦理抉择的水平。尤为重要的是，在人机共驾驶和自动驾驶汽车同人类驾驶汽车混合行驶的场景中，人类和机器之间的磨合和协调只有通过更好的人机互动和不断的学习更新，才能使自动驾驶系统在伦理困境中获得更理想的与人类类似的价值选择结果。同时，某种形式的共享机制也能更好地优化自动驾驶系统自主能力的更新，自动驾驶面临的伦理问题也能得到一定程度的缓解。“通过共享数据，开发人员可以在不同的平台上更准确、一致地评估各种情况发生的概率，而通过最终确定和更新相关的成本因素（包括统计生命的价值），规制机构可以为开发人员评估危害提供更可靠的基础。”[②]

---

① [美]胡迪·利普森、[美]梅尔芭·库曼：《无人驾驶》，林露茵、金阳译，文汇出版社2017年版，第259页。

② Bryant Walker Smith, *The Trolley and the Pinto: Cost-Benefit Analysis in Automated Driving and Other Cyber-Physical Systems*, Texas A&M Law Review, Vol. 4(2), 2017, p. 208.

第四节 自动驾驶的可规制性:以驾驶自动化算法为核心

进入21世纪以来,信息技术和人工智能日新月异的进步带来了社会生活的数字化和智能化,以自动驾驶汽车为代表的人工智能的快速发展不断塑造着人类社会形态和生产生活方式,人类社会正逐步由信息社会过渡到智能社会。智能社会"以算法为中心、以数据为先导、以区块链和人工智能为集成、以互联网和物联网为链接",本质上是一个"算法泛在"和"算法主导"的社会。① 自动驾驶当然也离不开算法的有效支撑,可以说如果离开了对自动驾驶算法的规制,自动驾驶的法律规制将无从谈起。以下将从作为自动驾驶技术核心的驾驶自动化算法的视角,探讨自动驾驶接受法律规制的可能性。

一、算法与算法权力

作为人工智能三大要素(算力、算法和数据)之一,算法在人工智能中起着核心作用,堪称人工智能的"大脑"。② 作为自动驾驶汽车的核心要素,自动驾驶系统全盘掌控着车辆从感知、决策到执行的整个驾驶流程,与行驶安全紧密相关。驾驶自动化算法的智能程度影响着自动驾驶法律主体资格的判断、法律伦理难题的化解和法律责任的实现等一系列理论和现实问题的认知和解决,同时智能算法也越来越显现出权力属性的一面,算法权力也有异化和滥用的风险。因此,算法和算法权力就不得不进入我们的研究视野。

(一)算法的内涵及特征

在计算机科学上,算法(algorithm)是指任何良定义的计算过程,该

---

① 参见张文显:《构建智能社会的法律秩序》,载《东方法学》2020年第5期。

② 参见郭哲:《反思算法权力》,载《法学评论》2020年第6期。

过程取某个值或值的集合作为输入并产生某个值或值的集合作为输出，这样算法就是把输入转换成输出的计算步骤的一个序列。① 通俗地讲，算法就是解题的方法。从计算机处理的角度看，算法是由若干条指令组成的有穷序列。②

算法具有以下特点：(1)可行性(effectiveness)，或称能行性、有效性，即算法中的每一个步骤必须能够实现，且算法执行的结果要能够达到预期的目的。(2)确定性(definiteness)，即算法的每一步骤必须有确切的定义，不允许有模棱两可的解释，也不允许有多义性。(3)有穷性(finiteness)，即算法必须能在有限的时间内做完，必须在执行有限个步骤之后终止。(4)拥有足够的数据和情报。一个算法是否有效，还取决于为算法所提供的数据和情报是否足够。③ (5)算法还具有通用性和非唯一性。其中，通用性是指对于同一类型的问题的求解，算法可被重复使用，即只要符合输入数据类型的任意数据均可依据算法求出解。算法的非唯一性是指对同一个问题的求解可能有多个算法，此时就需要通过算法的时间复杂度等指标来衡量多个算法的优劣，以找到最优的算法。④

算法的崛起离不开人类社会的数字化和数据化进程。近20年来，计算机网络、移动通信以及社交媒介的发展使人的行为以数据的形式得以表征，这为人类理解和把握世界并采取行动提供了某种前提和基础。⑤ 在“量化一切”的数据化过程中，人们将现象转变为可制表分析的

① 参见[美]托马斯·H. 科尔曼等：《算法导论》(第3版)，殷建平等译，机械工业出版社2017年版，第3页。

② 参见徐雅静等编著：《数据结构与算法》，北京邮电大学出版社2019年版，第6页。

③ 参见徐士良、葛兵编著：《计算机软件技术基础》(第2版)，清华大学出版社2007年版，第1～2页。

④ 参见刘友华：《算法偏见及其规制路径研究》，载《法学杂志》2019年第6期。

⑤ 参见段伟文：《数据智能的算法权力及其边界校勘》，载《探索与争鸣》2018年第10期。

量化形式,从而为计算机提供了海量的数据。[①] 为了对这些数据进行深度挖掘和分析并为人类提供解决问题的方案,算法就应运而生。作为计算机和人工智能的核心要素,伴随大数据和机器学习的进步,算法也在不断进化之中。“机器学习(尤其是无监督学习)结果的不可控性又使人工智能不同于以往的技术,其中蕴含着更大的风险和不确定性”[②],使算法也越来越具有很强的自主性和不可预测性,这也是有的学者认为人工智能具有法律和伦理主体资格的一个主要原因。

(二)作为一种特殊权力的算法

传统上,权力是通过支配人们的环境以追逐和达到目标的能力,[③]意味着对人和资源的一种支配力和控制力,一般由国家机关或者社会集体享有。但是,信息网络、人工智能等新技术正在日益打破这一权力格局。在新技术的发展中成长起来的一些高科技企业,利用大数据和算法技术,凭借自身专业技术等优势,利用以算法为核心的人工智能产品和相关软件的推广和应用,逐步控制和支配着社会信息和资源,从而对个人、社会和政府机关的行为进行各种干预和引导,有学者将其称为“算法权力”。随着算法日益成为智能社会的主导力量,算法权力正在逐渐形成一种“准公权力”,这种权力的出现改变了原有的“权力—权利”格局。[④]

首先,算法权力是一种虚拟权力。算法权力不同于传统的权力形态,如国家权力的行使依托于特定的国家机关、人员和程序,并以法律为根本依据。从计算机科学的角度看,虽然算法可以由自然语言、流程图、伪代码、程序设计语言等进行表达和描述,[⑤]但是算法最终总会在计算

---

① 参见[英]维克托·迈尔-舍恩伯格、[英]肯尼思·库克耶:《大数据时代》,盛杨燕、周涛译,浙江人民出版社2013年版,第104页。

② 郑戈:《算法的法律与法律的算法》,载《中国法律评论》2018年第2期。

③ 参见[英]迈克尔·曼:《社会权力的来源》(第4卷),郭忠华等译,上海人民出版社2015年版,第80页。

④ 参见郭哲:《反思算法权力》,载《法学评论》2020年第6期。

⑤ 参见徐雅静等编著:《数据结构与算法》,北京邮电大学出版社2019年版,第6~7页。

机、自动驾驶汽车以及其他智能产品上以软件代码的形式存在，算法指令只有在机器中才能被理解和执行，无法为普通人所理解和接受，也无法直接对人类发生作用。因而，算法权力具有虚拟性，是一种虚拟权力，但这并不影响其客观实在性。

其次，算法权力是一种泛在的权力。算法赖以发挥功效的"土壤"——信息互联网的无处不在以及计算机和移动电子设备的普及，使算法可以在整个网络空间中不断渗透和游走，而大数据、云计算和区块链技术强化了算法的这种去中心化和广泛分布的特点。这就是算法权力的泛在性，也有学者视算法权力为一种弥散性的权力。区别于传统权力自上而下的操控和支配，算法权力在实际运作中的网络结构化和弥散性，使其成为一种"无所不在的权力"①。算法权力的泛在性对现有的"权力—权利"格局产生了较大冲击，这也决定了对其进行规制的难度。

再次，算法权力是一种"软权力"。美国学者约瑟夫·奈在《硬权力与软权力》一书中将权力分为硬权力和软权力。所谓硬权力，就是传统的权力，这种权力具有强制力和支配力，以国家公权力（如行政权、司法权）为其典型。与硬权力相对应，软权力则多以自愿、合作的形式发挥作用。② 算法作为一种软权力，主要是通过数据挖掘和分析，通过迎合特定偏好、满足特定需求、鼓励和引导等方式，找到算法权力发挥作用的支点，从而达到支配和控制的预期目的。例如，电商平台通过分析消费者的消费记录来为消费者推荐热门产品，从而达到销售商品的目的。在这里，消费者并未被强制要求购买该产品，而是按照自己的需求进行的消费。

---

① 肖冬梅：《"后真相"背后的算法权力及其公法规制路径》，载《行政法学研究》2020 年第 4 期。

② 约瑟夫在《硬权力与软权力》一书中主要是从国家角度讨论软权力的。软权力是国家享有的一种权力形态，它描述"一个国家使其他国家以其目标为目标"，一个国家之所以能够实现其所期望的世界目标是因为"其他国家愿意追随它"，或"认可造成这一结果的情势"。软权力与硬权力不同之处在于，前者更加依赖信任、自愿和相互依赖。参见［美］约瑟夫·S. 奈：《硬权力与软权力》，门洪华译，北京大学出版社 2005 年版，第 102～106 页。

最后,算法权力具有不可预期性。无论是信息、知识,还是机器智能,在大数据时代都是以数据为载体存在的。① 与传统权力形态相比,算法权力并不基于人类的认知、判断和意志,而是基于海量数据的分析,从而做出特定算法决策,这种决策虽然是在程序员的设计之下进行的,但仍然具有一定的自主性。而机器学习技术的发展则加剧了这种自主性。计算机科学,特别是人工智能的研究者一般认为,如果一个系统能够通过执行某个过程改进它的性能,就可称为机器学习。根据目标不同,机器学习分为"从有限观察概括特定问题世界模型的机器学习""发现观察数据中暗含的各种关系的数据分析""从观察数据把握有用知识的数据挖掘"等不同分支。② 无论何种机器学习,毫无疑问,都可以在现有基础上将算法变得更为复杂和更加具有适应性,但同时也增加了算法决策的自主性和不可预测性,由此伴随的将是算法权力的不可预期性,因而算法权力所带来的风险似乎变得不可预测和不可避免。

从权力角度审视算法,算法权力一方面与传统权力类型类似,对人和物具有一定的支配力和控制力;但另一方面,其虚拟性、泛在性、不可预期性等特点也强化了其异化和风险的必然性。因此,法律对任何智能产品的规制,也必然不能忽视对算法及算法权力本身的规制。

二、算法异化及其类型

数据、算法和算力是智能社会的三大基本要素,而算法是发挥算力和数据优势的关键环节,但恰恰是算法这个关键环节容易出现算法偏差、算法偏见、算法黑箱、算法霸权等算法异化的风险。以推荐算法为例,算法推荐的结果可能是让人作出违背意愿的决定。同时,算法正在代替人类进行价值判断,很多时候是算法而不是人类自己在决定什么是

① 参见涂子沛:《数据之巅:大数据革命,历史、现实与未来》,中信出版集团 2019 年版,第 339 页。

② 参见王珏等主编:《机器学习及其应用》,清华大学出版社 2006 年版,第 2 页。

“重要”、“相关”、“适合”或“有害”。[①] 可以说,算法及其异化给现代社会带来了不可忽视的巨大隐忧。“算法是人类治理的工具,而不能成为治理的目的。”[②]要合理规范和引导算法,以发挥其正面功能,首先需要对算法可能出现的异化风险进行类型化分析和研究。

(一)算法偏差

算法偏差是特定算法的输出结果与设计目的、事实存在出入、偏离和差距的现象。算法偏差一旦出现在自动驾驶过程中,可能带来巨大的安全隐患。由于算法是求解某类问题的方案,这种方案在设计之初能否有效解决问题,本身是存在一定疑问的,在程序调试和监管缺位的情况下,很有可能出现因设计错误或者漏洞而导致偏离设计预期的局面。而在人工智能系统通过深度学习而进化的算法,其运行结果往往很难预测是否符合设计者和用户的目的和需求。作为一种客观存在的现象,算法偏差实际上很难避免,这就如同人类总会犯错一样,机器也会出错,重要的是如何将这种算法偏差降到最低限度。

算法偏差产生的原因具有一定的复杂性。首先,算法偏差可能来源于样本数据。由于人工智能“获得智能的方法不是和我们人一样靠推理,而更多的是利用大数据,从数据中学习获得信息和知识”[③],与小数据时代“随机采样,最少数据获得最多信息”不同,在大数据时代,算法的基础是“样本 = 总体”的“全数据模式”。[④] 可见,算法的优化有赖于数据样本的规模和范围。再完美的算法,如果没有尽可能丰富和多样的大数据支撑,其也会出现偏差,更何况算法并不完美。其次,算法模型本身的错误或者漏洞可能带来算法偏差。算法模型是描述、分析和挖掘数

---

① 参见郭锐:《人工智能的伦理和治理》,法律出版社 2020 年版,第 76 页。

② 高奇琦:《国家数字能力:数字革命中的国家治理能力建设》,载《中国社会科学》2023 年第 1 期。

③ 吴军:《智能时代:大数据与智能革命重新定义未来》,中信出版集团 2016 年版,第 85 页。

④ 参见[英]维克托·迈尔－舍恩伯格、[英]肯尼思·库克耶:《大数据时代》,盛杨燕、周涛译,浙江人民出版社 2013 年版,第 37 页。

据,并最终得出算法结果的最基本依托。如果算法模型出现了重大谬误或者漏洞,其会带来数据描述与分析偏差,算法结果也将不可避免地出现偏差,不仅会给我们认识环境带来误导,还可能造成决策偏差。[①] 最后,算法偏差也可能源于设计环节,即算法开发人员的主观失误导致了算法错误和遗漏。这种算法偏差实际上应归责于人类。对于自动驾驶来说,算法偏差会给自动驾驶过程带来难以预料的安全隐患,也会给自动驾驶法律规制带来极大的挑战。

(二)"信息茧房"效应

"信息茧房"(information cocoons)是哈佛大学教授桑斯坦于2006年在其《信息乌托邦》一书中提出的。"信息茧房"是指人们所关注的领域会习惯性地被自己的兴趣引导,并排斥兴趣之外的信息,从而将自己的生活局限于像"茧房"一样的狭隘空间中。在多数情况下,"我们只听我们选择的东西和愉悦我们的东西的通讯领域"[②]。如果说"信息茧房"是信息社会的普遍现象,那么在大数据和算法大行其道的智能社会则会不断强化这种"信息茧房"效应。以各种个性化推荐服务为例,人们在购物和浏览网页过程中的痕迹被大众传媒和有关平台进行挖掘和利用,并通过推荐算法,精准地为潜在客户推荐符合其兴趣和需求的信息。"在后信息时代中,大众传媒的受众往往只是单独一人,所有商品都可以订购,信息变得极端个性化。人们普遍认为,个性化是窄播的延伸,其受众从大众到较小和更小的群体,最后终于只针对个人。"[③]更可怕的是,"信息茧房效应对于个人自由的影响是不自觉的:人们以为是自己在作选择,但其实是被数据'喂养'的"[④]。显然,基于大数据和深度学习的算法系统这种个性化推荐服务不但没有从一个积极的角度"刺破"大

---

① 参见彭兰:《假象、算法囚徒与权利让渡:数据与算法时代的新风险》,载《西北师大学报(社会科学版)》2018年第5期。

② [美]凯斯·R.桑斯坦:《信息乌托邦》,毕竟悦译,法律出版社2008年版,第8页。

③ [美]尼葛洛庞帝:《数字化生存》,胡泳、范海燕译,海南出版社1997年版,第192页。

④ 雷磊:《新科技时代的法学基本范畴:挑战与回应》,载《中国法学》2023年第1期。

家安于入住的“信息茧房”，反而进一步加深了“信息茧房”效应。在自动驾驶场景中，“信息茧房”效应虽然能在最大程度上满足车主和乘客的个性化需要，但也会带来一定的安全隐患，如对不良驾驶习惯的模仿和对乘客信息安全的威胁等。

（三）算法偏见

算法偏见，又称算法歧视，是指那些“可以造成不公平、不合理结果的系统性可重复出现的错误”①。很长一段时间以来，人们认为只要算法本身是合理的，数据是客观真实的，算法运行的结果也必然是客观中立的。在算法发展的早期，“算法中立”被奉为圭臬。然而，算法真的能做到彻底的客观中立吗？答案是否定的。在算法客观中立的表象背后，实际上暗藏着很多影响算法中立的因素，如设计人员的价值观念可能会影响算法本身的中立性，而数据的选取也是算法中立的重要影响因素。就技术角度而言，“算法中立”只是个技术理想，实际上算法总是会带有一定“偏见”。②

算法偏见在现实生活中表现为多种样态：（1）种族歧视，算法偏见所引发的种族歧视最典型的例子是谷歌公司的一款 Google Photos 应用程序将一名黑人识别为大猩猩；③（2）性别歧视；（3）价格歧视，典型的案例是“大数据杀熟”所导致的同物不同价格现象。④ 算法偏见在网上购物、犯罪预防和矫正、大众传媒等领域普遍存在，其极大地加剧和放大着某些早已存在的社会偏见和歧视，从而引发不必要的失序和伦理危机。算法偏见在自动驾驶中可能制约自动驾驶系统在应对伦理选择和伦理

---

① 刘友华：《算法偏见及其规制路径研究》，载《法学杂志》2019 年第 6 期。

② 参见孙清白：《人工智能算法的“公共性”应用风险及其二元规制》，载《行政法学研究》2020 年第 4 期。

③ 参见翼飞：《谷歌照片应用误把黑人标记成“大猩猩”》，载腾讯科技，https://tech.qq.com/a/20150703/004879.htm，最后访问日期：2023 年 11 月 29 日。

④ “大数据杀熟”是指同样的商品或服务，老客户看到的价格反而比新客户要贵出许多的现象。算法在大数据杀熟中扮演着重要作用，通过算法筛选，电商平台可以锁定高收入、高消费群体，从而在定价上做出差别性的安排，赚取额外的收益。

困境时的能力和立场。

(四)算法黑箱

“算法黑箱”是一种隐喻,指由于技术本身的复杂性以及商业秘密保护的考虑,算法犹如一个未知的“黑箱”——用户并不清楚算法的内容、目标和意图及其责任归属等信息,更谈不上对其进行评判和监督。算法黑箱是算法运行的某个阶段“所涉及的技术繁杂”且部分人“无法了解或得到解释”的状态。① 算法黑箱的产生一方面是因为算法语言和技术的不透明性和专业性增加了普通人了解算法的认知门槛,大众很难真正理解和接触算法;另一方面是因为算法本身也涉及商业秘密等与企业核心竞争力相关的要素,企业一般不愿意将其予以公开化。再加上算法作为一项新兴的技术要素,法律政策和政府规制未能及时跟进,这为算法黑箱的滋生提供了有利的制度环境。自动驾驶系统的“算法黑箱”效应直接关系到车内乘客和车外其他交通参与主体的生命健康权和信息安全权。算法黑箱与正当性原则背道而驰,容易导致合法性危机。②尽管算法黑箱的存在有其客观必然性,但是怎样在鼓励创新和确保安全之间找到合适的平衡点,仍是今后对自动驾驶系统算法黑箱进行规制的要点。

(五)算法霸权

算法作为一种特殊的权力形态,其也有被滥用的风险。在凯西·奥尼尔所著的《算法霸权》一书中,作者认为算法具有“不透明”“规模化”“毁灭性”三个特征,被认为是一种“数学杀伤性武器”,从而构成一种“算法霸权”。“这些数学杀伤性武器关闭了亿万人的机会之门,通常只是因为一些微不足道的理由,而且不予他们上诉的机会。”③算法霸权的

---

① 参见谭九生、范晓韵:《算法“黑箱”的成因、风险及其治理》,载《湖南科技大学学报(社会科学版)》2020年第6期。

② 参见汝绪华:《算法政治:风险、发生逻辑与治理》,载《厦门大学学报(哲学社会科学版)》2018年第6期。

③ [美]凯西·奥尼尔:《算法霸权》,马青玲译,中信出版集团2018年版,第20页。

存在影响着个体权利和自由的行使，也深刻地改变着整个权力体系的格局。正如有学者所指出的，鉴于算法霸权使其对社会实在的构建具有“固有的排斥性”，这使主体的能动性在实践层面得以赋权的关键是“算法权力必要削弱或让渡”，即“适度祛权”。[①]

算法霸权与前述四种情形具有一定重叠之处，如算法的不透明性本身也是算法霸权的一种成因。但是算法霸权也有其独特的内容，那就是算法的设计、运作和算法结果往往掌握在少数拥有专业技术的大企业和平台手中。算法技术的运用因知识产权和商业秘密的保护制度本身具有一定的垄断性和排他性，一旦被滥用，既影响数据信息的共享，也不利于算法本身的监管，以至于侵害个体的基本权利和自由。在一些领域，由于算法本身的重要性，其无疑增加了政府管理的成本和难度，事实上已经形成一支可以同国家公权力相抗衡的不可忽视的技术力量，并不断侵蚀着政府规制的权力运作。

三、驾驶自动化算法接受法律规制何以可能

同其他很多人工智能产品一样，驾驶自动化算法也具有异化的可能，特别是在大数据基础上的深度学习之后，驾驶自动化算法具有很强的自主性和适应性。这种鲜明的自我适应性是智能时代与传统的信息时代的最大不同，机器已经从简单的输入输出的工具，转为一种具有自动符合人类需求、适应社会需要的参与者。[②] 面对挑战，法律将如何作为？法律是否可以直接对驾驶自动化算法进行规制？法律规制驾驶自动化算法的依据和基础是什么？这是需要在理论上予以回答的基本问题。

（一）现实依据：驾驶自动化算法带来的挑战

从现实角度看，驾驶自动化算法接受法律规制的必要性源于驾驶自

① 参见段伟文：《数据智能的算法权力及其边界校勘》，载《探索与争鸣》2018 年第 10 期。

② 参见周佑勇、王禄生等：《智能时代的法律变革》，法律出版社 2020 年版，第 4 页。

动化算法及其异化带来的挑战和问题。

首先,驾驶自动化算法给公共安全带来了巨大风险。这里的安全主要是指道路交通安全和人身财产安全。尤其是在驾驶自动化算法中涉及事故算法的部分直接与乘客和其他道路交通参与主体的生命攸关。自动驾驶汽车事故算法之所以被热议,就是因为死亡在预想的事故中不可避免。[①] 驾驶自动化算法中可能存在的算法偏差、算法偏见和算法黑箱等都蕴藏着巨大的安全风险。

其次,驾驶自动化算法可能侵蚀公民的基本权利和自由。在现代社会,公民享有广泛的权利和自由,在关涉自动驾驶方面,这些权利和自由包括生命权、健康权、平等权、隐私权以及人格尊严等。驾驶自动化算法中可能存在的算法偏见、"信息茧房"效应、算法霸权等现象将会侵蚀公民的上述为宪法和法律所保护的基本权利和自由。而自动驾驶汽车网联化、智能化的特点使驾驶过程中的个人隐私、个人信息容易受到非法侵犯。在信息时代,隐私经历着从"公民身份"向"信息身份"的过渡,"个人信息作为外在具象,越来越构成个人的内在自我"。信息网络的存在可能侵蚀个人身份感,导致个人不再不可替代,这为线下身份和新的关系的重新定义提供了可能,"让我们在没有实体的信息圈里重新树立、调整自己的身份"[②]。在这种场域中,自动驾驶也很难独善其身,个人隐私与个人信息权益面临巨大挑战和风险。

再次,驾驶自动化算法挑战现有权力架构。现有的社会治理主要由国家公权力,特别是行政权主导。驾驶自动化算法因其不透明性、不可预见性、专业性等特点,一旦出现问题很难为公权力所介入和治理。更何况智能算法本身的"权力"属性使其已经成为一种不可忽视的社会治理手段,算法权力存在的滥用和专横倾向不断消解着国家权力作用的领地和

---

① 参见余露:《自动驾驶汽车的事故算法及其限度》,载《自然辩证法通讯》2019 年第 1 期。

② 郭旨龙:《从公民身份到信息身份:隐私功能的理论重述与制度安排》,载《法制与社会发展》2020 年第 5 期。

空间。驾驶自动化算法的存在和演进,“深刻变革着以国家为中心的纵向权力模式,逐渐形成了横向权力模式,产生权力主体去中心化倾向”①。

最后,驾驶自动化算法可能冲击社会伦理价值体系。在传统社会中,每个人与他人、社会、自然等在长期的社会交往和历史演进中,已经形成了相对稳定的交往形式和道德伦理体系。然而在人工智能时代,“人机关系”将跃升为新型关系。② 这种新型的“人机关系”与传统的互动关系存在的显著差异可能冲击现有的社会伦理价值观念,如驾驶自动化中存在的“电车难题”等伦理困境,算法无法比人类解决得更好,甚至还有可能变得更加混乱和不可预期,进而引发严重的社会道德危机。

(二)法理依据:规制驾驶自动化算法的正当性基础

在传统上,无论是司法实践还是理论学说,一般认为软件和代码本身无法对人造成直接伤害,因而不能承认其可责性。这主要是因为软件具有三个特征:(1)软件的无形形式(intangible form),这使软件侵权很难被举证和追诉;(2)软件的创新功能(innovation function),即法律强调对软件创新的鼓励和支持,因而使软件及其开发行为在法律上一般无法追究责任;(3)软件的复杂性失范(complexity anomie),即软件的复杂性导致对其追究责任的困难性。然而,算法和软件在自动驾驶中扮演着十分重要的作用,其对有关事故和损害的发生往往负有直接责任。③ 从理论上看,驾驶自动化算法作为一种虚拟、泛在的机器算法能否接受法律的规制,需要具备正当的法理基础。笔者认为,驾驶自动化算法作为自动驾驶技术的核心,仍然具有可规制性,可以为法律所调整和规制,理由如下。

其一,算法本身也暗含、调整并影响着广泛而复杂的社会关系。从驾驶自动化算法的本质来看,其主要功能是替代人类驾驶,实现彻底的

---

① 郭哲:《反思算法权力》,载《法学评论》2020 年第 6 期。

② 参见胡元聪、廖娟:《人工智能的负外部性及其经济法规制》,载《大连理工大学学报(社会科学版)》2020 年第 3 期。

③ See Bryan H. Choi, *Crashworthy Code*, Washington Law Review, Vol. 94(1), 2019, p. 62.

无人驾驶。虽然人类驾驶员可以被取消,但是车辆驾驶所涉及的道路交通规则、环境和参与主体并未发生实质性变化,仍然在人类社会这个大场域之中,算法所“调整”的也是一种社会关系,与法律并无二致。例如,一旦自动驾驶汽车发生违法行为和事故,从法律规制的角度看,都无法逃避责任追究的问题,如果否认法律和政府对驾驶自动化算法的这种规制,则可能造成新的人机不平等。

其二,对驾驶自动化算法进行规制是自动驾驶法律规制的关键环节。规制的传统模式注重结果规制,这种模式重在违法犯罪行为发生后,依法追究行为主体的法律责任,很显然,这对于自动驾驶的法律规制自然也不可或缺。不过,鉴于驾驶自动化算法的不透明性、不可预见性等特点,如果不对驾驶自动化算法进行事前和事中规制,一旦发生违法行为或者事故,其后果将是无法想象的,对驾驶自动化算法在设计和运行环节的必要监管就显得十分紧迫和正当。

其三,对算法的现有规制为驾驶自动化算法的法律规制提供了可能。目前法律对算法的规制主要通过知识产权制度、数据安全法律制度以及电子商务立法等得以实现。例如,欧盟《通用数据保护条例》第 22 条第 1 款规定所涉及的数据主体的权利也被学者称为“脱离算法自动化决策”或者“反对自动化决策”,[①]本身也是对自动化算法的一种直接限制。此外,我国《电子商务法》第 18 条和第 40 条也对电商平台的商品搜索服务中的推荐和排序规则进行了规范,这实际上是对推荐算法和个性化服务算法的一种直接规制。驾驶自动化算法作为算法的一种,直接关系公共安全和交通参与主体的生命健康权益,若从举轻以明重的角度出发,驾驶自动化算法受法律规制从理论上并无障碍。

其四,对驾驶自动化算法的规制并不是全面规制。驾驶自动化算法的专业技术性很强,法律不可能更没必要事无巨细地涉及驾驶自动化算法的方方面面。一方面,法律调整和规范的是那些对公共利益和个人基

---

① 参见唐林垚:《“脱离算法自动化决策权”的虚幻承诺》,载《东方法学》2020 年第 6 期。

本权利与自由影响较大的算法,对于技术的细枝末节则应交给企业和行业自律去解决;另一方面,过于严苛和全面的规制也会不当干预技术自身的发展规律,从而阻碍技术创新和进步。法律具有维护人类社会基本生活条件,确定有关技术规程、标准等社会作用。[①] 实际上,对驾驶自动化算法的规制的背后还有一个规制能力的问题,“如果政府拥有更强的算力、更好的算法,那么它就能规制;如果没有,它可能就不能规制”[②]。不管怎样,法律对那些事关公共安全和个人基本权利自由等重要事项进行规制是十分必要的,也是驾驶自动化算法接受规制的核心内容,还是法律发挥社会治理作用的具体体现。

(三)驾驶自动化算法的规制策略

既然从现实角度和法理层面来看,驾驶自动化算法都应被法律规制,那么摆在我们面前的是从法律上如何实现对驾驶自动化算法的规制。具体来说,驾驶自动化算法的规制应有针对性地制定一些具体的规制策略。

从根本上讲,规制机构应加强驾驶自动化算法的规制能力建设。当前,自动驾驶技术在我国尚处于道路测试阶段,政府各项政策的制定和监管活动的开展尚且缺少专业技术支撑,更别说对驾驶自动化算法本身的规制了。面对驾驶自动化算法,最好的规制策略就是“以其人之道还治其人之身”,也就是用算法规制算法。这就意味着在规制驾驶自动化算法过程中,政府将更多运用自动化技术来实现行政管理,体现在法律形式上就是用基于自动化算法的自动化行政行为。这种自动化行政行为不仅表现为以电子形式作出或者告知行政行为,也不仅局限于借助电子设备处理公务,还体现为采用完全自动化的机器具体行政行为来实现

① 参见沈宗灵主编:《法理学》(第2版),高等教育出版社2004年版,第80~81页。

② 许可:《GDPR:数字经济的守护者还是阻碍者?》,载陈亮、张光君主编:《人工智能时代的法律变革》,法律出版社2020年版,第117页。

监管。[①]

另外一个策略是不断强化事前、事中规制。规制重心前移是政府面对技术复杂度和安全风险较高的规制对象的有效策略。自动驾驶汽车事关人的生命健康权益和道路交通安全,自动驾驶系统在算法的指导之下做出的行为虽然能克服人类驾驶员疲劳、情绪波动、反应速度缓慢等弊端,但也存在算法偏差、算法歧视、算法霸权等不足,特别是在紧急情况下的算法抉择结果又往往体现为一个伦理问题,因此如果等到违法行为或者事故发生后再去追究责任,恐怕为时已晚。因此,加强事前、事中监管势在必行。对于驾驶自动化算法,有必要通过事前审查、备案等方式对涉及生命、隐私、安全等敏感算法进行监管。例如,对于重要的算法,可以建立算法备案制度。[②] 而针对算法黑箱和算法偏见等问题,可以建立"伦理审计"制度。"伦理审计"的基本策略是,"从智能认知与算法决策的结果和影响中的不公正入手,反向核查其机制与过程有无故意或不自觉的曲解或误导,揭示其中存在的不准确、不包容和不公正,并促使其修正和改进"[③]。

通过法律制度增强驾驶自动化算法的透明度也是一个有效的策略。针对算法的专业性、复杂性、不可预测性和非透明性特点,公开能够最大程度使"黑箱"中的算法接受外界的了解、评估和监督。这一方面要求驾驶自动化算法模型本身可审查,并且可解释;另一方面要求作为算法运行基础的数据透明和操作可查。[④] 但是绝对地强调公开和透明则可能侵犯技术企业的商业秘密。为了实现算法透明与技术保护二者的适当平衡,有学者借鉴保护药品数据的管制性排他权制度,提出了以算法

---

① 参见查云飞:《人工智能时代全自动具体行政行为研究》,载《比较法研究》2018 年第 5 期。

② 参见孙清白:《人工智能算法的"公共性"应用风险及其二元规制》,载《行政法学研究》2020 年第 4 期。

③ 段伟文:《人工智能时代的价值审度与伦理调适》,载《中国人民大学学报》2017 年第 6 期。

④ 参见刘友华:《算法偏见及其规制路径研究》,载《法学杂志》2019 年第 6 期。

公开（保存源代码）为对价赋予算法开发者一定期限内的市场排他权，也就是所谓的确立算法排他权。①

面对日益复杂的算法世界，寻求合作是一个更加实用、高效的规制策略。算法的技术特点决定了其存在和发展必须依赖于广泛的技术分工和技术合作。即使是最有前途的智能产品开发企业，也不可能包揽算法行业所有的技术领域，更何况技术并非政府部门所长。而在市场化运作和技术的迭代演进中，人工智能相关网络平台日益扮演着重要角色。对于自动驾驶领域而言，未来自动驾驶汽车的普及也离不开相应的自动驾驶服务平台。因此，随着“政府—平台—商户”“公权力—社会权力—私权利”三元结构治理理念的确立，政府需要改变单向度的“命令—控制”的管控方式，确立算法规制的合作治理策略。这就要求一方面明确社会第三方的参与权限，另一方面要细化社会第三方的参与程序。②

第五节　自动驾驶法律规制的原则

从法律的制定和实施角度看，实践中政府对自动驾驶的规制应遵循若干原则。这些原则为自动驾驶相关法律和政策的制定、修改以及自动驾驶的政府监管实践提供原则、方法和理念上的指引。在我国自动驾驶技术快速发展、自动驾驶立法和监管制度尚不完善的背景下，确立若干规制原则有利于弥补立法未能及时跟进到位的立法空白，同时也为规制机构实施规制活动明确了基本尺度。具体来说，自动驾驶法律规制应坚持以下六个原则。

---

①　参见梁志文：《论算法排他权：破除算法偏见的路径选择》，载《政治与法律》2020 年第 8 期。

②　参见郑智航：《人工智能算法的伦理危机与法律规制》，载《法律科学（西北政法大学学报）》2021 年第 1 期。

一、合理考量驾驶自动化等级

合理考量驾驶自动化等级意味着在自动驾驶法律规制中,不管是法律或者政策制定,还是具体规制活动的展开,都应基于驾驶自动化的等级。目前,就驾驶自动化的等级划分而言,国际上较为通行的是国际汽车工程师协会(SAE International)所提出的 L0～L5 六个等级的划分体系。不同等级的驾驶自动化程度存在差异,导致人类驾驶和自动驾驶两种因素在整个驾驶中的比重存在差异,进而影响车辆控制权的划分问题。法律在调整自动驾驶行为的过程中,必须基于不同的自动化水平,分别设定不同的主体权利义务,进而确定违法行为和事故发生后的责任大小和责任归属。此外,在标准制定、法律准入等环节,驾驶自动化的等级也是必须予以考量的重要因素。因此,基于驾驶自动化等级的规制,首先必须统一我国的驾驶自动化分级标准,明确自动驾驶法律规制的基本依据。

从目前通行的驾驶自动化分级来看,驾驶自动化实际上大体可以分为三种类型:一是辅助驾驶。这种驾驶自动化水平意味着自动驾驶系统只能作为人类驾驶员的辅助工具,人类驾驶员依然牢固掌控着汽车的控制权,辅助驾驶系统仅为驾驶员提供自动巡航、碰撞预警、泊车辅助等辅助功能,辅助驾驶主要包括 L0、L1 级别的驾驶自动化。二是半自动驾驶。这种驾驶自动化水平下,车辆的自主控制能力较强,已经超出了辅助驾驶的范畴,在有人照看的情况下可以完成动态驾驶任务,但是在特定情形下,仍需要人类接管。L2、L3 级别的驾驶自动化就属于半自动驾驶。三是全自动驾驶。这种级别的自动驾驶可以完全不依赖于人类的干预,就能够完成自动驾驶任务。L4、L5 级别的驾驶自动化即属于全自动驾驶。

在明确了辅助驾驶、半自动驾驶和全自动驾驶的基本分类之后,法律对自动驾驶的调整应基于不同级别的自动驾驶设计差异化的规则。笔者认为,以下事项应当考虑驾驶自动化的等级:一是自动驾驶的相关法律责任的设置和追究，包括民事责任、刑事责任和行政责任，但是与规制相关的更多的是行政法律责任；二是自动驾驶的法律准入，包括自动驾驶车辆的产品准入、自动驾驶系统准入等，由于驾驶自动化的等级不同，准入规则的宽严程度应体现出差异性；三是自动驾驶的相关标准制定；四是对自动驾驶道路测试活动的监管，也应根据驾驶自动化的不同级别，在监管措施上进行区别，以适应不同级别自动驾驶道路测试的实际需要；等等。总之，自动驾驶的法律规制不是一个抽象的规制过程，而是一个具体的规制过程。由于自动驾驶的自动化程度牵涉到人类在驾驶活动中控制权的大小和责任的大小，在自动驾驶法律规制中合理考虑驾驶自动化等级的差异性有其客观必然性。

二、依托道路测试形塑自动驾驶制度体系

在自动驾驶发展的早期阶段，技术尚不成熟，并且在快速发展过程中，自动驾驶相关法律政策体系远落后于规制实践的需要。面对测试中的技术形态，过早地确定法律制度也可能存在因测试所暴露的问题不充分或者解决方案不成熟而带来法律制度本身的不科学、不成熟，并且在技术还未定型的情况下确立法律制度规范，也可能不当限缩技术创新的制度空间。因此，当前法律和政策的主要任务是调整自动驾驶道路测试。自动驾驶道路测试制度应与将来的自动驾驶立法存在差异，所以"在构建道路测试制度的过程中，并不能全然按照对于自动驾驶技术的理想期待提出规范性要求"①。鉴于自动驾驶道路测试的"试验"性质，道路测试制度应尽可能允许自动驾驶技术去暴露问题，在制度上保持足够的灵活性和包容性。可见，当前法律规制的重点应是自动驾驶道路测试活动。

同时，未来成熟的自动驾驶立法和监管制度也必须建立在现有自动

---

① 刘骏：《制度创新如何面对自动驾驶——基于道路测试制度的观察与反思》，载《中国科技论坛》2019 年第 7 期。

驾驶道路测试及其监管实践的基础之上。道路测试犹如一个制度"试验田",既允许自动驾驶技术不同方案的试验和测试,以决定优劣,也允许监管部门在监管实践中摸索规制自动驾驶活动的方式方法,不断完善现有道路交通等的法律制度。从这个意义上讲,未来的自动驾驶法律制度应以自动驾驶道路测试及其监管实践为基本依托。这种依托作用体现在:首先,自动驾驶道路测试为自动驾驶法律规制的有关立法和政策提供了制度创新和试错的平台;其次,相对宽松的道路测试法规政策环境允许监管部门尝试新的监管手段和方式;再次,道路测试也为监管部门学习和了解自动驾驶技术及其管理方法提供了时间和场所条件;最后,对自动驾驶道路测试的规制是未来完全意义上的自动驾驶法律规制的基本雏形,充分的道路测试及其监管实践必将为自动驾驶法律规制奠定基本的法律和政策制度框架。

当然,对自动驾驶道路测试的规制并不是自动驾驶法律规制的全部内容。自动驾驶道路测试主要涉及道路交通安全监管和自动驾驶技术本身可靠性的验证监管两个方面,其对于自动驾驶汽车在生产、开发等环节并不能较好地兼顾。因此,完善的自动驾驶法律制度体系必须依托于现有的自动驾驶道路测试实践的制度创新,但是自动驾驶道路测试监管并不等同于自动驾驶法律规制本身。

三、约束与引导并重

约束与引导并重原则意味着对自动驾驶的规制一方面要强调法律对自动驾驶相关主体行为的约束;另一方面要通过政策和法律引导,释放企业和市场的创新活力,引导相关主体通过自律管理协助实现对自动驾驶的法律规制。可见,政府规制是现代市场经济条件下不可或缺的制度安排,是对市场失灵做出的回应。[①] 由于自动驾驶汽车较之于传统有人驾驶的汽车,技术复杂程度和技术风险均较高,政府有必要基于公共

① 参见徐晓慧、王云霞编著:《规制经济学》,知识产权出版社2009年版,第5页。

安全等需要，对相关主体的行为进行干预、约束和控制。法律约束自动驾驶汽车生产者、开发者、使用者等主体的方式在行政法上主要体现为行政处罚、行政强制、行政检查等秩序行政。规制机构的这种强力规制行为可能侵犯个人和组织的基本权利和自由，因而从行政法角度讲应予以严格规范和限制，以保证其在法律的轨道上运作。

然而，如果政府一味以“命令—控制”的高权行政对自动驾驶这种新兴的技术进行高强度的严格规制，也可能因为规制过度而阻碍自动驾驶相关企业技术开发和应用的进度，从而不利于自动驾驶行业的发展。因此，在约束的同时，还需要通过法律和政策的制定和修改来有效引导相关企业、个人的行为。特别是对于那些并不直接影响自动驾驶安全的行为，在规制策略上应以较为柔性的方式进行，并鼓励行业自律管理。例如，政府可以引导企业和行业以制定自动驾驶团体标准和企业标准的形式规范自身的行为，以实现企业和行业的自我规制。

在约束与引导二者关系上，鉴于规制本身的特性以及自动驾驶技术的风险性特征，应首先强调对自动驾驶的安全和秩序规制，在此基础上对行业和企业加以适当引导，以充分激发自动驾驶相关利益主体的活力。但是这种引导并非完全忽视规制本来的“干预”色彩。即便是行业自律性组织，尤其是行业协会的规制规则必须符合法律规则和政府规制规则。而且，自动驾驶行业自律性组织本身也要接受政府规制。①

四、公益优先，兼顾私益

“公共利益”的内涵具有高度抽象性和不确定性，但是公共利益的核心在于利益的“公共性”特点。“人们组成国家，这一政治社会，并服从政府的普遍权威，是为了实现非政府状态无法实现的正义、公正、福利。”也正因为如此，“正义、公正、福利的概念既是公共性本身，又是公

---

① 参见曲振涛、杨恺钧：《规制经济学》，复旦大学出版社2006年版，第5页。

共性的实体性内容,也是公共的理念在具体的情况下得以展开的核心问题"①。对公共利益的调整以及公共利益和私人利益的权衡是公法规范的永恒主题。同其他所有形式的规制一样,自动驾驶法律规制的首要任务当然是维护公共利益。公共利益是一个十分宽泛和模糊的概念。就自动驾驶的法律规制而言,公共利益包括道路交通秩序、公共安全、产业与技术进步等。虽然公共利益在具体形式上具有多样性和差异性,但是有一点是肯定的,那就是公共利益显著区别于个人和企业自身的利益,也区别于某个行业的局部利益。在自动驾驶所涉及的诸多公共利益形式中,安全是首要的公共利益。"不管是人的生命的损失,还是我们平时为了减少拥堵而希望更少地出现事故,安全都是跟每个人的切身利益相关的。"②除公共安全之外,自动驾驶还涉及交通秩序、自动驾驶产业与技术发展等其他公共利益。法律需要合理协调各种公共利益。法律对公共利益的调整主要通过行政法等公法规范得以实现。

私人利益与公共利益相对,主要表现为个人、组织自身的利益,包括经济利益、人身利益等。自动驾驶的规制涉及汽车厂商、系统开发商、服务平台、用户等利益主体。其中,汽车厂商、系统开发商等主体往往以追逐经济利益为其行为动因。而对于用户群体而言,其享有安全利益、人格利益等。这些利益往往存在不同程度的差异性,甚至存在冲突的可能。例如,企业过度追逐盈利可能会影响车主的安全利益、人身利益等。法律在调整私人利益中,主要使用民法等私法规范,通过赋予并保护这些主体的相应民事权益得以实现法律规制目标。

在公共利益与私人利益关系上,对自动驾驶的规制应首先强调公共利益。规制的存在以克服市场失灵等问题为依据和目的。如果缺少对公共利益的关注,自动驾驶法律规制也就失去了存在的意义。因此,任何合理的自动驾驶法律规制模式都必须坚持这种公共利益本位的法律

---

① 杨建顺:《行政规制与权利保障》,中国人民大学出版社2007年版,第168~169页。

② 李彦宏:《李彦宏:智能驾驶产业发展的四个关键因素》,载《中国企业家》2018年第21期。

立场。但是,这也并不代表对私益的漠视,相反地,规制活动的开展应建立在确保最基本的私人利益的基础之上,否则公共利益也将成为无源之水、无本之木。

五、坚持全过程规制

坚持全过程规制,法律对自动驾驶生产、开发、使用等行为的调整应当贯穿自动驾驶规制的全过程。一般而言,规制的实施过程包括制定规制法规、裁决、遵循与执行三个基本阶段。[①] 其中,制定规制法规是指规制机构根据立法的授权,以行政立法等形式制定规制规则和标准;裁决是指规制机构形成一项命令的过程;而遵循与执行是指企业通过在其经营过程中采取相应的行为从而达到规制法规、标准或者执照条款的要求。[②] 自动驾驶法律规制在时间维度的作用范围就是要贯穿于规制过程的始终。以规制发生作用的时间为标准,可以将自动驾驶的法律规制分为事前规制、事中规制和事后规制三个阶段,全过程规制原则要求规制机构不但要重视事后规制,还要关注事前规制和事中规制。

传统的行政管理过程主要强调事后规制。对于自动驾驶的法律规制而言,事后规制仍然是自动驾驶法律规制的重点。特别是在法律规定自动驾驶汽车车主、厂商等主体法律义务和责任的情况下,规制机构的职责首先就在于发生违法事件后,依法进行有关的责任认定和追究,通过行政执法的形式将自动驾驶有关责任人绳之以法,确保自动驾驶的生产、开发、销售和使用的秩序。然而仅仅强调传统的事后规制,并不能一劳永逸地解决所有问题。在自动驾驶条件下,技术风险的系统性和复杂性意味着对风险本身的事前和事中防控显得更为重要。一旦对于相关的风险没有及时控制,等到发生事故可能为时已晚。因此,自动驾驶规制的重心应当进一步前移。

---

① 参见曲振涛、杨恺钧:《规制经济学》,复旦大学出版社2006年版,第18页。

② 参见马昕、李泓泽等编著:《管制经济学》,高等教育出版社2004年版,第48~50页。

在自动驾驶法律规制中，应特别强调风险防范（也称风险预防）原则。风险防范原则最早见于德国等西欧国家的环境治理实践，一般认为起源于20世纪70年代德国的“事前考虑原则”。[①] 风险防范原则意味着“当不能获得被科学结论性地确定的理解时，风险防范原则也要求行动。风险防范原则要求在经济的一切部门，开发出能够显著减少环境负担尤其是引入有害物质而增加的环境负担的技术”[②]。随着经济全球化和工业化的加深，社会风险正以指数级增加，正如贝克所言，我们正生活在“文明的火山上”。风险防范原则也被广泛应用到其他涉及风险治理的领域。“风险意识的核心不在当下，而在未来。”在风险社会里，过去失去了它决定“现在”的权力，取而代之的是“未来”。[③] 风险防范原则的具体内涵就像风险本身一样具有一定的模糊性。基于危害预期、不确定性、预防措施及证明机制这四个基本要素的结构分析，风险防范原则在内容上具体包括“积极授权原则”“整体比例原则”“最小最大值原则”“反向证明原则”四项子原则。[④] 面对日益严峻的技术风险的挑战，在规制重心不断前移的情况下，自动驾驶法律规制也应遵循风险防范原则的基本要求。在具体制度安排上，在对自动驾驶伦理、算法等进行规制时，可以考虑通过一定的事先审查机制来防范自动驾驶技术的风险，从而降低发生安全事故和意外事件的概率。

六、注重规制的灵活性与层次性

在智能社会中，人工智能的日益普及带来人工智能的风险，人工智能带来的风险所具有的不可知性、多样性、可变性、系统性等特点[⑤]进一步加大了规制的难度。作为人工智能的一种具体应用，自动驾驶技术同

---

① 参见王贵松：《风险行政的预防原则》，载《比较法研究》2021年第1期。

② 唐双娥：《环境法风险防范原则研究》，高等教育出版社2004年版，第103页。

③ 参见［德］乌尔里希·贝克：《风险社会：新的现代性之路》，张文杰、何博闻译，译林出版社2018年版，第24页。

④ 参见苏宇：《风险预防原则的结构化阐释》，载《法学研究》2021年第1期。

⑤ 参见郭传凯：《人工智能风险规制的困境与出路》，载《法学论坛》2019年第6期。

样面临复杂多样的技术风险,同时其所带来的独特的伦理、责任等问题也是在法律上必须面对和解决的棘手问题。加强对自动驾驶的规制需要从规制理论本身出发,寻找符合自动驾驶技术发展规律和公共安全要求的理想规制尺度。

规制尺度是法律和规制机构的规制手段对规制对象发生作用的标准和尺度,具体表现为规制对象接受法律规制时的强度。规制本质上是政府权力对市场和社会的强行干预,“干预的正当化依据在于人们所宣称的市场在处理特定结构性问题上的无能”[①]。然而,政府的这种基于法律的干预措施在强度上是存在差异性的,即便是对于同一个规制对象,所规制的事项不同,其规制尺度也应存在差异。法律对自动驾驶的规制也需要在规制尺度上根据不同的事项作出差别化的制度安排。

根据规制事项的不同,规制机构在规制时采取不同的规制手段和方式,以确保采取相适应的规制尺度。笔者认为,自动驾驶在规制尺度上应进行类型化、层次化的探索,从而确保规制的合理性、公平性和有效性。

首先,凡是涉及安全(包括人身财产安全、交通安全等)的事项,应奉行最严厉的规制尺度。这类事项通常包括自动驾驶的法律准入、安全标准、道路监管等,针对这类规制措施和规范依据应由高位阶的立法进行规定。而在规制的实施过程中,规制机构(相关监管部门)应依法采取规制措施,这类措施在行政法上通常表现为秩序行政,如行政处罚、行政强制等,同时也可能是行政许可这类事前规制措施。此外,在责任认定和追究上,针对这类事项立法应规定严厉的法律制裁。

其次,针对安全之外的次等重要的事项,法律规制的尺度应有所放松。这类事项主要涉及自动驾驶汽车产业的质量标准、技术规程、技术标准、伦理规范的制定以及自动驾驶道路测试的管理等,一般不直接涉

① [美]史蒂芬·布雷耶:《规制及其改革》,李洪雷等译,北京大学出版社2008年版,第19页。

及人身安全和公共安全,法律在规制尺度上的适当放松,不但有利于激发自动驾驶行业和企业的创新活力,还能将有限的行政资源配置到更为重要的安全监管等事项上。当然,放松并不意味着不管,而是降低规制强度或者直接交由行业组织和企业进行自律管理。行业的自律管理能缓解政府的强力规制,有利于发挥企业和行业组织的积极性和创造性。

最后,针对自动驾驶产业发展的相关事项,法律规制的作用在于通过制定适当的产业政策,促进行业发展和技术创新。自 2017 年以来,我国从中央政府和地方政府层面都出台了大量的自动驾驶汽车产业发展促进政策和规划,这些政策和规划并非严格意义上的刚性法律规范,是一种充满柔性色彩的政策规范,可以从制度顶层设计角度,为市场主体提供政策指引。此时,法律规制只是为产业和技术发展指明方向,允许自动驾驶相关企业在一定范围内进行制度试验和创新,为自动驾驶法律规制的及时跟进提供实践基础。

第五章　自动驾驶法律规制的制度回应

第一节　制度回应的前提：目标与框架

当前，包括我国在内的不少国家或地区纷纷出台了自动驾驶相关政策或者立法，然而对于自动驾驶法律规制缺乏统一和清晰的认知，这导致自动驾驶相关政策和立法的出台缺乏足够的系统性和针对性。作为自动驾驶法律规制活动的观念和行动指引，自动驾驶法律规制的基本目标和基本框架是自动驾驶法律规制制度回应的必要前提，也是自动驾驶法律规制实施的坚实基础。完善的自动驾驶法律规制体系包含完备的自动驾驶立法、健全的自动驾驶监管体系和有效的自动驾驶责任追究体系。自动驾驶法律规制的基本目标和基本框架可以经过国家意志直接上升为自动驾驶相关法律的立法目的。同时，由于规制主体在面对新技术飞速发展时，法律往往具有滞后性和僵硬性，“法律本身具有滞后性特点，当科技与法律相遇，立法领域相关最新科技内容的缺失便会凸显”①。自动驾驶法律规制的基本目标和基本框架的价值和方向指引功能也为

---

①　金梦：《中国人工智能立法的科学性探析》，载《中共中央党校（国家行政学院）学报》2019 年第 1 期。

政府部门的自动驾驶规制实践创造了更多的裁量空间,增加了规制的灵活性、前瞻性和适应性。

一、自动驾驶法律规制的基本目标

目标或者目的指引下的实践活动是人类区别于动物的地方,人类不仅停留在动物的本能活动,更体现在有意识、有目的的实践活动,“通过实践创造对象世界,即改造无机界,证明了人是有意识的类存在物”①。自动驾驶法律规制作为国家对自动驾驶这类社会活动有目的、有意识的调整、干预方式,理应设定和遵循一定的目标,是政府等规制主体在规制自动驾驶研发、生产、使用过程中的最基本的底线目标,并不妨碍规制主体在此基础上设定更为详细具体的规制目标。笔者认为,维护交通安全秩序、保障交通参与者权利、引导技术发展与引用以及促进法律与技术的融合是自动驾驶法律规制过程中应予以重点考量的四个基本目标。

(一)维护交通安全秩序

人们对于有秩序的生活有着巨大的心理诉求,“甚至在人们偶然组成的聚集群体中,人们为使该群体免于溃散也会强烈倾向于建立法律控制制度”②。安全与秩序议题始终是国家对交通运输领域进行规制的首要考虑。《智能汽车创新发展战略》也指出要“强化产业安全和风险防控,建立智能汽车安全管理体系,增强网络信息系统安全防护能力”。对于自动驾驶的规制来说,安全性不仅仅关系到技术测试,它涵盖了整个产品生命周期的广泛考虑因素,包括管理理念、设计理念、聘用和监督、标准集成、技术监控和更新、沟通和披露,甚至是管理不可避免的技术过时的策略。这样,“安全就好比婚姻,而不是婚礼,是一种终身的承

---

① [德]马克思、恩格斯:《马克思恩格斯全集》(第42卷),中共中央马克思恩格斯列宁斯大林著作编译局译,人民出版社1979年版,第96页。

② [美]E.博登海默:《法理学:法律哲学与法律方法》,邓正来译,中国政法大学出版社2004年版,第234页。

诺而不是一次性的活动”①。传统汽车社会中，交通安全与秩序的维护主要是车辆在行驶过程中的物理性安全，因而这也决定了道路交通安全问题的单纯性。在自动驾驶条件下，交通安全秩序问题变得相对复杂。与传统汽车带来的交通安全秩序威胁相比，自动驾驶汽车在存在实体交通安全秩序维系的同时，网络安全秩序和信息安全秩序是其区别于传统汽车的独特之处。自动驾驶汽车因其网联化程度较高，自动驾驶系统本身的运行和非驾驶功能（如娱乐等）都高度依赖车用无线网，其如同普通计算机网络一样很容易受到侵入和攻击。因此，网络安全维护也是自动驾驶法律规制的重要目标。另外，自动驾驶以机器算法为核心依托，而算法又依赖于数据。“算法技术壁垒使得外部监管机构缺乏监管能力和资源，同时，数据保护的情境性以及实时动态的算法处理进一步提升了监管难度”，因而在自动驾驶条件下数据存在较大安全隐患。② 何况，这些数据中可能涉及自动驾驶信息，与传统收集个人信息的方式不同，人工智能系统通过各种端口侵入个人生活，收集个人信息具有相当的隐蔽性。③ 由此可见，无论是传统的实体道路交通安全秩序，还是自动驾驶网络与信息安全秩序，它们都是自动驾驶法律规制中应予以首要考虑的基本目标。

（二）保障交通参与者权利

道路交通参与者包括驾驶员、乘客、行人等。根据我国《民法典》《道路交通安全法》等法律法规，道路交通参与者作为普通的民事主体享有生命健康权、人格权、个人隐私不受侵犯、道路通行权等权利和自由。道路交通参与者的这些权利和自由如果仅仅通过事后民事救济，则

---

① Bryant Walker Smith, *How Reporters Can Evaluate Automated Driving Announcements*, Journal of Law and Mobility, Vol. 2020, p. 15.

② 参见程莹：《元规制模式下的数据保护与算法规制——以欧盟〈通用数据保护条例〉为研究样本》，载《法律科学（西北政法大学学报）》2019 年第 4 期。

③ 参见祝高峰：《论人工智能领域个人信息安全法律保护》，载《重庆大学学报（社会科学版）》2020 年第 4 期。

显然不利于个人权利和自由的及时充分保护,特别是自动驾驶汽车的运行与个人的生命财产安全息息相关。而在自动驾驶条件下,由于车联网、人工智能等技术的运用,个人信息,特别是个人隐私的保护显得尤为迫切。“个人信息范围的抽象性和不确定性不仅无法为企业提供明确的行为预期,也会对自然人的人格利益造成重要影响。”在多数情况下,人们并不了解其个人信息是如何被收集和利用,当发现个人信息尤其是其中的个人隐私受损时才会去寻求救济,此时个人信息可能被广为传播和使用,因而很难获得充分的救济。① 而对于个人信息权利中的个人隐私权利,在自动驾驶条件下就显得更为脆弱。隐私权本质上是一种控制别人借以了解你自己的那些信息的权利。② 一般而言,隐私权包含三个方面的观念:一是尽量减少侵犯和打扰个人生活的安宁;二是保护个人尊严不受侵犯;三是限制国家的规制权力。③ 很显然,面对自动驾驶对个人隐私的安全风险,政府应以规制主体的身份对自动驾驶汽车运行过程中涉及的个人信息(特别是个人隐私)予以重点保护,打击侵犯个人信息和个人隐私的违法犯罪行为,同时规制本身也应避免侵犯个人权利。可见,政府等规制主体在自动驾驶法律规制过程中自觉将道路交通参与者权利作为其基本目标,既符合以人为本的理念,也符合自动驾驶条件下个人权利及其保护的现实需求。

(三)引导技术创新与应用

与对安全秩序的维护和对个人权利的保护相比,政府在引导自动驾驶技术发展、测试和推广等方面的职责则显得更加宽松和富于柔性色彩。很显然,如果在规制中一味强调政府强力干预的秩序行政,无疑会使安全、秩序、权利等价值在一个较高的水平上得以实现,但同时也可能

---

① 参见齐爱民、张哲:《识别与再识别:个人信息的概念界定与立法选择》,载《重庆大学学报(社会科学版)》2018 年第 2 期。

② See M. Ethan Katsh, *Law in a Digital World*, Oxford University Press, 1995, p. 228.

③ See Henry H. Perritt Jr., *Lawrence Lessig, Code and Other Laws of Cyberspace*, Connecticut Law Review, Vol. 32(3), 2000, p. 1061 – 1064.

会付出影响,甚至阻碍自动驾驶技术发展和应用的沉重代价。规制主体在对技术进行规制过程中面临两个共生但又冲突的目标:一方面,为了使人民免于无助地暴露于科技风险之中,应当建立预防机制;另一方面,又要防止不必要的过度规制阻碍技术进步的脚步,侵蚀科技解决社会问题的能力。[①] 因此,规制主体必须在引导技术和规范行为之间做出权衡和选择,使二者达到某种合理的平衡状态。这种引领技术发展与应用的基本目标需要规制主体出台有利于自动驾驶技术和产业发展的政策和立法,创新规制手段和工具,并为自动驾驶的测试、部署和应用创造宽松的政策和制度环境。

(四)促进法律与技术的更好融合

传统上,法律与技术存在较大的鸿沟。法律作为一种社会规范体系,将技术视为规制和调整的对象;而从技术的角度看,法律无疑成为对技术的一种外在限制和束缚,某种程度上,“在更短的创新周期下,过于严厉的规制政策可能导致新兴科技错过关键窗口期,彻底失去发展空间”[②],因此法律规范的滞后性势必也会影响新技术的开发和应用。在以自动驾驶为代表的人工智能时代,技术与法律的关系越来越紧密,特别是在治理层面,法律治理与技术治理越来越出现融合发展的特点:一方面,法律规则与价值对技术治理的工具选择、运用可以起到良好的引领作用,法律治理也能够较好地校正技术治理的偏差;另一方面,技术治理无疑也可以增加法律治理手段,扩大法律治理的边界,优化法律治理的组织结构。[③] 技术的高度专业性和复杂性加深了自动驾驶的技术壁垒,这使法律专家、规制主体对于自动驾驶技术本身的了解变得越来越

① 参见赵鹏:《政府对科技风险的预防职责及决策规范——以对农业转基因生物技术的规制为例》,载《当代法学》2014 年第 6 期。

② 孔祥稳:《面向人工智能风险的行政规制革新——以自动驾驶汽车的行政规制为中心而展开》,载《行政法学研究》2020 年第 4 期。

③ 参见郑智航:《网络社会法律治理与技术治理的二元共治》,载《中国法学》2018 年第 2 期。

不现实，因而仅仅通过传统的法律手段对自动驾驶进行规制愈加凸显其局限性，可能的选择就是通过技术性的规制手段来达到对技术本身的规制，但是技术的规制手段必须接受法治化的“改造”，否则规制过程中的行政法治将难以为继。在自动驾驶法律规制中，法律与技术的融合将是一个必然的趋势，这需要规制者不断调适自身角色和规制方法，顺应技术发展的潮流，更好地促进法律与技术的融合，从而增强法律规制的有效性和适应性。

二、自动驾驶法律规制的基本框架

自动驾驶技术同其他人工智能技术面临共同的规制问题，同时也有其特殊性。这种特殊性集中地表现在自动驾驶的主体性、伦理性和责任性三个方面，其背后凸显的是人们对于自动驾驶这种新型的驾驶形态的安全性的期待和忧虑。毫无疑问，安全问题是自动驾驶法律规制的核心目标。在此基础上，笔者认为，我国自动驾驶法律规制框架应基于以安全为核心的价值导向。具体来说，这种规制的理论框架包括以下基本要素：

在规制路径上，应坚持以规制算法为核心，通过对驾驶自动化算法特点及其局限性的把握，制定针对性的规制策略，并通过多样化的具体制度和责任机制实现对自动驾驶技术和自动驾驶汽车的法律规制。

在规制目标上，以自动驾驶安全维护为首要目标。自动驾驶法律规制具有安全维护、权利保障、技术促进等多重目标，但是这些目标之间是有层次区分的。其中，安全维护居于自动驾驶法律规制的基本目标的首要地位，享有最高的优先级，然后依次是权利保障、技术促进等目标。

在规制原则上，立足于当前我国自动驾驶技术发展和道路测试的实践和阶段性特征，坚持约束与引导并重，公益优先并兼顾私益，坚持全过程规制，合理考量驾驶自动化等级，依托道路测试形塑自动驾驶法律规制的制度体系。

在规制尺度上，应区分规制权力行使的场域和情境，区分规制强度的层次性。对于危及人身安全、公共秩序等行为应从严规制，而对于其他行为则应在规制尺度上降低强度。

在规制模式上，应注重优化规制机构组织架构，更新规制模式，引入新的规制方式。为此，应建立职责明确、运行高效的专业化规制组织架构，强化规制机构之间的协同性。坚持实验型规制、技术规制和合作规制等规制方式创新：在自动驾驶技术和法律规制发展的现阶段，应以实验型规制为主，规范自动驾驶道路测试和运用等行为；在今后自动驾驶发展成型后，应以技术规制和合作规制为主，实现对自动驾驶的全面有效规制。

在规制手段上，应充分运用法律准入、信息披露、技术标准等多样化手段，以实现自动驾驶法律规制的基本目标。在方式的采取上，更多遵循“柔性治理”的理念，充分发挥科技伦理的规制功能，推动科技企业和行业的自律管理，避免过多管制型立法。[①]

第二节　规制模式的更新

自动驾驶规制模式是规制主体对自动驾驶进行规制的方式、方法等。理想的规制模式必须包括合理设置的规制主体、适当的规制方式两个方面的内容。以下主要从规制机构组织架构等四个方面进行展开。

一、优化规制机构组织架构

在人工智能时代，由于技术的快速迭代更新，政府的规制能力遭受巨大挑战，在自动驾驶规制实践中，机构的组织架构直接决定着规制主体的规制能力。因此，必须加强规制机构自身的组织和能力建设。

---

① 参见周佑勇、王禄生等：《智能时代的法律变革》，法律出版社2020年版，第13~14页。

首先,在交通运输主管部门中设立专门的自动驾驶监管机构。人工智能产品涉及的领域较广,技术的专业性要求较高,这就要求规制机构必须具备相关的专业知识,并配备足够的专业人才。因此,设立专门性的人工智能监管机构是人工智能时代国家治理的必然要求。[①] 根据现行法律规定,涉及道路交通安全监管的部门主要是交通运输部门和公安部门。其中,交通运输部门主要负责道路交通规划、标准等的制定和实施以及监管运输市场等职责,公安交通管理部门则负责道路交通秩序的监管和维持。这些部门目前的机构设置和人员配备无法满足自动驾驶道路交通安全监管的现实需要。在自动驾驶规制方面,可以考虑在现有交通运输部门中设立专门的自动驾驶委员会,具体负责和协助自动驾驶安全监管,为交通执法部门提供专业执法建议和意见,并负责指导自动驾驶道路交通监管和执法活动的开展。

其次,完善部门间的协同机制。目前,我国对自动驾驶的监管职能分属于公安、交通、工信等多个部门,监管职能的分散化人为割裂了自动驾驶规制的整体性和系统性,这加剧了自动驾驶汽车在应用过程中的系统风险。在我国自动驾驶道路测试中,各地都在尝试自动驾驶监管模式的创新,在管理上一般都明确规定了部门间协同机制,如北京、长沙、深圳、重庆等地采用联席工作小组的形式,上海、长春则成立了推进工作小组。以北京市为例,北京市自动驾驶测试管理联席工作小组由北京市交通委员会牵头,北京市公安交通管理局、北京市经济和信息化局共同成立,该联席工作小组作为自动驾驶测试管理机构,主要负责确认测试主体申请等自动驾驶道路测试具体管理工作。[②] 未来,在自动驾驶法律规制中,应对这种部门间协同机制(可以是联席会议等形式)在法律上予以确认,以整合部门监管职能,形成自动驾驶法律规制过程中的制度合力。

---

① 参见张玉洁:《论我国人工智能的法治化进程:现状、挑战与革新》,载《广州大学学报(社会科学版)》2009 年第 2 期。

② 参见《北京市自动驾驶车辆道路测试管理实施细则(试行)》第 4 条。

最后,在规制机构中设立自动驾驶相关咨询机构。自动驾驶技术具有高度的专业性,其技术风险也具有复杂性和系统性。一般的行政执法人员很难对自动驾驶技术拥有较为全面的掌握,因此通过引入技术专家等专业人员,能够有效打破规制机构及其人员的专业知识局限,有利于提升规制能力。就域外经验而言,如前文所述,目前美国、英国、新加坡等国家已经开始尝试自动驾驶咨询机构的设立和运行。例如,美国联邦众议院和参议院提出的两个版本的《自动驾驶法案》分别规定了“高度自动驾驶汽车顾问委员会”和“高度自动驾驶汽车技术委员会”两个咨询性的委员会制度,二者的主要职责是为联邦高度自动驾驶汽车应用安全相关的法律、政策、指南的制定提供研究、支持和咨询服务。[①] 在我国,北京等地的道路测试规范中也要求确立自动驾驶测试专家委员会、评审专家组等专家咨询评估机构。[②] 这些委员会一般由交通、通信、汽车、电子、计算机、法律等方面的专家组成,负责对测试主体提出的申请进行评估论证,并出具法律意见。因此,从国内外现有实践的基础看,在自动驾驶规制机构中设立专家咨询委员会,具有可行性,以弥补规制机构和行政人员专业知识有限的不足,进一步提升规制效能。

二、适度引入实验型规制

实验型规制意味着更多的制度探索、更宽松的法规政策环境以及更积极的制度创新。作为一种新兴的汽车技术,自动驾驶从技术到规则都需要不断摸索、不断创新,实验型规制的引入对于自动驾驶法律规制的制度建设具有先导作用。

(一)实验型规制的内涵及其要求

传统的规制模式虽然能通过权力的有效运作,强制性地实施对经济

---

① See Highly Automated Vehicle Advisory Council, Sec. 9 of Self Drive Act, H. R. 3388; HAV Data Access Advisory Committee, Sec. 15 of AV Start Act, S. 1885.

② 参见《北京市自动驾驶车辆道路测试管理实施细则(试行)》第3条、《上海市智能网联汽车测试和应用管理办法》第10条等。

和社会的有效管控,但是其面对快速发展和不断创新的自动驾驶技术,缺乏足够的制度弹性,显得十分僵化。为此,需要引入实验型规制的思路。所谓实验型规制,是指在临时性规制目标与规则的指引下,在一定范围内探索不同的实践路径,并加以比较、学习,从而持续完善规制目标和规制规则的规制模式。① 实验型规制通常可分为"初步可规制"决定的作出、实验的具体实施、必要时暂停权和暂时性规制措施的采取,以及确保合法性四个阶段。②

以"监管沙盒"为典型代表的实验型规制模式,为新技术的推广和应用提供了可供实验测试的平台和场景,同时规制主体也可以通过这种"实验",测试和创新法律制度,为规制体系的定型提供了良好的基础。在自动驾驶领域引入实验型规制的模式,需要注意以下几点:

其一,技术测试和制度测试应当同步进行。当前在各地开展的自动驾驶道路测试实践主要还是提供一种服务于技术测试和创新的平台和场景,其对于监管制度本身(包括监管组织架构改革、监管手段创新等)力度尚显不够。因此,需要在技术测试的同时,积极尝试探索规制手段自动化、规制主体专门化以及规制程序规范化等"制度试验"。

其二,确保实验型规制最低限度的合法性。考虑到实验型规制本身的不成熟性特点,要求其完全合乎现有法律规定几乎不可能,但是这并不意味着实验场地可以成为法外之地。监管主体应具有法律的授权,并为测试企业制定特殊的测试规则,确保最低限度的合法性。

其三,注重从实验型规制实践中提取和升华制度创新成果。实验型规制的目的并不是要长期维持这种"实验"状态,而是要通过反复的测试和试验,比较、验证和评估相应监管方式、方法、目标和规则等的科学性和合理性,并最终上升为法律制度。

其四,促进准入机制的类型化。这意味着自动驾驶的实验型规制需

① 参见孔祥稳:《面向人工智能风险的行政规制革新——以自动驾驶汽车的行政规制为中心而展开》,载《行政法学研究》2020年第4期。

② 参见郭传凯:《人工智能风险规制的困境与出路》,载《法学论坛》2019年第6期。

要根据不同等级自动驾驶汽车的测试需要和监管目标设定，确定不同的规制方法和规则，进而根据实验权限的大小和监管环境的宽松度，确立不同类型的准入制度。

（二）实验型规制理念在自动驾驶道路测试中的应用

实验型规制在当前自动驾驶道路测试中具有丰富的应用场景。自动驾驶道路测试监管是今后很长一段时间内自动驾驶规制的主要内容。在世界范围内，特别是欧美发达国家，自动驾驶道路测试已经广泛开展。在美国加利福尼亚州，完全无人驾驶且未安装转向和刹车等装置的自动驾驶汽车已经上路测试。在我国，除了 2018 年中央层面多部门联合出台的我国国家层面第一个自动驾驶道路测试规范《智能网联汽车道路测试管理规范（试行）》（已失效），各地也相继出台了数十个自动驾驶道路测试的实施细则。但是这些规范和细则由于制度试点的需要，存在较大差异性。而且，从各地的实践来看，自动驾驶的道路测试存在封闭测试、公开测试、载客测试、示范应用等多种场景。[①] 这些不同类型的测试在测试需求、测试安全和测试中的风险责任等方面存在显著差异。为此，可以充分借鉴实验型规制的理念，吸收英国、新加坡等地将“监管沙盒”分为授权沙盒、虚拟沙盒和保护伞沙盒的类型化实践，在实验型规制理念的指导下，根据自动驾驶测试的权限大小进行分类管理。

具体来说，自动驾驶测试可以分为以下四类进行管理：

一是封闭测试。封闭测试是指自动驾驶测试主体在专门的测试场、测试基地等封闭性场所进行自动驾驶测试。封闭测试一般是自动驾驶汽车在公共道路进行测试的基础。例如，北京市规定，参加自动驾驶通用技术测试的测试车辆应当在指定的封闭测试场地完成相应的测试里程；同批次车辆应完成累计不少于 5000 公里的自动驾驶测试，其中每车

① 值得注意的是，上海市对智能网联汽车道路测试实行分级分类管理，遵循从低风险道路到高风险道路、从简单类型测试到复杂类型测试的原则，确保安全有序、风险可控。参见《上海市智能网联汽车测试与应用管理办法》第 14 条。

不少于100公里,且至少有1辆车完成不少于1000公里的自动驾驶测试。① 自动驾驶的封闭测试风险相对较小,因而测试门槛与其他测试相比较低。

二是公开测试。公开测试是指在公共道路、景区、园区等非封闭性的公共区域进行自动驾驶测试。与封闭测试相比,公开测试主要是在真实的公共道路等场景,在存在其他车辆、行人的情况下,自动驾驶测试更加符合真实的应用场景,因而具有很高的测试价值,这也是各地正在逐步开展的主要工作。例如,长沙市将公开测试的场所分为第一级测试区和第二级测试区。②

三是无测试驾驶人测试。无测试驾驶人测试主要是公开测试中的自动驾驶汽车在没有测试驾驶人的情况下所进行的测试。这种测试比第二种测试具有更高的风险,由于在公共道路上测试,一旦自动驾驶系统出现失控等异常情况,很可能造成难以预见的交通事故,甚至造成人员伤亡和财产损失。因此,对这类测试应相应提高前期测试里程要求、测试主体责任承担等门槛。

四是载人载物测试。载人载物测试主要是检验自动驾驶汽车在载人载物的情况下在公共道路上行驶的安全性和可靠性。由于载人载物都牵涉到车内乘客和物品的安全,因此这种测试的门槛和监管要求应高于空车测试。

目前仅有上海等少数地方明确规定了自动驾驶的示范应用监管。当前各地仍以自动驾驶道路测试为主。不同于道路测试,示范应用是自动驾驶汽车最终获得法律的正式准入许可,与传统汽车一起在道路上混合行驶的最后一道门槛,主要是增加自动驾驶车辆与乘客的磨合,增进大众对自动驾驶技术可靠性的信任。但是在示范应用阶段,仍然允许监管部门对自动驾驶监管规则进行适当的探索、创新和改进,因而仍具有

① 参见《北京市自动驾驶车辆道路测试管理实施细则(试行)》第20条。

② 参见《长沙市智能网联汽车道路测试管理实施细则(试行)》第8条。

“实验”和测试的色彩。

三、确立自动驾驶技术规制的法律依据

规制机构对自动驾驶的规制固然离不开传统的法律手段，但同时完全依赖法律手段的规制模式已不能完全适应自动驾驶时代的需要。通过技术规制技术不失为一种有效的规制策略，这就是技术规制的路径。然而，技术规制如何引入以及如何与既有的法律制度相协调，则首先需要从法律制度上确立自动驾驶技术规制手段的法律依据。

（一）明确技术规制的法律形式

自动驾驶的技术专业性和高风险性的固有属性决定了传统规制方法无法有效应对，规制主体在信息获取、技术支撑、应对速度等方面远远落后于作为规制对象的自动驾驶相关企业。完全依靠现有的以人为核心的规制在应对自动驾驶技术时存在明显的短板。要克服这一局面，最好的办法就是用技术的手段来解决技术问题，这就是技术性规制的路径。例如，以人工智能为核心的自动化行政可以带来信息收集的自动化、流程或手续的自动化甚至智能流程的自动化。① 将人工智能引入到法律规制中，可以较好地弥补传统的建立在人的有限信息和理性基础上的行政监管之不足。

大数据、人工智能、区块链等新技术在规制中的应用可以为政府部门充分收集数据、准确分析研判局面和作出决策提供参考依据，规制活动的自动化、智能化具有信息充分、响应快速、操作精确等显著优势。在现阶段，行政活动的自动化会对传统的行政法律体系造成较大冲击，②然而用技术规制技术是一种较好的方案，而且随着技术在自动化行政中

---

① 参见胡敏洁：《自动化行政的法律控制》，载《行政法学研究》2019 年第 2 期。

② 例如，有学者认为，人工智能算法决策在行政法上的应用至少会对行政法治带来以下四个方面的严重挑战：(1)造成依法行政原则的衰微；(2)导致行政正当程序原则被悬置；(3)导致行政公开原则难以践行；(4)导致行政公平原则受到侵蚀。参见张恩典：《人工智能算法决策对行政法治的挑战及制度因应》，载《行政法学研究》2020 年第 4 期。

应用的日益成熟,相应的问题也会逐渐化解。从行政法的角度看,自动驾驶技术性规制的法律形式包括以下几种:

第一,作为行政行为作出的证据和事实基础。任何行为的作出都必须基于一定的证据和事实基础,大数据等技术作为一种辅助工具,可以为行政行为的作出提供更多的数据和信息基础。在自动驾驶条件下,驾驶过程的很多行为和环节都在自动驾驶系统的自动控制下进行,数据和信息并不能一直处在规制主体的实时监控之下,运用自动化技术可以较好地解决这个问题。此时,技术所完成的是一种证据的收集任务。鉴于我国《行政诉讼法》第 33 条已经赋予了电子数据以证据效力,因而大数据、人工智能等技术在这方面的应用并不存在法律障碍。

第二,作为行政决策的重要参考。在规制活动中其地位相当于行政决策中专家的角色。例如,我国《重大行政决策程序暂行条例》规定了重大决策专家论证制度。[①] 人工智能的应用可以为自动驾驶的相关决策提供数据分析、风险评估等决策参考依据。

第三,作为一种自动化或半自动化的行政行为。这种类型的行政自动化不仅是收集和分析数据或者辅助决策,而且自动化机器的行为本身也可能成为法律所认可的行政行为,也就是代替行政机关作出行政行为。当然,这里的自动化行政行为也有程度上的差异。[②] 对于具有裁量能力的完全自动化行政而言,其基本代替了行政机关作出行政行为,因而具有全新意义。以行政处罚领域为例,受限于技术,现阶段自动化行政仍然无法应对不确定性概念和效果裁量的问题,因此主要限于部分自动化方式。[③] 尽管如此,自动化行政在紧急情况下实施交通管制仍具有积极意义。例如,在自动驾驶因失控等原因违反交通规则可能引发重大

---

① 参见《重大行政决策程序暂行条例》第 19~21 条。

② 有学者根据驾驶自动化的分级模式,将自动化行政分为无自动化行政、自动化辅助行政、部分自动化行政、无裁量能力的完全自动化行政以及有裁量能力的完全自动化行政。参见马颜昕:《自动化行政的分级与法律控制变革》,载《行政法学研究》2019 年第 1 期。

③ 参见马颜昕:《自动化行政方式下的行政处罚:挑战与回应》,载《政治与法律》2020 年第 4 期。

事故的情况下,自动化手段可以通过与车辆建立连接,直接引导车辆合规行驶或者直接发送指令要求停车,这比人工现场执法更加快速和可靠。

第四,作为执法检查的重要手段。大数据、人工智能等技术在行政执法检查中可发挥重要的作用。行政执法检查并不意味着必然作出行政行为,但是其仍是检查和发现违法行为的重要途径。技术在辅助执法检查上的作用主要体现在通过执法大数据挖掘和分析,为执法人员提供执法检查的方向指引风险提示,在未来自动驾驶汽车普及的情况下,这种检查的数据化和智能化技术将不可或缺。

(二)明确自动驾驶技术规制手段的法律地位

随着电子政务理念的推行,政府管理也正发生着转型,“作为一种政府治理范式的电子政务是现代信息技术、政府再造和法治国家等三个核心要素交融的产物”①。电子政务理念引领了以技术手段辅助政府治理的趋势。然而,自动驾驶技术的不断发展增加了规制的难度,靠规制机构及其人员的有限脑力和体力显然无法完成规制任务。在将技术规制方式引入自动驾驶法律规制时,应从法律上积极认可和保障技术规制的法律地位,针对技术手段的不同应用形式设定不同的法律后果,形成自动驾驶相关利益主体的稳定预期,维护法的安定性。具体而言,法律应从以下三个方面确认技术规制手段的法律地位:

一是明确自动驾驶数据记录、存储的硬性要求。在自动驾驶场景中,人类对车辆的控制权有限,车辆在动态行驶过程中的状态、位置以及发生事故时的数据信息都需要予以记录和保存,以便在执法和司法中作为案件处理的证据,从而协助查明案件事实。因此,自动驾驶汽车需要安装类似于传统汽车中的行车记录仪,即数据记录装置。为此,有必要从法律上明确安装自动驾驶数据记录装置的硬性要求。这是对自动驾

---

① 高家伟:《论电子政务法》,载《中国法学》2003年第4期。

驶实施技术规制的前提要素。①

二是允许技术手段在自动驾驶相关案件的行政执法中的应用。在对自动驾驶进行规制的过程中,规制机构一方面需要对自动驾驶系统是否存在违规操作等进行检查和取证,另一方面还需要在必要时通过技术手段对自动驾驶汽车进行干预和控制。这些任务很难通过人工方式快速有效地得以实现。因此,规制机构需要大数据分析、人工智能等辅助手段协助处理执法中的难题,法律应明确这种辅助分析、检查、决策等技术手段的合法性和正当性,实现自动驾驶规制的数字化和自动化。② 但是值得注意的是,这种技术辅助手段并不具有独立意义,其结果仍归属于规制机构。

三是确立无裁量能力的全自动化行政的法律地位。依据自动化技术应用的程度不同,自动化行政分为无自动化行政、自动化辅助行政、部分自动化行政、无裁量能力的完全自动化行政以及有裁量能力的完全自动化行政。③ 从目前来看,大数据、人工智能等技术在自动化辅助行政和半自动化行政领域并没有实质性法律障碍。而具有裁量能力的完全自动化行政在目前阶段仍然难以企及。但是自动化技术所带来的无裁量能力的完全自动化行政是否在行政法上具有一席之地呢?这需要从必要性和可能性两个方面予以说明。从必要性的角度看,无裁量能力的完全自动化行政能够在面对自动驾驶过程中的违规情形进行紧急警示、

① 北京等地已经规定了路测的自动驾驶车辆必须安装自动驾驶数据记录装置,参见《北京市自动驾驶车辆道路测试管理实施细则(试行)》第9条第5项。《上海市智能网联汽车道路测试和示范应用管理办法(试行)》第10条第6项等也有相关规定。

② 数字化区别于数据化,前者是指把一种现象转变为可制表分析的量化形式的过程,而后者则是把虚拟数据转换成用0和1表示的二进制码的过程。在行政管理中,数字化是指将政府管理过程转变为数据处理过程,将政府管理过程中收集的各种材料转换为可以存储、传输的数字信息;而自动化则是根据公务的不同性质和需要,将部分能够在因特网上处理的公务按照特定的软件程序自动处理。参见[英]维克托·迈尔-舍恩伯格、[英]肯尼思·库克耶:《大数据时代》,盛杨燕、周涛译,浙江人民出版社2013年版,第104页;高家伟:《论电子政务的理论基础——以"价值支配科技"的基本观念为核心》,载《行政法学研究》2004年第1期。

③ 参见马颜昕:《自动化行政的分级与法律控制变革》,载《行政法学研究》2019年第1期。

干预和控制，在传统行政行为理论中，这种即时的紧急干预措施多是一种行政强制措施。这种技术干预手段在自动驾驶条件下仍然十分必要。从可行性的角度看，无裁量能力的完全自动化行政相当于传统意义上的羁束行政行为，[①]降低了自动化算法和机器作出处置决定的难度，在法理上承认其羁束性行政行为的性质并无理论障碍。为了有效地规范该类自动化规制手段，可以确认其行政行为的法律地位，但是其责任仍由具有法定职责的行政主体所承担。

四、建立合作规制的制度框架

鉴于自动驾驶规制机构能力、理性和手段等方面的有限性，自动驾驶规制需要自动驾驶相关行业组织、社会机构乃至自动驾驶相关技术企业等主体共同协助完成。这样既能降低规制的成本，也能在法律框架内大大增强规制的及时性和有效性。当然，这并不意味着社会力量的参与会弱化相关政府部门作为法定规制主体的作用，合作规制趋势的兴起与发展也并不意味着以合作规制完全替代政府规制的角色，“在难以合作抑或合作失灵的场景下，政府规制依旧具有优先性”[②]。

（一）明确合作规制的内涵和具体要求

合作规制是治理理念在规制领域的投射。治理是“在众多不同利益共同发挥作用的领域建立一致或取得认同，以便实施某项计划”[③]。治理的主体不限于国家，也涉及各种非政府主体，治理理念强调以合作、互动的方式，“通过不同主体来共享、动员和聚合分散的资源，协调利益

① 羁束性行政行为是指在法律对行为适用条件有明确而详细规定的条件下，行政主体严格依照法规作出的行政行为。参见胡建淼：《行政法学》（第四版），法律出版社2015年版，第178页。

② 孙娟娟：《从规制合规迈向合作规制：以食品安全规制为例》，载《行政法学研究》2020年第2期。

③ 俞可平主编：《治理与善治》，社会科学文献出版社2000年版，第16页。

和行动,来实现行政任务”[①]。对自动驾驶的规制之所以要借鉴和吸收治理理念的合作要素,主要是因为政府在自动驾驶法律规制中的规制能力无法满足实现规制目标的需要,自动驾驶技术的发展使政府越来越不堪其任,因而寻求与市场主体的合作是一种不错的选择。

一方面,在自动驾驶规制的权力格局中,允许其他主体参与的前提下明确各方职责分工。政府在自动驾驶法律规制中仍扮演着重要角色。政府的职责在合作型规制中,在一定程度上可以有所变化,从传统规制模式中“一家独大”的权力垄断格局层面进行部分收缩。政府主要的职责在于:一是建章立制,进行法律制度和政策的顶层设计;二是履行对自动驾驶行为的法律监管职责(如自动驾驶的法律准入、道路交通安全秩序维护、法律责任认定与追究等);三是制定自动驾驶领域的基础性底层技术标准;四是为新技术的发展创造良好的法律政策环境。与政府相对应,包括企业、行业组织、服务平台等社会主体,应进行必要的“自我规制”,[②]具体包括制定技术标准和技术规范等。

另一方面,强化政府与社会力量在自动驾驶规制上的互动与合作,实现合作型规制。在分工基础上的合作,不但意味着政府要为此让渡一定的自动驾驶规制权力,更意味着政府主动寻求与自动驾驶汽车厂商、系统开发企业、数据服务平台以及自动驾驶行业组织等主体之间的对话和互动。法律规定与这些主体相应的义务,将政府的直接规制责任转变为通过规制上述主体的间接规制责任。此外,政府可以通过日常监管中的行政约谈和政策制定中的听取意见等机制来实现与社会力量在规制上的合作,实现政府规制与社会自我规制的良性“共振”。

---

① 宋华琳:《迈向规制与治理的法律前沿——评科林·斯科特新著〈规制、治理与法律:前沿问题研究〉》,载《法治现代化研究》2017 年第 6 期。

② 所谓自我规制是国家利用社会私人主体的自律性行为间接达成规制目的的手段,用以协助国家完成公共任务。参见高秦伟:《社会自我规制与行政法的任务》,载《中国法学》2015 年第 5 期。

（二）实现自动驾驶合作规制的具体路径

建立在传统政府规制和社会自我规制分工基础上的合作规制，虽然意味着政府要为此让渡一定的规制权力，但是政府与自动驾驶汽车厂商、系统开发企业、数据服务平台以及自动驾驶行业组织等主体之间的互动与合作是完善自动驾驶政策和立法、弥补政府规制力量不足、充分激发企业等主体活力和创造力的重要途径。实际上，社会力量参与规制过程本身也是规制创新的源泉。"在合作的模式中，行政机关之所以以培养参与作为其任务之一，乃是因为外部集团是潜在的贡献者。"①

为了促进自动驾驶中的合作型规制，必须从法律制度上完善规制主体与自动驾驶厂商、自动驾驶系统开发商、信息服务平台等主体的合作框架：

一是在法律上明确自动驾驶行业协会以及相关服务平台等利益主体在自动驾驶规制中的自我规制义务。然而，这种义务或者职责的赋予需要获得法律认可甚至直接由法律进行规定，从而在法律上赋予了相关行业组织、技术平台等主体以规范和约束自身和有关成员的法定依据。在此基础上，规制机构可以通过对这些主体的监督和指导，履行规制职责，既确保了规制过程的合法性，也确保了合作规制的合法性基础。

二是拓展自动驾驶合作规制的渠道和方式。传统上，自动驾驶相关利益主体在自动驾驶政策、法律和标准制定上存在较多的互动与合作色彩。然而，这仅是完全在行政主导下的产物。要实现真正的合作规制，就必须更多地体现利益相关方的利益和意志，从而确保合作规制的现实基础。为此，规制机构在规则制定中应事先通过与相关企业和组织进行对话，了解这些主体的真正需求，进而强化规则制定中的合作。同时，在具体的监管活动中，应更多通过行政指导、行政协议等方式进行。

三是明确合作规制中的各方责任。政府在合作规制中的责任在于

① [美]朱迪·弗里曼：《合作治理与新行政法》，毕洪海、陈标冲译，商务印书馆2010年版，第48页。

确保整个规制制度、政策供给,同时规范和约束自身规制权力,以防止权力的滥用,从而维持合作规制的持续性。行业组织、技术服务平台等主体则应在法律规定的范围内,加强自律管理,并协助技术企业与政府部门之间的良性对话、互动与合作。同时,在有关主体一方违反相应的法定或者约定义务时,另一方应在合作框架内承担法律规定或者事先约定的特定责任。

四是探索将部分规制权力下放到自动驾驶行业组织。对于政府来说,规制权力是其履行规制职责的重要依托。但是,在自动驾驶合作规制的语境下,政府受信息不对称、专业能力有限等因素的影响,无法完全通过权力的直接运用实现规制目标。而规制机构过多掌握非必要的权力也会挤占其大量精力和资源。因此,可以将部分非必要的权力(如对自动驾驶算法审查和伦理审查等职权)下放到行业组织,充分发挥其接近规制对象的优势。规制机构的任务是在此过程中指导和监督行业组织的自我规制活动。

第三节　法律准入制度的突破

准入规制或进入限制,原是政府开展规制活动的传统手段之一,是指“政府对企业进入某一市场或专家进入某一职业的管制,会限制双方订约的机会”①。这种准入规制手段在社会性规制中也被广泛应用,以确保公共安全、环保等公共目标的实现。自动驾驶法律规制既涉及自动驾驶相关企业的经济性规制,也涉及对自动驾驶汽车这种特殊产品的安全规制。在法律形式上,准入规制一般采用行政许可、资格管理等形式作出。法律应为自动驾驶确立相应的具体准入规则。我国目前自动驾

① [美]丹尼尔·F.史普博:《管制与市场》,余晖等译,格致出版社、上海三联书店、上海人民出版社2017年版,第30页。

驶的法律准入制度仍处于立法空白状态，为此需要在自动驾驶法律地位、车辆准入以及道路准入三个方面加以突破。

一、在分级规制基础上明确自动驾驶的法律地位

自动驾驶的法律地位问题解决的是如何从实质意义上确定自动驾驶的法律地位或者身份。[①] 自动驾驶法律地位是确定自动驾驶法律准入制度的前提。同时，自动驾驶法律地位的确立也是对自动驾驶合法性危机的因应之策。如前文所述，笔者不赞同在现阶段直接从法律上承认自动驾驶系统的法律主体资格。虽然有学者根据"进化机器人学说"，认为按照"达尔文理论"的进化特点发展，机器人在经过数百代的"变异"和"选择"之后，可能会出现性能优异的机器人，从而达到人类的智慧和意识，[②]但是这仍是一个较为遥远的愿景，对此我们应基于现实主义的立场考察自动驾驶的法律地位问题。当然，如前文所述，自动驾驶的法律地位问题也不能与责任承担主体简单画"等号"。

基于上述立场，笔者主张，应在区分驾驶自动化等级的基础上，[③]进一步明确自动驾驶过程是否需要人类干预和控制，从而将辅助驾驶和半自动驾驶归为有人驾驶的模式，法律直接通过调整"驾驶人"和"操作员"的方式得以实现对自动驾驶的规制；而对于全自动驾驶，则应从法律上直接赋予自动驾驶系统以"机器驾驶人"的法律地位。具体说明如下：

其一，全自动驾驶下的"机器驾驶人"并不意味着自动驾驶系统享有法律关系主体资格。从自动驾驶技术发展的现状和趋势来看，现阶段

---

① 这里的"法律地位"或者"法律身份"并不意味着与"法律主体资格"问题直接相关，即使是作为客体的自动驾驶汽车也仍可取得法律调整的"地位"或者"身份"。因此，讨论自动驾驶的法律地位并不以承认其主体资格为逻辑前提。

② 参见[美]胡迪·利普森、[美]梅尔芭·库曼：《无人驾驶》，林露茵、金阳译，文汇出版社2017年版，第326～327页。

③ 即将驾驶自动化区分为"辅助驾驶"（L0、L1）、"半自动驾驶"（L2、L3）和"全自动驾驶"（L4、L5）三类分别予以规制。

不宜赋予其法律主体资格。此处使用“机器驾驶人”的表述,实际上与“自动驾驶系统”并无二致,但是为了与法律中“驾驶人”的概念保持一致,此处使用“机器驾驶人”。因此,法律在规定和调整全自动驾驶汽车时,其规制手段的采取和责任追究均应落实到人类身上。

其二,自动驾驶法律地位构建所依存的基础是自动驾驶汽车是否有能力完全自主完成动态驾驶任务。这一区分本身也是基于但不同于 SAE International 的等级划分。前者主要是从法律规制的角度而言的,而后者更多是从技术层面所作的划分。之所以将是否完全由自动驾驶系统自主控制作为确定自动驾驶法律地位的依据,主要是因为在有人类控制的情况下,责任承担由人类担当,问题解决起来较为方便。虽然实际的事故或者违法行为与结果的因果关系可能较为复杂,但那只是举证等法律技术层面的问题。而全自动驾驶则完全不同,车辆并不配备法律意义上的驾驶人,除了人类主动干预车辆驾驶过程,车辆完全能够在确保安全的前提下胜任所有的驾驶场景,在准入机制的设计、法律规制手段的选取和责任的承担等事项上与低等级的驾驶自动化存在显著差异。

其三,“机器驾驶人”并非相关责任承担主体。由于机器驾驶人并非生理意义上和法律意义上的主体,且其并无承担责任的物质基础,因而由其承担责任并无理论和现实依据。此时可以由车主、厂商等主体承担实际的责任。同时,即便是在全自动驾驶的条件下,也有人类参与驾驶过程的情形。这种情况应根据“谁行为,谁负责”的原则确定责任承担主体,①不过这是一个责任认定与实现的问题,不是这里讨论的重点。

总之,虽然自动驾驶法律地位问题与自动驾驶法律责任问题密切相关,但二者并非同一个问题。自动驾驶法律准入制度及有关程序设计应建立在自动驾驶法律地位的基础之上。

---

① 例如,有学者主张,在自动驾驶模式过程中发生交通事故,责任归属于制造商;在人工控制的过程中发生交通事故,责任归属于驾驶人。参见胡元聪、李明康:《自动驾驶汽车对〈道路交通安全法〉的挑战及应对》,载《上海交通大学学报(哲学社会科学版)》2019 年第 1 期。

二、按照实际需求细化自动驾驶车辆准入规则

车辆相关准入涉及自动驾驶市场准入和产品准入两个方面。一辆完整的自动驾驶汽车包括汽车硬件和自动驾驶系统两个组成部分。自动驾驶汽车与传统汽车的显著差异是自动驾驶汽车具有驾驶自动化感知、控制和执行能力的自动驾驶系统。由于其具有高度自动化和非人为性特征，一旦生产、设计中存在致命性的安全隐患，其对公共安全的威胁无疑是难以预测的。因而，自动驾驶汽车的生产、销售和应用环节都离不开政府的事前监管。这种事前监管在法律形式上表现为自动驾驶汽车的生产、开发准入以及自动驾驶汽车的产品准入（上市和使用准入）。具体来说，我国自动驾驶车辆准入也应从上述两个方面加以完善。

（一）实行差异化的生产许可制度

我国对机动车生产企业实行准入制度。2018 年 11 月 27 日，工信部颁布了《道路机动车辆生产企业及产品准入管理办法》，自 2019 年 6 月 1 日起实施。根据该办法，国家对从事道路机动车辆生产的企业及其生产的在境内使用的道路机动车辆产品实行分类准入管理。可见，我国对机动车的准入制度，在生产环节主要体现在对生产企业的准入管理。目前，我国的汽车生产除对部分零部件实行生产许可制度外，并未对整车的生产实行许可制管理，这主要是因为传统汽车技术相对成熟，而且在使用过程中的风险总体可控。在自动驾驶技术发展的早期阶段，如果对自动驾驶的生产和开发环节不加以准入规制，将难以确保自动驾驶汽车使用过程中的安全性。因此，自动驾驶汽车生产厂商、系统开发商应符合一定的生产、开发许可管理制度。

针对自动驾驶技术软硬兼备的特殊性，应在自动驾驶汽车的生产、开发环节，基于自动驾驶系统与自动驾驶车辆本身的区别，实行不同的准入制度：对于自动驾驶汽车硬件本身（包括零部件和整车）的生产，不必实行生产许可制度，但仍应符合现有的汽车标准、认证等事前监管制度，同时也应符合自动驾驶汽车的安全和质量标准；对于自动驾驶系统的开发，应

实行开发准入制度,未经许可不得擅自开发自动驾驶系统并投入应用。①

同时,鉴于实践中不少互联网等高科技企业(如百度、谷歌等)也参与开发自动驾驶系统,这些企业并非传统车企,对于汽车的硬件的开发和生产缺乏足够经验,因此可以考虑从规则层面进行相应的资质管理,即只有符合相应资质的企业才能开发自动驾驶系统。

(二)强化自动驾驶汽车产品准入管理

产品准入管理是指特定产品生产、销售应符合相应的准入要求,或者进行有关的认证和审核。自1985年以来,我国开始实施《全国汽车、民用改装车和摩托车生产企业及产品目录》确立的机动车产品目录管理制度,用于规范机动车产品准入。进入21世纪,为适应经济发展的新形势,原国家经贸委在2001年对管理模式进行了改革,将原先的目录管理转变为公告管理,即《车辆生产企业及产品公告》。随着国家机构改革的推进,公告管理职责在2003年由经贸委转至发改委。为了进一步规范汽车产业发展,发改委在2004年发布了《汽车产业发展政策》,要求企业在通过投资管理核准后,还需满足公告管理的相关要求。随着《行政许可法》的实施,机动车产品的准入许可被正式确立为行政许可事项,并一直沿用至今。在机构改革背景下,随着工信部的组建,公告管理的职能在2008年由发改委转至工信部。此后,工信部陆续发布了一系列准入管理规则,包括2009年的《新能源汽车生产企业及产品准入管理规则》、2010年的《商用车生产企业和产品准入管理规则》以及2011年的《乘用车生产企业和产品准入管理规则》。为了进一步规范新能源汽车的发展,工信部在2017年发布了《新能源汽车生产企业及产品准入管理规定》,成为新能源汽车公告管理的最高指导性文件,取代了2009年的版本。2018年11月27日,工信部发布了《道路机动车辆生产企业

① 根据我国《行政许可法》第12条第1项的规定,直接涉及公共安全以及直接关系人身健康、生命财产安全等特定活动,需要按照法定条件予以批准的事项可以设定一般许可。因此,对自动驾驶系统的开发实行许可管理并不存在法律上的障碍。

及产品准入管理办法》,成为目前汽车公告管理的最高指导性文件,既适用于传统车辆也适用于新能源汽车。不过需要注意的是,该管理办法并不替代2017年的相关准入规定。

我国《产品质量法》第14条明确规定了产品质量认证制度。目前,我国汽车产品实行强制性认证和自愿性认证相结合的准入制度。而自愿性认证则由企业基于获取财政补贴、提升产品声誉等原因自主决定。汽车认证形式包括CCC认证、产品公告、达标车型和环保目录等。①

自动驾驶汽车在产品准入方面自然也要符合上述机动车产品准入制度的基本要求,除此之外,自动驾驶汽车的产品认证以自愿性认证为主。但是,至少以下两种情形应实行特殊的产品准入制度:

一是自动驾驶汽车的部分敏感元器件。感知、控制元器件(如激光雷达、超声波雷达等传感器以及自动驾驶数据记录装置等)是自动驾驶所有特有的组成部分,也是决定自动驾驶性能和安全的重要敏感硬件设备,因此应加强事前准入管理。

二是自动驾驶系统。自动驾驶系统是自动驾驶汽车的灵魂和指挥控制中枢,车辆的安全很大程度上受到自动驾驶系统算法、程序运行状态的影响。我国法律上所调整的产品是指经过加工、制作,用于销售的产品。② 自动驾驶系统虽然属于一种软件形式,但是仍然符合上述"产品"的定义。自动驾驶汽车作为人工智能产业应用的成果之一,就本质上而言仍然属于"产品"的范畴。但是,相比于传统汽车产品,自动驾驶汽车具有高度的自主性和复杂性,③这种特点决定了人工干预的减少以及风险的不可预知性。因而,有必要对自动驾驶系统进行准入管理,具体可以采用自动驾驶系统登记和强制认证相结合的方式。

---

① 参见黄达潜:《浅析我国客车产品认证制度》,载《客车技术》2019年第3期。

② 参见《产品质量法》第2条。

③ 参见高完成:《自动驾驶汽车致损事故的产品责任适用困境及对策研究》,载《大连理工大学学报(社会科学版)》2020年第6期。

三、依据自动化等级完善自动驾驶道路准入制度

道路准入是法律对自动驾驶上路行驶时所施加的准入要求。根据我国现行道路交通相关法律制度,汽车上路行驶的准入管理包括车辆登记、驾驶许可、准入程序等内容。为了适应自动驾驶汽车上路行驶的客观需要,现行的车辆道路准入制度应进行适当的调整。

首先,建立自动驾驶车辆与自动驾驶系统登记制度。现行的机动车登记制度仅针对传统机动车,无法调整具有自动驾驶系统的自动驾驶汽车。法律应明确除普通的机动车必须登记之外,自动驾驶系统亦应予以登记。自动驾驶汽车的登记制度是其取得相应法律地位的重要步骤,也是确认自动驾驶汽车权属的法律依据。不过值得注意的是,驾驶自动化的等级不同,因而在车辆登记时应予以标明自动驾驶是属于"辅助驾驶""半自动化""全自动化驾驶"中的哪一类,并通过号牌分类的方式,在汽车号牌上做出显著区分,以便于其他车辆和行人进行有效的识别。

其次,确立自动驾驶汽车安全评估机制。现行法律规定,申请机动车登记时,应接受对该机动车的安全技术检验,自动驾驶汽车自然也要符合这一要求。但是自动驾驶汽车的软硬件系统远较于传统汽车复杂,仅通过现行的检验程序恐怕很难完成。对此,自动驾驶汽车安全评估机制可能是一个较好的解决方案。美国 2016 年《联邦自动驾驶汽车政策:加速道路安全变革》具体提出了自动驾驶技术设计、测试和应用中所涉及的"数据记录和共享""隐私""系统安全""人机交互"等 15 个方面的安全评估内容。① 这些内容涉及自动驾驶安全性的方方面面,具有较高的参考价值。在自动驾驶安全评估中,上述安全评估的内容和标准可以加以合理吸收和借鉴。

再次,建立有区分的自动驾驶汽车的驾驶许可制度。传统汽车在行

---

① See U. S. Department of Transportation, *Federal Automated Vehicles Policy: Accelerating the Next Revolution in Roadway Safety*, U. S. Department of Transportation, https://www.transportation.gov/AV/federal-automated-vehicles-policy-september-2016.

驶的过程中，需要驾驶员注意力高度集中，并通过手足高度的协调与配合，从而熟练地操控车辆方可安全行驶，而人类驾驶员的感官、手足、注意力以及熟练的操作技能是传统汽车安全行驶的四个基本要素。① 我国现行驾驶许可制度主要针对的是人类驾驶员，无法满足自动驾驶条件下的需要。此外，由于《道路交通安全法》和《机动车驾驶证申领和使用规定》规定的驾驶证考试与管理制度，针对的是人工驾驶的传统汽车，A、B、C 三类证件是根据车辆承载人数和使用用途等因素进行区别的，自动驾驶汽车已经超出了其调整范畴。② 驾驶自动化的不同等级意味着人机在驾驶权的掌控和责任承担上的差异性，因此使用“一刀切”的办法解决驾驶许可的思路并不可行。为了适应自动驾驶技术发展的近期和远期法律需求，应当在道路交通立法中，根据驾驶自动化的不同等级，在“辅助驾驶”“半自动驾驶”“全自动驾驶”区分的基础上，合理确定自动驾驶汽车驾驶许可制度：其一，在辅助驾驶的情况下，仍按照现行法律规定，设置“驾驶人”，驾驶人的要求应符合现行法律规定的申领驾驶证的有关规定；其二，对于半自动驾驶，则可设置“操作员”，操作员的主要目的是必要时接管和控制半自动驾驶汽车，因而其与现行的驾驶许可制度存在某些差异，但是由于仍是有人看护条件下的驾驶，因而可以比照现行机动车驾驶人的要求，确定驾驶许可制度；其三，对于全自动驾驶，则应确立自动驾驶系统作为“机器驾驶人”的法律地位，因此问题就转换成了自动驾驶系统的准入，自动驾驶系统的准入可以通过自动驾驶道路测试和评估得以实现。

最后，完善自动驾驶准入程序。自动驾驶的准入程序应包括道路测试准入和普通自动驾驶准入程序。就自动驾驶的道路准入程序而言，目前在自动驾驶测试主体、测试车辆、测试驾驶人等方面的准入条件上各地的规定存在一定的差异，缺乏协调性和道路测试结果的互认机制，但

---

① 参见陈晓林：《无人驾驶汽车对现行法律的挑战及应对》，载《理论学刊》2016 年第 1 期。

② 参见苏文聪：《自动驾驶技术的法律问题》，载《智库时代》2019 年第 13 期。

是自动驾驶的道路测试作为自动驾驶汽车上路行驶之前的关键步骤,是必不可少的,因而在今后的统一立法中应明确自动驾驶道路测试的法律地位和准入制度。不过,在自动驾驶道路测试准入程序具体规则上,可授权国务院通过行政法规的形式加以解决。对于自动驾驶的一般准入程序,也就是上路行驶准入的问题,如前文所述,应根据自动驾驶的等级区分为“辅助驾驶”“半自动驾驶”“全自动驾驶”三类准入程序,并加以细化。需要强调的是,较高等级的自动驾驶准入程序较之于较低等级的自动驾驶准入程序应更为严格。

第四节　信息披露制度的确立

驾驶自动化算法偏见、算法黑箱等负面效应增加了自动驾驶的不可预知性。面对自动驾驶带来的这种不确定性风险,自动驾驶亟待法律规制,不过这种法律规制实际上也是一种风险规制。风险规制的法律规范“主要调整行政主体在预防和处置风险过程中所产生的权利义务关系”,这类法律关系呈现出“临时性”“易变性”“不确定性”等特征。[①] 为了解决现代技术带来的风险的不确定性,最好的办法也许是让技术公开透明,以将风险降到最低程度。如果维持“黑箱”的局面而任由自动驾驶相关数据、信息和算法等处于权利人、公众乃至政府都不可知的状态,那么前文所讨论的各种算法异化现象可能会大行其道,进而加大政府治理的难度,并将公民的基本权益置于风险之中。“作为算法规制的一般化原则,算法透明是实现算法问责的重要机制。”[②]从自动驾驶法律规制的角度来看,自动驾驶信息披露显得十分紧迫和必要。

① 参见戚建刚:《风险规制的兴起与行政法的新发展》,载《当代法学》2014 年第 6 期。

② 汪庆华:《算法透明的多重维度和算法问责》,载《比较法研究》2020 年第 6 期。

一、确立自动驾驶信息披露的原则

自动驾驶技术法律规制的困难之处一方面源于技术的专业性,另一方面源于以"算法黑箱"为代表的信息不对称问题,这使公众和规制机构无法获取充分有效的规制所需的信息和数据支撑。"治理自动化决策计划的首要目标是允许人们(政府官员、公司管理者以及公众)监督算法过程,以使他们了解计算机如何做出决定(或者最起码了解这些决定基于何种规则做出,即便这些规则没有被完全披露)。"①要实现较为充分的信息披露,首先应遵循一定的信息披露原则。这些原则包括以下几个方面。

第一,尊重相关主体的基本权益原则。有学者主张算法权力与普通公众力量对比悬殊,应从制度设计角度赋予并保障相关利益主体以权利,"以增加其与算法权力博弈的资本,使其免受算法权力的侵害"②。自动驾驶相关数据信息对应着自动驾驶汽车使用者、所有者等权利主体的知情权。知情权是社会公众的基本权利。当事人如果不知道算法决策形成的过程,就无法有效维护其权益。③ 同时,自动驾驶信息披露也必须承认信息同意权、异议权、更正权等公民信息自主权利。例如,欧盟《通用数据保护条例》第 15 ~ 17 条等规定了数据主体的访问权、更正权和擦除权等基本信息自主权利。同时,信息披露也应尊重相关权利主体的个人隐私权等民事权益。

第二,信息分类原则。自动驾驶相关数据、算法等信息往往十分庞大,对于一般人来说,从如此海量的专业性数据中获取对自己有价值的信息实际上很困难。同时,对于自动驾驶系统开发商和自动驾驶信息服

① Joshua A. Kroll, Solon Barocas, Edward W. Felten, Joel R. Reidenberg, David G. Robinson & Harlan Yu, *Accountable Algorithms*, University of Pennsylvania Law Review, Vol. 165 (3), 2017, p. 656.

② 张凌寒:《算法权力的兴起、异化及法律规制》,载《法商研究》2019 年第 4 期。

③ 参见孙清白:《人工智能算法的"公共性"应用风险及其二元规制》,载《行政法学研究》2020 年第 4 期。

务平台来说,部分敏感信息的公开化可能暴露了其商业秘密。如果通过信息分类的方法,分层次安排是否进行信息披露以及信息披露的力度,则对各方来说可能是一个较佳的选择。有学者在讨论人工智能的信息披露时,主张将人工智能相关信息分为一般信息和特殊信息,并赋予其差异化的披露力度。例如,无人驾驶汽车的智能技术备案属于一般信息,生产厂商应在车辆进入消费市场后连续披露相关参数。[①] 笔者认为,无论对自动驾驶相关信息做何种分类,都是一个具体技术操作层面的问题,关键是需要将信息披露的力度建立在对不同特性的信息分类的基础上。

第三,算法可解释性原则。算法可解释性原则是对算法异化风险的一种有效防范。对于自动驾驶汽车车主以及其他权利人而言,由于算法技术壁垒的客观存在,其很难真正了解自动驾驶系统的一些关键算法,因而也就无法确保自身权益始终处于安全状态;对于政府来说,如果算法不具有可解释性,那么其对自动驾驶的规制也就无法深入到算法层面。算法可解释性原则一方面要求算法设计者在设计过程中以可解释性作为首要原则,另一方面鼓励对算法决策过程、结果和意义等做出解释。[②]

第四,兼顾信息披露与商业秘密保护原则。自动驾驶相关的数据和算法很大一部分源于自动驾驶设计过程,而这些数据和算法不但事关使用者的权利,还事关开发者的商业秘密保护。因而,不能一味强调信息披露而忽视相关技术企业的权益保护。实际上,良好的信息披露制度一定是二者的兼顾。

二、建立自动驾驶算法备案制度

"算法的广泛应用,使得人们在社会行动中受制于算法的干预,按

---

① 参见胡元聪、廖娟:《人工智能的负外部性及其经济法规制》,载《大连理工大学学报(社会科学版)》2020 年第 3 期。

② 参见刘友华:《算法偏见及其规制路径研究》,载《法学杂志》2019 年第 6 期。

照算法的指引去采取行动，也按照算法的指引去预测他人可能采取的行动。”①算法已然成为一种具有支配性的权力，深刻地影响着自动驾驶系统的安全运行。作为自动驾驶系统的核心要素，驾驶自动化算法直接关系着驾驶安全。从政府规制的角度讲，对包括自动驾驶在内的任何人工智能产品的监管如果仅仅停留在事后责任追究和外在行为的管控层面，则很难在技术风险日益增加的今天，真正按照预防性原则的要求防止安全隐患转化为安全事故。因此，笔者主张建立自动驾驶算法备案制度。自动驾驶算法有必要以某种制度化的形式向规制机构披露，以使政府事先有足够的时间掌握在自动驾驶算法的安全性和科学性上存在的重大隐患和明显漏洞，及时预防相关安全风险，同时防止技术企业的技术数据和核心算法泄露的可能。

首先，确立专业化的算法备案机构。算法的专业性决定了算法备案需要规制能力与之相匹配的规制机构。如前文所述，在组织架构建设上，考虑到笔者主张设立独立的自动驾驶委员会，重要的自动驾驶算法备案的受理和审查职责应由自动驾驶委员会承担。基于算法的专业性，可以在该委员会下设立算法专业委员会，专门负责备案审查自动驾驶系统算法。同时，作为自动驾驶行业组织的行业协会也可以通过自律管理建立算法备案制度。

其次，明确算法备案的范围。在算法规制范围上，一般而言，自动驾驶行业协会在自律管理基础上的算法备案可以针对所有的自动驾驶算法，具体范围应根据自动驾驶行业自律的需要而定，不做强制性要求。但是对于自动驾驶系统中的核心、敏感算法应当向专门的政府规制机构备案，接受算法审查。就接受备案的算法的内容范围而言，其主要包括算法的基本信息、应用场景、算法所遵循的技术标准、算法可能存在的风

---

① 杨蓉：《从信息安全、数据安全到算法安全——总体国家安全观视角下的网络法律治理》，载《法学评论》2021 年第 1 期。

险以及相应风险管理手段等。[1]

再次,规范算法备案的程序。备案机构不同,算法备案所采用的程序也不同。例如,向行业协会申请备案,则应符合行业协会的自律管理规范;而向政府规制机构备案,则应符合相关的法律规定。算法的法律地位随着算法自主决策能力的不断增强而持续演进,算法已从纯粹工具角色演变为具有自主决策能力的"决策者",成为所谓"本体化的算法"。[2]因而,在算法程序设计上,首先要确保算法备案审查的专业化,即通过专业化的机构和人员队伍,为算法的深度审查把关,发现算法中存在的风险点,并提出专业的意见和改进建议。另外,应确保算法审查中对备案人商业秘密的保护,这是维护算法备案制度权威性和公正性的必然要求。

最后,明确算法备案审查的标准。算法和软件在自动驾驶中扮演着十分重要的作用,其对有关事故和损害的发生往往负有直接责任。20世纪60年代,美国学界提出了一种新颖的侵权理论,即"防撞学说"(crashworthy doctrine),以应对日益流行的车祸现实。该理论主张,汽车制造商应当对在车祸中伤害交通参与者的不安全的设计承担责任。有美国学者基于"防撞学说",针对自动驾驶的现实情况,进一步认为:第一,软件侵权责任应建立在减少损害而非预防损害的基础上。当代码崩溃在统计上无法避免时,制造商有责任提供更安全的代码崩溃程序(code crashes),而不是根本就不提供代码崩溃程序。第二,防撞框架要求制造商在代码设计中具备足够的软件容错能力,而不是简单地预防错误。[3] 可见,在自动驾驶算法开发中,要求所有的代码完美无缺是不可能的,但是要求代码具有防撞性能是合理的,避免碰撞远没有减少碰撞和减轻碰撞来得实在。因此,自动驾驶算法备案后审查也应更多强调碰撞容错机制的设计规范,以实现传统的防错型算法向容错型算法的逐步

---

① 参见孙清白:《人工智能算法的"公共性"应用风险及其二元规制》,载《行政法学研究》2020年第4期。

② 参见张凌寒:《算法规制的迭代与革新》,载《法学论坛》2019年第2期。

③ See Bryan H. Choi, *Crashworthy Code*, Washington Law Review, Vol. 94(1), 2019, p. 39.

过渡,满足自动驾驶法律规制的现实需要。

三、建立自动驾驶伦理审查机制

自动驾驶带来的伦理问题原本不属于法律调整的范围,但自动驾驶带来的某些伦理问题可能会严重危及车内外人员的生命财产安全和交通安全,同时也可能带来生命权衡的伦理困境。此外,系统算法歧视现象侵害自然人平等权问题都说明自动驾驶引发的某些伦理问题已经远超出了伦理道德的范畴,而进入了法律调整的领地。从法律上对自动驾驶所带来的伦理问题进行规制也就顺理成章。笔者主张建立自动驾驶伦理审查机制,以对自动驾驶系统开发和应用中涉及的伦理问题进行系统的审查。

首先,建立企业内部伦理审查机制。专业化的伦理审查机构和人员是伦理审查的有效保障。就自动驾驶汽车的生产制造过程而言,自动驾驶汽车厂商和自动驾驶系统的开发企业的生产和开发过程是自动驾驶产生伦理风险的主要源头。由于程序开发人员缺乏对伦理进行准确判断的专业知识,也难以承担诸如"自动驾驶汽车应优先保护车内乘客还是车外行人"等关键伦理抉择的责任,相对独立集中且成员背景多元的伦理委员会更适宜对这些伦理问题进行判断。[①] 目前,谷歌、微软等多家大型科技企业都已经设立了伦理审查委员会。因而,首先应在自动驾驶相关技术企业内部设立自动驾驶伦理委员会,其主要职责是审查、评估自动驾驶软硬件(主要是自动驾驶系统)在算法设计、隐私保护、生命安全保障等方面的伦理风险,确保在设计、制造阶段尽可能避免伦理风险。

其次,加强外部伦理审查和监督。通过企业内部的伦理审查固然能够尽可能第一时间发现自动驾驶设计中存在的不当伦理风险和隐患,但是受限于企业自身追逐经济利益的需要,内部审查机制可能不能起到有效化解伦理风险的作用,这在微软、谷歌等科技巨头的人工智能产品有

---

① 参见郭锐:《人工智能的伦理和治理》,法律出版社2020年版,第191页。

关种族歧视的报道频频见诸报端中可见一斑。为此,加强必要的外部伦理审查和监督就显得格外重要。外部的伦理审查和监督机制主要包括行业组织和国家两个层面。一方面,以自动驾驶行业协会为代表的行业组织可以设立全行业的伦理委员会,对成员企业的产品在设计中的伦理风险进行审查,并且在自动驾驶汽车上市后对其加以持续审查和监督。另一方面,在国家层面也应建立起相应的自动驾驶伦理审查机制。目前,我国已经在国家层面建立起了国家科技伦理委员会,"推动覆盖全面、导向正确、规范有序、统筹协调的科技伦理治理体系建设"①。在国家科技伦理委员会的制度框架下,可以考虑在交通运输主管部门下设立专门机构负责自动驾驶伦理审查监管工作,具体可以在前述自动驾驶委员会下设自动驾驶伦理审查专业委员会,对企业和行业组织落实自动驾驶伦理审查的情况进行监督和指导。

最后,明确自动驾驶伦理审查的范围和标准。自动驾驶伦理审查的范围包括自动驾驶汽车设计和运行过程中的驾驶自动化算法、重要数据等内容。具体而言,在自动驾驶技术开发设计和具体应用中,凡是可能涉及算法歧视、生命安全、伦理抉择、隐私保护等内容的,均应接受审查和监督。在审查标准上,应坚持安全、非歧视、伦理协调等基本要求,确保自动驾驶汽车符合基本的人类伦理价值观念。

四、披露自动驾驶隐私保护措施

在智能社会,人工智能一方面极大地增强了隐私入侵的能力,带来了更多的隐私获取性;另一方面侵害隐私的行为极具迷惑性,造成的损害后果更加严重。在人工智能时代,人们面临巨大的"隐私危机"。② 自

---

① 国家科技伦理委员会是根据《国家科技伦理委员会组建方案》要求组建而成的。2019年7月24日召开的中央全面深化改革委员会第九次会议审议通过了《国家科技伦理委员会组建方案》。孙自法:《中国已成立国家科技伦理委员会》,载中国新闻网,https://www.chinanews.com/gn/2020/10-21/9319022.shtml,最后访问日期:2023年12月12日。

② 参见郑志峰:《人工智能时代的隐私保护》,载《法律科学(西北政法大学学报)》2019年第2期。

动驾驶作为一种典型的人工智能产品的应用,除传统网络环境下的隐私风险外,在持续的自动驾驶应用和自动驾驶系统深度学习的过程中,隐私通过自动驾驶系统和自动驾驶服务平台泄露的风险更大,因而在自动驾驶条件下实现隐私保护需要自动驾驶汽车厂商、系统开发者和服务平台等主体共同推进。

从隐私权利人的角度看,自动驾驶所涉及的隐私保护最有效的方式仍然是尊重和保障权利人的知情权,企业通过告知权利人其采取的保护方案、计划和措施,披露隐私保护计划,能够有效加强对企业滥用技术侵犯公众隐私权可能性的监督。从域外经验来看,美国《自动驾驶法案》第12章明确规定了高度自动化车辆所需要的"隐私计划"。根据该法案的规定,在洲际贸易或者进口贸易中,制造商不得销售、许诺销售、引进或者为引进而交付任何高度自动化车辆、部分驾驶自动化或者自动驾驶系统,除非制造商已经制订相应的书面隐私计划。隐私计划一般包括:(1)制造商收集、使用、共享和存储的有关信息而对车辆所有人、占有人提供选择的实践做法;(2)制造商基于其收集、使用、共享和存储的有关信息而对车辆的所有人、占有人提供选择的实践做法;(3)制造商对车辆所有人、占有人数据最小化、匿名化和信息保存的实践做法;(4)制造商将隐私计划扩展到其他信息共享主体的实践做法;(5)一种向车辆所有人、占有人提醒注意隐私计划的方法。[1]

由自动驾驶汽车厂商等主体向有关权利人披露隐私保护措施,能够通过信息披露极大地约束其设计和开发行为,有利于缓解自动驾驶条件下的"隐私危机"。为此,可以参考美国立法中的"隐私计划",完善自动驾驶隐私保护措施的披露机制,要求自动驾驶主动向用户等权利主体披露其隐私保护措施和方案,确保自动驾驶技术在尊重和保障用户等主体个人隐私和个人信息安全的前提下推广应用。

---

① See "Privacy Plan Required for Highly Automated Vehicles", Sec. 12 of Self Drive Act, H. R. 3388.

第五节 自动驾驶标准体系的完善

标准是指“为了在一定的范围内获得最佳秩序,经协商一致制定并由公认机构批准,共同使用和重复使用的一种规范性文件”[①]。标准化是自动驾驶技术走向成熟的重要步骤,也是政府规制自动驾驶行业的有效手段。不过,制定标准本身不是标准化的目的,标准化的目的在于标准的实施。[②] 但是,目前的自动驾驶标准体系尚处于初创阶段,随着自动驾驶逐步由道路测试走向示范应用,客观上需要与之相适应的立体多元的自动驾驶标准体系,在内容上应当制定包括自动驾驶安全标准、算法设计标准、道路测试标准以及伦理规范等,并予以严格实施。

一、构建立体多元的自动驾驶标准体系

一般而言,作为“外在于法的规范系统”,标准本无法的规范效力,但当它通过法律规定或当事人约定进入法的系统时,对法律调整和规范社会行为起着积极作用。[③] 因而标准及其内部体系建设也影响着法律功效的充分发挥。自动驾驶标准规范的快速涌现,一方面适应了技术发展的需要,另一方面也存在加剧标准体系内部冲突的可能性。一般而言,技术、产品和服务等的标准化过程应遵循“协商一致”“遵守科学规律”“最佳效益”“兼容协调”等基本原则。[④] 针对标准体系化建构过程中可能出现的标准规范性、科学性、兼容性等问题,政府应积极主动作为,合理引导行业和企业,构建立体多元的自动驾驶标准体系。

---

① 宋明顺、周立军主编:《标准化基础》,中国标准出版社2013年版,第3页。

② 参见柳经纬:《论标准替代法律的可能及限度》,载《比较法研究》2020年第6期。

③ 参见柳经纬:《论标准对法律发挥作用的规范基础》,载《行政法学研究》2021年第1期。

④ 参见梁丽涛主编:《发展中的标准化》,中国质检出版社、中国标准出版社2013年版,第38页。

首先,国家层面应从顶层设计上完善自动驾驶国家标准。在《国家车联网产业标准体系建设指南》所确立的自动驾驶标准框架之下,国家标准的主要作用是为自动驾驶技术发展和应用确立基础性底层技术所应遵循的基本技术规范和依据,如驾驶自动化分级等。在效力上,国家标准对于那些涉及汽车安全的基础性标准宜采用强制性标准,而对于其他基础性标准则可采用推荐性标准。

其次,积极引导行业组织、企业联合体等主体制定团体标准。物联网、人工智能、大数据、云计算等一系列新技术与汽车技术的深度融合,使自动驾驶汽车研发、生产、测试、准入、使用、监管等环节属于新兴交叉学科的技术标准的市场需求日益旺盛。以技术企业和行业组织等主体为主要推动力量的自动驾驶汽车团体标准在快速响应市场、增加标准有效供给方面具有广阔的发展空间。一般而言,自动驾驶团体标准体系框架包括车辆关键技术、信息交互关键技术以及基础支撑关键技术,涵盖车载平台和基础设施。① 团体标准既是国家标准的一种有效的补充,同时也是自动驾驶技术标准创新的重要来源,因而加强团体标准建设绝不仅仅是执行和细化国家标准、地方标准和行业标准。

最后,鼓励自动驾驶相关企业制定严于其他标准的企业标准体系。企业标准体系是企业内的标准按其内在联系形成的科学的有机整体,主要由基础保障标准体系、产品实现标准体系和岗位标准体系组成。② 企业是技术创新的动力源,企业标准也是距离技术研发和创新最近的标准形式,因而企业标准能够在最大限度上对技术的规范化、标准化做出快速反应。国家推荐性标准、行业标准、地方标准以及团体标准一般不具

---

① 在团体标准制定上,2020 年 9 月 15 日,第六届智能网联汽车技术及标准法规国际交流会(ICV2020)期间,中国智能网联汽车产业创新联盟(CAICV)正式发布了《智能网联汽车团体标准体系建设指南》,该指南为我国自动驾驶团体标准体系建设提供了较为全面的方向性指引。参见中国汽车工程学会:《智能网联汽车团体标准体系建设指南发布!》,载中国汽车工程学会标准网站,http://old - csae. sae-china. org/a3920. html,最后访问日期:2023 年 12 月 14 日。

② 参见汪国风主编:《标准化基础与现代企业标准化实务》,湖南大学出版社 2019 年版,第 209 页。

有强制效力，因而企业可以在上述标准的基础上制定更为严格的标准，对自身技术做出更为严格的要求，从而不断提升产品的性能和质量。实际上，团体标准的制定一般也是基于和综合不同企业的内部标准而形成的。可见，作为标准体系中最底层的企业标准是自动驾驶标准体系中最为活跃和富于创新性的一类标准。

二、进一步充实自动驾驶标准体系的内容

虽然自动驾驶汽车在车辆硬件方面继承了传统汽车的硬件技术要素和技术标准，但自动驾驶汽车在车辆硬件上增加了自动驾驶感知、控制和执行模块以及网络接口（5G - V2X）等组件，而在软件上自动驾驶汽车具有全新的自动驾驶系统，传统汽车与之相比具有明显的技术代差。因此，现有机动车标准体系的内容无法完全满足自动驾驶汽车的道路测试和推广应用的现实需要，这意味着需要拓展自动驾驶标准内容。自动驾驶技术是一个复杂的系统工程，其标准涉及技术的方方面面，但是就具有法律意义的标准而言，主要包括安全标准、算法标准和测试标准等。

（一）自动驾驶安全标准

自动驾驶安全标准是自动驾驶的核心标准，安全标准以实现安全的自动驾驶为根本目标，这也是自动驾驶标准体系的核心要素。“一辆自动驾驶汽车受到第三方黑客攻击或者其他程序错误影响的脆弱程度完全取决于各种各样的硬件组件（包括发动机、方向盘、制动系统、传感器等）以及它们相互关联的软件系统。”[①]安全标准对于自动驾驶汽车软硬件的重要性可见一斑。一般而言，安全标准在整个标准体系中的地位较高，往往成为强制认证的重要依据。自动驾驶安全标准包括车辆硬件安全标准、自动驾驶系统安全标准、数据安全标准、网络安全标准以及道路

---

① Mark A. Geistfeld, *A Roadmap for Autonomous Vehicles: State Tort Liability, Automobile Insurance, and Federal Safety Regulation*, California Law Review, Vol. 105(6), 2017, p. 1668.

交通基础设施安全标准等内容。

自动驾驶车辆硬件安全标准与传统机动车安全标准类似,主要体现为自动驾驶汽车整车硬件和零部件的安全标准。与传统汽车相比,自动驾驶车辆特有的硬件主要包括与驾驶任务相关的信息感知、决策控制模块。其中,信息感知模块包括驾驶相关和非驾驶相关硬件;而决策控制模块则包括辅助驾驶和自动驾驶两个方面。自动驾驶车辆的硬件安全是自动驾驶整体安全的物质基础,因而自动驾驶硬件安全标准应与传统汽车的安全标准具有相同的法律地位和效力,理应成为汽车认证的主要依据。

自动驾驶系统安全标准是指自动驾驶系统应符合相应的安全技术规范和要求。自动驾驶系统是自动驾驶汽车与传统汽车最大的不同之处。自动驾驶的安全性能一方面取决于自动驾驶车辆硬件的性能,另一方面取决于自动驾驶系统本身的安全系数。因此,自动驾驶系统及相关软件的开发、设计、应用等环节应符合相应的安全技术标准。例如,自动驾驶系统的升级方法和时间就与自动驾驶汽车的行驶安全直接相关。随着自动驾驶技术的快速发展,自动驾驶技术企业也日益分化,虽然自动驾驶汽车仍然需要通用、福特等汽车硬件制造商生产汽车硬件,但是谷歌、优步等企业则因自动驾驶系统软件开发而成为自动驾驶开发的核心力量。[①] 可见,自动驾驶系统安全标准则需要明确开发者的技术规范,尽可能为责任认定和追究提供重要的基础。

此外,自动驾驶的数据与网络安全标准一方面可能影响着安全驾驶,另一方面直接关系着车主和车内乘客的个人信息和隐私安全。网络是一个虚拟的数字空间,在这里人以“数字化人格”的形式存在,即“数字化生存”。[②] 同时,自动驾驶网络的泛在性也决定了自动驾驶系统和网络极容易为外界所影响,甚至被不法分子侵入和控制。在网络与数据

① See Kenneth S. Abraham & Robert L. Rabin, *The Future Is Almost Here: Inaction Is Actually Mistaken Action*, Virginia Law Review Online, Vol. 105, 2019, p. 93.

② 参见吴汉东:《人工智能时代的制度安排与法律规制》,载《法律科学(西北政法大学学报)》2017 年第 5 期。

安全标准建设上,应确立自动驾驶网络与数据记录、存储和追溯机制,确保安全性可查验、评估和便于执法取证。此外,自动驾驶汽车也离不开安全的自动驾驶基础设施,随着网联式自动驾驶技术路线的应用,自动驾驶技术也对道路交通等基础设施的智能化提出了更高要求。真正的自动驾驶时代也是一个智能交通的时代。因此,自动驾驶道路交通基础设施的安全标准也不可或缺。

(二)自动驾驶算法标准

算法是人工智能的核心要素。“在现代社会中,算法决策之所以被广泛运用,一个重要的原因在于算法决策有助于实现精准决策。”[①]在自动驾驶系统中,算法在带来精准化和自动化驾驶的同时,也解放了人类驾驶员的手脚,但是人类如何实现与建立在驾驶自动化算法基础之上的自动驾驶汽车建立持久的人机和谐共存关系,将取决于驾驶自动化算法的有效性、安全性和可靠性。

从法律规制的角度看,法律在多数情况下很难直接对算法加以调整,而只能通过间接的手段作用于算法,因而自动驾驶算法标准是协助法律完成对算法进行规制的关键手段。就其内容而言,自动驾驶算法标准包括设计和应用过程中的算法标准。其中,设计算法标准主要是规范算法设计和开发活动的,以实现对算法的源头规制,主要目的是尽量杜绝算法偏差、算法错误、算法漏洞等现象的发生;而应用算法标准则主要是规范自动驾驶系统在使用和运行过程中的算法规则,其主要作用是提升自动驾驶系统的运行的可靠性。

(三)自动驾驶测试标准

自动驾驶测试包括封闭测试和道路测试两种。自动驾驶测试标准主要用于规范这两类测试活动中的自动驾驶技术。这里的测试标准并不能等同于实践中各地的道路测试管理规范,后者主要是确立监管部门

---

① 张恩典:《大数据时代的算法解释权:背景、逻辑与构造》,载《法学论坛》2019 年第 4 期。

对自动驾驶测试活动的管理规则，是一种法律规范，而自动驾驶测试标准是一种技术规范。但是，各地的道路测试管理实施细则的差异性的确也影响了自动驾驶测试工作的标准化进程。因而，在法律规范尚未统一之前，可以尝试在技术规范上的标准化建设。

就自动驾驶测试标准的完善而言，目前需要从以下三个方面着手：一是自动驾驶道路测试评估标准的建构。随着自动驾驶从封闭测试逐步向自动驾驶公开道路测试甚至示范应用过渡，自动驾驶测试并不总是具备封闭测试场地那样规范化和理想化的测试场地。实际上，自动驾驶技术的发展必须不断适应复杂的公共道路环境和交通场景，因而在测试环境的标准化上似乎越来越难，但是在自动驾驶道路测试评估上则应加强标准化建设。这是因为随着自动驾驶汽车逐步走向复杂的公共道路系统，对自动驾驶道路测试的评估则成为了解测试效果的关键环节。可见，自动驾驶道路测试评估的标准化具有相当的紧迫性。二是自动驾驶道路测试异地互认的标准化。当前各地差异化的自动驾驶道路测试管理制度之下，自动驾驶道路测试的异地互认机制缺失，在立法缺位的情况下，可通过互认标准及建设间接达成这一目的。三是在自动驾驶道路测试的标准化过程中应给予测试主体以足够的技术创新空间。各地的自动驾驶道路测试管理显得较为保守，使测试企业很难对更高级别的自动驾驶汽车进行道路测试，因而对技术创新带来了一定的制度阻力，这也难怪有论者认为“当前的道路测试制度有些过于小心翼翼，同时给测试主体附加了很多额外的成本”[①]。因而，在后续的制度改进中，应通过道路测试分级分类管理的办法，赋予部分企业测试高级别、更复杂的自动驾驶技术以更多的测试空间。

三、探索制定自动驾驶伦理规范

自动驾驶伦理规范是一种特殊形式的标准，其主要规范的不是技术

---

① 刘骏：《制度创新如何面对自动驾驶——基于道路测试制度的观察与反思》，载《中国科技论坛》2019年第7期。

本身,而是隐含在技术设计和应用中的伦理问题。道德伦理总是与一定的文化价值传统相关联。博安咨询汽车专家丹尼尔曾提出过一个情境:一名儿童在车道上跑,汽车只有两个选项,要么撞死这名儿童,要么使车上乘客丧生。[①] 面对这样的情境,不同的人会因为不同文化背景的巨大差异而导致答案大相径庭。这也决定了自动驾驶伦理规范有别于一般意义上的技术标准,缺乏一定的客观性和价值中立性,因而必须符合特定国情下的主流伦理价值观念。

在实践层面,欧盟委员会于 2019 年 4 月 8 日发布了人工智能伦理准则。该准则由欧盟人工智能高级别专家组起草,列出了“可信赖人工智能”的 7 个关键条件,即“人的能动性和监督能力”“安全性”“隐私数据管理”“透明度”“包容性”“社会福祉”“问责机制”,以确保人工智能足够安全可靠。该准则将“人工智能”定义为“显示智能行为的系统”,它可以分析环境,并行使一定的自主权来执行任务。[②] 而在自动驾驶伦理规范制定方面,2017 年 6 月,德国联邦交通与数字基础设施部自动驾驶伦理委员会拟定了《自动驾驶伦理准则》,这是世界上首个自动驾驶技术专门性的伦理规范。在国内,目前我国尚未制定专门的自动驾驶伦理准则,但是人工智能相关的伦理规范也已经开始探索。2019 年 5 月 25 日,北京智源人工智能研究院联合北京大学、中国科学院自动化研究所等高校、科研院所和产业联盟共同发布《人工智能北京共识》。《人工智能北京共识》针对人工智能的研发、使用、治理三方面,提出了各个参与方应该遵循的有益于人类命运共同体构建和社会发展的 15 条原则。[③] 国内外涉及人工智能和自动驾驶的伦理规范是我国今后探索制定开展自动驾驶伦理规范的重要参考。

---

① 参见刘蕨漪:《伦理问题成为无人驾驶瓶颈》,载《北京商报》2016 年 3 月 1 日,第 A2 版。

② 参见方莹馨:《欧盟发布人工智能伦理准则》,载人民网,http://scitech.people.com.cn/n1/2019/0411/c1007-31024475.html,最后访问日期:2023 年 12 月 17 日。

③ 参见冉晓宁:《〈人工智能北京共识〉发布》,载新华网,http://www.xinhuanet.com/tech/2019-05/25/c_1124540938.htm,最后访问日期:2023 年 12 月 19 日。

我国自动驾驶伦理规范的制定应注意以下三个方面：一是自动驾驶伦理规范的制定目的在于确立自动驾驶系统设计和应用过程中的伦理依据，避免危及生命、算法歧视、侵犯隐私等伦理失范问题，并确立伦理冲突规范，尽量缓解伦理抉择的困境。二是自动驾驶伦理规范在制定主体上应当具有相当的广泛性和包容性，可以包括自动驾驶汽车厂商、系统开发商、服务平台、行业组织、用户、政府部门等。一方面是因为自动驾驶技术及其伦理问题牵涉的利益主体较为广泛，另一方面也是尽可能多地将不同利益群体的伦理价值观念和选择，通过正式制度化的途径恰当地反映到最终的自动驾驶伦理规范中。三是借鉴德国《自动驾驶伦理准则》的经验，自动驾驶伦理规范中的具体内容大致可分为自动驾驶伦理原则、伦理规则和伦理冲突解决规则三大类，实质内容则一般包括自动驾驶服务人类、生命权保障、包容性、透明度、隐私保护等。

第六章　自动驾驶法律责任体系构建

第一节　相关利益主体的义务设定

鉴于自动驾驶技术风险的客观存在和公众对驾驶安全的苛刻要求，自动驾驶产业的健康发展和自动驾驶汽车的推广应用都离不开一套健全高效的法律责任体系。法律责任本质上是“违反第一性法定义务而遭致的第二性义务”①，责任应以第一性义务的合理设定为基本前提。因此，要明确自动驾驶的各方法律责任，首先需要确定相关利益主体的法律义务。自动驾驶存在生产、开发、使用等诸多环节，自动驾驶的法律规制也涉及包括自动驾驶汽车生产者、开发者、使用者、监管者等多方利益主体。以下将从利益法学的视角，通过运用利益分析的方法分析自动驾驶法律规制中的利益关系，并由此确立各利益主体的具体法律义务，为自动驾驶的法律规制提供某种可能的规制基点。

一、利益分析：一个利益法学的视角

利益，通俗地讲就是某种好处，或者是某种需要或

① 张文显：《法哲学范畴研究》（修订版），中国政法大学出版社 2001 年版，第 122 页。

愿望的满足。[①]“它是人类个别的或在集团社会中谋求得到满足的一种欲望或要求,因此人们在调整人与人之间的关系和安排人类行为时,必须考虑到这种欲望或要求。”[②]这里所说的利益是广义的,包括公共利益和私人利益、物质利益和精神利益。利益分析方法在社会科学研究领域被广泛运用。利益分析的方法是从利益的角度出发,通过分析各种利益主体的行为,把握其背后的利益动因的方法。在法学上,将利益分析的方法作为一种系统的法律分析方法起源于以菲利普·黑克、施托尔等学者为代表的利益法学派。

利益法学主张通过引入利益分析方法来解释立法和协助法官作出判决。传统法学理论强调法律概念、价值和原则的重要性。例如,概念法学认为,科学的一般概念是法律的原因性基本概念,是产生法律规范,因而也间接地影响生活的观念。然而,利益法学反对传统的概念法学等观点和方法。正如黑克所说,立法中的斗争不是为了准确地定义概念或前后一致地运用已确定的定义,而是为了满足各种利益。“从历史的角度看,法律是利益的产物。”[③]与传统概念法学的观点不同,黑克眼中的“利益”概念源自生活。“在日常用语中,我们将各种生活要求称作利益。”[④]在大量的生活事实中,人们逐渐意识到利益是法律调整社会生活时的核心关切。“具有基础性意义的,毋宁说是这样一种认识,即每一个法律命令都决定着一种利益冲突,都建立在各种对立利益之间的相互作用之上,仿佛是这些对立力量(较力)的结果。”制定法对利益的保护从来不会在真空中,而总是在一个充满着利益的世界进行。这个世界中的所有利益都有人主张,因此一种利益的实现总以牺牲其他的利益为代价。“制定法的目的所表现的,只是获胜的利益。”[⑤]

利益法学开始主要致力于对私法的解释,后来逐步扩展到宪法、行

① 参见沈宗灵主编:《法理学》(第2版),高等教育出版社2004年版,第56页。
② [美]罗斯科·庞德:《通过法律的社会控制》,沈宗灵译,商务印书馆1984年版,第81页。
③ [德]菲利普·黑克:《利益法学》,傅广宇译,商务印书馆2016年版,第16页。
④ [德]菲利普·黑克:《利益法学》,傅广宇译,商务印书馆2016年版,第13页。
⑤ [德]菲利普·黑克:《利益法学》,傅广宇译,商务印书馆2016年版,第18页。

政法等公法领域。利益分析法学关于法律与利益的理论和方法对于分析和认识法律现象的本质具有十分重要的启发意义。其中,“利益划分”和“利益衡量”的分析方法已经被广泛运用到社会科学研究之中,从利益法学的视角分析自动驾驶法律规制中的利益分配和义务设定,能较好地把握自动驾驶法律规制背后的利益格局和利益衡量。以下主要从利益法学的视角,通过利益分析的方法,阐明自动驾驶规制中的具体利益考量,进而明确各利益主体的义务设定。

二、自动驾驶法律规制中的利益衡量

作为一种重要的交通出行工具,自动驾驶汽车生产、开发、使用、监管等环节总是离不开包括经济利益、公共利益在内的特定利益格局。要合理设定各方主体的法律义务,从而促进责任公平有效地实现,需要从自动驾驶各个环节所涉及的各方的根本利益立场进行梳理、分析和衡量。以下分别从使用者、生产者、开发者、监管者等不同利益主体具体利益诉求之间的冲突及其衡量进行具体阐述。

(一)出行便利与出行安全

自动驾驶技术的出现对于人们的日常出行将是一个革命性的推动力量。随着城市化的发展,交通拥堵成为影响人们出行效率的重要因素,特别是在大型城市,交通拥堵既加剧了环境污染,同时也导致社会效率低下和出行成本增加,还可能成为人们焦虑的新诱因。[①] 与传统人工驾驶的汽车相比,自动驾驶汽车具有明显的优势。研究表明,自动驾驶汽车能够减少碰撞等交通事故的发生,减少能源消耗,并能极大提高出行效率,减轻拥堵,同时也给老年人和残疾人等弱势群体的出行带来了极大方便。[②] 自动驾驶技术给人类出行带来的便利性也迎合了消费者

---

① 参见杨鹏飞:《大城市交通拥堵治理研究》,载《河南科技》2020 年第 16 期。

② 参见牛彬彬:《动态系统论视角下自动驾驶侵权损害赔偿体系之建构》,载《大连理工大学学报(社会科学版)》2020 年第 3 期。

(用户)对于交通出行便利性不断提高的要求。

与此同时,鉴于安全的需要是仅次于生理的需要的人类基本需要,[①]出行安全也仍是人们最为关心的话题。出行安全的利益诉求不但意味着车主对自动驾驶汽车安全性能的高要求,还意味着人们对整个交通安全秩序的期待。由于自动驾驶技术尚未成熟,出行安全的利益诉求在客观上往往与出行便利的利益诉求有着或多或少的冲突。因此,在制度设计中应当合理平衡人们对于出行安全与出行便利的利益诉求,无论是技术设计研发、整车生产,还是交通监管,都应在满足人们出行安全利益诉求的基础上,不断改善出行便利条件。

(二)企业盈利与产品质量

"理性的人追逐自身利益的强大冲动力,既是经济衰退的主要原因,也是经济增长和繁荣的主要源泉。"[②]企业不断改善技术、降低成本的目的也在于提高盈利能力,并尽可能实现利润的最大化。可以说,盈利是企业永恒的目标。自动驾驶汽车的研发和制造依托于整个汽车产业链和数量众多的汽车厂商。某种意义上,自动驾驶的出现和发展也是这种以经济利益为激励机制之下的产物。因此,对自动驾驶行业进行规制,首先必须承认自动驾驶生产制造企业的这种客观正当的经济利益诉求。法律如果忽视这种利益诉求,将违背市场经济规律,进而阻碍自动驾驶技术的创新和进步。当然,除车企之外,自动驾驶产业链中包括自动驾驶系统、内容软件开发商在内的其他技术性企业也都有各自的盈利诉求,有效的规制应基于不同企业主体的合法正当的经济利益。

在追求盈利的同时,自动驾驶生产者等市场主体还需要关注产品质量。自动驾驶汽车作为一种特殊产品,其质量也是用户最为关注的。自

---

① 马斯洛认为,人的需要由低级到高级,由生理需要、安全需要、归属和爱的需要、自尊需要以及自我实现的需要五个层次构成。参见[美]亚伯拉罕·马斯洛:《动机与人格》,许金声等译,中国人民大学出版社 2007 年版,第 18 页。

② [冰岛]思拉恩·埃格特森:《经济行为与制度》,吴经邦等译,商务印书馆 2004 年版,第 1 页。

动驾驶汽车的产品质量包括汽车硬件和软件的产品质量。与传统汽车相比,自动驾驶汽车同时也关注软件(核心是自动驾驶系统)的质量和性能。自动驾驶汽车作为一种特殊产品,其软件系统取代了人类驾驶员的决策机制,能够作出与车辆控制行动有关的重要决策,从而使自动驾驶汽车具有高度的自主性。① 这种特殊产品的质量如何保障和规范,是法律上亟待解决的难题,也是用户对自动驾驶汽车的期待。企业追求盈利和确保产品质量之间是一种对立统一的关系。一方面,二者存在一定的紧张关系,过度地强调产品质量势必会提高产品的制造成本,从而影响盈利能力;另一方面,只有确保了产品质量,才能更好地提升企业声誉和形象,进而为持续盈利提供基础。

(三)技术保护与算法透明

从产品技术角度看,自动驾驶汽车集成了汽车硬件制造、系统和软件开发、平台服务等多领域的专业技术和能力。作为自动驾驶汽车"大脑"的自动驾驶系统的技术专业化和复杂程度极高,其中的"算法黑箱"问题是自动驾驶技术中难以回避的话题,这为法律调整和外部监督带来了很大的障碍。从系统开发者的立场出发,其并无动力公开系统的所有算法和算法模型。虽然各国基于知识产权法律体系可以给予自动驾驶相关技术以较为周全的保护,在我国也可以通过《专利法》《著作权法》等法律法规对相关知识产权进行保护,但是自动驾驶系统及其算法涉及作为开发者核心竞争力的技术秘密。对相关程序和算法进行评估和监督,就需要阅读源代码。不过,相关软件的权利人为了保护自己开发的软件,往往会采取将程序分离成独自的模块并分别予以保护的法律策略,其中源代码由商业秘密法保护(在我国是由《反不正当竞争法》予以保护),目标代码则由版权法保护(在我国主要是由《著作权法》予以保

① 参见高完成:《自动驾驶汽车致损事故的产品责任适用困境及对策研究》,载《大连理工大学学报(社会科学版)》2020年第6期。

护)。[①] 可见,处于商业秘密保护之下的系统算法很难被公开,这大大降低了自动驾驶系统接收外界评估、审查和监督的可能性。

与此同时,自动驾驶系统及其算法所带来的问题将会日益严重地挑战着交通秩序和交通安全。尤其是诸如算法偏差、算法歧视等现象不但影响交通出行的安全,还可能侵犯自然人的人格尊严、个人隐私等基本民事权益。随着人们对算法本身的公开透明呼声的提高,国际算法协会(Association for Computing Machinery)于 2017 年提出了包括咨询、询问和纠正、解释和数据来源等 7 项关于算法透明度和责任的原则。[②] 这些原则为各国对算法黑箱的规制提供了某种指导。技术保护与算法透明涉及企业技术秘密保护与公众知情权保护二者的利益平衡,需要在法律上做出妥当的制度安排。

(四)公共安全与产业发展

对于监管者来说,自动驾驶的安全维护和产业发展是一种公共利益的体现,怎样实现促进自动驾驶产业发展和保障交通安全的平衡,是其开展规制活动的重大议题。自动驾驶技术,特别是高等级的自动驾驶技术,目前仍处于技术快速发展和道路测试推广阶段。自动驾驶产业的发展是国家层面的系统工程,离不开政府机构统一进行规划和推动,通过立法手段限定准入门槛、完善配套政策体系,有助于自动驾驶产业的良性发展。[③] 为了促进自动驾驶产业发展和技术应用,各国在确保安全的情况下都纷纷加大了对自动驾驶产业和车企的政策扶持力度。美国、德国、新加坡等国家已经制定和修改了相关法律法规,从法律层面确立了支持自动驾驶发展的规制体系。从当前各国有关的政策和法律来看,各国都对自动驾驶技术的应用持较为宽松和包容的态度,这将极大地促进产业的发展和技术的进步。

---

① 参见梁志文:《论算法排他权:破除算法偏见的路径选择》,载《政治与法律》2020 年第 8 期。

② 参见孙清白:《人工智能算法的"公共性"应用风险及其二元规制》,载《行政法学研究》2020 年第 4 期。

③ 参见王义、林麟:《无人汽车发展动态浅析》,载《世界电信》2017 年第 3 期。

然而,安全始终是伴随自动驾驶法律规制过程的一个核心议题,确保自动驾驶应用的安全,特别是保障自动驾驶汽车在道路测试和应用中的安全是自动驾驶相关政策和立法的重要目的,也是道路交通监管部门的重要职责。如果规制偏弱,会严重危及道路交通安全和交通参与主体的生命财产安全;如果规制过度,则又可能妨碍自动驾驶技术的推广应用。在自动驾驶仍处在快速更新迭代中的当下,自动驾驶技术体系尚未完全定型和成熟,再加上国家层面在法律制定、修改以及安全监管上跟进较慢,自动驾驶法律规制严重滞后于自动驾驶产业的发展。因此,在处理自动驾驶安全维护和产业发展二者关系上,应先补齐安全立法和监管的短板,并在此基础上明确鼓励、支持产业发展和技术创新的规制目标。

三、基于利益考量的义务设定

对自动驾驶各方利益的具体考量为自动驾驶法律规制提供了基本的利益和价值立场。利益在法律上的表达就是法律权利和义务。对于权利主体来说,它总是一种利益或者必须包含某种利益,而法律上的义务则是一种不利,“是设定或隐含在法律规范中,实现于法律关系中的,主体以相对抑制的作为或不作为的方式保障权利主体获得利益的一种约束手段”①。为了确保自动驾驶法律责任的实现,可以在利益分析的基础上,进一步明确自动驾驶使用者、生产者、开发者和监管者等利益主体的法定义务或职责。

(一)所有者、使用者的义务

自动驾驶汽车的所有者、使用者一般是产品的最终用户,作为消费者,其享有广泛的权利和充分的法律保障,但这并不意味着用户可以为所欲为,不用履行任何义务。自动驾驶的使用者至少应当承担以下义务。

---

① 张文显:《法哲学范畴研究》(修订版),中国政法大学出版社2001年版,第309页。

第一,正常使用的义务,即所有者、使用者应按照自动驾驶的有关使用说明、操作手册使用自动驾驶汽车,不能违反操作规程。由于自动驾驶汽车一般处于完全自动或者半自动驾驶状态,系统在事先设计的算法程序的引导下对驾驶过程进行全程控制和监管,如果用户违反操作规程,特别是对安全驾驶有重要影响的操作规程,则很可能会引发系统本身不可预测和不可控制的事故。

第二,不得擅自改造自动驾驶汽车的义务,即不得对自动驾驶汽车的关键结构和硬件设备擅自改造和处理,由于自动驾驶汽车在硬件和软件上具有高度协同性,如果在生产者或者开发者不知情的情况下擅自进行改造,会出现软硬件不兼容的风险,从而增加引发事故的风险。

第三,及时更新自动驾驶系统的义务,即所有者、使用者应根据通知和提示及时更新自动驾驶系统,特别是有关系统安全漏洞修复等关键操作,应当根据提示及时完成,否则可能影响动态驾驶过程的安全性。若所有者、使用者未按照使用说明和提示进行操作使用维护从而出现侵权事故,则在行为与结果存在因果关系的情况下,生产者与销售者无须担责。① 系统更新义务到底应在多大范围和限度内适用于使用者,是个值得探讨的话题。由于自动驾驶系统更新的发布和推送时间并不固定,如果在用户没来得及升级的情况下因为自动驾驶系统的原因而发生了碰撞等交通事故,用户是否应当担责?在这种情况下应豁免这种系统更新的义务,毕竟系统很难在驾驶过程中升级,而且自动驾驶系统的更新应设定一个合理的时间范围。

此外,也有学者指出自动驾驶汽车的所有者、使用者还应保持车况正常,尽到对车辆安全技术性能的检查义务,负责安全停车,控制负载量、路线规划及支付有关费用,以及自动驾驶汽车在行驶中出现故障,或者在极端天气、复杂路况下无法识别路面状况时,有及时挪车的义务

---

① 参见袁曾:《无人驾驶汽车侵权责任的链式分配机制——以算法应用为切入点》,载《东方法学》2019 年第 5 期。

等。① 这些义务同样是自动驾驶汽车所有者、使用者应履行的义务，但是并非自动驾驶汽车所有者、使用者所独有的基本义务，传统汽车的所有者、使用者也承担此种义务。

（二）生产者的义务

如前所述，生产者为了自身盈利的需要，可能会因追逐利益而牺牲产品质量，因而要规制这种风险的发生，就必须健全生产者在整个生产制造中的规则体系。生产者主要应承担以下义务。

第一，确保产品质量和安全的义务，即自动驾驶汽车生产者应向用户移交符合有关技术标准和安全标准的汽车，对汽车的产品质量负有直接责任。自动驾驶汽车生产者的产品质量问题如同其他产品一样，一般表现为产品缺陷。虽然各国对于什么是“产品缺陷”的表述和界定千差万别，但其意思都与产品的“不安全性”或“危险性”相关，都将缺陷的定义建立在产品缺乏期待的“安全性”的基础之上，与“产品瑕疵”相区别。② 我国《产品质量法》也遵循了类似的思路。但是自动驾驶汽车生产者的确保产品质量和安全的义务与一般产品不同，甚至也不同于传统汽车。其原因在于：一方面，自动驾驶汽车所遵循的技术和安全标准较为严格；另一方面，在汽车软硬件都由汽车厂商提供的情况下，生产者仍需确保系统软件的安全运行。

第二，告知和说明义务，即生产者在交付车辆时，应告知产品的性能和使用方法，说明与自动驾驶相关的基本要求；在销售后发现固有缺陷的，应当及时告知和处置。可见，生产者的该义务旨在满足用户对自动驾驶汽车安全使用的知情权，且比照我国《消费者权益保护法》第 8 条的规定，自动驾驶汽车的生产者负有更多的安全使用告知和说明义务。

（三）开发者的义务

自动驾驶系统的开发者直接影响着自动驾驶系统的驾驶性能和安

---

① 参见余凌云：《无人驾驶的道交法规范构建》，载《荆楚法学》2023 年第 5 期。

② 参见董春华：《中美产品缺陷法律制度比较研究》，法律出版社 2010 年版，第 15 页。

全,但鉴于自动驾驶系统开发者的特殊性,在市场经济条件下,其义务履行也不同于一般的软件开发者。开发者应承担以下义务。

第一,确保自动驾驶系统性能和安全的义务,即自动驾驶系统的开发主体应通过自身的开发设计活动,确保其开发的系统性能符合用户的需求,并保证自动驾驶系统与车辆硬件的兼容性,同时还应确保自动驾驶能够安全运行,不存在固有的设计上的安全隐患和系统漏洞。

第二,安全告知与说明义务,即开发者在用户使用系统前应通过各种方式告知用户自动驾驶系统的使用方法和安全操作的规程,说明系统运行过程中的关键安全风险节点。

第三,系统更新的推送和提醒义务,即开发者在发现系统存在漏洞后,应及时组织力量予以纠正,并向用户的自动驾驶系统进行推送和告知。对于自动驾驶汽车在驾驶过程中难以完成更新的问题,应通过一定方式提示和引导用户安全合理地对系统进行升级。

第四,尊重伦理价值观念的义务。自动驾驶系统的设计人员直接影响着自动驾驶汽车在一些紧急情况下的价值选择,此时可能会面临类似于“电车难题”的伦理困境。同时设计人员在设计过程中也可能带入自身的价值观念,如果出现“算法歧视”等违反人类伦理道德甚至侵犯用户和他人基本权利和自由的结果,开发者应承担责任。因而,开发者应遵循基本的社会伦理价值观念,从而保证自动驾驶系统不至于与人类社会伦理价值体系产生“违和感”。

第五,适当的信息披露义务。开发者的自动驾驶算法涉及其自身的商业秘密,如果盲目公开则可能影响其市场竞争力,但出于对算法本身弊端克服的现实需要,有必要对一些事关用户安全和隐私等部分敏感的自动驾驶算法进行一定范围内的有限公开。有学者提出可以通过算法注册和算法解释等方式进行必要的公开,算法设计者“有义务向公权机关解释算法的逻辑”①。

（四）监管者的职责

道路交通管理部门等政府部门作为监管者，对于自动驾驶汽车的生产、开发、使用等环节具有不可推卸的监管职责：一是严格实施自动驾驶系统的道路准入制度，确保自动驾驶系统符合法律规定和有关标准，健全自动驾驶道路测试法律制度；二是建立自动驾驶相关国家标准，引导、推动企业、行业组织开展团体标准和企业标准的制定和优化；三是促进自动驾驶数据和信息的开放和共享，如监管者可以与保险公司等主体在保障隐私的前提下共享部分基础数据，在事故责任勘定、赔偿等环节减少因信息不对称所造成的隔阂，提高责任认定与法律救济的效率。②

第二节 自动驾驶法律责任的归属

自动驾驶责任问题背后涉及多方利益主体错综复杂而又相互依存的利益关系。责任心理学的研究表明，人际的相互依存性是责任形成的基石。“对于个体而言，责任最初是他人、群体和社会对于自身行为和思维方式的一种应然规定性。”③一个法律制度如果没有可供强制实施的惩罚手段，就会被证明无力限制反社会的和犯罪等因素，从而就不能实现其在社会中维持秩序与正义的基本职能。④ 责任实现是在违法或事故无法避免并已经发生的情况下，在法律责任规范的指引下，确定有关主体责任并予以执行的过程。追究相关责任主体的法律责任是从事

① 徐凤：《人工智能算法黑箱的法律规制——以智能投顾为例展开》，载《东方法学》2019年第6期。

② 参见袁曾：《无人驾驶汽车侵权责任的链式分配机制——以算法应用为切入点》，载《东方法学》2019年第5期。

③ 况志华、叶浩生：《责任心理学》，上海教育出版社2008年版，第58页。

④ 参见谢军：《责任论》，上海人民出版社2007年版，第112页。

后追责的角度对自动驾驶进行规制。要促进自动驾驶法律责任的实现，应明确自动驾驶违法和事故责任（包括民事责任、刑事责任和行政法律责任）中承担责任的主体及其归责原则。

一、自动驾驶民事侵权责任的归属

随着自动驾驶技术的不断进步，汽车的掌控权正逐步向汽车驾驶系统转移。自动驾驶汽车，特别是全自动驾驶汽车，具有部分或者完全掌控车辆行驶的能力，得益于机器学习技术和深度学习算法，自动驾驶汽车通过从“驾驶经验”中反复“学习”并像人类一样具备汲取知识的能力，“正如孩童能比父母知识渊博，学生可能超越老师，运动员能战胜教练，计算机同样能比它的程序员更出色”①。机器学习和深度学习使自动驾驶具有了超越设计人员认知的不确定性风险，即使是设计和制造优良的自动驾驶汽车，一旦投入使用后，其自动驾驶的性能也可能在机器自主学习的基础上不断进步，具有一定的不可预测性。这就给自动驾驶汽车事故中的民事归责带来了极大的困难。

（一）有关自动驾驶侵权责任归属的代表性观点

就自动驾驶侵权责任的讨论而言，目前学者虽然在具体观点上存在差异，但是总体上都是主张在自动驾驶汽车车主、制造商等主体之间确定责任的归属。一种观点认为，鉴于自动驾驶汽车生产者对自动驾驶汽车的质量和性能负有直接责任，且在自动驾驶条件下车内人员一般不掌控自动驾驶车辆，应由自动驾驶汽车生产者承担产品责任。例如，在民事侵权领域，发生致损事故在很大程度上是因车辆存在产品缺陷问题，产品责任将可能作为主要的责任适用路径。② 而支持车辆保有人承担责任的观点认为，自动驾驶汽车所产生的法律责任由汽车所有人或管理

---

① ［美］胡迪·利普森、［美］梅尔芭·库曼：《无人驾驶》，林露茵、金阳译，文汇出版社2017年版，第197页。

② 参见高完成：《自动驾驶汽车致损事故的产品责任适用困境及对策研究》，载《大连理工大学学报（社会科学版）》2020年第6期。

人等保有人承担,与现有法律规范精神更加契合,主要是因为让智能汽车保有人承担责任,可以为智能汽车交通事故责任的处理设置统一规则,并且对于自己所有的、有一定自主性的物承担责任其实已经存在于侵权法的规定和实践中(如饲养动物责任)。[①] 还有论者主张采用现阶段应遵循"机动车交通事故责任 + 产品责任"的归责路径,这种方案实际上是自动驾驶汽车制造商产品责任和传统机动车驾驶人责任的结合,考虑了"人机混合驾驶"的复杂情形,是一种混合责任模式。[②]

以上对于自动驾驶民事侵权责任归属的看法试图从现有民法责任体系中找到自动驾驶侵权责任归属的解决方案,具有代表性。不过,自动驾驶汽车毕竟不同于传统汽车,在完全由人类驾驶的情况下,可以找到适格的责任人;自动驾驶汽车也不同于民航客机,虽然后者也具有自动巡航等自动驾驶功能,但民航客机的高门槛和高风险使其运行风险和责任主要由财力雄厚的民航公司承担,法律可以对其规定较为严格的责任。自动驾驶侵权责任不管由谁承担,不管是采取何种归责原则,都存在违反民法上的公平原则的可能。合理确定自动驾驶侵权责任归属,需要认真审视既有观点的价值和不足。

(二)自动驾驶侵权责任的具体法律归属

自动驾驶汽车在行驶过程中引发的侵权责任是一个十分复杂的法律问题,单纯地讨论应由谁承担责任可能失之偏颇。如何合理确定自动驾驶责任的归属涉及多方利益主体。在理论和法律上对自动驾驶法律责任归属尚不明确的情况下,笔者主张,自动驾驶侵权责任应建立在自动驾驶相关利益主体特定义务的基础之上,并应分析自动驾驶汽车行驶过程中引发的侵权行为的种类和性质,进而明确自动驾驶侵权责任的承担主体和归责原则。

---

① 参见殷秋实:《智能汽车的侵权法问题与应对》,载《法律科学(西北政法大学学报)》2018 年第 5 期。

② 参见张力、李倩:《高度自动驾驶汽车交通侵权责任构造分析》,载《浙江社会科学》2018 年第 8 期。

首先,考虑到自动驾驶条件下风险和利益在自动驾驶汽车生产者、开发者和用户等主体之间公平合理的分担,法律责任首先应建立在法律所设定的各方主体的特定义务之上。如前文所述,自动驾驶保有人(一般是自动驾驶汽车用户,即所有人和管理人)对自动驾驶汽车的日常管理和运行负有合理使用、不得擅自改造和及时更新系统等注意义务。这种义务一方面源于汽车保有人作为物之所有人和管理人的一种基于物权的自然照看义务(如同动物饲养人对动物的义务),另一方面源于自动驾驶汽车的保有人往往也是自动驾驶汽车使用最频繁的人,而且保有人一般也要获得相应的驾驶许可(如驾驶人、操作员等)。[①] 而自动驾驶汽车的生产者和自动驾驶系统的开发者(二者可能是一个主体)则对自动驾驶负有产品责任,即生产者对自动驾驶汽车硬件在生产设计过程中的缺陷承担产品责任,而自动驾驶系统开发者则对自动驾驶系统开发和运行过程中因系统的固有缺陷所引发的违法事故承担责任。对自动驾驶相关责任的追究应以有关主体违反上述义务为前提。

其次,区分自动驾驶汽车行驶过程中侵权行为的种类和性质。侵权行为的存在是追究自动驾驶侵权责任的事实基础。自动驾驶汽车在行驶过程中发生侵权事故责任的原因行为十分复杂,大体上主要包括以下几种:一是产品缺陷。所谓产品缺陷,是指产品存在危及人身、他人财产安全的不合理的危险或者产品不符合保障人体健康和人身、财产安全的国家标准、行业标准。我国立法上的产品缺陷一般分为设计缺陷、制造缺陷和指示缺陷等。[②] 自动驾驶汽车事故责任一般因自动驾驶汽车的硬件或者软件缺陷而产生。二是第三方侵权。在自动驾驶汽车行驶

---

① 实际上,即使在自动驾驶条件下,车主也仍对自动驾驶过程保留着一定的决定权和控制权,如车主可以决定自动驾驶汽车的启动、路线、目的地、运行时间等,而且自动驾驶汽车在使用过程中也需要持续保养、维护、系统升级甚至是维修,自动驾驶系统也需要定期校正,这些事项都由汽车保有人负责。参见冯珏:《自动驾驶汽车致损的民事侵权责任》,载《中国法学》2018 年第 6 期。

② 参见周文康、胡金文、张丹:《自动驾驶汽车侵权责任的主体识别及担责形式》,载《经济问题》2021 年第 2 期。

过程中,黑客等不法分子通过入侵、控制或者破坏自动驾驶网络和系统的方式,控制或者干扰自动驾驶汽车安全行驶,甚至将自动驾驶汽车作为违法犯罪工具而引发侵权事故责任。三是怠惰行为。怠惰行为一般是因为自动驾驶系统开发者、自动驾驶汽车车主等主体怠于履行其法定义务,如系统开发者未能及时推送和告知系统升级,车主、操作人员未能按照操作手册接管和控制车辆等,这些行为可能引发侵权责任。四是自动驾驶系统异常。自动驾驶汽车无论是由人类驾驶还是由自动驾驶系统自主控制,都有控制失当的风险,不过这里的驾驶失控主要是指排除以上三种情况后,在自动驾驶汽车生产者、开发者和使用者都不存在过错或者过错不明的情况下,因自动驾驶系统本身的判断和控制异常而引发的事故责任。

最后,根据不同侵权行为确定责任的具体归属。根据现行民事侵权法律制度,产品缺陷责任一般由自动驾驶汽车生产者、自动驾驶系统开发者承担,第三方侵权行为责任则由该第三方承担,怠惰行为责任则由未履行注意义务的主体承担。最为棘手的是自动驾驶系统异常责任的归属问题。在传统汽车上,驾驶人需要掌控车辆并严格遵守交通规则,而在自动驾驶条件下,驾驶人或者操作人员无须尽到此等严格的义务,因为在自动驾驶模式下车辆由自动驾驶系统掌控,但是自动驾驶汽车的操作人(主要是保有人)仍具有必要时接管车辆和驾驶前检查等义务。①我国现行《道路交通安全法》根据交通事故的不同情形和受害方的不同,分别规定了不同的归责原则。② 但在自动驾驶失控行为归责上,现有对驾驶人的责任规定无法完全适用。笔者认为,在辅助驾驶情形下,既有的归责原则仍然适用;但在半自动驾驶和完全自动驾驶条件下,自

① 参见冯洁语:《人工智能技术与责任法的变迁——以自动驾驶技术为考察》,载《比较法研究》2018 年第 2 期。

② 根据《道路交通安全法》第 76 条的规定,机动车侵权责任包括过错责任和无过错责任两种:(1)机动车之间发生交通事故的,由有过错的一方承担责任;双方都有过错的,按照各自过错的比例分担责任。(2)机动车与非机动车驾驶人、行人之间发生交通事故的,由机动车一方承担责任。

动驾驶汽车保有人承担高度危险责任。① 此外,在半自动驾驶和完全自动驾驶条件下,自动驾驶系统开发者也应对自动驾驶系统异常行为承担过错推定责任。这是因为在这种无法判明责任主体及其过错的情况下,自动驾驶系统的开发者对于自动驾驶系统具有较之于汽车保有人、受害人等主体更多的专业判断能力,从而具有更强的举证能力。不过,如果直接规定其无过错责任或者过错责任可能都不适当,前者可能过分加重开发者责任,后者则可能面临受害人举证能力有限的窘境。如果无法确定相关主体过错,则可根据民法上的公平原则,由自动驾驶系统开发者和汽车保有人双方共同合理承担有关侵权赔偿责任。

二、自动驾驶刑事责任的归属

民法的立法精神主要是弥补受害人所受损失、恢复被破坏的社会关系,而刑法的立法精神主要是使犯罪人受到应有的惩罚并实现预防犯罪的目的。② 不同于自动驾驶的侵权责任,自动驾驶的刑事责任一般要求犯罪行为具有可责性,体现在犯罪构成上是必须具备主观过错,包括故意犯罪和过失犯罪。一般而言,将驾驶权移交给自动驾驶系统的汽车驾驶员,只有在其"能够预见构成要件结果"且"没有尽到必要的谨慎义务以防止伤害发生"时,才能接受刑法谴责。③ 自动驾驶汽车所造成的人员死伤等后果能否归责于驾驶员、操作员以及车主等,取决于对自动驾

---

① 高度危险责任实际上是一种无过错责任。有学者认为,高度自动驾驶汽车的保有人责任可参照高度危险责任,主要是基于以下几点:其一,自动驾驶失控导致的事故是一种高度危险作业,其造成他人损害时所应承担的责任应由自动驾驶汽车保有人承担;其二,在完全自动驾驶条件下,自动驾驶系统实际掌控车辆,事故发生时自动驾驶汽车操作员(保有人)不能作出及时反应并采取避免损害措施,自动驾驶汽车在反应速度、感触的距离方面均强于人类,具有较高危险性,因此无所谓人类过错;其三,裁判者可能难以理解智能系统的操作命令,判断其是否存在缺陷、系统过错程度及因果关系十分困难。参见宋宗宇、林传琳:《自动驾驶交通事故责任的民法教义学解释进路》,载《政治与法律》2020 年第 11 期。

② 参见刘祎铭:《自动驾驶时代交通肇事的刑法规制路径》,载《西部学刊》2020 年第 12 期。

③ 参见[瑞士]萨比娜·格莱丝:《高度自动驾驶的刑事责任》,周维明译,载《财经法学》2020 年第 4 期。

驶刑事责任能力的界定。自动驾驶所涉犯罪行为所侵害的法益具有多样性。要对自动驾驶刑事责任进行阐述，首先需要分析自动驾驶所涉及的犯罪行为。

（一）自动驾驶所涉及的犯罪行为

从客观行为和所侵犯之法益的角度看，自动驾驶所涉及的犯罪行为主要分为以下四个方面。

一是驾驶人员存在主观过错的行为。这里所说的“驾驶人员”，在自动驾驶语境下包括传统意义上的驾驶人和自动驾驶汽车操作员。在辅助驾驶和半自动驾驶汽车中，驾驶人或者操作员仍然部分掌控着车辆，因此人类的过错行为会对驾驶行为产生负面影响，甚至引发刑事责任，如操作员操作失误、未及时升级系统等都是出于驾驶人员的主观过错。

二是非法入侵、攻击和破坏自动驾驶系统的行为。这类行为既严重威胁着自动驾驶的安全运行，也威胁着乘客人身、财产和数据安全，从而也威胁着公共安全。非法入侵、攻击和破坏自动驾驶系统的行为也可能成为不法分子实施其他犯罪的重要手段，但这并不能否定这种行为本身所具有的在刑法上被独立评价的法律意义。

三是利用自动驾驶汽车实施犯罪。这种行为乃是纯粹将自动驾驶汽车本身作为实施犯罪的工具，如利用自动驾驶汽车运送毒品，利用自动驾驶汽车实施故意杀人、爆炸等行为。这类行为虽然利用了自动驾驶系统的自主驾驶功能，但在本质上仍是一种传统的犯罪行为，并没有触及自动驾驶系统本身的刑事责任问题。利用自动驾驶汽车实施犯罪一般包括三种情形：第一，在自动驾驶汽车的设计、研发、生产、销售、使用等各个可能触及自动驾驶汽车的环节，相关的行为主体意图借助自动驾驶汽车这一“工具”来实现其犯罪的目的；第二，以上主体以外的行为人非法侵入或者恶意攻击自动驾驶汽车的算法系统来实现其犯罪目的；第三，利用自动驾驶汽车智能技术以外的与普通汽车无异的特征从事传统的犯罪类型，如行为人仅是将自动驾驶汽车当作普通汽车非法运输、藏匿毒品等。①

四是自动驾驶系统直接引发的刑事责任。对于自动驾驶系统直接导致刑事责任的情形,一般是自动驾驶系统本身存在固有的判断错误、缺陷或者异常所引发的刑事责任。其一般包括两种具体情形:第一,自动驾驶系统存在技术上不完备的情形;第二,自动驾驶系统虽完备,但判断错误而导致事故的情形。② 此外,自动驾驶系统在面对类似"电车难题"的伦理选择困境时也将会不可避免地造成人身、财产损害的发生,其刑事责任问题无法回避。

(二)自动驾驶刑事责任的具体法律归属

在自动驾驶相关具体刑事责任归属上,笔者认为,应结合自动驾驶可能涉及的犯罪行为的不同情形做出具体判断。首先,对于驾驶人员存在过错的犯罪行为,如因自动驾驶汽车的操作员在驾驶权接管过程中的操作失误而引发的刑事责任,应以《刑法》所规定的"交通肇事罪"和"危险驾驶罪"进行处罚,由驾驶人或者操作员承担刑事责任,不过在条文设计上,由于现行《刑法》第133条与第133条之一并未明确列出自动驾驶汽车驾驶人或者操作员涉嫌犯罪的客观行为,建议今后在修改中增加关于自动驾驶汽车肇事行为的规定。其次,对于非法入侵、攻击和破坏自动驾驶系统的行为,可以根据《刑法》第285条和第286条有关"非法侵入计算机信息系统罪""非法获取计算机信息系统数据、非法控制计算机信息系统罪""提供侵入、非法控制计算机信息系统程序、工具罪""破坏计算机信息系统罪"等罪名进行处罚,由相应的犯罪行为人承担。同时,这种行为可能涉嫌构成《刑法》第114条规定的"以危险方法危害公共安全罪",这就会形成与前述罪名相竞合的情形。值得注意的是,针对自动驾驶汽车的机械系统实施物理破坏的犯罪行为,可按《刑法》

---

① 参见陈静:《人工智能体视阈下的法益侵害及归责路径——以无人驾驶技术应用为例》,载《法律研究》集刊2023年第3卷。

② 参见付玉明:《自动驾驶汽车事故的刑事归责与教义展开》,载《法学》2020年第9期。

第 119 条之“破坏交通工具罪”或者该法第 275 条“故意毁坏财物罪”论处。[①] 最后,对于利用自动驾驶汽车实施犯罪的行为,应按照相应的目的性罪名进行定罪处罚。如果行为人故意利用人工智能汽车这种“工具”实施严重危害社会的犯罪行为,则其与传统的交通肇事罪已毫无关联,应按照刑法规定的相应的故意犯罪追究其刑事责任。[②]

而自动驾驶系统所直接引发的刑事责任则较为复杂,对此不应一概而论。以下分三个方面进行具体探讨:

一是自动驾驶汽车生产者、开发者的刑事归责。对此,学界存在争议。持肯定说的观点认为,当用户没有违反产品操作规程时,由人工智能产品引发的刑事责任的承担主体应为人工智能产品的生产者而非使用者。[③] 也有学者主张,考虑到自动驾驶汽车的潜在危险性和用户的安全需求,“不能以新兴高科技为由将自动驾驶汽车的危险性全部转嫁给消费者,只能通过引入刑法上的产品责任来解决该问题”,即由自动驾驶汽车的生产者承担自动驾驶汽车制造和运行过程中产生的刑事责任。[④] 这种观点本质上是通过扩大汽车厂商的注意义务来实现自动驾驶的刑事归责。与传统过失犯罪所要求的注意义务的当场性、即时性不同,自动驾驶汽车硬件的生产者、自动驾驶系统的开发者所承担的注意义务具有“前瞻能力”,其应承担的“结果避免义务”是先期的、前瞻性的。[⑤] 这是生产者、开发者承担责任的正当性基础。否定说则质疑这种注意义务的抽象性和盖然性,认为生产者、开发者的注意义务不是抽象的而是具体的,实际上生产者、开发者无法在生产和开发过程中事先预见到自动驾驶期间可能出现的各种意外情况,因此在法理上无法对生产

---

① 参见皮勇:《人工智能刑事法治的基本问题》,载《比较法研究》2018 年第 5 期。

② 陈结淼、王康辉:《论无人驾驶汽车交通肇事的刑法规制》,载《安徽大学学报(哲学社会科学版)》2019 年第 3 期。

③ 参见刘宪权:《涉人工智能产品犯罪刑事责任的归属与性质认定》,载《华东政法大学学报》2021 年第 1 期。

④ 参见牛天宝:《通过现有规范解决自动驾驶汽车肇事之刑事责任归属问题》,载《法学杂志》2020 年第 3 期。

⑤ 参见付玉明:《自动驾驶汽车事故的刑事归责与教义展开》,载《法学》2020 年第 9 期。

者、开发者追究刑事责任。[①] 笔者认为，对于属于刑法分则中规定的涉及产品缺陷的犯罪行为，应按照现行法律由自动驾驶汽车生产者、销售者承担。类似于民事侵权领域，刑法中也有关于生产、销售不符合安全标准和伪劣产品的相关罪名。自动驾驶汽车虽然在功能上不同于传统汽车，但仍属于产品质量法和刑法上的产品，因而生产、销售伪劣自动驾驶汽车或者生产、销售不符合安全标准的自动驾驶汽车，应根据《刑法》第 140 条"生产、销售伪劣产品罪"和第 146 条"生产、销售不符合安全标准的产品罪"分别论处。但与此同时，自动驾驶系统在驾驶过程中出现异常从而引发重大事故并不都是因为自动驾驶汽车本身存在严重产品缺陷问题，自动驾驶汽车的自主驾驶功能和机器学习的存在使自动驾驶系统的某些不确定性控制和执行行为并不总是在设计之初的预见范围之内。此时，完全由生产者、销售者承担产品缺陷产生的刑事责任并不尽合理。

二是自动驾驶系统引起的刑事责任无法明确责任主体时的责任归属。这个问题实际上是第一个问题的延续，即当自动驾驶系统所引发的刑事责任在现有的刑事责任体系之下无法明确责任主体、进而实现有效的刑事归责时，刑法应如何回应的问题。目前，无论是立法实践还是学界，对于自动驾驶系统等计算机软件和人工智能算法的法律地位和法律属性并未达成共识，特别是软件系统是否属于法律上的"产品"以及这种"产品"的特殊规制措施，仍缺乏相应的法律规范依据。从刑法的角度看，我国现行刑法体系下并没有针对自动驾驶系统等计算机软件系统或者人工智能算法的开发行为的具体罪名。因而，立法上应补齐针对软件系统和人工智能算法的开发行为的刑事责任的短板，即确立软件系统和人工智能算法的开发者的刑事责任。有学者认为，"传统的犯罪故意和犯罪过失认定以行为人针对犯罪结果的认识和意志为前提展开，这种

---

① 参见江溯：《自动驾驶汽车对法律的挑战》，载《中国法律评论》2018 年第 2 期。

认定模式在人工智能时代将面临常态性的挑战"[①]。笔者并不认为从立法上确立开发者的严格刑事责任具有可行性,但是可以借鉴上述否定说中的合理要素,虽然无法对现有的罪名做扩大化适用,但是可以提升软件系统开发者注意义务的"前瞻性",以确保自动驾驶系统的安全可靠性,倒逼自动驾驶系统开发活动的严谨有序。

三是关于自动驾驶伦理困境的刑事归责问题。自动驾驶所面临的伦理困境是法律规制中的难点问题。在类似于"电车难题"的情境中,如在自动驾驶汽车前进道路上左侧有 1 人,右侧有 2 人而又不得不撞向行人的艰难选择下,自动驾驶汽车该如何选择,是否可以基于紧急避险而撞向只有 1 人的那一侧?如果基于紧急避险而选择撞向左侧,表面上符合紧急避险的要求,但实际上人的生命是最高法益,不可衡量和量化。[②] 因此,紧急避险无法阻却此种选择的违法性。但在自动驾驶情况下,基于人工智能的前置程序,自动驾驶系统对于牺牲何者必须做出及时的抉择,这实际上也是人类驾驶情况下同样会面临的问题。对机器进行刑事归责,可以设身处地地换位思考:"如果人类驾驶员面对此种情形,人类驾驶员该如何选择?"在置身于此情此景的驾驶员看来,在损害在所难免的情况下,最重要的可能是确保其自身和车内人员的安全性,除此之外应尽可能降低车外的损害程度。"规范责任论认为,对行为人没有期待可能性的时候,即便行为人具有故意、过失,也不能对行为人进行谴责。"[③]在解释和解决上述伦理困境时,期待可能性理论能够较好地证成自动驾驶系统及其开发者行为的可容忍性。作为自动驾驶系统的开发者,其在可预测和可期待的范围内一般会将车内人员的安全置于优先于车外人员的地位,这种考量具有内在合理性,不能期待为了确保车外人员的生命而牺牲车内人员的生命;而对于车外人员,在无法避免事

① 郭旨龙:《中国刑法何以预防人工智能犯罪》,载《当代法学》2020 年第 2 期。

② 参见王军明:《自动驾驶汽车的刑事法律适用》,载《吉林大学社会科学学报》2019 年第 4 期。

③ 付玉明:《自动驾驶汽车事故的刑事归责与教义展开》,载《法学》2020 年第 9 期。

故的情况下尽量减少损害的发生；当然，在不危及车内人员生命安全的情况下，可以选择以可能损坏自动驾驶汽车的方式来避免剥夺或者侵害车外人员的生命健康。可见，自动驾驶伦理困境下的刑事归责问题可借助于期待可能性理论得以回应，其结论是在符合期待可能性的前提下，自动驾驶碰撞选择无须承担刑事法律责任，但这并不排除相关主体可以基于民事侵权或者公平原则对受害方给予赔偿或者补偿。

三、自动驾驶行政违法责任的归属

目前，对自动驾驶责任归属的讨论主要集中在民事责任和刑事责任这两个领域，并没有触及自动驾驶汽车行政法律责任的归属问题。无论是自动驾驶汽车保有人责任还是生产者产品责任，都无法有效回应在自动驾驶汽车因违反道路交通法律法规而应承担行政法律责任时的责任归属问题。如前文所述，自动驾驶汽车在投入应用后，其自主行为并不完全在制造商和程序员的掌控之中，具有较大的不确定性，因而让自动驾驶汽车生产者和开发者承担自动驾驶运行过程中的行政法律责任仍缺乏足够的法理支撑。特别是在涉及驾驶许可、交通执法、行政处罚等方面，生产者和开发设计者承担责任与现有行政法律责任体系存在较大冲突。而让自动驾驶汽车用户承担与传统机动车驾驶员和车主类似的责任，则也有失公允，在完全自动驾驶模式下也缺乏充足的理由对用户进行追责。自动驾驶行政法律责任归责应从以下三个方面加以完善。

第一，在责任主体上，确立自动驾驶汽车保有人（包括自动驾驶汽车的所有人、管理人）在行政法律责任中的首要责任人地位。自动驾驶的行政法律责任是当前学界极少关注的领域，但同时也是现在自动驾驶道路测试和未来自动驾驶应用规制中必须予以认真回答的问题。在现行法律框架下，对道路交通安全违法行为的处罚包括警告、罚款、暂扣或者吊销机动车驾驶证、拘留。从处罚的对象来看，主要针对行人、乘车人、非机动车驾驶人、机动车驾驶人等，而对于机动车而言，主要针对机动车驾驶人。[①] 但是在自动驾驶条件下，尤其是汽车处在完全自动驾驶模式下时，车辆没有传统意义上的驾驶人，主要由自动驾驶系统控制，因而对自动驾驶汽车交通安全违法行为的处罚缺乏责任承担主体。不过，就暂扣和吊销驾驶证而言，则可适用于“机器驾驶人”。但是即便如此，车辆的保有人仍可以通过购买或者驾驶其他合法的自动驾驶汽车实现其出行的目的，因此仅凭这种方法只能达到制止违法的目的，而无法达到预防违法的目的。为了解决这个难题，笔者主张，汽车保有人在申请自动驾驶汽车登记和驾驶许可时，法律应同时要求保有人申请自动驾驶汽车“操作员”，因为即便是完全自动驾驶汽车，在现阶段也仍需要有人照看和监控，以确保紧急情况下的安全行驶。基于这种准入制度设计，在追究自动驾驶行政违法责任时，就可以“罚车”和“罚人”双轨并行：一方面，执法机关可以暂扣或者吊销完全自动驾驶汽车的“机器驾驶人”的驾驶许可；另一方面，其也可以对保有人作为“操作员”在现有法律框架下进行处罚。这样就能较好实现法律预防违法和确保公共安全的基本规制目标。有论者主张在确认驾驶人为交通责任主体的前提下，以自动驾驶的基本概念和行政处罚责任主义原则为基础，开展驾驶人在不同自动驾驶情境下行政违法责任路径的探索，将其二分为“辅助自动驾驶”和“全自动驾驶”两种情境，以驾驶人“人格”过错程度作为行政处罚自动驾驶交通违法状态的依据。[②] 笔者总体上赞成该主张有关分类处理的思考框架，但是认为过错程度很难成为判断责任及其大小的客观依据，尤其是在完全自动驾驶条件下，机器不是人，因而无所谓过错，又何谈过错？即使将责任归属于有一定关联的个人或者组织，也很难认定其存在明显过错。

第二，在归责原则上，自动驾驶行政法律责任应坚持客观归责的立场，以存在交通违法为前提。无论是在民事侵权责任中还是在刑事责任

---

① 参见《道路交通安全法》第 88～90 条。

② 参见黄信瑜、孔秋石：《自动驾驶交通违法驾驶人的行政归责二分论》，载《蚌埠学院学报》2023 年第 6 期。

中,法律在责任设计上一般都会考虑责任主体的主观过错。然而,在行政法律责任的归责中,一般强调违法行为的存在。以行政处罚为例,行政处罚是针对有违反行政法律规范行为的行政相对人的制裁,其最终目的在于有效实施行政管理、维护公共利益和社会秩序以及保护行政相对人的合法权益。[①] 因而,这种法律责任是一种基于客观秩序维护目标的法律责任。不过,值得注意的是,我国立法已经对这种趋势有所调整,现行《行政处罚法》已将原先的违法责任改为过错推定责任。[②] 但是,即便是2021年修订的《行政处罚法》也并不禁止相关立法(包括法律和行政法规)仍维持违法责任的归责原则的做法。对于自动驾驶这种具有高度危险性和技术风险性的技术形态,如果采用过错推定,则可能会影响有关执法部门对违法行为的及时制裁和制止,从而不利于自动驾驶汽车道路交通风险的有效防控,进而危及道路交通安全秩序和交通参与者的人身、财产权益。

第三,在责任承担方式上,应拓展和创新针对自动驾驶的责任方式。目前,行政制裁的主要方式是行政处罚,主要是针对个人和组织进行设计的,这些处罚方式对于自动驾驶汽车驾驶人、操作员和保有人仍具有法律意义。但是,现有法律,特别是《行政处罚法》在以下两个方面存在不足:一是缺乏对物的责任承担方式的规定。对物的行政行为是德国学理上提出的一个特殊的法律概念。《德国联邦行政程序法》第35条有关一般命令的扩大规定使有关对物的行政行为的争议具有实践意义。[③] 虽然对物的行政行为在理论上存在争议,但是对物的处罚方式仍具有现实意义。特别是在完全自动驾驶条件下,如何对自动驾驶系统进行追

---

① 参见姜明安主编:《行政法与行政诉讼法》(第5版),北京大学出版社、高等教育出版社2011年版,第272页。

② 2021年修订的《行政处罚法》第33条第2款规定:“当事人有证据足以证明没有主观过错的,不予行政处罚。法律、行政法规另有规定的,从其规定。”上述规定允许被处罚人在有证据表明其无过错的情况下不被处罚。

③ 参见[德]哈特穆特·毛雷尔:《行政法学总论》,高家伟译,法律出版社2000年版,第213页。

责,不仅涉及汽车保有人,还涉及作为机器驾驶人的自动驾驶系统。因而,确立对物之处罚方式能够为对自动驾驶系统进行规制提供依据,如对自动驾驶汽车的使用进行一定期限的限制等,就需要来自法律上的依据。二是缺乏对自动驾驶汽车违法的责任承担方式。目前的责任方式主要是针对自然人而设计的,如拘留、警告等,很难想象对机器会有什么积极意义。对于机器而言,最为有效的制裁方式是通过技术手段对其行动能力进行限制,如禁止涉案自动驾驶汽车在未来一定期限内上路行驶,或者要求对自动驾驶系统进行评估、修正和重新测试以及对相关自动驾驶系统进行违法警示等。这些责任承担方式不同于人类的责任承担方式,但对于自动驾驶行政法律责任的实现无疑具有重要作用。

第三节　自动驾驶法律责任的实现机制

自动驾驶相关法律责任的归属只是从法律上明确自动驾驶违法或者事故的责任承担主体、归责原则以及责任承担方式等问题,并不能回答如何最终从法律上和事实上实现相应的法律责任的问题。为此,要强化自动驾驶汽车违法或者事故责任的切实实现,就有必要确立与之相适应的责任实现机制。根据国内外自动驾驶道路测试和应用的规制实践,针对自动驾驶的独特属性,自动驾驶责任保险和责任基金制度能够有效化解自动驾驶法律责任实现中存在的各种难题。

一、自动驾驶责任保险制度

自动驾驶技术有利于降低道路交通事故的发生率。美国国家公路交通安全管理局(NHTSA)报告显示,特斯拉在引进 Autopilot 后,事故发生率急剧下降,撞车率下降了 40%,前碰撞预警系统和自动制动技术已分别减少了23%、40%的追尾事故。[①] 自动驾驶大幅降低交通事故发生概率本身极大地冲击着现有的道路交通相关商业保险业务。但是,自动驾驶本身的技术风险也会带来新的保险业务。例如,对自动驾驶事故原因的鉴定工作相较于一般的机动车交通事故更为复杂而漫长,无法及时高效地填补损失,[②]因而通过责任保险强化自动驾驶责任的实现仍然具有积极意义。但是,自动驾驶技术也给现有的保险制度提出了挑战。现有的保险产品种类无法回应自动驾驶汽车上路行驶的现实需要,其在服务于传统的汽车以及仅配备高级驾驶辅助系统的汽车时运行良好,但对于更高级的自动驾驶汽车则难以胜任。[③] 目前,我国在机动车领域实行机动车第三者责任强制保险制度,该保险并不能涵盖自动驾驶汽车。因而,在自动驾驶保险制度方面需要从法律制度上予以创新和突破。

在自动驾驶保险制度的设计上,域外已经有相关实践,其中最为典型的是英国。2018 年 7 月生效的 AEV 法案作为世界上首部自动驾驶保险制度的专门性立法,针对自动驾驶汽车拓宽传统强制责任保险范围,明确规定自动驾驶汽车司机也在承保范围之内,并具体界定了“损失”(damage)的范围,根据车辆是否投保,确定在自动驾驶模式下分别由保险人和车辆所有人对事故造成的损失负首要责任。此外,AEV 法案还对保险人责任减免事由和责任追偿机制进行了规定。可见,英国的做法仍然是在既有保险制度框架下拓展传统强制责任保险的范围,保险的对象主要还是自动驾驶汽车的驾驶员或者操作员。[④]

在我国各地自动驾驶道路测试实践中,监管部门都会要求测试主体购买一定数额的保险。例如,北京要求测试主体为测试车辆购买不低于

---

① 参见庄瑞:《无人驾驶技术与法规的冲突分析》,载《无线互联科技》2017 年第 8 期。

② 参见张力、李倩:《高度自动驾驶汽车交通侵权责任构造分析》,载《浙江社会科学》2018 年第 8 期。

③ 参见邢海宝:《智能汽车对保险的影响:挑战与回应》,载《法律科学(西北政法大学学报)》2019 年第 6 期。

④ See Louis Butcher & Tim Edmonds, *Automated and Electric Vehicles Act* 2018, Briefing Paper No. CBP 8118, August 15, 2018, House of Commons Library, https://commnslibrary.parliament.uk/research-briefings/cbp-8118/.

500 万元人民币的交通事故责任保险或者提供不低于 500 万元人民币的交通事故赔偿保函,而上海、长沙则只规定“购买一定的安全生产责任保险”,并未明确具体数额。① 自动驾驶道路测试中的保险制度目前仍处在积极探索阶段,但从实际运行效果来看,将传统强制责任保险的范围扩展到自动驾驶汽车并无制度障碍。

从国内外自动驾驶规制实践来看,通过保险制度补强自动驾驶责任机制具有普遍性和可行性,且在制度上具有可行性,是合理平衡自动驾驶汽车相关主体的利益和实现对自动驾驶事故中受害方充分赔偿的重要物质保障。在具体保险制度设计上,应注意以下要点:一是充分借鉴国内外实践经验,扩大传统机动车交通强制责任险的适用范围,以全面覆盖不同等级自动驾驶汽车,特别是完全自动驾驶汽车;二是在自动驾驶责任险的规范对象上,以自动驾驶汽车驾驶人、操作人为依托,并由车辆保有人购买保险;三是原则上允许使用自动驾驶责任基金购买包括自动驾驶责任保险在内的商业保险,以进一步增强事故损害赔偿的能力。当然,也有学者认为应通过以下两种方案完善自动驾驶保险制度:一种方案是在保留已有第三者强制责任保险基础上,针对系统产品专门设立一个新的险种,由生产商投保,可归咎于系统缺陷的交通事故损害均实行无过错责任;另一种方案就是要求生产商、非生产商的车辆所有人、管理人按照合理比例共同投保第三者强制责任险,比例分配可以考虑获利大小、取证难易、鼓励技术研发、行业持续健康发展等因素,确定一个固定比例。② 笔者认为,第一种方案完全由生产商投保可能会加重生产商的经济负担和责任风险,第二种方案过于复杂因而难以操作,特别是在如何分配投保比例上在各利益攸关方利益冲突较为明显的情况下似乎很难达成共识。而由自动驾驶汽车保有人投保较为合理,主要理由是在

---

① 参见《北京市自动驾驶车辆道路测试管理实施细则(试行)》第 8 条第 6 项、《上海市智能网联汽车测试和应用管理办法》第 40 条第 1 款、《长沙市智能网联汽车道路测试管理实施细则(试行)V3.0》第 9 条第 7 项。

② 参见余凌云:《无人驾驶的道交法规范构建》,载《荆楚法学》2023 年第 5 期。

自动驾驶汽车并无产品质量问题的情况下，只有自动驾驶汽车保有人才是自动驾驶汽车的最大获益人，因此无可厚非地应承担相应的风险和责任。

二、自动驾驶责任基金制度

在自动驾驶汽车所引发的违法或者事故责任中，相关损失的发生具有不确定性，损失的确定也具有高度的专业性，责任主体也往往难以认定，这对责任的实现提出了较大挑战。在赔偿等金钱给付责任的落实上，建立自动驾驶责任基金制度，以应对无法确定责任等情形下的赔偿问题，似乎是一种可行的做法。在自动驾驶模式下，如果最终查明是因为产品缺陷、第三人侵权、汽车保有人等主体的疏忽怠惰，则由相应主体承担责任即可。但是，在自动驾驶系统异常或者失控的情况下，自动驾驶系统开发者、汽车保有人都无过错，而是由自动驾驶系统自身在机器学习和进化中造成的事故责任，则可能出现责任模糊不清、责任归属不明的现实窘境。

为了有效应对来自自动驾驶技术不确定性风险所引发的责任问题，笔者主张建立自动驾驶责任基金。责任基金主要由自动驾驶汽车生产者、开发者和车辆保有人出资设立，专门承担自动驾驶责任不明情况下的赔偿责任。在基金的出资比例上，自动驾驶技术的不确定性很大程度上源自生产、设计过程，而车辆保有人缺乏对这种专业技术知识和风险的了解，因而保有人可以在购买时承担相对较小的比例，主要由生产者和开发者承担。生产者、开发者应承担的费用取决于其"生产车辆的质量"、"发生事故的风险"以及"利润的大小"等因素。若强制保险、责任基金不足以赔偿交通事故损害，则可由国家提供适当补偿。[①] 在具体运行模式上可以参考美国内华达州"自动驾驶汽车网络公司"的模式，即汽车厂商通过设立专门的公司管理责任基金并负责赔偿。该制度能够

① 参见李烁：《自动驾驶汽车立法问题研究》，载《行政法学研究》2019 年第 2 期。

较好地解决自动驾驶责任不明的问题,也能较好地平衡自动驾驶技术现阶段各利益主体之间的利益和风险分担。

不过,也有学者批评认为,自动驾驶责任基金是基于承认自动驾驶法律人格(法律主体资格)这一逻辑前提,且在责任基金无法完全承担赔偿责任的情况下,不能充分救济受害方的权益。[①] 笔者认为,这种观点混淆了自动驾驶法律人格问题与法律责任归属问题的区别。如前文所述,笔者并不赞同在自动驾驶技术发展的早期阶段直接承认自动驾驶汽车的法律主体资格,但是不能成为法律关系的主体并不意味着不需要或者不能追究法律责任,自动驾驶模式下的责任仍可由汽车生产者、开发者和车辆保有人等主体承担。至于自动驾驶责任基金无法完全弥补受害人损失的问题,自动驾驶责任基金的适用范围较窄(主要针对无明确责任主体时适用),因而用责任基金进行赔偿并非常态,况且责任基金可以和责任保险并存,作为责任保险制度的补充,可有效解决赔偿能力不足的问题。如果经过保险和责任基金赔偿之后,仍不足以补偿受害人的损失,则可由国家对此予以适当补偿,作为促进自动驾驶产业发展的一项资金支持政策。退一万步讲,即使是现有法律框架下由驾驶员承担事故责任的情况,也存在巨额损害赔偿难以支付的问题,更何况责任基金制度在与其他制度共同发挥作用的情况下,其整体赔付能力远超过个人的偿付能力。

第四节　自动驾驶规制主体的法律责任

规制主体是自动驾驶规制活动中的主导性力量。在自动驾驶法律规制过程中,规制主体,尤其是作为行政规制机构的规制主体,承担着制定规则、出台标准和实施规制措施等多样化的法定职责,对于促进自动

① 参见冯珏:《自动驾驶汽车致损的民事侵权责任》,载《中国法学》2018 年第 6 期。

驾驶技术的开发、应用活动具有不可替代的作用。然而,规制主体手中的规制权力因其巨大侵益性而存在滥用和怠惰等风险。因此,规制主体的存在和活动离不开规制责任的设定和实现。“法律责任规定制约着国家的强制面向和权力界限,国家公权力的运行不再是随意和无序的,法律责任的程序、程度、方式等多种要求在制约着国家强力的同时也保障、证明着国家行为的正当性和合法性。”[①]规制主体一般包括行政机关、国际组织、区域性组织和行业自律性组织等。[②] 我国自动驾驶的规制主体主要包括行政规制机构和社会规制机构两种。与此相对应,对自动驾驶规制主体的法律责任的探讨也应从这两个方面展开。

一、行政规制机构的法律责任

如果将市场竞争原则视为一种“分权式的利益分配机制”,那么政府规制便可视为一种“集权式的利益分配机制”,实际上,通过政府的公权力开展的政府规制活动能够有效地校正分权式的利益分配机制(市场竞争)所带来的不公平性,进而在利益分配上实现充分的实质正义。[③]行政规制机构作为自动驾驶规制活动中最常见、最重要的规制主体,其规制职责权限的运用直接关乎自动驾驶相关利益主体的利益分配以及以道路交通安全为核心的公共安全,从法律上确保行政规制机构在法治轨道上运行,既是规制目标本身的要求,也与依法行政的现代法治理念高度契合。

行政规制机构本身在行政法上一般也具有行政主体资格,适用行政法律责任的一般规则,如对行政规制机构的规制行为不满的,相对人可以通过提起行政复议或者行政诉讼等寻求权利救济和追究规制机构的行政法律责任。然而,自动驾驶法律规制中的行政机构责任问题也具有

---

① 戈含锋:《法律责任的立法研究——基于中国立法文本的研究》,经济日报出版社2015年版,第4页。

② 参见臧传琴:《政府规制——理论与实践》,经济管理出版社2014年版,第2~3页。

③ 参见文学国主编:《政府规制:理论、政策与案例》,中国社会科学出版社2012年版,第5页。

其特殊性。自法律制度建立以来,安全一直是最为传统的主题,可以采用的手段包括“事先预防”和“事后追责”。风险社会要求国家广泛干预社会风险,与此同时,伴随国家安全保障职能扩张的是行政国家的崛起。[①] 在自动驾驶法律规制中,行政规制机构的规制职责越来越由缓慢迟钝的事后监管立场走向事先的风险防范和行政权的积极干预立场。而受制于自动驾驶技术发展的阶段性特征,自动驾驶法律规制的各项制度尚不够健全,因此若依传统的严格的形式法治主义,无法达到约束事前、事中规制行为的目的,而且过分严苛的责任追究机制也严重影响着行政规制机构的主观能动性的发挥。基于这样的认识,笔者认为,在既有行政法律责任基本框架的基础上,自动驾驶规制中行政规制机构的法律责任还应包含若干新的要求。

第一,行政规制机构的法律责任包括超越职权、滥用职权等积极违法行为的法律责任,在自动驾驶规制中更强调行政规制机构怠于履行职责等行政不作为而应承担的法律责任。自动驾驶法律规制要求行政规制机构以更加积极主动的姿态开展规制活动。这种积极的职责要求:一是及时出台自动驾驶相关政策、立法和标准,在自动驾驶技术发展的早期阶段,各项法律制度还不够完善和成熟,因而政府的一个主要职责就是加强制度建设,优化政策法规环境;二是针对自动驾驶行为的不可预测性、高风险性等特点,将自动驾驶规制的重心前移到事中事前环节,即由对自动驾驶的传统结果规制逐步过渡到过程规制,更加强调风险预防的职责,这也是风险预防原则的客观要求;[②]三是在自动驾驶汽车出现违法行为时积极介入,这与传统交通事故的处置具有很大不同,后者虽然在流程上具有相似性,但是相对来说耗时较长,效率相对较低,而在自动驾驶法律规制中,行政规制机构被要求充分运用技术手段(如通过道

① 参见赵鹏:《风险社会的行政法回应:以健康环境风险规制为中心》,中国政法大学出版社2018年版,第44~45页。

② 风险预防原则一般适用于不确定的领域,将来很可能发生损害健康,或者以现有的科学证据尚不足以充分证明因果关系的成立,为了预防损害的发生而在当前时段采取暂时性的具体措施。参见王贵松:《风险行政的预防原则》,载《比较法研究》2021年第1期。

路交通电子控制设施对行驶中的自动驾驶汽车实施紧急拦截或者管控等)在最短的时间内进行必要介入,这样有利于最大限度防范和降低交通违法事故发生的频率。针对行政规制机构在自动驾驶规制中所面对的上述新的职责要求,法律责任设计也应全面关注行政规制机构的积极职责的履行情况,特别是通过行政公益诉讼等法律机制来达到督促行政规制机构积极履行职责、实现行政规制机构法律责任的效果。

第二,行政规制机构应具有适度的制度弹性空间。考虑到自动驾驶尚处于快速发展阶段,自动驾驶相关法律制度框架尚处于初创阶段,各国自动驾驶规制实践也处于"摸着石头过河"的探索之中,毫无疑问,自动驾驶规制也需要一个逐步成长成熟的过程。就制度演进而言,自动驾驶法律规制本身也如同自动驾驶技术一样,需要不断地测试、试错,不断纠正并加以完善。这在以新加坡为代表的"监管沙盒"实践的做法中可见一斑。实际上,我国各地正在进行的自动驾驶道路测试规制实践也在不断尝试和更新自动驾驶规制的方式和方法。由此可见,在现阶段不宜对自动驾驶道路测试中的行政规制机构确立如同传统汽车规制环境下一样严苛的规制责任,而应当通过立法和制度试点,赋予行政规制机构更多的自主权和责任追究上更大的包容性,确保责任机制具有足够的弹性空间,以鼓励行政规制机构进行制度创新的动力。这种弹性责任机制的设计包括暂时性减轻或者豁免行政规制机构的某些责任、提供更多替代性的责任机制(如责任评估和绩效考评机制)等方面。

第三,行政规制机构的责任实现应具备适当的柔性品质。传统上,行政规制机构倾向于更多采取行政命令性规制方式,然而随着规制实践的发展,规制方式日益朝着激励性规制和自愿性规制方式的方向发展。[①] 与此相适应,行政规制机构的规制责任也应更多地体现柔性与合作的色彩。其中,一种最常见的责任机制就是绩效与评估机制。评估是对行政规制机构确定责任的前提,对于公共政策具有重要意义,因为评

---

① 参见臧传琴:《政府规制——理论与实践》,经济管理出版社2014年版,第16~19页。

估是政府和规制机构学习的过程。[①] 由特定主体(如上级机构或者社会评估机构等)对行政规制机构的规制活动进行事后和事中评估,可以较为客观和全面地审视自动驾驶规制活动的合法性、合理性和科学性。与传统法律责任机制相比,评估机制能够发现规制中存在的问题并提出可行的建议,这是传统责任机制所没有的。传统法律责任的实现重在制裁和惩戒,并不强调在规制活动中发挥积极的建设性作用。相应地,建立在评估基础上的绩效考核则能够通过一定的激励约束机制来达到规范行政规制机构的规制行为的目的,从而从一个更加积极的角度提升自动驾驶法律规制的效能。

二、社会规制机构的法律责任

政府规制和行政规制机构的存在是为了应对市场和社会运行中存在的问题,但是正如市场会失灵一样,政府规制也会失灵。管制俘获理论认为,在市场经济中,国家权力或强制力是一种资源,利益集团出于自身利益最大化的考虑,会设法利用国家权力来为本集团谋取福利,政治制度的设计某种程度上就成了满足社会成员需要的工具。[②] 再加上行政权力本身存在滥用、不作为等违法运作的风险,行政规制机构本身不足以完成自动驾驶技术如此复杂和专业的规制任务。这就需要引入社会力量,让自动驾驶相关技术企业、行业组织、社会中介组织等参与到自动驾驶的规制活动中来。自动驾驶法律规制中的社会规制机构包括自动驾驶行业协会、自动驾驶相关技术平台以及其他相关社会中介组织等。

(一)自动驾驶社会规制机构种类考察

对社会规制机构责任问题的探讨必须基于社会规制机构的组织形态的具体考察。我国自动驾驶技术起步相对较晚,加之我国非政府组织与

---

① 参见[英]罗伯特·鲍德温、[英]马丁·凯夫、[英]马丁·洛奇编:《牛津规制手册》,宋华琳等译,上海三联书店2017年版,第250页。

② 参见史璐:《政府管制经济学》,知识产权出版社2012年版,第163~164页。

政府组织相比无论是数量上还是影响力上都较为有限,因而自动驾驶的行业组织化程度也相对较低。我国目前有关自动驾驶的综合性行业性组织包括中国汽车工程学会和中国汽车工业协会等。其中,中国汽车工程学会(China Society of Automotive Engineers)是自动驾驶相关的重要行业自律组织。截至2024年7月底,学会下设7个工作委员会和54个专业分会,其中与自动驾驶有关的分会是中国汽车工程学会汽车智能交通分会。联盟在自动驾驶相关团体标准的制定上做出了重要探索和努力。

在自动驾驶专门性行业组织建设上,为推动我国智能网联汽车产业和技术发展,跨行业整合资源,推动产业协同创新,中国汽车工程学会、中国汽车工业协会在工业和信息化部的支持下,联合汽车、通信、交通、互联网等领域的企业、高校、研究机构,于2017年6月12日组建成立"中国智能网联汽车产业创新联盟"。该联盟是自动驾驶行业的专门性行业组织,联盟设立了V2X、信息安全、自动驾驶地图与定位、电子电气信息架构与网络、基础数据平台、产业投融、测试示范、预期功能安全、基础软件、先进底盘控制等工作组。根据该联盟官网数据,截至2024年8月,联盟成员单位涵盖包含来自汽车、信息通信、交通等领域的理事单位105家,普通成员单位97家。联盟在政策和战略研究、关键共性技术研发、标准法规、测试示范、人才培养等方面开展工作并取得重要成果,截至2023年12月,联盟已累计发布53项团体标准,65项团体标准立项在研,所制定的标准全面涵盖融合感知、新型电子电气架构、新型车载高速网络等车辆关键技术要求和测试方法,V2X应用层、大数据及信息服务、车路协同、云控系统等信息交互关键技术标准,以及安全、高精度地图与定位、测试评价与示范推广等基础支撑关键技术标准,顺利完成2023年建设目标。①

---

① 参见中国智能网联汽车产业创新联盟:《智能网联汽车团体标准体系建设指南年度发展评估报告(2023年)》,载中国汽车工程学会标准,https://mp.weixin.qq.com/s?__biz=MzI3MTg4NjcyOA==&mid=2247492262&idx=2&sn=28abb01126c90cf7695b3b038d779a35&chksm=eb385241dc4fdb57ebc1fb64c606788f5c06d475351873ebbb229a14c4711a5c115d6597004f&scene=27,最后访问日期:2024年8月3日。

另外,自动驾驶相关技术平台也是重要的社会规制机构。这种规制机构一般是自动驾驶系统等相关软件、网络服务平台运营企业,其在自动驾驶规制活动中具有距离规制对象近、技术能力强、规制措施直接有效、规制效率高等显著优势。

(二)自动驾驶社会规制机构的法律地位

明确自动驾驶社会规制机构(包括行业自律组织、技术平台等)的法律地位是从法律上探讨自动驾驶社会规制机构的法律责任的理论前提。自动驾驶技术的发展是建立在现代信息互联网和人工智能基础之上的,有关自动驾驶社会规制机构法律地位的讨论也无法回避对网络平台责任的阐述。

网络平台的法律地位经历了从"单纯通道"到"守门人",再到"第三方执法者"的逐步演进过程。在互联网商业化的早期阶段,网络平台在法律上被视为一种"单纯管道"(mere conduit)。在这个阶段,平台的法律地位类似于电话公司、邮政公司,并不参与网络信息内容的创造,且其对用户发布的内容持消极、中立的态度,即"完全按照用户发出的指令而自动化地处理,而不对内容进行改造"[①]。在这个阶段,互联网的发展要求持续的技术创新和服务拓展,而这些只有通过所谓"市场的竞技场"才能得以实现,因而平台的作用尽量被限制在最小的范围内。[②]

随着互联网经济的发展和网络服务商业模式的创新,平台扮演着日益重要的角色,网络平台不再是放任不管,而是作为网络安全的"守门人",这种"守门人"角色包括机构(个人)"守门人"、技术"守门人"和算法"守门人"三种形式。具体来看,这种"守门人"角色主要是通过法律给特定网络平台施加一定的法律责任,激励网络平台利用其自身的商业模式、技术、算法等所产生的规制能力"阻断不良信息和识别违规用

---

① 赵鹏:《私人审查的界限——论网络交易平台对用户内容的行政责任》,载《清华法学》2016 年第 6 期。

② 参见李洪雷:《论互联网的规制体制——在政府规制与自我规制之间》,载《环球法律评论》2014 年第 1 期。

户”,从而达到间接规制用户行为的目的。[①] 平台的“守门人”角色随着技术的不断发展而呈现不断强化的趋势。

网络平台地位发展的第三个阶段是平台日益成为政府之外的“第三方执法者”。基于智能算法和大数据,网络平台在规制企业和个人网络行为(如网络交易、创作、娱乐等)上越来越发挥着“第三方执法者”的作用。平台这种“第三方执法者”的身份区别于早期的最大特点在于,平台不仅对自身的平台管理行为承担民事责任,而且基于法律科以的公法义务,平台还可能承担行政法上的责任。这种角色的出现以“第三方义务”的存在为前提。[②] 这种第三方义务具有以下特征:(1)私人主体被强迫从事本应由政府部门承担的违法行为的发现、阻止等活动;(2)如未能实施该义务就会遭到法律上的制裁;(3)实施该义务所付出的成本并无相应的补偿或者补偿很少。[③] 这些义务具体包括资质审查义务、安全保障义务、监控义务等。[④] “第三方义务”也不再仅是纯粹的民法上的义务,而具有明显的公法属性。

以上网络平台地位的变化反映出其在规制活动中作用的不断强化的趋势,且具有更多的公法属性,法律对其公法义务的科予致使其能与行政规制较好地契合。如同电商等网络平台,自动驾驶领域中的技术平台(如自动驾驶系统服务平台、内容软件服务平台)以及自动驾驶行业组织等社会规制机构在自动驾驶的规制活动中也扮演着越来越重要的角色。在行政规制资源有限、行政规制机构无法充分发挥作用的领域,上述社会规制

---

① 参见魏露露:《网络平台责任的理论与实践——兼议与我国电子商务平台责任制度的对接》,载《北京航空航天大学学报(社会科学版)》2018 年第 6 期。

② 所谓“第三方义务”,是指政府指定的私人主体(既不是所监督行为的主要实施者,也不是违法行为的受益者,一般是某种行业自律组织或者网络平台)所承担的必须将私人信息提供给行政机关或者由其自行采取阻止性措施以防止有害行为发生的义务。政府借助于第三方义务,可尽快“启动行政措施并对违法者施加一定的震慑”。参见高秦伟:《论行政法上的第三方义务》,载《华东政法大学学报》2014 年第 1 期。

③ 参见高秦伟:《论行政法上的第三方义务》,载《华东政法大学学报》2014 年第 1 期。

④ 参见马更新:《平台经营者“相应的责任”认定标准及具体化——对电子商务法第 38 条第 2 款的分析》,载《东方法学》2021 年第 2 期。

机构能发挥更多、更有效的规制作用。这种作用在不同的主体间存在一定的差异性。例如,自动驾驶行业组织一般侧重于从自动驾驶整个行业的宏观层面(如标准制定等)协助政府进行规制,而自动驾驶技术平台则可从更加微观的层面,通过运用更多的技术手段(如大数据、智能算法等)对相关自动驾驶企业和用户的行为进行有效的微观约束和监督。

(三)自动驾驶法律规制中社会规制机构的责任实现机制

在正视社会规制机构在自动驾驶规制中扮演的重要角色的同时,也应看到其存在的风险。以技术平台为例,网络平台责任制度可能产生很大的制度外部性问题,对作为利益相关主体的用户法定权利造成负面影响。[①] 在自动驾驶法律规制中,网络平台等社会规制机构可能与行政规制机构构成共同的规制主体,这对于私主体的权益本身会构成更大的威胁。具体而言,主要存在以下四个方面的问题:一是因标准不明带来的监管效果的模糊性;二是利益主体之间的共谋;三是企业的经济压力;四是较高的规制实施成本。[②] 基于前述对自动驾驶社会规制机构类型和地位的探讨,针对社会规制机构参与规制的弊端,从法律上为其设定相应的责任机制有其内在必要性与合理性。

对于自动驾驶社会规制机构的责任及其实现路径,笔者认为应从以下三个方面进行完善:首先,在通过相关立法明确自动驾驶行业协会、服务平台等技术企业和行业组织在自动驾驶规制中的特定公法义务的前提下,设定其未能履行义务或者未能适当履行义务情况下的行政法律责任,这种责任一般是行政处罚,包括警告、罚款等。[③] 其次,通过协议的

---

① 参见魏露露:《网络平台责任的理论与实践——兼议与我国电子商务平台责任制度的对接》,载《北京航空航天大学学报(社会科学版)》2018 年第 6 期。

② 参见高秦伟:《论行政法上的第三方义务》,载《华东政法大学学报》2014 年第 1 期。

③ 例如,我国《电子商务法》第 38 条第 2 款规定:"对关系消费者生命健康的商品或者服务,电子商务平台经营者对平台内经营者的资质资格未尽到审核义务,或者对消费者未尽到安全保障义务,造成消费者损害的,依法承担相应的责任。"该法第 83 条也相应规定了电子商务平台经营者违反上述义务,市场监督管理部门可以根据具体情况依法责令限期改正、罚款甚至责令停业整顿。

方式,实现行政规制机构与社会规制机构的合作规制,具体约定社会规制机构的义务履行与责任承担,并适当赋予社会规制机构更大的灵活空间。这种合作式协议一般是针对政府应承担但无力承担且由社会力量承担更具优势的自动驾驶规制任务。例如,自动驾驶相关政策、标准的起草和调研,自动驾驶相关行业和企业的专项研究等,需要自动驾驶行业组织进行。在法律允许的情况下,对于部分事务也可以行政委托的方式交由自动驾驶行业协会等主体实施。最后,对于法律尚未明确规定责任事项的情形,在自动驾驶社会规制机构存在违法行为时,相关主管部门可以通过信用管理、行政约谈等更具弹性的替代性手段来实现社会规制机构的法律责任。这既能够弥补法律落后于技术发展和规制实践的客观不足,也能够较好地兼顾社会规制机构的自主性和责任性。

结　论

在自动驾驶技术及其规制的不断发展和完善过程中,其暴露出的理论和现实问题为自动驾驶的法律规制提供了客观基础,也是理论研究的价值所在。在理论上,自动驾驶面临法律主体资格问题、法律责任难题和法律伦理挑战三个方面的问题;在现实中,自动驾驶也面临法律准入制度匮乏、规制模式滞后、安全受到挑战以及法律责任体系不适应等问题。这些问题是自动驾驶所面临的最主要挑战,但是上述问题也是变化发展的。从法律演进的角度看,任何法律制度的改进和完善,都是在对既有法律理论问题和法律实践问题的发现、调整和克服的基础上完成的。在自动驾驶发展的现阶段,通过道路测试监管等规制活动不断发现新问题并对此加以研究和完善,理应成为自动驾驶法律规制的"必修课"。

本书在阐述、分析自动驾驶法律规制面临的主要挑战的基础上,分别从理论和法律层面作出了初步回应,具体结论如下:

1. 针对自动驾驶法律主体资格问题,应从时间和空间两个维度加以审视。法律主体问题可以在自动驾驶技术的不断演进迭代过程中加以解决,只有在自动驾驶系统具备了机器意识的情况下,法律主体资格才能被赋予,且法律在赋予自动驾驶汽车法律主体资格时应考虑驾驶自动化的程度和等级。在现阶段不宜赋予驾驶自动化系统以完全的法律主体资格,但是从长远看,特别是随着自动驾驶技术的发展,自动驾驶系统的智能化程度也会不断提升,当其智慧和意识达到甚至超过人类时,则可以根据驾驶自动化等级赋予其完全或者有限的法律主体资格。不过,这并不妨碍当前人们给予自动驾驶以一定的法律地位,这种地位并不等同于法律主体资格。

2. 针对自动驾驶法律责任问题,涉及自动驾驶责任归属和责任实现两个方面的内容。就前者而言,可以考虑直接赋予自动驾驶汽车一定的法律地位或者人格,通过赋予自动驾驶系统以"机器驾驶人""智能驾驶人"等法律地位或者身份,再辅之以自动驾驶责任基金机制,将能够较好地解决自动驾驶法律责任承担的问题。就后者而言,自动驾驶法律责任的最终落实有赖于风险与责任的科学配置、归责原则的合理确定以及人机共驾责任的厘定。

3. 针对自动驾驶法律伦理挑战,应从伦理失范和伦理困境两个层面应对。就前者而言,应从约束生产、开发活动,确立自动驾驶应遵循的基本伦理原则以及将伦理规范嵌入自动驾驶系统三个方面缓解自动驾驶伦理失范的问题;就后者而言,则应坚持在认识上不可苛责于机器、在规范上运用价值冲突处理方法化解伦理困境以及在技术上强化自动驾驶系统自主学习和价值更新等基本路径。

4. 对自动驾驶可规制性的探讨应以对驾驶自动化算法的可规制性为核心。一方面,驾驶自动化算法的智能程度影响着自动驾驶法律主体资格问题的克服、法律责任难题的破解和法律伦理挑战的应对等一系列理论和现实问题的认知和解决;另一方面,智能算法也越来越显现出权力属性的一面,驾驶自动化算法也存在算法偏差、算法黑箱、算法霸权等算法权力异化和滥用的风险。以驾驶自动化算法为核心的自动驾驶技术在现实层面给交通安全、个人权利和自由、权力架构以及社会伦理价值体系等带来巨大冲击,但同时驾驶自动化算法在法理上也存在规制的可能性,即自动驾驶具有可规制性。

5. 在自动驾驶立法和监管制度尚不完善的背景下,确立若干规制原则有利于弥补立法未能及时跟进到位的立法空白,同时也为规制机构实施规制活动明确了具体尺度。自动驾驶法律规制应坚持合理考量驾驶自动化等级、依托道路测试形塑自动驾驶制度体系、约束与引导并重、兼顾私益、全过程规制以及注重规制的灵活性与层次性六大原则。

6. 自动驾驶法律规制的制度回应应以确立自动驾驶法律规制目标和框架为前提。自动驾驶规制目标和框架能够为自动驾驶提供重要的价值和方向指引,增加了规制的灵活性、前瞻性和适应性。自动驾驶规制的目标包括维持交通安全秩序、保障交通参与者权利、引导技术创新与应用、促进法律与技术的更好融合等方面,在此基础上,应建立起基于以安全为核心价值导向的自动驾驶规制基本框架。

7. 对于自动驾驶动态过程性规制的制度回应,应具体从规制模式的更新、法律准入的突破、信息披露制度的建立以及标准体系的完善四个方面展开。就自动驾驶规制模式的更新而言,应着重优化规制机构组织架构,适度引入实验型规制,确立自动驾驶技术规制的法律依据,建立合作规制的制度框架;就法律准入制度的突破而言,应在分级规制的基础上明确完全自动驾驶条件下"机器驾驶人"的法律地位,按照实际需求细化自动驾驶车辆准入规则,依据自动化等级完善自动驾驶道路准入制度;就信息披露制度的确立而言,应确立自动驾驶信息披露的基本原则,建立自动驾驶算法备案制度,建立自动驾驶伦理审查机制,并披露自动驾驶隐私保护措施;就标准体系的完善而言,应考虑构建立体多元的自动驾驶标准体系,进一步充实自动驾驶标准体系的内容,并探索制定自动驾驶伦理规范。

8. 对自动驾驶静态结果性规制的回应,应构建起科学完备的自动驾驶法律责任体系。作为自动驾驶法律责任体系构建的前提性问题,自动驾驶相关利益主体的义务设定的研究主要是从利益法学的立场,在对包括自动驾驶汽车生产者、开发者、所有者、使用者、规制主体等利益主体的相关利益进行客观考察和衡量的基础上,确定相关主体在法律规制中的具体义务。对自动驾驶违法或者事故责任的探讨主要是从责任的归属和责任的实现两个角度加以阐述:责任归属问题主要讨论了自动驾驶运行中可能引发的民事侵权责任、刑事责任以及行政法律责任三个方面;而就自动驾驶责任的实现而言,主要提出了责任保险和责任基金两种责任实现机制。作为自动驾驶法律规制责任体系中的关键和最后一环,规制主体的责任包括自动驾驶行政规制机构责任和社会规制机构责任两类。

从整体上看,本书可被视为对自动驾驶法律规制的一个初步研究。这种初步研究体现在,本书所探讨的议题如同自动驾驶技术的发展阶段一样,仍处于对自动驾驶规制中的基本框架的认识和讨论。这主要是因为在自动驾驶及其规制实践经验积累尚不是很丰富的情况下,有关自动驾驶的各项制度和规制措施仍处于初创阶段,许多微观层面的细节问题需要建立在一个可靠的基本制度框架之下,才能被更为充分地予以关照。因而,就像自动驾驶技术不能超脱其特定发展阶段一样,本书的研究也无法超越自动驾驶法律规制基本框架的研究阶段。

在对一些具体问题的探讨和回应上,今后仍具有很大的研究空间,这主要表现在:一是有关自动化算法在自动驾驶法律规制中的地位、作用及其规制路径问题值得进一步深化研究。驾驶自动化算法问题是自动驾驶汽车的核心问题,其与当前自动驾驶所面临的理论和现实挑战有着密不可分的直接联系。因而,任何忽视驾驶自动化算法规制的做法本身是值得商榷的。二是有关自动驾驶的技术规制法律问题的研究有待进一步深化。用技术的方法解决技术的问题,虽然在现实中可行,但是自动驾驶的技术规制模式带来的是一种高度智能化的规制理念和规制方法,将会带来行政法理论和制度上的新问题,如技术规制行为的行政法属性和责任归属等问题。对这些问题的回答具有现实意义,但目前的理论关注不够。三是对自动驾驶准入与责任制度的研究需要进一步细化。准入规制是法律规制社会生活的一种有效手段。然而,自动驾驶汽车的法律准入区别于普通产品或者技术准入。在制度设计上,自动驾驶法律准入制度必须与责任制度,特别是行政法律责任制度一起予以通盘考虑。虽然目前道路测试实践还难以对这个问题作出令人满意的回应,但是随着实践的深入,对这个问题的探讨会显得越来越迫切和重要。

自动驾驶技术既为我们带来智能、高效、舒适、节能的出行方式和出行体验,同时也深刻地塑造着现代社会的治理结构。自动驾驶作为整个人工智能技术的一角而“切入”到社会中,其更新迭代迫使规制机构不断尝试新的规制模式和手段,进而持续更新规制理念,不断提升公共治理的现代化和法治化水平。同时,自动驾驶法律规制目标的有效实现有赖于与之相匹配的一整套法律体系和规制组织架构,这固然需要政府机构依法积极履行职责,同时也离不开自动驾驶相关企业、用户、行业组织等社会力量的充分参与。理想的自动驾驶规制效果应是完备的自动驾驶法律体系、高效的自动驾驶规制体系和有力的责任实现体系的有机统一。

参 考 文 献

一、著作类

1. 王珏等主编:《机器学习及其应用》,清华大学出版社 2006 年版。

2. 文学国主编:《政府规制:理论、政策与案例》,中国社会科学出版社 2012 年版。

3. 陈亮、张光君主编:《人工智能时代的法律变革》,法律出版社 2020 年版。

4. 臧传琴:《政府规制——理论与实践》,经济管理出版社 2014 年版。

5. 乔路、白雪:《人工智能的法律未来》,知识产权出版社 2018 年版。

6. 申泽邦等编著:《无人驾驶原理与实践》,机械工业出版社 2020 年版。

7. 周佑勇、王禄生等:《智能时代的法律变革》,法律出版社 2020 年版。

8. 郭锐:《人工智能的伦理和治理》,法律出版社 2020 年版。

9. 涂子沛:《数据之巅:大数据革命,历史、现实与未来》(第 2 版),中信出版集团 2019 年版。

10. 吴军:《智能时代:大数据与智能革命重新定义

未来》,中信出版集团 2016 年版。

11. 赵鹏:《风险社会的行政法回应》,中国政法大学出版社 2018 年版。

12. [英]科林·斯科特:《规制、治理与法律:前沿问题研究》,安永康译,清华大学出版社 2018 年版。

13. [美]温德尔·瓦拉赫、[美]科林·艾伦:《道德机器:如何让机器人明辨是非》,王小红主译,北京大学出版社 2017 年版。

14. [美]胡迪·利普森、[美]梅尔芭·库曼:《无人驾驶》,林露茵、金阳译,文汇出版社 2017 年版。

15. [英]维克托·迈尔-舍恩伯格、[英]肯尼思·库克耶:《大数据时代:生活、工作与思维的大变革》,盛杨燕、周涛译,浙江人民出版社 2013 年版。

16. [美]凯西·奥尼尔:《算法霸权》,马青玲译,中信出版集团 2018 年版。

17. [美]史蒂芬·布雷耶:《规制及其改革》,李洪雷等译,北京大学出版社 2008 年版。

二、论文类

1. 高奇琦:《国家数字能力:数字革命中的国家治理能力建设》,载《中国社会科学》2023 年第 1 期。

2. 余凌云:《无人驾驶的道交法规范构建》,载《荆楚法学》2023 年第 5 期。

3. 雷磊:《新科技时代的法学基本范畴:挑战与回应》,载《中国法学》2023 年第 1 期。

4. 郑琳、李明雨:《论自动驾驶汽车准入的双层法律障碍及其克服》,载《中国海洋大学学报(社会科学版)》2023 年第 4 期。

5. 谭九生、胡健雄:《自动驾驶的安全风险及其治理》,载《学术交流》2023 年第 8 期。

6. 陈静:《人工智能体视阈下的法益侵害及归责路径——以无人驾驶技术应用为例》,载《法律研究》集刊2023年第3卷。

7. 朱溯蓉:《论风险预防原则在自动驾驶汽车风险上的适用》,载郑少华主编:《数字法治评论》第2辑,中国社会科学出版社2022年版。

8. 丁芝华:《德国自动驾驶立法的逻辑内核与体系构造》,载《河北法学》2023年第10期。

9. 黄信瑜、孔秋石:《自动驾驶交通违法驾驶人的行政归责二分论》,载《蚌埠学院学报》2023年第6期。

10. 高秦伟:《社会自我规制与行政法的任务》,载《中国法学》2015年第5期。

11. 宋华琳:《全球规制与我国政府规制制度的改革》,载《中国行政管理》2017年第4期。

12. 穆康乐:《无人驾驶汽车发展现状及未来展望》,载《电子技术与软件工程》2017年第21期。

13. 王心钰、张长青:《无人驾驶汽车的法律冲突探究》,载《科技导报》2017年第19期。

14. 陈晓林:《无人驾驶汽车对现行法律的挑战及应对》,载《理论学刊》2016年第1期。

15. 李烁:《自动驾驶汽车立法问题研究》,载《行政法学研究》2019年第2期。

16. 侯郭垒:《自动驾驶汽车风险的立法规制研究》,载《法学论坛》2018年第5期。

17. 胡元聪、李明康:《自动驾驶汽车对〈道路交通安全法〉的挑战及应对》,载《上海交通大学学报(哲学社会科学版)》2019年第1期。

18. 孔祥稳:《面向人工智能风险的行政规制革新——以自动驾驶汽车的行政规制为中心而展开》,载《行政法学研究》2020年第4期。

19. 中国电动车百人会信息部:《自动驾驶应同步重视技术发展与立法监管》,载《交通建设与管理》2016年第14期。

20. [德]多尼米克·希伦布兰德:《汽车智能化的道路:智能汽车、自动驾驶汽车安全监管研究》,翁岳暄译,载《科技与法律》2014 年第 4 期。

21. 庄瑞:《无人驾驶技术与法规的冲突分析》,载《无线互联科技》2017 年第 8 期。

22. 杜严勇:《机器人伦理中的道德责任问题研究》,载《科学学研究》2017 年第 11 期。

23. 朱振:《生命的衡量——自动驾驶汽车如何破解"电车难题"》,载《华东政法大学学报》2020 年第 6 期。

24. 陈景辉:《自动驾驶与乘客优先》,载《华东政法大学学报》2020 年第 6 期。

25. 李磊:《论中国自动驾驶汽车监管制度的建立》,载《北京理工大学学报(社会科学版)》2018 年第 2 期。

26. 陈晓林:《无人驾驶汽车致人损害的对策研究》,载《重庆大学学报(社会科学版)》2017 年第 4 期。

27. 吴汉东:《人工智能时代的制度安排与法律规制》,载《法律科学(西北政法大学学报)》2017 年第 5 期。

28. 马长山:《人工智能的社会风险及其法律规制》,载《法律科学(西北政法大学学报)》2018 年第 6 期。

29. 陶盈:《机器学习的法律审视》,载《法学杂志》2018 年第 9 期。

30. 田大新:《智能车联网系统未来展望》,载《信息通信技术与政策》2020 年第 8 期。

31. 孙清白:《人工智能算法的"公共性"应用风险及其二元规制》,载《行政法学研究》2020 年第 4 期。

32. 余积明:《自动驾驶汽车产业治理的框架和要点》,载《行政法学研究》2019 年第 2 期。

33. 陈紫燕:《无人驾驶汽车立法的中美比较与思考》,载《北方论丛》2020 年第 1 期。

34. 张玉洁:《论无人驾驶汽车的行政法规制》,载《行政法学研究》2018 年第 1 期。

35. 陈燕申、陈思凯:《美国政府〈联邦自动驾驶汽车政策〉解读与探讨》,载《综合运输》2017 年第 1 期。

36. 李飞:《无人驾驶碰撞算法的伦理立场与法律治理》,载《法制与社会发展》2019 年第 5 期。

37. 陈晓平、翟文静:《关于自动驾驶汽车的立法及伦理问题——兼评"德国自动驾驶伦理指南"》,载《山东科技大学学报(社会科学版)》2018 年第 3 期。

38. [德]托马斯·魏根特:《自动驾驶汽车的紧急避险权》,樊文译,载《中国应用法学》2019 年第 4 期。

39. 张凌寒:《算法权力的兴起、异化及法律规制》,载《法商研究》2019 年第 4 期。

40. 刘洪华:《论人工智能的法律地位》,载《政治与法律》2019 年第 1 期。

41. 冯洁:《人工智能体法律主体地位的法理反思》,载《东方法学》2019 年第 4 期。

42. 朱艺浩:《人工智能法律人格论批判及理性应对》,载《法学杂志》2020 年第 3 期。

43. 许中缘:《论智能机器人的工具性人格》,载《法学评论》2018 年第 5 期。

44. 郭少飞:《"电子人"法律主体论》,载《东方法学》2018 年第 3 期。

45. 王莹:《法律如何可能?——自动驾驶技术风险场景之法律透视》,载《法制与社会发展》2019 年第 6 期。

46. 王晓:《机器崛起:人机群体共生的新形态》,载《文化纵横》2017 年第 4 期。

47. 王乐兵:《自动驾驶汽车的缺陷及其产品责任》,载《清华法学》

2020 年第 2 期。

48. 许中缘:《论智能汽车侵权责任立法——以工具性人格为中心》,载《法学》2019 年第 4 期。

49. 江溯:《自动驾驶汽车对法律的挑战》,载《中国法律评论》2018 年第 2 期。

50. 殷秋实:《智能汽车的侵权法问题与应对》,载《法律科学(西北政法大学学报)》2018 年第 5 期。

51. 司晓、曹建峰:《论人工智能的民事责任:以自动驾驶汽车和智能机器人为切入点》,载《法律科学(西北政法大学学报)》2017 年第 5 期。

52. 王艳慧:《人工智能民事主体地位的论证进路及其批判》,载《华东政法大学学报》2020 年第 4 期。

53. 肖姗姗:《论智能机器人的法律人格及其刑事责任规范》,载《大连理工大学学报(社会科学版)》2020 年第 5 期。

54. 郑智航:《人工智能算法的伦理危机与法律规制》,载《法律科学(西北政法大学学报)》2021 年第 1 期。

55. 刘宪权:《人工智能时代的刑事风险与刑法应对》,载《法商研究》2018 年第 1 期。

56. 游均、周昌乐:《机器意识最新进展的哲学反思》,载《自然辩证法通讯》2018 年第 6 期。

57. 张继红、肖剑兰:《自动驾驶汽车侵权责任问题研究》,载《上海大学学报(社会科学版)》2019 年第 1 期。

58. 白惠仁:《自动驾驶汽车的"道德责任"困境》,载《大连理工大学学报(社会科学版)》2019 年第 4 期。

59. 牛彬彬:《动态系统论视角下自动驾驶侵权损害赔偿体系之建构》,载《大连理工大学学报(社会科学版)》2020 年第 3 期。

60. 熊樟林:《行政处罚责任主义立场证立》,载《比较法研究》2020 年第 3 期。

61. 潘恩荣、杨嘉帆:《面向技术本身的人工智能伦理框架——以自动驾驶系统为例》,载《自然辩证法通讯》2020 年第 3 期。

62. 苏令银:《能将伦理准则嵌入人工智能机器吗?——以无人驾驶汽车为例》,载《理论探索》2018 年第 3 期。

63. 谢惠媛:《民用无人驾驶技术的伦理反思——以无人驾驶汽车为例》,载《自然辩证法研究》2017 年第 9 期。

64. 孙保学:《自动驾驶汽车事故的道德算法由谁来决定》,载《伦理学研究》2018 年第 2 期。

65. 和鸿鹏:《无人驾驶汽车的伦理困境、成因及对策分析》,载《自然辩证法研究》2017 年第 11 期。

66. 张文显:《构建智能社会的法律秩序》,载《东方法学》2020 年第 5 期。

67. 肖冬梅:《"后真相"背后的算法权力及其公法规制路径》,载《行政法学研究》2020 年第 4 期。

68. 余露:《自动驾驶汽车的事故算法及其限度》,载《自然辩证法通讯》2019 年第 1 期。

69. 唐林垚:《"脱离算法自动化决策权"的虚幻承诺》,载《东方法学》2020 年第 6 期。

70. 李彦宏:《李彦宏:智能驾驶产业发展的四个关键因素》,载《中国企业家》2018 年第 21 期。

71. 王贵松:《风险行政的预防原则》,载《比较法研究》2021 年第 1 期。

72. 刘骏:《制度创新如何面对自动驾驶——基于道路测试制度的观察与反思》,载《中国科技论坛》2019 年第 7 期。

73. 张恩典:《人工智能算法决策对行政法治的挑战及制度因应》,载《行政法学研究》2020 年第 4 期。

74. 高完成:《自动驾驶汽车致损事故的产品责任适用困境及对策研究》,载《大连理工大学学报(社会科学版)》2020 年第 6 期。

75. 苏文聪:《自动驾驶技术的法律问题》,载《智库时代》2019 年第 13 期。

76. 杨鹏飞:《大城市交通拥堵治理研究》,载《河南科技》2020 年第 16 期。

77. 张力、李倩:《高度自动驾驶汽车交通侵权责任构造分析》,载《浙江社会科学》2018 年第 8 期。

78. 周文康、胡金文、张丹:《自动驾驶汽车侵权责任的主体识别及担责形式》,载《经济问题》2021 年第 2 期。

79. 冯洁语:《人工智能技术与责任法的变迁——以自动驾驶技术为考察》,载《比较法研究》2018 年第 2 期。

80. 宋宗宇、林传琳:《自动驾驶交通事故责任的民法教义学解释进路》,载《政治与法律》2020 年第 11 期。

81. 刘祎铭:《自动驾驶时代交通肇事的刑法规制路径》,载《西部学刊》2020 年第 12 期。

82. [瑞士]萨比娜·格莱丝:《高度自动驾驶的刑事责任》,周维明译,载《财经法学》2020 年第 4 期。

83. 付玉明:《自动驾驶汽车事故的刑事归责与教义展开》,载《法学》2020 年第 9 期。

84. 陈结淼、王康辉:《论无人驾驶汽车交通肇事的刑法规制》,载《安徽大学学报(哲学社会科学版)》2019 年第 3 期。

85. 刘宪权:《涉人工智能产品犯罪刑事责任的归属与性质认定》,载《华东政法大学学报》2021 年第 1 期。

86. 牛天宝:《通过现有规范解决自动驾驶汽车肇事之刑事责任归属问题》,载《法学杂志》2020 年第 3 期。

87. 王军明:《自动驾驶汽车的刑事法律适用》,载《吉林大学社会科学学报》2019 年第 4 期。

88. 邢海宝:《智能汽车对保险的影响:挑战与回应》,载《法律科学(西北政法大学学报)》2019 年第 6 期。

89. 苏宇:《风险预防原则的结构化阐释》,载《法学研究》2021 年第 1 期。

三、英文文献

1. W. Page Keeton, *Prosser and Keeton on the Law of Torts*, 5th ed., West Pub. Co., 1984.

2. Bryan A. Garner, *Black's Law Dictionary*, 9th ed., Thomson Reuters, 2009.

3. Philip Selznick, *Focusing Organizational Research on Regulation*, in Roger G. Noll , ed., Regulatory Policy and the Social Sciences, University of California Press, 1985.

4. Egbert Dommering & Lodewijk Asscher, *Coding Regulation: Essays on the Normative Role of Information Technology*, T-M-C-Asser Press, 2006.

5. Samir Chopra & Laurence F. White, *A Legal Theory for Autonomous Artificial Agents*, The University of Michigan Press, 2011.

6. John Martin Fischer, Mark Ravizza & S. J., *Responsibility and Control: A Theory of Moral Responsibility*, Cambridge University Press, 1998.

7. Stefan Larsson, *Conceptions in the Code: How Metaphors Explain Legal Challenges in Digital Times*, Oxford University Press, 2017.

8. M. Ethan Katsh, *Law in a Digital World*, Oxford University Press, 1995.

9. Trayce Hockstad & Justin Fishert, *Automated Unity: Evaluating the Uniform Law Commission's Autonomous Vehicle Act*, Washburn Law Journal, Vol. 61(2), 2022.

10. William J. Tronsor, *The Omnipotent Programmer: An Ethical and Legal Analysis of Autonomous Cars*, Rutgers Journal of Law and

Public Policy, Vol. 15(2), 2018.

11. Helen Jones, *The Social Ethics of Self-Driving Cars: Public Perceptions and Predictions of Autonomous Vehicle Safety Risks*, Contemporary Readings in Law and Social Justice, Vol. 12(1), 2020.

12. Rustin Diehl & Matthew I. Thue, *Autonomous Vehicle Testing Legislation: A Review of Best Practices from States on the Cutting Edge*, Journal of Technology Law & Policy, Vol. 21(2), 2017.

13. Liliya Ivanova & Nikita Kalashnikov, *The Liability Limits of Self-Driving Cars*, Legal Issues Journal, Vol. 9(1), 2022.

14. Mbilike M. Mwafulirwa, *The Common Law and the Self-Driving Car*, University of San Francisco Law Review, Vol. 56(3), 2022.

15. Caleb Kennedy, *New Threats to Vehicle Safety: How Cybersecurity Policy Will Shape the Future of Autonomous Vehicles*, Michigan Telecommunications and Technology Law Review, Vol. 23(2), 2017.

16. Bryant Walker Smith, *How Governments Can Promote Automated Driving*, New Mexico Law Review, Vol. 47(1), 2017.

17. Jack Boeglin, *The Costs of Self-Driving Cars: Reconciling Freedom and Privacy with Tort Liability in Autonomous Vehicle Regulation*, Yale Journal of Law and Technology, Vol. 17, 2015.

18. Halie B. Peacher, *Regulating Data Privacy of Connected Vehicles: How Automotive Giants Can Protect Themselves and Their Golden Goose*, Albany Law Journal of Science & Technology, Vol. 30(1), 2020.

19. Brian S. Haney, *The Optimal Agent: The Future of Autonomous Vehicles & Liability Theory*, Albany Law Journal of Science & Technology, Vol. 30(1), 2020.

20. Eric Palmer & Kyle Willems, *Liability in Self-Driving Cars*, Hennepin Lawyer, Vol. 88(1), 2019.

21. Grieman K. , *Hard Drive Crash: An Examination of Liability for Self-Driving Vehicles*, Journal of Intellectual Property, Information Technology and Electronic Commerce Law, Vol. 9(3), 2018.

22. Duplechin, R. J. , *The Emerging Intersection of Products Liability, Cybersecurity, and Autonomous Vehicles*, Tennessee Law Review, Vol. 85(3), 2018.

23. Bryant Walker Smith, *Controlling Humans and Machines*, Temple International & Comparative Law Journal, Vol. 30(1), 2016.

24. Francesco Paolo Patti, *The European Road to Autonomous Vehicles*, Fordham International Law Journal, Vol. 43(1), 2019.

25. Alexandra DeArman, *The Wild, Wild West: Case Study of Self-Driving Vehicle Testing in Arizona*, Arizona Law Review, Vol. 61(4), 2019.

26. Harry Surden & Mary-Anne Williams, *Technological Opacity, Predictability, and Self-Driving Cars*, Cardozo Law Review, Vol. 38(1), 2016.

27. Paul Hoybjerg & Adam Buck, *The Self-Driving Ccare: Disruptive Innovation on Established Industries and Legal Practices*, Utah Bar Journal, Vol. 31(6), 2018.

28. Spencer C. Pittman & Mbilike M. Mwafulirwa, *Autonomous Vehicles and the Trolley Problem: An Ethical and Liability Conundrum*, Oklahoma Bar Journal, Vol. 88(24), 2017.

29. Harry Surden, *Machine Learning and Law*, Washington Law Review, Vol. 89(1), 2014.

30. Paul J. Pearah, *Opening the Door to Self-Driving Cars: How Will This Change the Rules of the Road*, Journal of High Technology Law, Vol. 18(1), 2017.

31. Russ Pearlman, *Recognizing Artificial Intelligence (AI) as*

Authors and Investors under U. S. Intellectual Property Law, Richmond Journal of Law & Technology, Vol. 24(2), 2018.

32. Bryant Walker Smith, *Automated Driving and Product Liability*, Michigan State Law Review, Vol. 2017(1), 2017.

33. K. C. Webb, *Products Liability and Autonomous Vehicles: Who's Driving Whom*, Richmond Journal of Law & Technology, Vol. 23 (4), 2017.

34. Kenneth S. Abraham & Robert L. Rabin, *Automated Vehicles and Manufacturer Responsibility for Accidents: A New Legal Regime for a New Era*, Virginia Law Review, Vol. 105(1), 2019.

35. William J. Kohler & Alex Colbert-Taylor, *Current Law and Potential Legal Issues Pertaining to Automated, Autonomous and Connected Vehicles*, Santa Clara High Technology Law Journal, Vol. 31 (1), 2014.

36. Brian A. Browne, *Self-Driving Cars: On the Road to a New Regulatory Era*, Case Western Reserve Journal of Law, Technology and the Internet, Vol. 8, 2017.

37. Robert W. Peterson, *New Technology-Old Law: Autonomous Vehicles and California's Insurance Framework*, Santa Clara Law Review, Vol. 52(4), 2012.

38. Hanna Rzeczycka & Mitja Kovac, *Autonomous Self-Driving Vehicles-The Advent of a New Legal Era?* King's Student Law Review, Vol. 10(1), 2019.

39. Alexander B. Lemann, *Autonomous Vehicles, Technological Progress, and the Scope Problem in Products Liability*, Journal of Tort Law, Vol. 12(2), 2019.

40. Roeland de Bruin, *Autonomous Intelligent Cars on the European Intersection of Liability and Privacy*, European Journal of Risk Regulation,

Vol. 7(3), 2016.

41. Ben Jones, Micah Clark, Claire Finkelstein & Oren Gross, *Autonomous Systems & the Ethics of Conflict*, Penn State Journal of Law and International Affairs, Vol. 7(3), 2020.

42. Daniel Spencer, *The Road to the Future: A Regulatory Regime for the Rise of the Robot Cars*, William & Mary Environmental Law and Policy Review, Vol. 42(2), 2018.

43. Mark A. Geistfeld, *A Roadmap for Autonomous Vehicles: State Tort Liability, Automobile Insurance, and Federal Safety Regulation*, California Law Review, Vol. 105(6), 2017.

44. Bryant Walker Smith, *The Trolley and the Pinto: Cost-Benefit Analysis in Automated Driving and Other Cyber-Physical Systems*, Texas A& M Law Review, Vol. 4(2), 2017.

附录　自动驾驶相关政策与法律文件索引

1.《国家发展和改革委员会等关于印发〈智能汽车创新发展战略〉的通知》,国家发展和改革委员会等,发改产业〔2020〕202 号。

2.《国务院关于印发新一代人工智能发展规划的通知》,国务院,国发〔2017〕35 号。

3.《国务院关于印发〈中国制造 2025〉的通知》,国务院,国发〔2015〕28 号。

4.《国务院关于印发"十三五"国家科技创新规划的通知》,国务院,国发〔2016〕43 号。

5.《工业和信息化部关于印发〈促进新一代人工智能产业发展三年行动计划(2018—2020 年)〉的通知》,工业和信息化部,工信部科〔2017〕315 号。

6.《工业和信息化部　国家发展改革委　科技部关于印发〈汽车产业中长期发展规划〉的通知》,工信部、国家发改委、科技部,工信部联装〔2017〕53 号。

7.《工业和信息化部　国家标准化管理委员会关于印发〈国家车联网产业标准体系建设指南(智能网联汽车)〉的通知》,工业和信息化部、国家标准化管理委员会,工信部联科〔2017〕332 号。

8.《工业和信息化部　国家标准化管理委员会关

于印发〈国家车联网产业标准体系建设指南（总体要求）〉等系列文件的通知》，工业和信息化部、国家标准化管理委员会，工信部联科〔2018〕109号。

9.《工业和信息化部　公安部　国家标准化管理委员会关于印发〈国家车联网产业标准体系建设指南（车辆智能管理）〉的通知》，工业和信息化部、公安部、国家标准化管理委员会，工信部联科〔2020〕61号。

10.《工业和信息化部　交通运输部　国家标准化管理委员会关于印发〈国家车联网产业标准体系建设指南（智能交通相关）〉的通知》，工业和信息化部、交通运输部、国家标准化管理委员会，工信部联科〔2021〕23号。

11.《交通运输部关于印发〈数字交通发展规划纲要〉的通知》，交通运输部，交规划发〔2019〕89号。

12.《关于试行汽车安全沙盒监管制度的通告》，市场监管总局、工业和信息化部、交通运输部、应急管理部、海关总署，2022年第6号。

13.《交通运输部关于推动交通运输领域新型基础设施建设的指导意见》，交通运输部，交规划发〔2020〕75号。

14.《国家发展改革委关于印发〈增强制造业核心竞争力三年行动计划（2018—2020年）〉的通知》，国家发展和改革委员会，发改产业〔2017〕2000号。

15.《国家发展改革委办公厅关于印发〈增强制造业核心竞争力三年行动计划（2018—2020年）〉重点领域关键技术产业化实施方案的通知》，国家发展和改革委员会，发改办产业〔2017〕2063号。

16.《工业和信息化部关于印发〈车联网（智能网联汽车）产业发展行动计划〉的通知》，工业和信息化部，工信部科〔2018〕283号。

17.《关于开展智能网联汽车准入和上路通行试点工作的通知》，工业和信息化部等，工信部联通装〔2023〕217号。

18.《交通运输部办公厅关于印发〈自动驾驶汽车运输安全服务指南（试行）〉的通知》，交通运输部办公厅，交办运〔2023〕66号。

19.《北京市关于加快推进自动驾驶车辆道路测试有关工作的指导意见(试行)》,北京市交通委员会等,京交发〔2017〕325 号,已失效。

20.《浙江省发展和改革委员会关于印发〈浙江省智能汽车创新发展规划(2020—2025)〉的通知》,浙江省发展和改革委员会,浙发改产业〔2019〕449 号。

21.《重庆市人民政府办公厅关于印发重庆市推进基于宽带移动互联网的智能汽车与智慧交通应用示范项目实施方案(2016—2019 年)的通知》,重庆市人民政府办公厅,渝府办发〔2016〕205 号,已失效。

22.《关于推进智能网联汽车产业发展的通知》,四川省经济和信息化厅等,川经信汽车〔2020〕91 号。

23.《广州市交通运输局　广州市工业和信息化局　广州市公安局关于印发智能网联汽车道路测试有关工作的指导意见的通知》,广州市交通运输局等,穗交运规字〔2020〕4 号。

24.《智能网联汽车道路测试管理规范(试行)》(已废止),工业和信息化部、公安部、交通运输部,2018 年 4 月。

25.《汽车驾驶自动化分级》,工业和信息化部,2021 年 1 月。

26.《智能网联汽车道路测试与示范应用管理规范(试行)》,工业和信息化部、公安部、交通运输部,2021 年 7 月。

27.《江苏省道路交通安全条例》,江苏省人大常委会,2023 年 7 月。

28.《江苏省人民代表大会常务委员会关于促进车联网和智能网联汽车发展的决定》,江苏省人大常委会,2023 年 11 月。

29.《深圳经济特区智能网联汽车管理条例》,深圳市人大常委会,2022 年 6 月。

30.《上海市浦东新区促进无驾驶人智能网联汽车创新应用规定》,上海市人大常委会,2022 年 11 月。

31.《杭州市智能网联车辆测试与应用促进条例》,杭州市人大常委会,2024 年 4 月。

32.《无锡市车联网发展促进条例》,无锡市人大常委会,2022 年

12 月。

33.《苏州市智能车联网发展促进条例》,苏州市人大常委会,2023 年 8 月。

34.《阳泉市智能网联汽车管理办法》,阳泉市人大常委会,2023 年 9 月。

35.《河南省智能网联汽车道路测试管理办法(试行)》,河南省工业和信息化委员会、河南省公安厅、河南省交通运输厅,2018 年 8 月。

36.《江苏省智能网联汽车道路测试管理细则(试行)》,江苏省经济和信息化委、江苏省公安厅、江苏省交通运输厅,2018 年 9 月。

37.《湖南省智能网联汽车道路测试管理实施细则(试行)》,湖南省工业和信息化厅、湖南省公安厅、湖南省交通运输厅,2019 年 8 月。

38.《北京市自动驾驶车辆道路测试管理实施细则(试行)》,北京市交通委员会、北京市公安局公安交通管理局、北京市经济和信息化局,2020 年 11 月。

39.《上海市智能网联汽车道路测试和示范应用管理办法(试行)》,上海市经济和信息化委员会、上海市公安局、上海市交通委员会,2019 年 9 月。

40.《上海市智能网联汽车测试与应用管理办法》,上海市人民政府,2021 年 11 月。

41.《重庆市自动驾驶道路测试管理办法(试行)》,重庆市经济和信息化委员会等,2020 年 9 月。

42.《杭州市智能网联车辆测试与应用管理办法》,杭州市人民政府办公厅,2023 年 4 月。

43.《长沙市智能网联汽车道路测试管理实施细则(试行)》,长沙市经济和信息化委员会等,2018 年 4 月。

44.《深圳市关于贯彻落实〈智能网联汽车道路测试管理规范(试行)〉的实施意见》,深圳市交通运输委员会等,2018 年 5 月。

45.《南京市智能网联汽车道路测试管理细则(试行)》,南京市工业和信息化局、南京市公安局、南京市交通运输局,2019 年 10 月,已失效。

46.《阳泉市智能网联汽车道路测试管理办法(试行)》,阳泉市工业和信息化局等,2020 年 4 月。

47.《天津市智能网联汽车道路测试与示范应用实施细则(试行)》,天津市交通运输委、天津市工业和信息化局、天津市公安局,2022 年 1 月。

48.《莆田市智能网联汽车道路测试管理办法(试行)》,莆田市交通运输局、莆田市工业和信息化局、莆田市公安局,2019 年 7 月。

49.《长春市智能网联汽车道路测试管理办法(试行)》,长春市工业和信息化局、长春市公安局、长春市交通运输局,2018 年 4 月。

50.《嘉兴市智能网联汽车道路测试管理办法实施细则(试行)》,嘉兴市经济和信息化局、嘉兴市公安局、嘉兴市交通运输局,2019 年 12 月。

51.《济南市智能网联汽车道路测试管理办法(试行)》,济南市经济和信息化委员会、济南市公安局、济南市城乡交通运输委员会,2018 年 7 月。

52.《杭州市智能网联车辆道路测试管理实施细则(试行)》,杭州市经济和信息化委员会、杭州市公安局、杭州市交通运输局,2018 年 7 月。

53.《保定市自动驾驶车辆道路测试管理实施细则》,保定市科学技术和知识产权局等,2018 年 12 月。

54.《沧州市智能网联汽车道路测试管理办法(试行)》,沧州市发展和改革委员会等,2019 年 9 月。

55.《襄阳市智能网联汽车道路测试管理规定(试行)》,襄阳市经济和信息化委员会等,2018 年 11 月。